漢學書研究

梁伍鎭

박문사

漢　學　書　研　究

우리나라는 역사적으로 장기간 事大交隣 정책을 실시하여 왔으므로
오래 전부터 외국어 교육을 중시하여 온 유구한 전통을 지니고 있다.
우리의 선조들은 외국어를 습득하고 외국어 인재를 양성하기 위하여 다
양한 학습법을 개발하고 엄격한 인재 선발 제도를 마련하였으며 또한
실용적인 교재 개발을 위하여 많은 노력들을 기울여 왔나.

漢學·蒙學·倭學·淸學 등 외국어 四學 중에서도 地政學的 원인
으로 단연 漢學을 가장 중요시하였는바 중국어 습득을 위하여 사용한
이른바 漢學書가 귀중한 연구 자료로 전해진다. 이 자료들은 그 분량이
방대하고 종류가 다양한바, 유형별로는 주로 文言文 종류인 漢文經典
類, 중국과의 교류에 사용된 외교 문서와 공문서 종류인 吏學書, 회화
교재인 譯學書 등으로 나뉜다. 이 외에도 한자의 字形과 書道의 학습을
위한 字學書와 중국어 발음 습득을 위한 韻書, 그리고 중국어 어휘 습득
을 위한 각종 辭典類 등이 전해진다.

본 연구서는 필자가 『老乞大』 · 『朴通事』를 시작으로 漢學書 공부를 하면서 그 동안 발표한 논문에 기초하여 완성된 것이다. 연구서로서 체계를 갖추기 위하여 논문의 본래 틀을 유지하면서 일부 내용을 보충 · 수정하였다. 중복되는 내용은 되도록 삭제였으나 논증을 위하여 부득이 중복된 용례는 그대로 남겨두었다. 이에 독자 여러분의 양해를 구하는 바이다.

본 연구서를 마무리하면서 우선 필자가 漢學書 연구에 입문하도록 지도해 주시고 지금도 항상 격려의 말씀을 해주시는 鄭光 恩師님께 깊이 감사드리고 싶다. 또한 어느덧 꽤 오래 전의 일이 되었지만 필자가 방황하고 있을 때 학문에 전념할 수 있도록 物心兩面으로 도와주신 延邊科技大 金鎭慶 총장님의 은혜에 고마움의 인사를 전해드리지 않을 수 없다.

그리고 인터넷과 전자책 시대를 맞이하여 출판업계가 엄청난 위기를 맞고 있는 상황에서 본서의 출간을 흔쾌히 허락하여주신 博文社 사장님께 감사드리며, 필자가 몸담고 있는 대학 당국에도 그 동안 연구에 몰두할 수 있도록 양호한 여건을 마련해준 데 대해 진심으로 감사의 뜻을 전하고 싶다.

본 연구서가 漢學書 자료의 귀중함에 비해 학문적으로 많이 미흡하겠지만 漢學書에 관심을 둔 後學들에게 다소나마 도움이 되기를 기대하며, 同道 여러분의 叱正을 바라는 바이다.

2010년 3월 25일
서울 雙門洞캠퍼스 313호 연구실에서 著者

/목/차/

漢學書研究

漢學書硏究

漢學書研究

제1장 譯官 양성 제도와 漢學書

漢　學　書　研　究

譯官 제도와 中國語 學習書

1 서론

우리나라는 地政學的 원인으로 장기간 事大交隣 정책을 國是로 삼아왔고 이를 위하여 역대의 王朝에서는 漢語를 비롯한 주변 諸民族의 언어에 대한 교육을 중시하여왔다. 따라서 오래 전부터 譯官 양성을 위한 제도적 장치를 마련하고 어학 실력 향상을 위한 다양한 교육 방법을 개발하는 등 외국어 교육에 많은 노력들을 기울여왔다.

본고에서는 우리나라의 譯官 양성 제도를 살펴보고 중국어 譯官 양성을 위한 교과서의 개발과 중국어 습득을 위한 대책 등에 대하여 고찰하고자 한다. 이러한 연구는 수십 년간 단절됐던 한중 관계가 재개되면서 우리나라에서 중국어 교육열이 일고 있고 또한 그 효과가 기대에 미치지 못한다는 우려의 목소리가 들려오는 현실에서, 역사적인 경험과 교훈을 재조명하여 본다는 것으로 나름대로 의미를 지닐 것이다.

2 譯官 양성 제도

2.1 譯官 제도의 설치

현재 中國 大陸에서는 말로 이루어지는 통역을 '口譯'이라 하고 서면으로 이루어지는 번역을 '筆譯'이라 하며 이에 대한 통칭을 '翻譯'이라고 한다. 그리고 통역 담당자에 대한 호칭도 '飜譯'이라 한다. 한편 우리나라에서는 역사적으로 외국어 통역관을 '譯官'이라 하고, 외국어 교육을 '譯學'이라 하며, 외국어 교과서를 '譯學書'라고 지칭한다. 이러한 용어들이 비록 역사적으로는 중국과 밀접한 관계를 갖고 있으나 현재 중국 대륙에서는 오히려 생소한 용어로 되어 있고 이에 대한 연구가 별로 이루어지지 않고 있는 형편이다. 심지어 '譯學'을 발음이 같은 '易學'으로 오해할 정도이다. 그러나 譯學의 어원을 살펴보면 중국의 역사 문헌에서 그 기원을 찾아 볼 수 있는데 그 예를 들어보기로 한다.

> 五方之民, 言語不通, 嗜欲不同。達其志, 通其欲, 東方曰寄, 南方曰象, 西方曰狄鞮, 北方曰譯。(『禮記』卷12, 王制篇)
> ─五方의 백성들은 말이 통하지 않고 기호와 욕망이 서로 달았다. 그 뜻을 전달하고 그 욕망을 통하게 하는 사람을 東方에서는 '寄'라 하고 南方에서는 '象'이라 하고 西方에서는 '狄鞮'라 하고 北方에서는 '譯'이라고 한다─

이상 『禮記』의 기록에 의하면 중국에서는 역사적으로 異民族과의 언어 소통을 東西南北의 지역에 따라 寄·象·狄鞮·譯 등 다양한 용어로 표현한 것으로 되어 있는데 그중 '譯'은 北方 지역과의 通譯을 의미하고 있다.[1]

중국에서는 대외 교류를 위하여 일찍 秦나라 때 典客이라는 관직을 두었고 漢나라에 이르러서는 大鴻臚라는 기구를 설치하여 변방 四夷[2]와의 교섭을 담당하였다. 이것이 南北朝 시기에는 鴻臚, 北齊에

---

1) 이에 대한 孔穎達의 疏에는 "譯, 陳也。謂陳說外內之言……言寄、象、狄鞮、譯, 皆是四夷與中國, 皆俗間之名也。"라고 하였고 『周禮』(秋官 序官 象胥)의 賈公彦 疏에서는 "北方曰譯者, 譯卽易, 謂換言語, 使相解也。"라고 하였다.(林東錫:1983;3)
2) 四夷는 중국에서 華夏族 이외의 四方 소수민족을 지칭하는 말로 東夷·西戎·南蠻·北狄을 가리킨다.

이르러는 鴻月盧寺로 되어 隋唐으로 이어졌다. 宋代에는 鴻月盧寺 외에 四方館이 설치되어 四夷와의 교섭을 담당하였고 元代에는 蒙古翰林院과 會同館이 설치되어 이러한 업무를 담당하였다. 明代에는 四夷館을 설치하였고 淸代에는 會同四譯官을 설치하여 이민족을 포함한 주변나라들과의 교류를 담당하였다. 그리고 淸代 말기에는 譯學館을 설치하여 본격적인 외국어 교육을 실시하였다.(鄭光:1990;23)

譯官은 朝廷에서 외국 사신과 그 수행원을 접대하고 邊境에서 외국의 渡來人이나 漂流人을 상대하며 또한 외국에 파견되는 使行에 참가하여 외국어 통역을 담당하는 기능직 官吏이다. 중국의 역사 문헌에 의하면 역관에 대한 지칭으로 譯語官·譯者·譯士·譯使·通事·譯長 등 다양한 호칭들을 사용하였다.

우리나라에서의 외국어 교육은 역사적으로 중국어 교육이 가장 먼저 실시되었을 것인데 일찍 統一新羅時期에 이미 漢文을 전담하는 관직인 詳文師를 설치한 것으로 나타난다.

詳文師, 聖德王十三年改爲通文博士, 景德王又改爲翰林, 後置學士, 所內學生聖德王二十年置。(『三國史記』卷39, 雜志 第8 職官條)
－상문사를 성덕왕 13년(714)에 通文博士로 바꾸고 경덕왕 때 다시 翰林으로 바꾸었으며 후에 學士를 두었다. 所內學生은 성덕왕 20년에 두었다－

이상 『三國史記』의 기록에 의하면 詳文師는 그 후 명칭이 여러 번 바뀌었고 聖德王 20年(721)에는 所內學生까지 두어 한문을 학습하게 하였다.

우리나라에서는 본래 인재를 등용할 때 弓箭의 실력을 시험하여 選人을 하였는데 문헌 기록에 의하면 신라시기에 이르러 중국의 經典에 대한 실력을 시험하여 인재를 등용하는 방식으로 바뀌었다고 한다. 이에 대한 기록을 들어 보면 다음과 같다.

四年春, 始定讀書三品以出身。讀『春秋左氏傳』、若『禮記』、若『文選』、
而能通其義、兼明『論語』、『孝經』者爲上; 讀『曲禮』、『論語』、『孝經』
者爲中; 讀『曲禮』、『孝經』者爲下。若博通『五經』、『三史』、『諸子百
家』書者、超擢用之。前祇以弓箭選人、至是改之。(『三國史記』卷10、
新羅本記 第10 元聖王條)
ㅡ 원성왕 4년(788) 봄에 讀書三品科를 설치하여 出身을 정하였다. 春秋左
氏傳·禮記·文選을 읽을 수 있고 그 뜻에 통하며 아울러 論語·孝經에
밝은 자를 上品, 曲禮·論語·孝經을 읽을 수 있는 자를 中品, 曲禮·孝經
을 읽을 수 있는 자를 下品으로 하였다. 그리고 五經·三史·諸子百家書
에 겸통한 자는 특별 선발하도록 하였다. 예전에 弓箭만으로 인재를 선발하
던 것이 이 때 이르러 바뀌게 되었다ㅡ

이상 기록은 당시에 중국어 교육이 이미 상당한 수준에 이르렀음을
말해 주고 있다. 譯官은 외국과의 교류가 시작되면서부터 필요하였을
것이나 우리나라의 문헌 기록에는 『三國史記』 弓裔傳에 譯學 제도에
관한 내용이 처음으로 등장한다.

天祐元年甲子, 立國號爲摩震, 年號爲武泰。始置廣評省……又置史臺[掌
習諸譯語]……(『三國史記』卷50, 弓裔傳)
ㅡ 天祐 元年 甲子에 나라를 창건하여 國號를 '摩震'이라 하고 年號를 '武泰'
라 하였다. 이 때 처음으로 廣評省을 설치하고……또한 史臺(여러 譯語의
학습을 맡은 기관)……등을 설치하였다ㅡ

이상 내용은 統一新羅 말기 弓裔가 세운 摩震國의 武泰年(904)에 史
臺라는 관청을 설치하여 여러 外國語를 습득하도록 하였다는 기록이다.
高麗에 이르러는 蒙古語 역관을 通事라 하고 譯語都監 출신의 역관을
譯語라 하였으며 역어도감이 폐지된 후에는 역어도감 출신이 아닌 譯官

을 '譯者'라 하였다. 그리고 이들을 통털어 '舌人'으로 칭한 것으로 나타
난다.(金良洙:1986;7) 고려 때 문헌에서는 譯語와 通事에 관한 기록들을
쉽게 찾아 볼 수 있다.

通禮門, 掌朝會儀禮……恭愍王五年, 復改閤門, 判事如故, 知事從三品,
引進使正四品, 引進副使正五品, 通事舍人, 祗候並從六品, 十一年, 復改
通禮門, 引進使改副使, 引進副使改判官, 通事舍人改舍人。(『高麗史』卷
76, 志 卷30, 穆宗條[998～1009])
－通禮門은 朝會와 儀禮에 관한 사무를 맡아 본다……공민왕 5년에 다시
閤門으로 고쳤는데 判事는 이전과 같이 정3품이요, 知事는 종3품, 引進使
정4품, 引進副使는 정5품, 通事舍人과 祗候는 종6품으로 하였다. 11년에
또다시 通禮門으로 개칭하였고 引進使는 副使로, 引進副使는 判官으로,
通事舍人은 舍人으로 고쳤다－

東宮官, 顯宗十三年, 立太子, 置師、保及官屬司議郎一人, 司直一人, 通
事舍人二人, 丞, 注簿, 錄事各一人。(『高麗史』卷77, 志 卷31, 顯宗 13年
[1022])
－東宮官, 顯宗 13年에 太子를 세우고 師와 保를 두었으며 그리고 屬官으
로는 司議郎 1명, 司直 1명, 通事舍人 2명, 丞·注簿·錄事를 각각 1명씩
을 두었다－

문헌 기록에 의하면 고려 神宗조에 이르러서는 譯語를 科擧의 정식
과목으로 개설한 것으로 알려진다.

五年……三月丁巳, 冢宰崔詵, 承宣于承慶坐禮賓省, 試取譯語。(『高麗
史』卷21, 神宗 5年[1202])
－5년(1202)……3월 丁巳일에 冢宰 崔詵과 承宣 于承慶이 禮賓省에 앉아
서 시험으로 통역관을 선발하였다－

우리나라에서 중국의 科擧 制度가 처음 도입된 것은 고려 光宗 9年 (958) 때인 것으로 기록된다.[3] 그 이전까지 신라에서는 줄곧 血統의 등급에 따라 骨과 品을 나누어 관직을 세습하는 骨品制를 실시하였다.[4] 그런데 고려 초기의 과거 제도에는 東堂監試와 國子監試에 譯學이나 漢吏學이 나타나지 않는다. 그것은 당시 宋代의 開封音이 고려조의 漢字音, 즉 東音과 유사하여 한문에 익숙한 문신들에게 통역이 따로 필요하지 않았을 것으로 추정된다. 또한 당시에는 사회적으로 譯學을 천시하였고 譯官을 담당한 사람들이 미천한 계급이었기에 중시를 받지 못한 데도 원인이 있는 것으로 보인다. 고려 충렬왕 2년(1276)에 參文學事 金坵의 건의를 받아 들여 역학 기관인 通文館이 정식 설치되면서 이러한 상황이 어느 정도 변화된 것으로 보인다. 이에 관한 기록을 살펴보면 다음과 같다.

> 通文館, 忠烈王二年始置之, 令禁內學官等參外年未四十者習漢語。時舌
> 人多起微賤, 傳語之間多不以實, 懷奸私濟。參文學事金坵建議置之, 後
> 置司譯院以掌譯語。(『高麗史』卷76, 百官志1, 通文館條)
> ─通文館은 충렬왕 2년에 처음으로 설치하여 禁內學官 등 參外로 나이가
> 40미만인 자에게 漢語를 학습시켰다. 당시에는 舌人들이 미천한 신분에서
> 나와서 통역을 할 때 사실대로 하지 않고 간사하고 사사로이 하는 경우가

---

3) 三國以前未有科擧之法, 高麗太祖首建學校, 而科擧取士未遑焉。光宗用雙冀言
以科擧選士, 自此文風始興。大抵其法頗用唐制。其學校有國子、大學、四門,
又有九齋、學堂, 而律、書、筭學皆肆國子。(『高麗史』卷73, 志 卷27 選擧一)
─三國 이전에는 科擧법이 없었고 高麗 太祖가 처음으로 학교를 세웠으나 科擧로
인재를 뽑는 데까지는 이르지 못하였다. 光宗이 雙冀의 의견을 채용하여 과거로
인재를 뽑게 하였으며 이때로부터 文風이 일어나기 시작하였다. 그 법은 대체로
唐나라 제도를 많이 채용한 것이다. 學校로는 國子・太學・四門이 있었고 또 九
齋・學堂이 있었는바 律學・書學・算學은 다 國子에 속하였다─
4) 신라에서 실시한 骨品制는 血統의 등급에 따라 骨과 品을 나누어 관리를 등용하는
세습 제도인데 骨에는 王族인 聖骨과 眞骨의 구분을 두고 品에는 貴族인 6두품부
터 4두품까지의 구분을 두었다.(李成茂:1994:25)

많았다. 참문학사 金坵가 건의하여 (통문관을) 설치하였고 후에 司譯院을
두어 譯語를 관장하게 하였다 —

　이상 기록에 의하면 당시 舌人(역관)들이 대부분 미천한 집안의 출신
들인데다 通譯의 내용이 부실하고 또한 심성도 바르지 않으며 사리만
꾀한다고 지적하고 있다. 따라서 충렬왕 2년에 通文館을 처음 설치하고
禁內學官5) 중에서 七品 이하 40세 미만인 자들에게 한어를 교육하도록
하였는데 이로 하여 귀족계급 출신의 역관 양성이 가능하게 되었다.
　그리고 공양왕 원년(1389)에는 통문관의 전통을 이어 받은 司譯院을
설치하여 譯語 외에 吏文 교육도 담당한 것으로 보인다. 사역원의 설치
는 본래 漢文(서면어)과 吏文(실용문), 그리고 漢語(회화어)까지 할 수 있
는 외교관의 양성이 그 목적이었다. 그러므로 단순한 통역을 담당하는
역관은 별도로 漢語都監을 두어 한어 교육을 전담시킨 것으로 보인다.
이 기관은 후에 漢文都監으로 개칭된다.6) 이 외에도 忠惠王 元年에
설치한 吏學都監도 역관 양성과 관계되는 기관인 것으로 알려진다.
　역학 기관은 조선조에 이르러 한층 완정한 모습을 갖추면서 역어의
학습과 역관의 양성이 보다 적극적으로 이루어졌다. 조선조는 건국초기
부터 事大交隣 정책을 三大國是의 하나로 명확히 제정하고 이를 위한
역관 양성에 주력하였는데 초기에는 고려의 사역원을 그대로 계승하였
다. 조선 초기 사역원에서는 중국어와 吏文을 동시에 교육한 것으로 보
인다. 중국계 귀화인 偰長壽의 上書文에서 그 근거를 찾아 볼 수 있다.

---

5) 禁內學官은 秘書・史館・翰林・寶文閣・御書・同文院의 文官을 지칭하며 式
　目・都兵馬・迎送을 합하여 禁內九官이라 하였다.(『高麗史』卷76, 志 卷31 百
　官條 참조)
6) 漢文都監, 恭讓王三年改漢語都監爲漢文都監, 置敎授官. (『高麗史』卷77, 諸司
　都監條)
　－한문도감, 공양왕 3년에 한어도감을 한문도감으로 고치고 敎授官을 두었다—

司譯院提調偰長壽等上書言：……我國家世事中國, 言語文字不可不習, 是以肇國之初特設本院, 置祿官及教官、教授、生徒, 倚習中國言語、音訓、文字、體式, 上以盡事大之誠, 下以期易俗之效。(『太祖實錄』卷6, 3年[1394] 11月條)
－사역원 제조 偰長壽 등이 글월을 올려서 아뢰었다.“……우리나라가 대대로 中國을 섬겨 言語와 文字를 익히지 않을 수 없습니다. 그 까닭에 전하께서 국가를 창건할 당초부터 특히 本院을 설치하고 祿官과 敎官・敎授・生徒를 두어, 中國의 言語와 音訓・文字・體式을 익히게 하여, 위로는 大國을 섬기는 성의를 다하고 아래로는 풍속을 알게 하는 실효를 얻게 하시었습니다……”－

　이 기록에 의하면 사역원에서는 중국의 言語・音訓・文字・體式 등을 교육하였는데 體式은 吏文의 독특한 문체를 가리킨 것으로 보인다. 사역원은 후에 二元化하여 司譯院과 承文院으로 나뉘었다. 본래는 사역원에서 譯學을 담당하고 승문원에서 漢吏學을 담당하기로 되었으나 후에는 엄격히 구별되지 않고 두 기관에서 모두 漢語와 吏文을 교육시킨 것으로 보인다. 태조 2년 11월조에는 六學을 설치하였다는 기록이 있는데 그중 譯學이 포함되어 있다.[7] 조선시기 사역원에는 漢學 외에 또 女眞學・蒙學・倭學 등 譯科 四學을 설치하고 승문원에는 漢吏科・吏文科 등을 설치하였다.
　이처럼 우리나라에서는 일찍부터 중국과의 외교 업무를 담당할 역관 양성을 위한 전문기구를 설치하였고 특히 역관들의 중국어 교육에 큰 관심을 돌렸음을 알 수 있다.

　7) 設六學, 令良家子女肄學, 一兵學、二律學、三字學、四譯學、五醫學、六算學。(『太祖實錄』太祖 2年 10月條)

2.2 譯官의 職制와 등용 방식

譯官의 職制와 등용 방식은 역사적으로 많은 변천 과정을 겪어 왔다. 『經國大典』(1471)과 『通文館志』(1720)의 기록에 의하면 사역원은 正三品 衙門으로 從九品에 이르는 여러 직제를 설치하였다. 우선 祿職에는 사역원 本院에서 근무하는 京官職과 사역원의 原籍에 등록되어 있으면서 外方에 부임된 外任職이 있다. 『經國大典』에 의하면 京官職에 正1員(正三品), 副正 1員, 僉正 1員, 判官 2員, 主簿 1員, 漢學敎授 4員, 直長 2員, 奉事 3員, 副奉事 2員, 訓導 10員(漢學 4員, 蒙學·倭學·女眞學 各 2員), 參奉 2員(從九品) 등이 있다. 이 외에 兼職 3員이 있는데 正一品이 겸하는 都提調 1員과 文臣 從二品이 겸하는 提調 2員이 있어 사역원의 京官職은 모두 32員으로 구성되었다. 그리고 京官職에는 교육을 담당한 敎授와 訓導만이 實職[8]이고 나머지는 임시직인 遞兒職이었다.

역관 직제에는 軍職에 해당되는 衛職을 설치하기도 하였는데 祿官遞兒職이 6개월마다 교체되는 兩都目 遞兒職[9]인데 비해 衛職은 또 그 절반 기간인 四都目 遞兒職이다.

外任職에는 채용시험에서 次點을 얻은 자를 부임하는데 이들은 각 지방에 파견되어 중국의 使臣 접대, 왜관 접대, 청인 접대, 표류선 조사, 지방의 역생 훈도 및 고시 등을 담당하였다. 『經國大典』에 의하면 釜山浦·薺浦·黃州·平壤·義州 등지에 譯學訓導들이 각기 1명씩 파견되었고, 『通文館志』의 기록에는 그 외에 또 安州·海州·宜川·咸鏡

---

8) 實職은 임기를 30개월이나 90개월로 하는 이른바 久任이다.
9) 都目(政事)은 해마다 음력 6월과 12월에 官員의 치적에 따라 榮轉 또는 左遷, 罷免하는 일을 말하며 兩都目 遞兒職은 遞兒祿을 兩都目 기한에만 지급하는 직제이다.

監營 등지에도 이들이 파견된 것으로 나타난다.

역관 직제에는 遞兒職의 일종으로 等第職을 설치하기도 하였는데 이 것은 赴京使行을 수행하는 임시직이지만 역관들에게는 평생의 분투 목 표로 삼을 만큼 가장 각광을 받은 것으로 알려진다.10)

역관 등용을 위한 선발 방식으로는 譯科 시험・院試・祿取才・赴京 取才・衛職取才・書徒考講・二・六考講 등 다양한 시험 제도가 설치 되었다. 우선 譯科 시험에는 生徒・祿官・衛職 등이 응시를 하였는데 初試와 覆試가 있다. 『經國大典』에 의하면 初試를 거쳐 覆試에 합격한 자들 중에서 1등은 사역원의 從七品職에 除授하고 2등은 從八品階, 3등 은 從九品階에 등용하였다.11) 院試는 주로 회화 실력을 검증하는 시험 으로 祿取才에 응시할 수 있는 자격시험에 해당한 것이다. 祿取才는 祿官을 선발하는 시험으로 院試에서 三分 이상의 점수를 획득한 자만이 응시할 수 있으며 取才時 점수가 동일할 경우 院試 성적이 우수한 자를 선발하였다. 赴京取才는 使臣을 따라 北京에 다녀오는 赴京譯官을 선 발하는 시험으로 성적에 따라 3등분하였는데 상등은 通事, 중등은 押物 (사신을 수행하며 물건을 관리함)과 押馬(사신을 수행하며 말을 관리함), 하등 은 打角夫(사신 일행의 諸具를 관리함)의 직무를 맡도록 하였다. 衛職取才

----

10) 竊念譯輩一生勤苦學業, 所大欲只在於赴京。(『譯官上言謄錄』 壬寅年[1662] 8月 21日)
　　－삼가 생각하건대 譯學徒들이 일생동안 학업에 열중하는 것은 오직 赴京하는 데 가장 큰 소망이 있사옵니다－
11) 譯科一等授從七品[於本衙門敍用, 下同]。二等從八品階, 三等從九品階……元 有階者, 並加一階, 所加與應授階相等者・不及者, 於應授階又加一階。授階者 並差本衙門權知。(『經國大典』 卷1, 吏典 諸科)
　　－譯科에서 1등으로 합격한 사람은 종7품을 주고(본 司譯院에서 등용한다. 아래도 마찬가지이다.) 2등은 종8품, 3등은 종9품을 준다.……애초에 품계가 있는 사람은 모두 한 품계씩 더 올려주며 더 올려주는 품계가 응당 받아야 할 품계와 같거나 거기에 미치지 못하는 경우에는 응당 받아야 할 품계에서 또 한 품계를 더 올려준 다. 품계를 받은 사람은 모두 해당한 관청의 權知로 임명한다－

는 祿取才와 같이 司譯院의 外任의 衛職을 선발하는 取才이다. 書徒考
講은 漢學敎誨・年少聰敏者・偶語別遞兒 등을 대상으로 四季朔마다
정기적으로 치러지는 시험이다. 二・六考講은 每朔 三旬의 二・六日
에 치러지는 시험으로 書徒考講보다 시행 대상이 훨씬 광범위하였다.
이처럼 다양한 시험 형식을 통하여 선발된 자들은 사역원의 관리, 또는
지방 역학의 훈도 등으로 임용되었고 더욱 중요한 것은 通事職에 정식으
로 등용되는 것이었다.

　역관 등용에 행해지는 시험 방식은 주로 講書・譯語・寫字 등 세
가지 형식이 있다. 講書에는 經書를 보면서 물음에 답하는 臨文 형식과
會話 교재를 시험관 앞에 펴놓고 외우거나 책을 보지 않고 물음에 답하
는 背講 형식이 있다. 譯語는 외국어로 法典을 번역하는 형식이고 寫字
는 漢學을 제외한 외국 문자(蒙學・倭學・女眞學・淸學 등)를 바르게 쓰
는 형식이다.

　우리나라에서는 이처럼 오래 전부터 外國語 譯官 양성을 위한 완벽할
정도의 제도적 장치가 마련되었는바 다른 나라에서는 그 類例를 찾아보
기가 어렵다.

3 會話 敎科書와 韻書

3.1 會話 敎科書

　우리나라에서는 역사적으로 漢學 공부를 위하여 처음에는 四書五經
과 같은 중국의 經典을 그대로 가져다 배웠다. 그리고 중국과의 외교적
문서 교류를 위하여 吏文을 배우기도 하였다. 그러나 이것은 어디까지나
書面語에 불과하였고 실지로 중국인과의 대화를 위해서는 당시에 사용

되는 중국어를 습득하여야 하였다. 이를 위해서는 실용적인 會話 敎科書와 표준 발음의 습득을 위한 韻書가 필요하였다. 따라서 역관들의 중국어 교육을 위하여 역대로 중국어 학습서의 개발에 큰 힘을 기울여 왔는바, 그중 대표적인 회화 교과서와 운서들을 살펴보기로 한다.

3.1.1 『老乞大』와 『朴通事』

이 두 책은 우리나라에서 역사적으로 가장 오래 동안 사용하여 온 중국어 학습서인데 대화체 형태로 이루어졌다. 저자와 편찬 연대가 정확히 밝혀지지는 않았으나 고려 말기에 편찬된 것으로 추정되고 있다. 『老乞大』와 『朴通事』는 중국과의 교류를 위한 실용회화 교과서로 편찬되던 만큼 중국의 생활 문화와 사회 풍속 및 무역거래 등에 관한 광범위한 내용들이 담겨져 있다.

『老乞大』는 모두 106개의 장면으로 이루어졌는데 그 내용은 高麗 商人 일행 네 명이 고려의 말(馬)과 베(毛施布), 人蔘 등을 가지고 중국 元나라의 수도인 大都(현 北京)로 행상하러 가는 도중, 中國 商人 王氏(遼陽城 출신)를 만나는 것으로부터 시작이 된다. 그리고 그들 일행이 동행하면서 나누는 대화가 기본 줄거리를 이루며, 고려 상인들이 목적지에 도착하여 갖고 간 물건들을 다 처리하고 고려에 가져다 팔 물건들을 구입한 후 중국 상인과 작별 인사를 나누는 것으로 끝이 난다. 이 교과서는 여관 투숙·음식 주문·가격 흥정 등 다양한 장면들을 생동감 있게 설정하여 실용적인 중국어를 습득하도록 한 것이 가장 특징적이다.

『朴通事』는 『老乞大』와 달리 대부분 중국을 무대로 하는 독립된 대화 장면으로 구성되어 있는데 106개 절로 그 내용이 실로 방대하다. 『老乞大』가 여행과 교역을 중심으로 한 實用會話書라면 『朴通事』는 風俗·世態·娛樂·婚喪·宗敎·賣買·文書 등 중국의 사회적 풍속과 생활 문화를 골고루 습득할 수 있는 이른바 高級會話書라 할 수 있다. 따라서 이 자료는 언어학적 측면 외에도 元末明初 중국의 사회적 특징과 생활 문화에 대한 연구에 귀중한 史料를 제공하여 주고 있다.

이 두 책은 장기간 原刊本이 失傳되어 여러 수정본들만 전해지고 있었는데 다행스럽게도 1998년에 初刊本으로 추정되는 『老乞大』 한 권이 발굴되면서 편찬 초기의 한어 양상을 살펴볼 수 있게 되었다. 이 간본은 元代 漢語의 특징들을 반영하고 있는데 그 동안 가장 오래 된 것으로 전해져 오던 明代漢語本과 많은 차이를 보이고 있다. 『朴通事』는 초간본이 아직 발견되지 않고 있어 원래의 모습은 알 수가 없고, 현존본 중에서 가장 오랜 것으로 『飜譯朴通事』(이하 「飜朴」) 上卷이 전해지고 있는데 이 간본의 한어는 조선 성종 11년과 14년(1480~1483) 사이에 수정된 것으로서 明代 漢語를 반영하고 있다.

『老乞大』와 『朴通事』는 처음에는 순한어문으로 편찬되었으나 조선 성종 때 崔世珍이 최초로 諺解本을 편찬하면서 漢字의 左右에 한글로 注音을 하고 한어 원문을 한 단락씩 끊어서 한글로 해석을 하였다. 이 언해본은 무엇보다도 전통운서의 한어음(左側音)[12]을 표기한 것 외에 당시의 현실음(右側音)인 16세기 중국 북방음을 별도로 표기한 것이 중국어 회화교과서로서 그 가치를 높이 평가하여야 할 부분이다. 이 두 책은 또한 중국어의 시대적 변화에 따라 한어 원문이 여러 차례 수정이 되었고 언해문도 아울러 수정됨으로써 두 언어의 역사적 변화를 보여 주는 중요한 자료를 제공하고 있다. 『老乞大』의 경우 초간본인 元代漢語本과 그 후 수정본인 明代漢語本과 淸代漢語本이 여러 종류 전해지고 있다. 이것은 당시 역관들이 중국에서 사용되는 실용적인 중국어와 정확

----

12) 좌측음은 『洪武正韻譯訓』의 俗音이며 곧 『四聲通解』의 俗音이다.(姜信沆:2000; 99)

한 현지 발음을 습득하기 위하여 얼마나 많은 노력을 기울였는가를 그대로 보여주고 있다. 『老乞大』와 『朴通事』의 제간본과 언어적 특징은 본서 제4장에서 자세히 다루기로 한다.

3.1.2 『伍倫全備』

『伍倫全備』는 『伍倫全備記』라고도 하는데 明나라 丘濬(1421~1495)이 지은 것으로서 劇本 형태로 이루어졌다.[13] 15세기에 明代 漢語로 씌어진 이 책은 그전에 사용되던 『直解小學』을 대체하여 중국어 학습서로 사용된 것으로 알려지고 있다. 이 책이 어느 시기에 朝鮮에 유입되어 중국어 교과서로 자리를 잡았는지는 정확히 알 수 없으나 다음과 같은 문헌 기록들을 참조할 수 있다. 우선 『光海君日記』의 기록을 살펴보기로 한다.

> 承文院啓曰: 祖宗朝以來, 設文官漢語吏文肄習之規極嚴且重。漢語則通慣『老乞大』、『朴通事』、『伍倫全備』, 然後始許訓官者僅一二人。(『光海君日記』 卷158, 12年 11月 戊子條)
> ─ 승문원이 아뢰기를 "祖宗朝 이래로 文官에게 漢語와 吏文을 익히도록 한 규정을 두었고 또 그 규정이 매우 엄중했습니다. 漢語의 경우 老乞大・朴通事・五倫全備를 줄줄 관통해야지만 비로소 訓官을 시켰기 때문에 訓官이 겨우 한두 명밖에 되지 않았습니다......"─

이상 기록에서는 光海君 12年(1620) 이전에 이미 이 책이 중국어 교재로 사용되었음을 알 수 있다. 漢學書 범위를 제시한 『通文館志』의 기록에도 『伍倫全備』가 포함되어 있음을 알 수 있다.

---

13) 『伍倫全備』는 전칭이 『新編勸化風俗南北雅曲伍倫全備記』이다. 중국에서는 실전된 것으로 알려지나 서울대 奎章閣에 그 落帙本이 보존되어 있다

漢學八冊、『老乞大』、『朴通事』、『伍倫全備』(以上三冊背講. 初用『直解小學』, 中間代以『伍倫全備』)、『論語』、『孟子』、『中庸』、『大學』、『飜經國大典』(訓導傳語, 以上五冊臨講). (『通文館志』卷2, 勸獎 第二 科擧 條)
－한학 8책은 老乞大・朴通事・伍倫全備(이상 3책은 背講한다. 처음에는 直解小學을 썼는데 중간에 伍倫全備로 대신하였다), 論語・孟子・中庸・大學・飜經國大典(訓導가 말로 전한다. 이상 5책은 臨講한다)이었다－

이상 『通文館志』의 기록에서는 『伍倫全備』가 『直解小學』을 대체하여 중국어 역학서로 사용되었음을 밝히고 있다. 이러한 내용은 『伍倫全備諺解』의 서문에서도 언급하였다.

本業三書, 初用‘老朴’及『直解小學』, 中古以『小學』非漢語, 易以此書. (『伍倫全備諺解』序)
－본업서 3책에서 처음에는 老乞大・朴通事와 直解小學을 사용하였는데 중고시기에 直解小學이 漢語가 아니므로 이 책(伍倫全備)으로 바꾸었다－

이상 서문에 의하면 "『小學』은 漢語가 아니므로 『伍倫全備』로 바꾸었다"라고 하였는데 이것은 『直解小學』이 비록 당시의 구어체(白話文)로 풀이를 한 것이나 어디까지나 회화체 형태는 아니었으므로 역관들의 회화 습득을 위한 교재로는 적절하지 않았음을 지적한 것으로 보인다. 그 대신 『伍倫全備』는 배역을 맡은 극중 인물들이 대화를 하는 형태로 이루어졌으므로 회화어 학습서로 선택된 것으로 추정된다. 또한 이 책은 내용상으로 보아 이복형제인 ‘伍倫全’과 ‘伍倫備’를 주요 인물로 설정하여 어려운 환경 속에서도 三綱五倫을 모범적으로 실천하는 유교적 가치관을 반영하고 있다. 따라서 이 책이 중국에서는 작품성을 별로 인정받지 못하였음에도 불구하고 당시 科試用 교과서로 선정된 것은 중국어

학습뿐만 아니라 敎化的 측면에서도 그 의미를 고려하였을 것으로 추정
된다.(林東錫:1983;369) 극중 대화 장면의 한 대목을 살펴보기로 한다.

　　末(하인 永安): 忽聞窓外呼名, 急向堂前伺候, 覆官人有何使令?
　　大生(큰형 伍倫全): 你與我請二官人三官人出來。
　　末: 二官人三官人, 有請有請。
　　小生(둘째 伍倫備): 哥哥萬福。
　　淨(셋째 安克和): 哥哥萬福。
　　小生: 不知哥哥喚俺兩兄弟有何事幹?
　　大生: 今日好天氣, 不要孤負了美景良辰, 和你兩兄弟遊賞一遭多少是好?
　　小生/淨: 是好是好……(『伍倫全備諺解』卷1, 2左)

『伍倫全備』는 그 후 諺解本(8권 5책)으로 간행이 되었는데 현전하는
『伍倫全備諺解』에 수록된 高試彦의 서문에 의하면 肅宗 22年(1696)에
司譯院에서 『伍倫全備』를 언해하려고 시도하였으나 중도에서 廢輟하
고 肅宗 35年(1709)에 司譯院 敎誨廳에서 다시 시작하였는데 영의정 金
昌集의 독려로 肅宗 40年(1720)에 비로소 완성하였고 司譯院 漢學의
劉克愼 등이 景宗 元年(1721)에 간행하였다.

이 책은 한자의 좌우에 한글로 注音을 하였고 구절을 나누어 諺解와
註釋을 달았다. 언해본에서는 底本인 『伍倫全備』에 비해 희곡적인 요
소를 대부분 생략하였다. 즉 唱이 들어가는 부분과 인물의 행동과 상황
을 나타내는 지문 등 어학용으로 불필요한 부분이 삭제된 것이다.(이승
연:1996;10) 언해본은 奎章閣本(諺解本1)과 古圖書本(諺解本2) 두 종류가
전해지는데, 諺解本2가 후에 간행된 복각본으로 추정된다. 諺解本2는
諺解本1에 비해 중국어 원문이나 언해문에는 별다른 변화가 없는데 다
만 한글 주음의 우측음이 적지 않게 변화된 것으로 보아 당시의 중국어
현실음을 반영하기 위한 노력을 엿볼 수 있다. 그 일부를 예로 들어 보기

로 한다.

諺解本1 〉 諺解本2

家 갸 〉 쟈	急 기 〉 지	暖 눤 〉 난	念 년 〉 냔
類 뤼 〉 리	備 비 〉 븨	扇 션 〉 샨	胥 슈 〉 쉬
語 유 〉 위	玉 유 〉 위	爾 슬 〉 을	去 큐 〉 췌
氣 키 〉 치	判 펀 〉 판	逢 봉 〉 풍	許 휴 〉 쉬

3.1.3 『華音啓蒙』

『華音啓蒙』은 조선조 고종 20년(1883)에 역관인 李應憲이 당시의 淸代 北京語로 편찬한 한어 교과서(상하 2권 1책)이다. 尹泰駿의 서문에 다음과 같은 기록이 있다.

> 舊有『老乞大』、『朴通事』、『譯語類解』等書, 以華語之各省或異, 古今亦殊, 使駿看者轉相訛誤, 恐不無鼠璞之混, 濁盤之謬矣. 今李知樞應憲, 取常行實用之語, 略加編輯, 名之曰華音啓蒙. (『華音啓蒙』序)
> －예전에 老乞大・朴通事・譯語類解 등 책들이 있었는데 중국어는 각 省의 말이 다르고 古今의 말도 다르므로 종종 보는 자로 하여금 잘못 습득하여 혼란을 일으키고 오류를 범할 우려가 없지 않다. 이에 知樞 李應憲이 흔히 쓰는 실용어를 취하고 약간의 편집을 거쳐 '華音啓蒙'이라 이름을 지었다－

이상 기록에 의하면 예전부터 사용되던 『老乞大』와 『朴通事』 등 한어 학습서가 있지만 현실 중국어와 맞지 않아 李應憲이 당시 일상적으로 사용되는 중국어로 『華音啓蒙』이라는 책을 새롭게 편집하였음을 밝히고 있다. 이 책은 한어 초학자를 위한 것으로, 구성 체재를 살펴보면 序文・華音啓蒙 상하권, 그리고 부록으로 千字文・百家姓・天干地支・二十八宿・算數・華音正俗變異 등 實用的인 내용들로 구성되어 있다. 본문의 내용은 朝鮮人이 北京에 가서 중국인과 대화를 나누는 형식으로 엮어져 있는데 人口·거리·교통·예절·賣買 등에 관한 내용이 광범위하게 포함되어 있다. 특히 주목되는 것은 千字文 중에서 288자, 百家姓 중에서 68자를 골라 우측에는 前代音, 좌측에는 현실음을 한글로 표기한 것이다.(姜信沆:2000;106) 이것은 역시 당시의 중국어 현실음을 습득하기 위한 노력이라 하겠다. 본문의 예를 한 토막 들어 보기로 한다.

중국인: 請問這位貴姓?
조선인: 不敢, 在下姓李。
중국인: 從那裏來呢?
조선인: 打朝鮮國來唎。
중국인: 走唎多少日子麽?
조선인: 走有十來天的工夫唎。
중국인: 怎麽說呢? 你們離這裏有二千多里地否唎, 幾天的工夫何能到得麽?
조선인: 如今我們是坐輪船來往的, 所以不像從前起早來的時候兒。(『華音啓蒙』上1右)

이 책은 후에 諺解本이 출간되었는데 全史字本 2권 1책으로 되어 있다. 저자 미상으로 되어 있으나 '光緒九年 癸未(1883)印出'이라는 刊記가 있어 『華音啓蒙』을 편찬한 이가 같은 해에 諺解를 한 것이 아닌가 하는 추측을 자아낸다.(林東錫:1983;376) 이 언해본은 본문만 구절을 나누어 번역하였고 한자의 주음은 종전의 기타 역학서 언해본과 달리 당시의 현실 한어음(北京音) 하나만 표기하였다.

3.2 중국어 韻書

譯官들은 중국과의 실제적인 교류를 위하여 우선 구어체 한어의 습득이 무엇보다 중요하였으므로 이에 상응한 회화 교과서가 필요하였다. 한편 회화 습득에 있어서 당시에 통용되는 표준 발음의 습득을 위한 중국어 운서도 또한 이에 못지않게 절실히 필요하였을 것이다. 따라서 처음에는 『廣韻』·『禮部韻略』·『龍龕手鏡』과 같은 중국의 韻書들을 그대로 가져다 사용하거나 覆刊하여 사용한 것으로 알려진다. 그 증거로 현재 『禮部韻略』과 『龍龕手鏡』의 高麗版이 전해지고 있다.(金敏洙: 1980;92) 이러한 운서들은 科試用이나 詩韻用으로 사용되었는데 일찍 고려 시기에는 『禮部韻略』(1037 北宋 邱雍)이 과거응시자들의 기준 운서로 널리 이용되었고 그 후 조선조에 이르러는 『洪武正韻』이 겸하여 科試用으로 사용된 것으로 알려진다.[14]

한편 중국의 음운을 보다 쉽게 습득하기 위하여 고려 시기에는 사용하기 편리한 韻書를 우리나라에서 직접 편찬하기도 하였다. 그 예로 1300년경 고려인이 편찬한 것으로 추정되는 『三韻通考』가 전해지고 있다. 조선조에 이르러서도 중국어 운서인 『東國略韻』을 편찬하여 간행한 기록을 찾아 볼 수 있다.[15] 그러나 중국어의 정확한 발음을 표기하기 위한 노력은 表音文字인 訓民正音이 창제된 후에 비로소 본격적으로 진행되었다. 훈민정음이 창제된 후 集賢殿 학자들에 의하여 正音으로 처음

---

14) 禮曹啓: 在先科擧時只用『禮部韻』, 請自今兼用『洪武正韻錄』, 譯科並試『童子習』。從之。(『世祖實錄』 卷28, 8年 6月 癸酉條)
　－禮曹에서 아뢰기를 "앞서 있었던 科擧 때에는 단지 禮部韻만을 썼으니, 청컨대 이제부터는 洪武正韻을 아울러 쓰도록 하고, 譯科에는 아울러 童子習을 시험하게 하소서." 하니, 그대로 따랐다－
15) 命印左議政河崙撰進『東國略韻』頒諸中外。(『太宗實錄』 卷31, 16年 4月 丁丑條)
　－命하여 左議政 河崙이 撰進한 東國略韻을 인쇄하여 中外에 반포하게 하였다－

편찬된 운서는『東國正韻』(1448)이다. 그러나 이 韻書는 어디까지나 당시 우리말 한자음의 규범화를 위하여 편찬된 것이었으므로 정확한 의미에서의 중국어 습득을 위한 운서는 아니었다. 다음은 훈민정음 창제 이후 중국어 발음을 습득하기 위하여 편찬된 운서들을 살펴보기로 한다.

3.2.1 『洪武正韻譯訓』

『洪武正韻譯訓』(1455)은 正音으로 중국어 발음을 표기하여 편찬한 최초의 운서이다. 16권 8책으로 이루어진 이 韻書는 申叔舟 등이 王命을 받고『洪武正韻』의 音價를 正音으로 표기한 것이다.『洪武正韻』은 明太祖 洪武 8年(1375)에 樂詔鳳·宋濂 등이 황제의 뜻을 받들어 편찬한 欽定韻書로서 당시에 가장 권위 있는 운서로 인정된 것으로 보인다. 『洪武正韻譯訓』을 위한 작업은 세종 때부터 시작된 것으로 기록된다.

> 遣集賢殿副修撰申叔舟、成均注簿成三問、行司勇孫壽山于遼東, 質問韻書。(『世宗實錄』卷107, 27年 正月 辛巳條)
> －集賢殿 副修撰 申叔舟와 成均館 注簿 成三問과 行司勇 孫壽山을 遼東에 보내서 韻書를 질문하여 오게 하였다－

이상 기록에 의하면 申叔舟와 成三問 등이 중국 遼東에 가서 운서의 발음을 質問하였다고 하였는데 이것은 운서의 정확한 발음을 확인하기 위한 것이었다. 이러한 노력은 그 후에도 수차례 진행된 것으로 기록된다.

> 時適翰林學士黃瓚以罪配遼東。乙丑(1445)春明公隨入朝使臣, 到遼東見瓚質問, 公諺字飜華音, 隨問輒解, 不差毫釐, 瓚大奇之。自是往還遼東凡十三度。(申叔舟『保閒齋集』冊7, 附錄 李坡 申叔舟墓誌)
> －한림학사 黃瓚이 遼東에 유배되었을 때였다. 乙丑年(1445) 봄에 公께서는 入朝하는 使臣을 따라 遼東에 이르러 황찬에게 質問을 하였다. 公께서

諺字로 華音을 번역하여 물음에 즉시 해답을 하였는데 추호도 차이가 없어 황찬이 놀람을 금치 못하였다. 그 때로부터 遼東을 모두 13번이나 다녀왔다. -

이상 기록에서는 신숙주가 1445년 遼東에 귀양 온 한림학사 黃瓚을 찾아가서 韻書의 발음을 質問하였는데 諺字로 華音을 번역한 것이 조금도 차이가 없어 황찬이 놀람을 금치 못하였다는 것과 그 후로도 신숙주가 중국어 발음을 확인하기 위하여 무려 13차례나 요동에 다녀 온 사실을 적고 있다. 그리고 그 후 사신으로 왔던 倪謙에게도 중국음운에 대해 질문을 한 것으로 전해진다.16)

『洪武正韻譯訓』은 작업에 착수해서부터 무려 10여년이나 걸려 端宗 3年(1455)에 드디어 완성되었는데 당시 정확한 중국어 발음 표기를 위하여 편찬자들이 기울인 노력은 상상을 초월할 만큼 실로 대단하였다. 이 韻書는『洪武正韻』의 標準音을 正音으로 표기한 것 외에도 당시 중국에서 실지로 사용되는 通用音을 俗音으로 첨부하여 표기한 것이 가장 특징적이다.

用訓民正音以代反切, 其俗音及兩用之音, 又不可以不知, 則分注本字之下。若又有難通者, 則略加註釋, 以示其例。(申叔舟『洪武正韻譯訓』序) - 訓民正音으로 反切을 대신하고, 俗音과 두 가지 音을 또한 읽히지 않을 수 없으므로 本字 아래에 따로 주음을 하였다. 또한 통하기 어려운 자가 있으면 약간의 註釋을 가하고 예를 제시하였다 -

---

16) 司憲掌令申叔舟賫音韻質問事目及中朝敎場形制以啓。上曰: 音韻倪謙來時已令質問, 雖中朝罕有如倪謙者, 今成三問入朝, 如遇勝於倪謙者問之, 否則不必問也……(『文宗實錄』卷4, 卽位年 10月 庚辰條)
- 사헌 장령 申叔舟가 音韻을 질문할 事目과 중국의 敎場 刑制를 가지고 아뢰니, 임금이 말하기를 "音韻은 倪謙이 왔을 적에 이미 질문하도록 하였다. 비록 중국에서도 예겸 같은 자가 드물겠지마는, 이제 成三問이 入朝하니, 만약 예겸보다 뛰어난 자를 만나거든 물어보고, 그렇지 않으면 반드시 물을 것도 없다……"라고 하였다 -

『洪武正韻』은 明나라 초기에 元代의 통용음인 北方音과 宋代의 통용음인 南方音을 절충하여 만든 것으로서 어느 지방에서나 통용될 수 있는 운서를 만들려는 시도로 하여 인위적인 음이 많았으며 당시 실지로 통용되던 北方音과는 상당한 거리가 있었다. 그러므로 譯訓의 편찬자들이 欽定韻書를 감히 수정할 수는 없었지만 거듭되는 확인 작업을 거쳐 이른바 俗音이라는 명목으로 현실 통용음을 표기한 것은 무엇보다도 실용적인 중국어발음을 습득하기 위하여 기울인 노력임을 역력히 보여주고 있다. 이 외에도 譯訓에는 原典이 七音의 순서를 따르지 않고 字韻 아래 같은 운의 한자를 나열한 것이 불편하기 때문에 同音各字의 첫 글자 위에 正音으로 발음을 표기한 것(원전의 反切 표기도 그대로 둠), 중국음에 대한 정음 표기가 꼭 들어맞지 않는다고 간주될 경우에는 간략한 주석을 첨부하는 등 사전의 실용성을 고려하여 고민한 흔적들을 쉽게 찾아 볼 수 있다.(김영황:1996;66)

3.2.2 『四聲通解』

『洪武正韻譯訓』에 이어 중국어 발음을 정확히 표기하기 위하여 편찬된 주요 운서로 崔世珍의『四聲通解』(1517)를 꼽을 수 있다.『洪武正韻譯訓』이 간행된 후 분량이 너무 방대하고 찾아보기가 불편한 점 등을 고려하여 申叔舟 등이 그 축약본인『四聲通攷』를 편찬한 것으로 알려진다. 그런데 이 韻書는 현재 전해지지 않고 凡例 10조만『四聲通解』권말에 수록되어 있는데『四聲通解』는『四聲通攷』의 미비점을 보완하기 위하여 편찬된 것으로 알려진다. 이에 대한 序文의 기록을 살펴보면 다음과 같다.

　夫始肆華語者, 先讀『老乞大』、『朴通事』二書, 以爲學語之階梯, 初學二

書者必觀『四聲通攷』, 以識漢音之正俗。然其二書訓解承訛傳僞。『通
攷』諸字有音無釋, 承訛傳僞則雖經老譯, 莫能就正, 有音無釋則一字重出
無所適從……(『四聲通解』序)
- 무릇 처음 한어를 배우려는 사람은 먼저 老乞大와 朴通事 두 책을 배우는
것이 첫 단계이다. 이 두 책을 처음 배우는 사람은 반드시 四聲通攷를 잘
살펴 한어 어음의 正俗을 알아야 한다. 그런데 이 두 책은 訓解가 訛傳된
곳이 있다. 通攷의 諸字에는 音만 있고 釋이 없어 잘못된 곳이 있을 경우
노련한 역학자라 하더라도 바로잡기 어렵다. 音만 있고 釋이 없으면 같은
자가 중복하여 나올 경우 어느 것을 따라야 할지 모르게 된다…… -

이상『四聲通解』의 서문에 의하면 중국어(華語)를 배우려면 먼저『老
乞大』와『朴通事』를 읽어야 하고 그러자면 또한 이에 앞서『四聲通攷』
를 보고 중국어의 正音과 俗音을 구분하여야 하는데『四聲通攷』에는
발음만 표기하고 뜻을 해석하지 않아 같은 字가 중복하여 나오면 어느
것을 따라야 할지 알기 어렵다고 하였다.『四聲通解』는 바로 이러한
점을 보완하여 편찬된 것으로서 최세진은 원고를 무려 일곱 번이나 수정
하고 4년간의 시간을 들여 상하 2권으로 완성하였음을 서문에서 밝히고
있다.

『四聲通解』의 주요 특징은 다음과 같다.

1) 형식은 通攷와 같으나 수록자를 대폭 증가시키고 일부는 생략하기도 하
   였다.
2) 反切을 옮겨 적지 않고 한글로만 주음을 하였다.
3) 正音과 俗音은『洪武正韻譯訓』(또는『四聲通攷』)의 것을 그대로 옮겨
   적었고 최세진이 관찰한 16세기 북방음을 今俗音이라 이름하여 표기하
   였다.
4) 字順이『洪武正韻譯訓』과 다르다.
5) 字釋 가운데 450여개 단어의 명칭을 한글로 표시하였다.

『四聲通解』에서 가장 주목되는 것은 15세기 북방음을 반영한 俗音을 표기한 것 외에 또 저자가 현지에서 직접 관찰한 16세기 北京音을 今俗音으로 표기한 것이다.[17] 이처럼 북경어를 중심으로 한 당시의 표준발음을 표기하려는 노력은 앞에서 언급한 『飜譯老乞大』(이하 「飜老」)와 「飜朴」의 右側音에서도 잘 반영하고 있다.[18]

4 中國語 습득을 위한 대책

4.1 留學生 파견

문헌 기록에 의하면 일찍 三國時代에 많은 유학생을 중국에 파견한 것으로 미루어 보아 당시에 이미 중국 현지에 가서 중국어를 습득하는 방식이 널리 유행되었다고 볼 수 있다.

貞觀十三年, 增築學舍至千二百區, 四夷若高麗、百濟、新羅相繼遣子弟入學, 逐至八仟餘人。(『新唐書』, 李得春[1994:151] 참조)
- 貞觀 13년(639)에 學舍 1,200개를 증축하였는데 高麗・百濟・新羅 등 四夷에서 선후하여 子弟들을 보내 入學시키었고 점차 그 수가 8천여 명에 달하였다 -

---

17) 崔世珍은 『四聲通解』를 통해 중국한자음을 표기하였다면 그 후에 편찬한 『訓蒙字會』(1527)를 통해서는 조선한자음을 고착시켜 놓았다고 말할 수 있다.(김영황:1996;93)

18) 中國語를 로마자라는 표음문자로 기록한 최초의 문헌은 金尼閣(Nicolas Trigault)의 『西儒耳目資』(1626)라고 알려져 있는데, 우리나라에서는 그보다 훨씬 앞서서 한글이라는 표음문자로 중국자음을 기록한 『洪武正韻譯訓』(1455)과 『四聲通解』(1517)・「飜老」・「飜朴」(모두 우측에 16세기 북방음 표기) 등이 전해지고 있다.(姜信沆:1987;165)

이상 기록은 서기 639년에 高句麗·百濟·新羅 등에서는 유학생을 대규모로 중국에 파견하였음을 알 수 있다. 이처럼 중국에 유학생을 파견하였다는 기록은 기타 문헌들에서도 찾아 볼 수 있다.

九年夏五月, 王遺子弟於唐, 請入國學。是時, 太宗大徵天下名儒爲學官, 數幸國子監, 使之講論, 學生能明一大經已上, 皆得補官。增築學舍千二百間, 增學生滿三千二百六十員。於是, 四方學者雲集京師。於是, 高句麗、百濟、高(昌)、(吐)蕃亦遺子弟入學。(『三國史記』 卷5, 善德女王 9年[640])

－9년 여름 5월, 王이 子弟들을 唐에 보내 國學에 입학시켜 주기를 요청하였다. 이 때 太宗은 천하의 유명한 학자들을 모아 學官으로 임명하고, 國子監에 자주 가서 그들에게 강론을 하게 하였으며, 학생들 가운데 經書를 한 가지 이상 능통한 자에게는 모두 관직을 주고, 學舍 1천 2백 간을 증축하고, 학생을 3천 2백 60명으로 증원하였다. 이리하여 사방의 학자들이 京師(장안)로 모였다. 이 때 高句麗·百濟·高昌·吐藩에서도 자제들을 보내 입학시켰다－

(開成)二年三月……新羅差入朝宿衛王子, 並準舊例割留習業學生並及先住學生等二百十六人。(『唐會要』 卷36, 附學讀書條[837])

－(開成) 2년 3월……新羅에서는 入朝하여 宿衛하는 王子를 파견하였고, 아울러 선례에 따라 학업을 익히는 學生들과 먼저 거주하던 學生 등 216명을 머무르도록 하였다－

新羅自事唐以後, 常遺王子宿衛, 又遺學生入太學習業, 十年限滿還國, 再遺他學生, 入學者多至百餘人。(『東史綱目』 第5, 眞聖女王 己酉 3年[889])

－新羅에서는 唐 이후, 宿衛하는 王子를 자주 파견하였으며 또한 學生을 파견하여 太學에 입학시켜 학업을 익히도록 하였다. 10년 만기가 되면 귀국시키고 다시 다른 學生을 파견하였는데, 入學者가 무려 100여명에 달하였다－

이상 기록들에 의하면 우리나라에서는 일찍 三國時代와 統一新羅時代 때 많은 유학생들을 중국에 정기적으로 파견하였음을 알 수 있다. 중국에 유학생을 파견한 목적은 다양하였을 것이나 무엇보다도 중국어 교육에 있어서는 가장 효과적인 방법임은 틀림없었을 것이다. 이것은 朝鮮朝의 실례가 잘 증명해 주고 있다.

朝鮮時代에 이르러 비록 전문 역학 기관인 사역원을 설치하고 역관 양성에 주력을 하였으나 중국어 실력은 항상 기대에 미치지 못하였던 것으로 보인다. 이를 극복하기 위하여 조정에서는 여러 모로 대책을 마련하였는데 그중 가장 효과적인 방안은 중국 현지에 유학생을 파견하는 것이었다. 세종조의 예를 들어 보기로 한다.

> 千秋使工曹恭判朴安臣奉賀箋如京師……臣今竊詳北京國子監或遼東鄕學道路頗近, 願遣子弟讀書, 未敢擅便, 謹具奏聞。(『世宗實錄』卷61, 15年 9月 壬午條)
> ─ 천추사 공조 참판 朴安臣이 賀箋을 받들고 北京에 갔다.……이르기를 "……신이 이제 가만히 생각하오니 北京의 國子監이나 遼東의 鄕學에는 길이 좀 가까우니 자제들을 보내어 공부시키기를 원하오나, 감히 마음대로 하지 못하는 것이오라 삼가 갖추어 奏聞하옵니다."라고 하였다─

이것은 세종이 千秋使인 朴安臣에게 명하여 중국의 北京이나 遼東에 유학생을 파견할 것을 明 조정에 奏請하였다는 기록이다. 그런데 의외로 중국 조정의 거절을 당하게 되자 세종은 대신들을 모아 놓고 다른 방도를 강구하기로 하였다.

> 千秋朴安臣傳寫賫來勅書二道:……其一, 覽奏, 欲遣子弟詣北京國學或遼東鄕學讀書, 且見務先求道之心朕甚嘉之。但念山川脩遠, 氣候不同, 子弟之來或不能久安客外, 或父子思憶之情, 兩不能已。不若就本國中務學

之便也……王其體朕至懷……召議政府六曹議曰: 今來勅書不允子弟入
學之請, 自今入學中國之望則已絶, 然漢音有關事大, 不可不慮, 予欲遣子
弟于義州, 使之來往遼東, 傳習漢語, 何如? (『世宗實錄』 卷62, 15年 12月
壬戌條)
― 천추사 朴安臣이 칙서 2통을 傳寫하여 가지고 왔다……그 하나는, "奏本
을 보니, 子弟들을 보내서 北京의 國學이나 혹은 遼東의 鄕學에 나아가
글 읽게 하고자 한다고 하였으니, 또한 道를 구하는 데 힘쓰는 마음을 볼
수 있어서, 朕이 매우 嘉尙하게 생각한다. 다만 산천이 멀리 막히고 기후가
같지 아니하여, 자제들이 와도 혹은 오래도록 객지에 편안히 있기 어려울
것이며, 혹은 아버지와 아들이 서로 생각하고 그리워하는 情을 양쪽이 다
이기지 못하게 될 것이 염려된다. 本國 내에서 취학하여 편의하게 하는 것만
같지 못할 것이니……王은 나의 지성스러운 마음을 헤아리라."하였다. 議政
府와 六曹를 불러 의논하기를, "지금 온 칙서에서 자제들의 중국 학교에
입학하는 것을 허가하지 않았으니, 지금부터는 중국의 학교에 입학할 희망
은 이미 끊어졌다. 그러나 중국의 語音은 事大하는 데 관계가 있는 일로서,
생각하지 않을 수 없는 것이다. 나는 이 子弟들을 義州에 보내어 遼東에
내왕하면서 중국말을 傳習하게 하고자 하는데 어떻겠는가?"하였다―

이상 기록에 의하면 明황제의 칙서에 북경과 조선은 거리가 너무 멀고
기후가 맞지 않으며 부모와 자식이 서로 그리워 할 것이라는 등 이유로
朝鮮의 유학생 파견을 거절하고 있다. 그리하여 새로운 대책으로 세종은
생도들을 중국의 변경 지역인 義州에 파견하여 중국의 遼東 지역에 오
가면서 중국어를 습득하도록 할 것을 제안하고 있다.
세종은 또한 학생들을 선발하여 사역원에서 중국어를 가르친 다음 사
신들이 北京에 갈 때 從事官으로 파견하는 방법을 취하기도 하였다.

禮曹啓: 以入學選揀子弟二十名, 並令仍會司譯院, 講習漢文、漢語, 每於
使臣赴京, 以從事官差送. 從之. (『世宗實錄』 卷62, 15年 12月 壬戌條)
― 禮曹에서 아뢰기를 "입학하기 위하여 가려 뽑은 子弟 20인을 모두 그대로

司譯院에 모아 漢文과 漢語를 강습하게 하고, 使臣이 北京에 갈 때마다 그들을 從事官으로 임명하여 보내게 하소서."하니, 그대로 따랐다-

세종은 역관 생도들을 문관 출신에서 선발하기도 하였는데 有職者는 漢學講隷官이라 하고 無職者는 漢學生이라고 불렀다. 그 후 세종 16년 봄에 또 한어에 능한 李邊과 金何를 중국 遼東으로 파견하여 그곳의 識者인 許福 · 鄒望 · 劉進 등에게『直解小學』을 質正하도록 하였다. 그리고 앞에서 언급한 바와 같이 세종 25년 후에는 申叔舟 등을 중국에 보내 音韻을 質正하도록 하였다. 이처럼 중국 현지에 가서 중국어 발음을 질정하는 일은 후에 제도화하여 承文院에다 質正官을 설치하도록 하였다.[19]

세종 18년에는 또 義州迎送官이라는 관직을 설치하여 사역원의 講隷官과 생도들을 선발하여 遼東 지역에 가서 중국어를 훈련할 수 있는 기회를 마련하는 등 중국 현지에서의 언어 훈련을 최선책으로 삼았다.[20] 중국 현지에서의 언어 습득이 효과가 매우 좋았던 것은 다음과 같은 기록에서도 증명하고 있다.

....

[19] 國家每於科擧之後, 文臣年少聰敏者, 選屬承文院, 令習漢語吏文, 其有將來者, 稱爲質正官, 每行赴京, 卽古金坵獻議之意也. (『中宗實錄』卷19, 39年 4月 庚午條)
－국가에서 매양 과거를 보인 뒤에는 文臣 중에 나이 젊은, 총명하고 민첩한 사람을 가려 承文院에 소속시켜 漢語와 吏文을 학습시켜서 그 중에 장래가 유망한 사람은 質正官이라 이름하여 使行 때마다 北京에 가도록 하는 것은, 곧 옛적에 金坵가 건의한 뜻과 같은 것입니다-
[20] 議政府據禮曹呈啓: 國家能通漢語者少, 實爲可慮. 擇請隷官及生徒年少聰敏者, 號稱義州迎送官, 至遼東留止之時, 或質問經書, 或傳習語音, 仍給麻布十匹, 人蔘五斤, 以資其行. 從之. (『世宗實錄』卷74, 18年 8月 戊寅條)
－議政府에서 禮曹의 牒呈에 의거하여 아뢰기를 "국가에 중국말을 능히 통하는 사람이 적사오니 실로 염려스럽습니다. 講隷官과 生徒 중 나이 젊고 총명하며, 민첩한 사람을 義州迎送官이란 이름으로 遼東에 가서 머물러 있을 때에 혹은 經書를 질문하기도 하고, 혹은 語音을 익히기도 하라 하고, 이에 麻布 10필과 人蔘 5근을 주어서 그들의 여비에 쓰게 하소서."하니, 그대로 따랐다-

今觀譯者, 習華語至十年久而不及奉使中國數月往來之熟, 此無他, 於中國則凡所聞所言無非華語, 而耳濡目染。(『世宗實錄』24년 2月 乙巳條)
－지금 여러 通譯하는 자를 보면, 중국말을 10년이나 되도록 오래 익혔어도 使臣으로 중국에 두어 달 다녀온 사람만큼도 익숙하지 못하니, 이것은 다름 아니라 중국에 가게 되면 듣는 것이나 말하는 것이 다 중국말뿐이므로 귀에 젖고 눈에 배어지는 때문입니다－

이상 기록에서는 본국에서 중국어를 10년 공부하는 것이 使臣으로 중국에 수개월간 다녀온 것만큼 능숙하지 못하다고 평가하면서 이것은 중국에서는 듣고 말하는 것이 모두 중국어뿐이기 때문임을 강조하고 있다.

4.2 原語民 강사 초빙

조선시대에는 역관들의 중국어 실력을 향상시키기 위하여 중국 현지에 역관들을 파견하는 방법 외에 또 중국의 原語民을 강사로 초빙하여 중국어를 가르치는 방법을 취하기도 하였다. 그 예로 『世宗實錄』(세종 23년 10월)의 기록에 포로 신분인 遼東鐵嶺衛의 軍人 李相을 남기어 承文院 生徒와 講肄生들에게 吏文과 중국어를 가르치게 한 것으로 알려진다.

漢音傳音漸致差訛, 慮恐倘有宣諭聖旨難以曉解, 朝廷使臣到國, 應待言語理會者少, 深爲未便。幸今李相粗識文字, 漢音純正, 擬合存留傳習。(『世宗實錄』卷94, 23년 10月 乙酉條)
－漢音을 학습함에 있어서 점점 그릇됨이 있어, 혹 宣諭하는 聖旨를 밝게 이해하기 어려움이 있을까 두려우며, 朝廷의 사신이 本國에 이르러서 대화하는 말을 이해하는 자도 적어서 대단히 불편하옵니다. 다행히 지금 李相은 글을 대강 알고 漢音이 순수하고 바르므로 머물러 두고 말을 傳習하기에

합당하옵니다-

이상 기록에 의하면 이조 참판 成念祖가 北京에 가져간 奏文의 내용으로, 중국의 사신이 올 때 중국어에 능통한 자가 적어 불편을 겪고 있는데 다행히 李相의 중국어발음이 純正하므로 그를 남기어 중국어를 가르치도록 청한다는 기록이다.

중국인을 漢語 강사로 초빙한 기록은 『通文館志』에서도 찾아 볼 수 있다.

> 至於庚午年大臣引見時, 語及偶語廳, 上曰: 壬戌年間閔鼎重爲提調時, 倂設此廳, 使漢人文可尙等敎習漢語, 其時以爲有效. (『通文館志』卷8, 故事條)
> －庚午年에 이르러 大臣을 引見할 때 말이 偶語廳에 미쳤는데, 임금이 말하기를 "壬戌年에 閔鼎重이 提調였을 때 이 廳을 창설하고 漢人 文可尙 등을 시켜 漢語를 교습하였는데 그때 효과가 좋았다."라고 하였다－

이것은 숙종 8년에 설치된 사역원 偶語廳에서 중국인 文可尙과 鄭先甲을 漢語訓長으로 삼았다는 내용인데 그 효과가 아주 좋았음을 기록하고 있다.

이처럼 역사적으로 우리나라에서는 중국어의 실력 향상을 위하여 중국 본토에 가서 훈련 받는 것을 가장 효과적인 방법으로 선호하였고 그 다음으로는 직접 중국어 원어민을 청해서 중국어를 가르치는 방법을 채택하기도 하였다.

4.3 鄕語 사용의 통제

司譯院에서는 또한 중국어 습득을 위하여 평소에 鄕語(우리말)의 사

용을 금하는 등 특단의 조치를 취하기도 하였다. 이에 대한 문헌 기록을
살펴보면 다음과 같다.

司譯院都提調申槩等啓: ……入本院則不得已而習漢音, 若常時則令用鄕
語, 一日之內漢語之於鄕語不能十分之一也……自今本院祿官前銜權
知、生徒、講肄官、漢學生等, 每至院中一禁鄕語, 上而師長官僚官與應
付, 下至權知生徒招乎應諾一用漢語, 大而公事議論, 小而飮食起居, 一用
漢語……(『世宗實錄』 24年 2月 乙巳條)
－사역원 都提調 申槩 등이 아뢰기를 "……본원에 들어와서 마지못해 한어
(漢音)를 익힐 뿐더러 보통 때는 늘 우리말을 쓰고 있으니, 하루 동안에
한어는 국어의 십분의 일도 못 쓰는 것입니다……지금부터 本院의 祿官으
로서 前銜權知나 生徒・講肄官・漢學生 등은 매양 本院 안에 와 있을 때
는 우리말을 일체 금지하고, 위로는 師長과 僚官들이 서로 응대하는 것으로
부터 아래로는 權知나 生徒를 부르거나 대답하는 것까지도 오로지 중국말
만 쓰기로 하며, 크기로는 公事議論으로부터 적기로는 음식 먹는 것이나
起居하는 것까지도 한가지로 중국말만 쓰게 하옵소서……"하였다－

이상 기록은 세종조 때 사역원에서 중국어의 사용이 鄕語의 사용에
10분의 1도 안됨을 지적하고 향후에는 鄕語의 사용을 일절 금하고 공무
수행에서부터 일상생활에 이르기까지 모두 漢語만을 사용하도록 하는
조치를 취하였음을 알 수 있다. 그리고 이를 지키지 않는 자에게는 엄한
벌칙을 내리도록 한다고 기록하고 있다. 鄕語의 사용을 금하였다는 기록
은 『通文館志』에서도 찾아 볼 수 있다.

日會公廨, 禁鄕語, 勤講習。時復親試, 賞罰分明, 五年之間大有成效, 人
榮其選。(『通文館志』 卷8, 故事條)
－날마다 公廨에 모여 우리말을 금하고 講習을 부지런히 하게 하였다. 이때
親試를 회복하고 賞罰이 분명하였으므로 5년 사이에 크게 성과가 있었고
사람들이 거기에 뽑히는 것을 영예로 여겼다－

이것은 조선 肅宗 연간에 사역원 偶語廳에서 鄕語의 사용을 금하고 賞罰을 분명히 하였는데 5년 사이에 큰 효과를 보아 사람들이 우어청에 선발되는 것을 영예롭게 생각하였다고 기록하고 있다.

이 밖에 역학 기관에서 중국어 교육을 구체적으로 어떻게 시켰는지는 정확히 알 수 없으나 앞에서 살펴본 역관 등용을 위한 시험 방식인 講書·譯語·寫字 등을 참고로 할 수 있을 것이다. 그것은 당시 역관들의 중국어 공부가 이러한 시험에 대비하여 진행되었을 것이기 때문이다.

5 譯官의 어학 실력

이상의 고찰을 통하여 알 수 있다시피 우리나라에서는 역관들의 중국어 습득을 위하여 실로 많은 노력들을 기울여 왔다. 그러나 역대 조정에서 기울인 노력에 비하여 역관들의 중국어 실력은 항상 기대에 미치지 못한 것으로 나타난다. 앞에서 살펴본 바와 같이 고려조 때 通文館을 설치하게 된 주요 이유 중의 하나가 바로 당시 舌人들의 번역 실력이 부실하였기 때문임을 알 수 있다. 그런데 조선조에 이르러서도 崔世珍과 같이 뛰어난 역관이 배출되기도 하였으나 항상 역관들의 중국어 실력에 대한 불만과 우려의 목소리가 끊이지 않았던 것으로 기록된다. 이에 관한 문헌 기록들을 살펴보기로 한다.

近來司譯之學, 但習漢語, 以不知經史之學, 朝廷使臣有語, 及經史則懵然不知, 失於對應, 深爲國家之所羞。(『太宗實錄』卷8, 4年 8月 己丑條)
－근래 司譯의 학습에 다만 漢語만을 익혀서 經史의 학문을 알지 못하여, 중국 사신의 말이 經史에 미치면, 몽연히 알지 못하여 응대하는 데 실수하니, 매우 국가의 수치가 됩니다－

이상 기록에는 태종조 때 司憲府의 上疏文에서 당시 譯官들이 어학 공부에만 치중하고 經學과 史學의 지식이 부족하여 중국 사신의 대화 내용을 제대로 전달하지 못하고 있는데 이것은 나라의 큰 수치라고 지적하고 있다.

> 凡言語, 辨通曲折而味趣存焉。今通事等汎言其槩而已, 其曲折處不能變通, 是可恨也。(『世宗實錄』 卷55, 14年 正月 丁卯條)
> — 대개 말이라는 것은 굽고 꺾어진 데를 통변하게 하는 것에 맛도 있고 의미도 있는 것인데, 지금의 通事들은 대충 그 대강만을 말할 뿐이고, 그 굽고 꺾어진 곳을 통변하지 못하니 한스러운 일이다—

이상 기록은 세종이 당시의 通事들이 통역을 할 때 개략적인 내용만 대충 번역하고 깊이 담겨져 있는 의미를 정확히 전달하지 못하고 있음을 한탄한 것이다. 세조 때에도 중국어 실력에 대한 우려를 기록하고 있다.

> 謹按……漢吏之文理會者鮮少, 每遇事大文書未諳體例, 且又朝廷使臣到國應待語音, 恐致差誤, 深爲未便。(『世祖實錄』 卷20, 6年 5月 丙戌條)
> — 신이 삼가 살펴보건대……漢文·吏文의 문서를 깨달아 아는 자가 매우 적으므로 매양 事大文書를 만나면 體禮에 익숙치 못하고, 또 중국 조정의 사신이 우리나라에 오면 應對하여 말하는 데도 差誤가 생길까 두려우니, 참으로 未便합니다—

이상 기록은 세조 때 仁順府尹 金禮蒙 등이 明나라에 우리나라 자제의 입학을 청하는 表文에서 당시 조정에 중국어와 吏文에 익숙한 자가 드물어서 외교문서를 작성할 때나 중국의 사신을 접대할 때 차질이 생길 것을 우려하고 있다. 성종 때에 이르러서도 역시 역관들의 중국어 실력이 기대에 미치지 못하였던 것으로 나타난다.

茲者出來祁張兩使, 皆中朝名流, 揖讓之間多以經史之語白上, 而通事皆
未能曉解, 至有使臣畫字於掌上以示然後乃悟。噫, 以堂堂禮儀之國, 而
曾不得一傳給之士能通華語者, 周旋於其間哉? 其無光於朝廷甚矣。(『成
宗實錄』卷67, 7年 5月 丁巳條)
－이번에 왔던 祁順·張瑾 두 使臣은 모두 중국의 名士들이어서 揖讓을
하는 사이에 經書나 史記에 있는 말을 가지고 임금에게 아뢰는 것이 많았는
데, 通事가 그것을 이해하지 못하여 심지어는 使臣이 손바닥 위에 글자를
써서 보여주어야만 그 뜻을 깨닫게 되었습니다. 그러니 당당한 禮義의 나라
로서 중국말에 능통하여 그 중간에서 제대로 주선할 만한 익숙한 선비가
한 사람도 없단 말입니까? 이는 매우 朝廷에 빛이 나지 않는 일입니다－

이상 기록은 司憲府 大司憲 尹繼謙 등이 올린 上疏文에, 당시 중국
사신들의 대화 내용에는 經史 지식에 관한 것들이 많은데 이것을 通事
가 잘 알아듣지 못하여 때로는 사신이 손바닥에 직접 써서 보여서야 드
디어 그 뜻을 이해하는 정도라고 하였으며, 禮儀之國으로 일컫는 나라
에서 이처럼 중국어에 능통한 자가 하나도 없다는 것은 조정의 큰 수치
라고 적고 있다. 중종 때에는 비록 崔世珍과 같이 뛰어나 역관이 배출되
기도 하였으나 그의 뒤를 이을 만한 후계자를 양성하지 못하여 고민을
하였다.

今文臣曉解吏文及漢音者獨崔世珍一人而已, 非此人則凡爲奏咨文書及
應答中朝文移, 無獨當入手者, 此甚可慮。(『中宗實錄』卷23, 10年 11月
丙申條)
－지금 文臣 중에 吏文 및 漢音을 잘 아는 자는 다만 崔世珍 한 사람뿐이므
로, 이 사람이 아니면 무릇 주청·통자하는 문서 및 중국에 응답하는 文移에
있어서 홀로 맡아서 손을 댈 자가 없으니, 이는 매우 염려스러운 일입니다－

이상 기록은 중종 10년에 領議政 柳洵이 당시 최세진을 제외하고는

역어를 담당할 인재가 없음을 우려하여 문신 중에 젊은 자를 선택하여
양성할 데 관한 啓를 올린 것이다. 그러나 중종 23년에 領議政 정광필
등이 올린 啓에 의하면 그 후에도 상황이 별로 좋아지지 않은 것으로
보인다.

> 承文院漢語、吏文成才者無之, 只有崔世珍一人, 而其後更無能者。(『中
> 宗實錄』 卷60, 23年 正月 癸巳條)
> ─承文院에 漢語와 吏文을 잘하는 인재가 없고 단지 崔世珍 한 사람이
> 있을 뿐 그 후에는 다시 등용된 자가 없습니다─

이상 기록에서도 漢語와 吏文에 능한 자가 崔世珍 한 사람 밖에 없으
며 그 뒤를 이을 자가 없다고 지적하였는데, 중종 31년의 기록에 의하면
오히려 상황이 더욱 심각해졌음을 보여 주고 있다.

> 今者, 堪爲御前通事者絶無, 近有天使之來, 彼此不能通意, 誠非細故。
> (『中宗實錄』 卷81, 31年 2月 庚戌條)
> ─지금 御前에서 통역을 맡을 만한 자가 극히 드물어 中國 使臣이 왔을
> 때 피차가 서로 뜻을 통할 수 없으니 진실로 작은 일이 아닙니다─

이상 기록은 좌의정 金安老와 우의정 尹殷輔가 당시 御前에서 통역
을 담당할 만한 역관이 하나도 없어서 중국에서 사신이 왔을 때 의사소
통을 하지 못할 정도로 심각함을 우려하고 있는 내용이다.

이상과 같이 역대 조정에서는 일찍 事大交隣 정책을 실행함에 있어서
역관의 양성이 매우 중요함을 인식하였고 아울러 역관의 실력 향상을
위하며 여러 가지 대책을 강구하기도 하였지만 실제적으로는 역관 양성
의 효과가 그다지 이상적이지 못하였으며 특히 역관의 중국어 실력이
기대에 미치지 못한 것으로 나타난다. 그 원인을 분석하여 보면 주로

다음과 같은 몇 가지로 요약할 수 있을 것이다.

우선은 당시 譯科 출신에 대하여 차별시하는 경향에서 비롯된 것이라 할 수 있을 것이다. 앞에서 살펴본 바와 같이 고려 시대에 舌人에 대한 사회적 인식이 좋지 않았던 것으로 나타나는데 조선 시대에도 크게 달라진 것이 없는 듯하다. 조선시대의 과거 제도에는 文科·武科·雜科와 문과의 예비 시험으로 生員·進士試가 있었다. 일반적으로 文武科와 생원·진사시는 兩班들이 보는 시험이고 雜科는 中人들이 보는 시험이었다.(李成茂:1994;113) 中人은 兩班과 常人의 중간에 있는 계급층으로 주로 기술직에 종사하는 사람들인데, 이들에 대한 文官 출신들의 차별시가 심하였으며 문신들은 譯科를 雜事 또는 雜藝라고 천시하였다.[21] 역대로 조정에서는 事大交隣에 있어서 역관들의 역할이 중요함을 강조하였고 또 문관 출신과 兩班 子弟들이 역학을 배우도록 함으로써 역관의 신분 상승을 꾀하였다. 그러나 역과를 雜科에 귀속시킴으로써 中人의 자제들마저도 꺼리게 되는 결과를 초래하였다.

둘째는 정책적으로 역관 신분에 대한 대우가 너무 낮은 데서 비롯된 것으로 보인다. 전체 譯官 수에 비하여 祿職의 窠數가 너무 적은데다[22] 대부분 임시직인 遞兒職이며 대우가 열악하였다. 역관들은 다른 관직의 같은 품계에 비하여 훨씬 낮은 대우를 받았으며(鄭光 외:1985;173) 게다가 사역원의 外任職에 대한 대우는 더욱 열악한 것으로 나타난다.

---

21) 역대로 譯官 출신에 대한 文臣들의 천대가 심하였는데 그 한 예로 성종조 때 역학을 장려하기 위하여 역관 출신을 東西班에 擢用할 것을 명하자 大司憲 蔡壽 등은 "역관은 사대부에 낄 수 없다"(舌人不齒士大夫之列)고 하였고 "醫官과 譯官의 무리는 모두 미천한 집안 사람이라 士族이 아니다"(醫譯之流, 皆出賤微, 非士族也。)라고 반대하였다.(姜信沆:2000;46)

22) 柳承宙(1970)에 의하면 譯官의 전체 수는 600餘員인데 職窠數는 겨우 76窠에 불과하였다.

司譯院官員以都提調意啓曰: 本院定送漢學一員于黃海監營兵營, 平安監
營兵營, 宜川·義州……其所稟料接待理宜加優, 而其中至有只放單料,
不給使喚處, 以此人皆厭避, 逢差之後, 若投死地……(『譯官上言謄錄』庚
申[1680 肅宗6年] 7月 21日)
－사역원 官員이 都提調의 뜻으로 아뢰기를, "本院에서는 漢學 一員씩을
黃海監營兵營·平安監營兵營·宜川·義州……등지에 파견하기로 정하
였는데 그들에게 녹봉(稟料)과 대우를 마땅히 후하게 해주어야 하나 그중에
는 박봉만 주고 使喚을 사용할 비용조차 지급하지 않아 사람들이 모두 꺼려
하고 회피하며 이런 직책이 차례지면 사지에 내몰린 것처럼 여기옵니
다……"－

　이상 기록에 의하면 祿職 外任에 부임되는 역관은 불시의 사태에 대
비하여 지방에 파견되어 근무하는 중요한 직책인데도 그들에게 使喚의
비용도 제대로 충당해 주지 않을 정도로 열악한 대우를 해주었으므로
사람들은 外官職에 부임되는 것을 마치 死地에 내몰리는 듯이 꺼려한다
고 하였다.

　셋째는 역관 출신들이 經書나 史書 등에 대한 지식이 부족한 것으로
보인다. 앞에서 든 예에서 보다시피 당시 중국에서 온 사신들이 經史에
관한 내용을 담론하면 역관들이 알아듣지를 못하여 사신들이 직접 손바
닥에 써 보여서야 비로소 그 뜻을 이해할 수 있을 정도였다고 하였다.
그것은 역관 출신들의 지식 면이 그 만큼 넓지 못하였으며 특히 經史
방면의 지식이 부족한 것으로 나타난다. 조정에서 文臣 출신들에게 역어
를 배우도록 권장한 것도 역관 출신들의 그러한 부족점을 미봉하기 위한
것과 관련이 없지 않은 것으로 짐작된다.

6 맺음말

이상 고찰에 의하면 우리나라에서는 역사적으로 외교적 실무를 담당하는 譯官 양성을 위하여 일찍부터 전문기구를 설치하고 제도화하였음을 알 수 있다. 따라서 역대의 조정과 역관들은 중국어 습득을 위하여 많은 노력을 기울여 왔는데 우선 중국 현지에서 사용되는 실용 중국어를 습득하고 정확한 발음을 익히기 위하여 會話敎科書와 中國語韻書의 편찬에 주력하였다. 그리고 시대가 흐름에 따라 중국어 자체가 변화하는 데 적응하기 위하여 동일한 교과서를 수차례에 걸쳐 수정을 하는 등 당시의 여건 하에서 기울인 노력은 지금 시각으로 보아 실로 대단하다.

譯官들의 중국어 실력 향상을 위하여 마련한 일련의 대책 중에 가장 효과적인 방법으로 선택한 것은 중국 현지에 직접 留學生을 파견하는 것이었다. 비록 한때는 중국 조정의 비협조적인 태도로 본격적으로 유학생을 파견할 수는 없었지만 그 대신 여러 경로를 통하여 역관들을 중국에 파견함으로써 현지에서 중국어를 실습할 수 있는 기회를 마련하였다. 이러한 역사적 경험들은 오늘날에 있어서도 그 의미를 지니는 바 중국어 전공 학생들을 위하여 중국의 대학들과 교환학생을 파견하고 學點交流制를 실시하거나 현지에서의 정기적인 언어연수를 제도화하는 등 중국 현지에 가서 중국어를 습득할 수 있는 기회를 마련해 주는 것이 매우 효과적인 학습 방법임을 시사하고 있다. 그리고 중국의 原語民을 초청하여 중국어를 가르치도록 하는 형식도 효과적인 방법으로 선호하였던 것으로 나타난다. 또한 외국어 교육 기관에서 母國語 사용을 통제하는 등 특단의 조치를 취한 것도 그 효과가 매우 좋은 것으로 나타난다.

譯官 양성에 관한 고찰을 통하여 반성해 보지 않을 수 없는 부분은 당시 조정에서 기울인 노력에 비하여 역관들의 실제 중국어 실력이 부진

한 상태였다는 것이다. 이것은 역관이 담당하는 중책에 비해 신분상의
차별시와 열악한 대우라는 모순된 환경이 역관의 자질 향상에 직접적인
영향을 미친 것으로 보인다. 따라서 이것은 당시의 보수적인 계급 사회 ·
에서 비롯된 역사적 교훈이라 하겠다. 그런데 지금도 중국어 교육 현장
에서 회화 교육을 비학문적인 분야로 천시하거나23) 사회적으로 번역 작
업을 단순한 기술직으로 쉽게 생각하고 홀대하는 경향을 발견할 수 있
다. 오늘날의 여러 간행물이나 텔레비전의 자막 등에 誤譯이 자주 등장
하며, 이른바 '誤人子弟'의 저질 飜譯品이 쏟아져 나오는 현상이 이를
잘 설명해 주고 있다. 다행스러운 것은 현재 전문 通譯士가 점차 유망
직종으로 각광을 받는 추세를 보이고 있으며 또한 일부 대학에서 通譯飜
譯大學院을 개설하고 통번역 박사과정을 설치하는 등 譯學의 유구한
전통을 지닌 우리나라의 飜譯界에 밝은 미래가 전망되기도 한다.

※ 이 논문은 「한국에서의 중국어 역관 양성에 대한 역사적 고찰」이라는 제목으로
〈中國言語硏究〉(韓國中國言語學會) 第11輯(2000:59~91)에 실린 것을 보충 ·
수정한 것이다.

23) 우리나라 일부 대학에서는 지금도 외국어 회화 과목을 학점 인정과 교수의 책임시
간 환산에서 다른 과목과 차별시하는 경향이 있다.

譯官 선발 出題書와 評價 方式

1 서론

　우리나라에서는 역사적으로 中國語 습득을 위하여 초기에는 四書三經과 같은 儒教 經典을 주요 교재로 삼았으나 중국에서 사용하는 公用語의 변화로 하여 상응한 어학 교재가 필요하였다. 그리하여 자체로 회화체 교과서를 편찬하거나 또는 당시의 중국어를 반영하는 冊子를 중국으로부터 수입하여 사용하기도 하였다. 그 예로 초기 漢學書의 대표작으로 꼽히는 『老乞大』와 『朴通事』가 편찬되었고 『直解小學』・『孝經直解』・『五倫全備』 등 중국에서 편찬된 책들을 어학 교재로 사용하였던 것이다. 한편 朝廷에서는 중국어 譯官 양성과 인재 선발을 위하여 전문교육기관을 설립하고 체계적인 시험제도를 실시하였다. 특히 조선시대에 이르러는 司譯院과 같은 외국어 교육기관을 설립하였고 朝廷에서 漢學 科試를 위한 중국어 학습서 및 出題書를 지정하고 試券에 대한 평가 기준을 법으로 정하는 등 완벽한 외국어인재 선발 제도가 수립되었다.

　본고에서는 문헌기록을 근거로 조선시대 中國語 譯官 선발을 위한 出題書와 譯科 漢學의 試題 및 평가 기준을 살펴보고, 조선 英祖 年間에 실제로 실시된 漢學 科試 試券을 통하여 당시의 출제 내용과 평가 방식 등에 대하여 고찰하고자 한다.

2 中國語 學習書의 종류와 出題書

조선시대의 문헌 기록에 나타난 中國語 學習書와 出題書들을 살펴보면 다음과 같다.

『世宗實錄』5年(1423)의 기록:
禮曹據司譯院牒呈啓: 『老乞大』, 『朴通事』, 『前後漢書』, 『直解孝經』等書, 緣無板本, 讀者傳寫誦習, 請令鑄字所印出。從之。(『世宗實錄』 卷20, 5年 6月 壬申條)
－ 예조가 司譯院의 첩문에 의하여 아뢰기를 "老乞大·朴通事·前後漢·直解孝經 등의 책이 판본이 없어서 읽는 사람들이 베껴서 전하여 배우고 있으니 鑄字所에 명하여 인출할 것을 청합니다."라고 하니, 그대로 따르도록 하였다－

『世宗實錄』8年(1426)의 기록:
禮曹據司譯院牒啓: 在前四孟朔取才, 依三館例, 以四書、『詩』、『書』、『古今通略』、『小學』、『孝經』、『前後漢』、『魯齋大學』、『老乞大』、『朴通事』, 周而復始, 臨文講試。(『世宗實錄』 卷33, 8年 8月條)
－ 예조가 司譯院의 첩문에 의하여 아뢰기를 "예전에는 四孟朔取才 시에 三館의 전례에 따라 四書·詩·書·古今通略·小學·孝經·前後漢·魯齋大學·老乞大·朴通事 등을 주기적으로 반복하여 臨文·背講하도록 하였습니다."－

한편 세종조 때 외국어에 대한 取才에는 漢吏學·字學·譯學의 세 분야가 있었는데, 『世宗實錄』12年(1430) 3月 戊午條의 諸學 取才에 등재된 漢吏學·字學·譯學의 取才書를 정리하면 다음과 같다.

漢吏學:
書、詩、四書、魯齋大學、直解小學、成齋孝經、少微通鑑、前後漢、

吏學指南、忠義直言、童子習、大元通制、至正條格、御製大誥、朴通
事、老乞大、事大文書謄錄、製述: 奏本、啓本、咨文

字學:
大篆、小篆、八分

譯學:
漢訓－書、詩、四書、直解大學、直解小學、孝經、少微通鑑、前後
漢、古今通略、忠義直言、童子習、老乞大、朴通事(이하 譯學에 속하
는 蒙訓과 倭訓은 생략함)(鄭光:2002;14)

또한 조선시대의 法典인『經國大典』에 기록된 承文院의 漢學 학습
서를 살펴보면 다음과 같다.

承文院官員, 每旬提調講所讀書:『詩』、『書』、四書、『魯齋大學』、『直解
小學』、『成齋孝經』、『小微通鑑』、『前後漢』、『吏學指南』、『忠義直
言』、『童子習』、『大元通制』、『至正條格』、『御製大誥』、『朴通事』、
『老乞大』、『吏文謄錄』, 又製吏文給分數, 歲秒通考定等第。(『經國大典』
卷3, 禮典 獎勸條)
－承文院의 관리들에 대해서는 每旬마다 提調가 공부한 책인 詩・書・四
書・魯齋大學・直解小學・成齋孝經・小微通鑑・前後漢・吏學指南・
忠義直言・童子習・大元通制・至正條格・御製大誥・朴通事・老乞
大・吏文謄錄을 강론하도록 한다. 또 吏文을 짓게 하여 점수를 주고 연말
에 통산하여 순위를 정한다－

조선조의 承文院은 주로 事大交隣의 문서를 관장하는 부서로서 이상
기록은 漢吏文 작성을 위한 학습서의 범위를 보여주고 있다. 한편『經國
大典』에 기록된 譯科 漢學 출제서의 범위는 다음과 같다.

譯科 初試:
漢學講書: 四書(臨文)、老乞大、朴通事、直解小學(背講)
譯語－飜經國大典(臨文)

譯科 覆試:
漢學講書: 同初試(願講五經、少微通鑑、宋元節要者, 聽臨文)
譯語－同初試(『經國大典』卷3 禮典 諸科 譯科條)

『經國大典』 이후 司譯院에서 편찬한 『通文館志』(卷2, 勸奬 第二 科擧
條)의 기록을 통해서도 漢學 출제서의 범위를 살펴볼 수 있다.(본서 제1장
제1절 참조)
  이상 문헌 기록에 나타난 漢學 학습서들을 내용별로 분류하면 대체로
다음과 같다.

  1) 經書類: 詩經·論語·孟子·中庸·大學 등
  2) 史書類: 小微通鑑·前後漢·古今通略·忠義直言 등
  3) 吏文類: 吏學指南·吏文謄錄·事大文書謄錄·製述:奏本·啓
     本·咨文 등
  4) 法制類: 大元通制·至正條格·御製大誥·經國大典 등
  5) 譯語類: 老乞大·朴通事·直解小學·直解孝經·五倫全備 등

  이처럼 조선시대에는 중국어 역관 양성을 위하여 다양한 文體의 학
습서를 사용한 것으로 나타난다.

3 初試와 覆試

조선조 초기의 譯官 선발을 위한 시험 제도는 『經國大典』(禮典 譯科 條)에 다음과 같이 규정되어있다.

譯科 初試:
　額數: 漢學二十三人, 蒙學・倭學・女眞學各四人(司譯院 錄名試取)
　　　　漢學鄉試, 黃海道七人, 平安道五十人(觀察使定差使員 錄名試取)
　講書: 漢學－四書(臨文), 老乞大・朴通事・直解小學(背講)
　寫字: 蒙學－王可汗・守成事鑑・御史箴・高難加屯・皇都大訓・老乞大・孔夫子・帖月眞・吐高安・伯顔波豆・待漏院記・貞觀政要・速八實・章記・何赤厚羅・巨里羅
　　　　倭學－伊路波・消息・書格・老乞大・童子教・雜語・本草・議論・通信・鳩養物語・庭訓往來・應永記・雜筆・富士
　　　　女眞學－千字・天兵書・小兒論・三世兒・自待衛・八歲兒・去化・七歲亞・仇難・十二諸國・貴愁・吳子・孫子・太空・尚書
　譯語: 漢學・蒙學・倭學・女眞學(並飜經國大典 臨文)

譯科 覆試:
　額數: 漢學十三人, 蒙學・倭學・女眞學各二人(本曹同本院提調 錄名試取)
　講書: 同初試(願講五經・少微通鑑・宋元節要者, 聽臨文)
　寫字・譯語: 同初試

이상 『經國大典』의 규정에 의하면 譯科의 예비시험인 初試의 경우, 서울에서 행하는 京試에서는 漢學이 23人, 蒙學・倭學・女眞學이 각각 4人을 선발하는데 응시자들은 司譯院에서 자격 검증을 받고 이름을 등록하는 錄名[1]을 하고 시험을 치른다. 그리고 漢學의 지방 시험인 鄕試는 黃海道에서 7人, 平安道에서 15人을 선발하는데 응시자들이 觀察使가 파견한 위임 관리를 통하여 錄名을 한 다음에 시험을 치른다.

시험 방식에는 講書·寫字·譯語 등 3가지 방법을 사용하였다. 漢學의 경우는 주로 講書의 방법을 사용하였는데 『論語』·『孟子』·『中庸』·『大學』 등 四書는 책을 펴놓고 보면서 중국어 발음으로 읽고 우리말로 풀이하는 臨文講書의 방식을 사용하고, 『老乞大』·『朴通事』·『直解小學』 등은 외워서 읽고 풀이하는 背講의 형식을 사용하였다. 기타 蒙語學·倭語學·女眞語學은 출제된 부분을 외워 쓰는 寫字의 방법을 주로 사용하였다. 譯語는 漢·蒙·倭·女眞學이 모두 책을 보면서 우리말로 번역하는 臨文飜譯의 형식으로 『經國大典』을 번역하게 하였다.

본시험인 覆試의 경우, 漢學은 13人, 蒙學·倭學·女眞學은 각각 2人을 선발하며, 禮曹에서 사역원 提調와 함께 수험생들에게 자격을 검증받는 錄名을 하게 한 다음에 시험을 치르도록 하였다. 覆試의 講書 형식은 初試와 같으며 다만 응시자가 『五經』·『少微通鑑』·『宋元節要』를 講하기를 희망할 경우 책을 펴놓고 보면서 하는 臨文의 형식을 취하도록 하였다. 寫字와 譯語의 형식은 初試와 같다.

이러한 선발 제도는 壬辰倭亂과 丙子胡亂을 거치면서 여러 차례 改編되었는데 『啓辭謄錄』과 『受敎輯錄』(1698), 『典錄通考』(1706), 『通文館志』 등 여러 문헌들에 기록된 내용들이 최종적으로 정착된 『續大典』(1746) 禮典 譯科條의 기록을 살펴보면 다음과 같다.

----

1) '錄名'은 시험 전에 응시자가 自身과 四祖의 관직·성명·본관 등을 쓴 문건과 보증서를 제출하여 신원을 확인받은 다음 이름을 등록하는 것을 말한다. 응시자는 錄名하기 전에 간단한 실력 시험인 照訖講에 합격해야 하고 또 四祖의 이력에 결함이 없어야 등록할 수 있다.

初試:
　　試官: 司譯院提調二員(或一員兼敎授, 無故則亦參), 同四學官各二員
　　　　　(該院差定) 試取
　　額數: 式年(見大典), 增廣同大增廣2), 則漢學、蒙學、倭學, 各加四人
　　講書: 漢學－四書(臨文)、老乞大、朴通事(見大典)、五倫全備(新增,
　　　　　以上背誦)、直解小學今廢
　　寫字: 蒙學－老乞大(見大典)、捷解新語(新增)
　　　　　倭學－捷解新語(新增)
　　　　　淸學－八歲兒、小學論(見大典)、老乞大、三譯總解(新增), 其
　　　　　餘諸書今廢
　　譯語: 同大典

覆試:
　　試官: 司譯院提調一員(二望), 同四學官各二員試取
　　　　　參試官、監試官, 本曹堂上官、郞官各一員, 兩司官各一員進
　　　　　參, 下三科覆試同
　　額數: 式年(見大典), 增廣同大增廣, 則漢學、蒙學、倭學, 各加二人
　　講書: 同初試
　　寫字、譯語: 並同初試

　이상 규정들을 앞에서 살펴본『經國大典』과 비교하여 보면 試官에
대한 내용이 추가되었고 漢學의 경우 講書의 課冊에『直解小學』이『五
倫全備』로 교체되었으며 그 외 寫字의 課冊에도 일부 변동이 있었음을
알 수 있다.

---

2) '式年'은 科擧를 치르기로 정한 해이다. 즉 太歲에 子、卯、午、酉가 드는 해로
　3년에 한 번씩 돌아온다. '增廣'은 '增廣試'로, 나라에 큰 경사가 있을 경우에 기념으
　로 치르던 과거이며, 太宗 元年(1401)에 처음 실시되었다. '大增廣'은 왕실에 큰
　경사가 있을 때 치르던 과거로, 大科 합격자를 추가로 선발하였다.

4 譯官 試驗의 평가 방식

4.1 試券의 평가 기준

조선조의 譯科 試券에 대한 평가 기준은 『經國大典』 禮典 諸科條에 다음과 같이 규정되어 있다.

> 講書, 通二分, 略一分, 粗半分。寫字、譯語同。句讀、訓釋皆不差誤, 講論雖未該通, 不失一章大旨者爲粗; 句讀、訓釋皆分明, 雖通大旨, 未至融貫者爲略; 句讀、訓釋皆精熟, 融貫旨趣辨說無疑者爲通。
> ─講書는 通(완전 통달)에 2分, 略(대략 통달)에 1分, 粗(겨우 통달)에 半分으로 한다. 寫字와 譯語도 이와 마찬가지이다. 句讀와 訓釋에서 모두 틀리지 않고 강론이 신통치는 않지만 그 한 章의 기본내용을 놓치지 않은 경우에는 粗로 치며, 句讀와 訓釋이 모두 명백하고 기본내용도 알고 있기는 하지만 훤히 꿰뚫고 있을 정도에까지 이르지 못한 경우에는 略으로 치며, 句讀와 訓釋이 모두 능숙하고 내용을 훤히 꿰뚫고 있어 아리송한 점이 없을 경우에는 通으로 친다─

다음은 이러한 평가 기준에 근거하여 조선시대의 譯科 漢學 시험에서 실제로 출제된 내용과 그 採點이 어떻게 이루어졌는가를 살펴보기로 한다.

4.2 譯科 漢學의 試題

본고에서는 조선 시기 司譯院의 역관인 劉學基[3]가 英祖 46年(1770)

----

3) 劉學基는 일생을 漢語譯官으로 활약한 사람으로서 試券의 秘封 부분과 『譯科榜目』에 의하면 己巳年(1749)生으로 사역원 年少聰敏廳에서 漢學을 학습하고 21세

에 치른 '來辛卯式年譯科初試'의 試券과 그 이듬해인 英祖 47年(1771)
에 치른 '辛卯式年譯科覆試'의 試券을 근거로 당시의 출제 내용을 살펴
보기로 한다. 이 試券은 현전하는 譯科 漢學의 試券 중에서 가장 오래된
것으로 인정되고 있다.[4]

4.2.1 英祖46年 來辛卯式年譯科初試[5]의 試題

이 試券은 크기가 83.7cm×69.0cm이고 우측 상단의 秘封 부분에 응시
자의 신분·성명·본관·거주지와 四祖의 신분·성명·본관(外祖만)
등이 다음과 같이 적혀 있다.

朝散大夫 行司譯院參奉 劉學基: 年二十二 本漢陽 居京
父: 幼學益海
祖: 禦侮將軍 行忠武衛副司正 興祚
曾祖: 嘉善大夫 行龍驤衛副護軍 碩齡
外祖: 禦侮將軍 行加德鎭管 永登水軍萬戶 金弘瑞 本慶州

이 試券에는 상단의 우에서 좌로 漢學 出題書의 書名이 적혀 있고
書名 아래에 시험 범위가 다음과 같이 명시되어 있다.

老乞大: 自"我有些腦痛", 止"重重的酬謝"
朴通事: 自"我兩箇", 止"羅天大醮"

때 朝散大夫 司譯院參奉으로 出仕하였다. 영조 46년에 역과 初試를 거치고 영조
47년 覆試에서 3等 7人의 성적으로 합격하여 正九品 副奉事에 임명되었다. 그
는 80여세까지 살면서 관직이 正憲大夫(正二品) 同知中樞府事에 이르렀다.
4) 이 두 試券은 劉學基의 후손인 劉鍾輝翁이 소장하고 있는 것을 高麗大의 鄭光
선생님이 1986년 10월에 직접 열람하여 찍은 사진을 근거로 한다.(鄭光;1990;109)
5) '來辛卯式年初試'는 每式年 및 增廣試의 前期에 치르는 初試라는 뜻으로 辛卯年
의 上式年, 즉 庚寅年(1770)에 실시된 譯科初試이다.

伍倫全備:
論語: 自"子聞之曰"
孟子: 自"孟子見齊宜王曰"
中庸: 自"夫孝者"
大學: 自"詩云宜兄宜弟"
飜經國大典:

　이상 試題를 보면 漢學의 初試에는 講書 부분에서 漢學의 本業書인
『老乞大』와 『朴通事』만 출제되었고 『五倫全備』는 출제되지 않았다.
그리고 四書에서는 『論語』・『孟子』・『中庸』・『大學』에서 모두 출제
되었으며 『經國大典』을 번역하는 譯語는 출제되지 않았음을 알 수 있
다. 다음은 실제로 출제된 내용을 살펴보기로 한다.
　우선 『老乞大』의 경우 고려 말에 편찬된 『原本老乞大』와 그 후의
여러 수정본이 전해지는데 시기적으로 보아 英祖 37年(1761)에 邊憲 등
이 新釋하여 간행한 『老乞大新釋』(이하 「老新」)에서 출제되었을 것으로
추정된다. 이 試券에서 출제된 背講 범위인 "我有些腦痛頭眩"에서 "必
要重重的酬謝"까지는 「老新」의 35b 8行부터 36a 7行까지의 내용인데
原文 10行에 이르는 분량으로서 다음과 같다.

我有些腦痛頭眩, 快請太醫來, 診一診脉息看, 看是甚麼病。太醫說: 你脉
息浮沈, 你敢是吃了冷物傷着了。我昨日冷酒多吃了。那般不錯, 不能剋
化, 所以致腦痛頭眩, 不思飮食。我這藥是替你治剋化的, 你吃了就可以
立時見效的。木香散氣丸, 檳榔丸, 這藥裏頭, 該吃專治飮食停滯的。吃
檳榔丸, 必要在食後吃, 每服三十丸, 生薑湯送下。吃了麼, 就要跑肚走
動。先吃稀粥補一補, 然後再吃飯。第二日太醫再來說: 你好些了麼? 今
日早晨纔吃了些粥, 較好些了, 若病大好了, 必要重重的酬謝。
　　　　　　　　　　　　　　　　　　　　(이하 밑줄은 필자의 것임)

이 대목은 話者가 전날에 찬술(冷酒)을 과음하여 두통이 심하므로 太醫를 불러 치료를 받는 장면인데 응시자가 이것을 중국어로 외우고 우리 말로 뜻풀이를 하였을 것으로 보인다.

『朴通事』도 여러 版本이 있으나 「老新」보다 4年 後인 英祖 41年 (1765)에 金昌祚 등에 의해서 이루어진 『朴通事新釋』(이하 「朴新」)에서 출제되었을 것으로 추정된다. 『朴通事』의 背講 試題인 "我兩箇"에서 "羅天大醮"까지를 「朴新」에서 찾아보면 51b 10行에서부터 52a의 10行까지의 10行으로서 그 분량이 『老乞大』의 것과 비슷하다. 그것을 인용하면 다음과 같다.

我兩箇到書舖裡去, 買幾部閑書來消遣何如? 買甚麼書好呢? 買趙太祖飛龍記(夾註 생략)、唐三藏西遊記。(夾註 생략) 要買書買些四書六經也好, 怎麼只要買那小說書呢? 你不知這西遊記熱閙得很哩, 悶時節看看眞好解悶。那唐三藏引着孫行者到車遲國, 和伯眼大仙鬪聖這一段故事, 你知道麼? 你說我聽。當年有箇唐僧往西天取經去, 到一箇城子喚做車遲國。那國王敬重佛敎, 國中有一箇先生喚做伯眼, 要滅佛敎。但見和尚拿便着拉車解鋸, 起盖三淸(夾註 생략)大殿, 如此作賤佛家弟子, 一日先生做羅天大醮。

이 대목은 話者가 소설 『西遊記』에 나오는 한 장면을 소개하는 내용이다. 四書에서는 『論語』・『孟子』・『中庸』・『大學』에서 모두 출제되었는데 『論語』는 "自'子聞之曰'", 『孟子』는 "自'孟子見齊宣王曰'", 『中庸』은 "自'夫孝者'", 『大學』은 "自'詩云宜兄宜弟'"라고 되어있어 講書의 시작부분인 '自'의 내용만 적혀 있고 마침부분인 '止'의 내용이 없어 試官이 적당한 곳에서 멈추게 하는 형식을 취한 것으로 짐작할 수 있다.

당시의 四書는 雍正 甲寅年(1734)에 司譯院 院官 李聖彬 등이 『論語』(2本), 『孟子』(3本), 『中庸』・『大學』(合1本)과 『詩經』(3本), 『經書』(3

本),『春秋』(2本)를 合編하여 14冊으로 간행한『經書正音』을 사용한 것
으로 추정된다. 이『經書正音』은 각 글자 아래 正音과 俗音 두 가지
발음을 한글로 표시하여놓은 책으로서 譯官들에게 당시의 北京 발음으
로 經書를 읽고 인용할 수 있는 능력을 부여하기 위하여 간행된 譯學書
이다.

　『經書正音』에서 四書의 출제 부분을 찾아보면『論語』는『論語正音』
卷1 八佾篇(10a8～10행)에 "子入大廟每事問。或曰孰謂鄹人之子知禮
乎? 入大廟, 每事問。子聞之曰: 是禮也."라는 구절이 있다.『孟子』의
경우『孟子正音』券1 梁惠王 下篇(22b 9행～10행)에 "孟子見齊宣王曰:
所謂古國者非謂有喬木謂也。",『中庸』의 경우『中庸正音』(9b 1～2行)
에 "夫孝者, 善繼人之志, 善述人之事者也。",『大學』의 경우『大學正
音』(8b 6～7行)에 "詩云: 宜兄宜弟, 而後以敎國人。"이라는 구절이 있
어 그 출처를 모두 확인할 수 있다.

4.2.2 英祖 47年 '辛卯式年譯科覆試'의 試題

　覆試의 試題는 상기 劉學基가 初試를 본 그 이듬해인 英祖 47年
(1771)에 치른 漢學 覆試의 試券을 보기로 한다. 이 覆試의 시권에도
初試와 마찬가지로 秘封 부분이 있는데 이는 생략하고 試題 부분만 들
어 보기로 한다.

　老乞大: 自"舊年又有一箇客人", 止"跑去了"
　朴通事: 自"這幾日", 止"寢食不安"
　伍倫全備: 自"奉宣諭", 止"廳宣諭"
　論語: 樊遲問知
　孟子: 孟子將朝王
　中庸:

大學:
飜經國大典: 自"諸浦兵舡", 止"本曹啓聞"

이상 覆試 시제를 앞에서 살펴본 初試와 비교하여 보면, 출제 범위에 있어서 本業書에는 『老乞大』와 『朴通事』 외에 『伍倫全備』가 추가되었고 四書에는 『論語』와 『孟子』에서만 출제되었으며 譯語 부분에는 初試와 달리 『經國大典』의 飜譯이 출제되었다. 이것은 初試에서는 기초과목인 四書가 강조되었고 覆試에서는 專攻 부분인 本業書와 譯語가 강조된 것으로 보인다.

출제 내용을 살펴보면 『老乞大』의 경우 "自'舊年又有一箇客人', 止'跑去了'"인데 「老新」의 9b 7行에 '舊年又有一箇客人'이 있고 10a 6行에 '那賊跑去了'가 있어 그 사이의 10行을 背講하는 문제임을 알 수 있다. 그리고 『朴通事』의 출제 내용을 보면 "自'這幾日', 止'寢食不安'"인데 「朴新」의 37b 4行에 "這幾日怎的不見有賣菜子的過去呢?"가 있고 8a 4行에 "無功食祿寢食不安"이 있어 이 사이의 11行을 背講하는 문제가 출제되었음을 알 수 있다.

『伍倫全備』의 科題는 "自'奉宣諭', 止'聽宣諭'"인데 이것을 『伍倫全備諺解』에서 찾아보면 卷3 17a 8行부터 同卷 17b 5行까지의 내용으로 다음과 같다.

末 奉宣諭 ○宣諭롤밧ᄌ오니 這策文理通暢 ○이策이文理通暢ᄒ고 言詞切直 ○言詞ㅣ切直ᄒ니 宜第一 ○맛당이第一이라 末 奉宣諭 ○宣諭롤밧ᄌ오니 這策文理平順 ○이策이文理平順ᄒ고 言詞激切 ○言詞ㅣ激切ᄒ니 宜第二 ○맛당이第二라 第一甲第一名壯元五倫全 ○第一甲第一名壯元은五倫全이오 第一甲第二名榜眼五倫備 ○第一甲第二名榜眼은五倫備라 聽宣諭 ○宣諭롤드르라

이 대목은 극중 인물인 五倫全과 五倫備 형제가 과거 시험에서 각각 壯元와 榜眼(甲科의 둘째)으로 급제하여 임금의 宣諭를 받는 장면이다. 『伍倫全備』는 朝鮮朝 중기 이후 『直解小學』을 대체하여 司譯院의 漢語 학습서로 사용되어온 것으로 보인다.[6]

이 試券에서 四書는 『論語』와 『孟子』에서만 출제되었는데 初試에서와 같이 臨講할 부분의 첫머리만 쓰여 있다. 즉 『論語』에서는 '樊遲問知'라는 科題인데 『論語正音』 卷1 雍也篇에 "樊遲問知。子曰: 務民之義, 敬鬼神而遠之, 可謂知矣。"(25a 3~4行)라는 부분을 講하게 한 것으로 보인다. 그리고 『孟子』의 科題는 "孟子將朝王"으로서 『孟子正音』 卷2 公孫丑篇의 "孟子將朝王。王使人來曰: 寡人如就見者也。"(17a 6行)라는 부분을 講하게 하였음을 알 수 있다.

譯語 부분은 初試에서는 출제되지 않았는데 覆試에서는 "飜經國大典"이라는 항목에 "自'諸浦兵舡', 止'本曹啓聞'"이라는 科題가 있다. 이 내용을 『經國大典』에서 찾아보면 다음과 같다.

> 諸浦兵船及什物, 水軍節度使每歲秒具數報本曹, 本曹啓聞。(卷4, 兵典 兵船條, 66a)
> ─ 각 浦口에 있는 兵船과 장비들에 대해서는 수군절도사가 매해 연말에 그 수를 자세히 적어서 本曹에 보고하고 본조에서는 임금에게 보고한다─

覆試의 譯語 부분에서는 이상 兵典의 한 구절을 중국어로 읽고 그 뜻을 풀이하도록 한 것으로 보인다.

....

6) 본서의 제1장 제1절에서 예를 든 『通文館志』(卷2, 勸奬, 第二, 科擧條)에 "初用直解小學, 中間代以五倫全備。"라는 기록이 이를 증명하고 있다.

4.3 試券의 채점 방식

조선조의 譯科 試券에 대한 평가 기준은 『經國大典』에 "講書, 通二分、略一分、粗平分(寫字譯語同)"이라 규정하였다. 이 기준에 근거하여 劉學基의 漢學 初試와 覆試의 試券에 대한 채점이 실제로 어떻게 이루어졌는가를 살펴보기로 한다.

먼저 劉學基의 初試 試券을 보면 『老乞大』通, 『朴通事』略, 『論語』略, 『孟子』純粗, 『中庸』粗, 『大學』純粗의 평가를 받은 것으로 나타난다. 즉 通(二分)이 하나, 略(一分)이 두개, 그리고 粗(半分)가 하나, 純粗가 둘이다. 상기 『經國大典』의 譯科 평가 기준에 純粗는 찾아 볼 수 없는데 이것을 粗와 같이 半分으로 본다면, 이 試券은 12分 滿點에 5分半의 성적을 올린 것이다. 이 試券은 실제로 中央에 '合'이란 朱書와 함께 '五半'이란 글자가 보이며 右側 中下段에 二〜五라는 墨書가 있어 응시자가 初試에 2等 5人의 성적으로 合格하였음을 알 수 있다.(鄭光:1990;132)

한편 劉學基의 覆試 試券의 채점 성적은 『老乞大』粗, 『朴通事』略, 『伍倫全備』略이었고, 四書에서는 『論語』略, 『孟子』粗의 성적을 받았으며 譯語인 『經國大典』의 飜譯은 略을 받은 것으로 나타난다. 즉 略 넷, 粗 둘의 점수를 받았는데 12分 滿點에 5分의 성적을 올린 것이다. 이것은 初試의 성적보다 낮았지만 이 試券의 중앙에 '合五'라는 朱書와 左側 中段에 '三〜七'이란 墨書가 써있는 것으로 보아 劉學基는 이 시험에서 3等 7人의 순위로 합격하였음을 알 수 있다. 그리고 이 사실은 『譯科榜目』의 기록에서 확인되고 있다.[7]

----

7) 『譯科榜目』은 朝鮮時代 譯科 합격자의 명단을 試取年 별로 모아놓은 책이다. 2권 2책으로 되었고 정확한 간행연도는 알 수 없다. 권1은 1498년(연산군 4)에서

5 맺음말

이상 조선시대 중국어 譯官 선발에 사용된 학습서 및 출제서의 범위와 평가 방식에 대하여 살펴보았다. 당시의 문헌 기록에 나타난 중국어 학습서들은 經書類・史書類・吏文類・法制類・譯語類 등 다양한 文體가 포함되어 있으나 中國語 譯官 선발에 실제로 사용된 출제서의 범위는『論語』・『孟子』・『中庸』・『大學』 등 四書와『老乞大』・『朴通事』・『五倫全備』, 그리고『經國大典』을 중심으로 이루어졌음을 알 수 있다. 譯官의 선발 방식은 예비시험인 初試와 본시험인 覆試 형태로 이루어졌고, 시험 방식은 책을 보고 풀이하는 臨文講書와 외워서 풀이하는 背講 형식, 그리고 책을 보면서 번역하는 臨文飜譯의 형식을 사용하였다. 평가 기준은 試題의 내용을 통달한 정도에 따라 通 2分, 略 1分, 粗 半分으로 성적을 구분하였다. 조선조의 英祖年間에 실제로 치러진 漢學 譯官 劉學基의 試券에 의하면 이 응시자는 이러한 평가 기준에 근거하여 初試에서 12分 만점에 5分半의 성적으로 통과하였고 覆試에서는 12分 만점에 5分의 성적으로 합격하였음을 확인할 수 있다. 이러한 사실은 우리나라가 역사적으로 중국어 인재양성을 위하여 교과서 선정에서부터 평가 방식에 이르기까지 엄격하고도 체계적인 교육 제도를 실시하였음을 증명하고 있다.

※ 이 논문은「朝鮮時代 中國語 譯官 선발을 위한 出題書와 評價 方式」이라는 제목으로 〈中國語文論譯叢刊〉(中國語文論譯學會) 第19輯(2007:31∼49)에 게재한 것을 수정한 것이다. 본 연구는「論朝鮮時期中國語敎育及評價」(鄭光・梁伍鎭 共著)라는 제목으로 "世界漢語大會 海外漢學學術硏討會"(2005.7.23∼26 北京外國語大學國際會議中心: 中國對外漢辦 주최)에서 발표한 것에 기초한 것으로, 전적으로 鄭光 선생님께서 발굴한 자료에 근거하였음을 밝히는 바이다.

1773년(영조 49)까지, 권2는 1774년에서 1891년(고종 28)까지의 기간을 대상으로 하여, 총 2,851명의 합격자 명단을 수록하고 있다.

제2장 초기 漢學書와 元代 漢語

漢　學　書　研　究

초기 漢學書의 言語

제 1 절

1 서론

　우리나라에서 전해지는 漢學書를 유형별로 살펴보면 첫째는 정통 한문인 文言文 종류의 학습서로서 주로 漢文經典이 이에 속한다. 둘째는 吏學書로서 주로 중국 조정과의 교류에 사용되는 외교 문서와 국내용 한문 공문서이다. 이 부류는 문체적 특징상 정통 한문과 대체로 유사하나 시대성을 띤 새로운 표현들이 적지 않게 추가되어 나름대로의 언어적 특징을 지닌다. 셋째는 주로 회화 교재로서 이른바 譯學書 종류이다. 이 외에도 한자의 字形과 書道의 학습을 위한 字學書와 중국어 발음 습득을 위한 韻書, 그리고 중국어 어휘 습득을 위한 어휘 해석집 등이 있다. 문언문 계통의 학습서는 중국의 고전 문헌을 그대로 사용하였으나, 吏學書와 譯學書 종류는 일부는 중국의 것을 가져다 사용하였고 일부는 우리나라 자체에서 편찬하여 사용하였다.

　현전하는 한학서 중 漢文經典類를 제외한 기타 두 종류에서 초기의 것은 대부분 元代에 속하는 자료들로서 지배 민족인 蒙古族의 언어 영향을 받은 이른바 元代 漢語의 특징을 반영하고 있다. 본고에서는 주로 한학서의 초기 자료 중 대표적인 것들을 분석 대상으로 삼고 이 자료들에 반영된 蒙古語 성분을 고찰하는 것을 기본 목적으로 한다.

2 초기 漢學書의 범위

문헌 기록에 의하면 고려 忠烈王 2年(1276)에 通文館을 설치하고 恭讓王 元年(1389)에 司譯院을 설치하여 譯語 외에 吏文도 교육한 것으로 나타난다. 그리고 조선조 초기인 太祖 2年(1393)에 司譯院을 설치하고 六學을 설치하였으며 태종 6년(1406)에 儒・吏・陰陽風水・樂學을 추가하여 十學을 설치하였다.[1] 세종조에도 이상 十學을 답습하여 유학을 비롯한 十學을 成均館 등 各司에서 교육하고 取才하여 인재를 발탁하였다. 세종조의 諸學 취재에 외국어에 대한 취재로는 漢吏學・字學・譯學의 세 분야가 있었는데『世宗實錄』(卷47) 12年(1430) 庚戌 3月條의 詳定所에서 올린 諸學 取才에 관한 啓文과『經國大典』(卷3, 禮典 獎勸 條)의 기록에서 당시 한학서 관련 교재들의 면모를 살펴볼 수 있다.(본서 제1장 제2절 참조)

한학서의 시대적 구분에 대해서는 鄭光(1988b:47)에서 사역원의 변천과 역학서의 개혁에 따라 조선초기부터『經國大典』(1469)까지를 초기,『經國大典』이후부터『續大典』(1744)까지를 중기,『續大典』이후부터 구한말까지를 후기로 정하였는데, 본고에서는 이를 참조하여 초기 漢學書의 상한선을 고려 말기부터로 정하였다.

상기 문헌자료에 기록된 초기 한학서 중 본고에서는 주로 편찬 연대가 중국의 元代에 속하는『老乞大』・『吏學指南』・『孝經直解』등을 분

---

1) 置十學, 從左政丞河崙之啓也。一曰儒、二曰武、三曰吏、四曰譯、五曰陰陽風水、六曰醫、七曰字、八曰律、九曰算、十曰樂, 各置提調官。(『太宗實錄』卷12, 6年 11月 辛未條)
   -十學을 설치하였으니, 좌정승 河崙의 건의를 따른 것이었다. 첫째는 儒學・둘째는 武學・셋째는 吏學・넷째는 譯學・다섯째는 陰陽風水學・여섯째는 醫學・일곱째는 字學・여덟째는 律學・아홉째는 算學・열째는 樂學인데, 각기 提調官을 두었다-

석대상으로 삼는다. 『老乞大』는 고려 말기(중국 元末)인 1321~1368년
경에 우리나라에서 중국어 회화교과서로 편찬된 것으로 추정된다. 『吏
學指南』은 원제목이 『習吏幼學指南』으로 元 大德 5年(1301)에 중국의
徐元瑞가 편찬한 것으로 알려진다. 이 책은 吏學에 관한 일종의 계몽서
로서 일찍 우리나라에 전해졌으며 한학서로서 널리 사용된 것으로 나타
난다. 『孝經直解』(이하 「孝直」)는 원제목이 『新刊全相成齋孝經直解』
이며, 저자는 元代의 문학가 貫雲石(1286~1324)이 1308년에 집필한 것
으로 알려진다.

3 초기 漢學書의 蒙古語 성분

3.1 어휘적 측면

초기 漢學書들에는 蒙古語 어휘를 직접 音借하여 사용한 것들을 쉽
게 찾아 볼 수 있는데 그중 일부를 예로 들어 보기로 한다.

(1) 罟罟

咱每鋪裏商量去來。這茶褐暗花、鴉靑胸背……罟罟、裁帛腰線……
(『原本老乞大』[이하 「原老」] 26左)[2]

이상 예문에서 '罟罟'는 「原老」에서 중국 상인이 涿州에 羊을 팔러
가는 김에 여유 돈으로 옷감 등을 사서 간다는 대목에 나온다. 기타 자료

....

[2] 최세진의 『老朴集覽』에서 '舊本'이라 칭한 것과 같은 판본으로 추정되는 『老乞大』
한 권이 지난 1998년에 발굴되어 『原本老乞大』(鄭光·梁伍鎭·鄭丞惠 編, 北京
外硏社, 2002)라는 서명으로 영인본이 출판되었다. 본고에서는 편의상 「原老」로
칭하기도 한다.

에서 '罟罟'는 '括罟'・'顧姑'・'故故'・'罟冠' 등으로도 표기되는데, 몽고인 귀족부녀들이 쓰던 일종의 머리 장식품을 지칭하는 것으로서, 南宋과 元明 시기 詩文에 자주 등장한다. 몽고어사전에서 그 근거를 찾아 볼 수 있다.

『蒙俄法辭典』: kükül(長髮, 頭飾, 頭髮 한 줌, 모자의 일종).
『蒙古語大辭典』: hühül(辮髮, 말갈기, 새 머리털).
『蒙英辭典』: кфкуl, кфкеl(辮子, 長髮, 말 이마털, 새 머리털) 등. (方齡貴:1991;296)

(2) 禿禿麽思

你將那白麵來 捏些區食 撇些禿禿麽思 네 뎌 흰굴를 가져다가 젹이 區食을 빗고 젹이 믜역져비 뜨고 (『朴通事諺解』 [이하 「朴諺」] 中6左)

이상 예문은 「朴諺」에서 驛站에 使臣 일행이 도착하여 음식을 장만하는 대목에 나오는데 '禿禿麽思'는 몽고어에서 유래된 것으로 추정된다. 이에 대하여 「朴通事集覽」 [이하 「朴集」] (中1左)에서 '禿禿麽思'(투투맛/투투마시)가 '믜역져비'(수제비)의 몽고어 표현임을 설명하고 있다.

(3) 帖落

你收拾帖落、井繩出來。(「原老」 9左)
〉 你收拾洒子 井繩出來 네 드레와 줄 서러 내어 오고려(「飜老」 上31左)

'帖落'은 元代에 사용되던 몽고어 차용어로서 明代에는 '洒子'로 표현하였고 현대한어에서는 '吊桶'이라고 한다. '帖落'은 몽고어 'torho'의 한

자표음이며, 한국어 '드레[duːre](두레박)'가 여기서 유래된 것으로 추정된다. 이 용어에 대하여 「老乞大集覽」[이하 「老集」](上2右)에서도 '酒子'는 물 긷는 도구이며 元代語로는 '帖落'이라한다고 설명하고 있다.

몽고어에서 'torho'는 명사로 사용될 경우 '물통'·'연통' 등 의미를 나타내고 동사로 사용될 경우에는 '맞부딪치다', '걸리다' 등 의미를 나타낸다.(鄭光 외:1999;54)[3]

(4) 站驛

站驛: 安也。 舡馬車輴之所曰站, 使客傳舍曰驛。(『吏學指南』卷1, 3下)

'站'은 몽고어 '站赤'[ǰamči]에서 유래된 것으로서 공무로 지방에 출장하는 관리들이 쉬어가던 곳을 지칭하는 말이다. 이에 대한 해석을 문헌 기록에서 살펴보면 다음과 같다.

元制站赤者, 驛傳之譯名也。 蓋以通達邊情, 布宣號令。 古人所謂置郵而傳命, 未有重於此者也。(『元史』卷101, 兵志 站赤條)
站, 旁譯'站', 札木臣, 旁譯'站戶', 札木惕, 旁譯'站每'……(『元朝秘史』第二七九節)

'札木'과 '站'은 몽고어 [ǰam]의 대역어이고 '札木臣'[ǰamčin]과 '站赤'[ǰamči]는 사실 같은 용어의 표현들이다.(方齡貴:1991;17)

----

3) 중국사회과학원 민족연구소의 照那斯圖 선생은 '帖落'의 어원이 [deüre](주전자: 水壺, 茶壺)일 가능성이 크다고 주장하였다.("釋『老乞大』中與蒙古語有關的幾個詞和短語", 照那斯圖, 香港大學第一屆中國語言文字國際學術硏討會 發表論文 참조, 2002.3)

(5) 撒花

准: 止准其罪謂之准, 凡稱准者止同以贓計錢爲罪, 假如官吏毋得指克斂
爲名, 取要一切撒花拜見禮物, 如違並准贓論, 故曰止准。 其贓定罪不在
除名陪贓之例。 (『吏學指南』 卷3, 3上)

이 용어는 '掃花' 또는 '撒和'라고도 표현되는데 方齡貴(1991:30~33)에
서는 이것을 몽고어 [sauɣat](禮物)의 차용어로 추정하고 있다. 이 용어에
대한 「朴集」(下5左)의 해석을 보면 '撒花'는 元代語이며 우리나라 말의
'土産'과 같다고 하였다.

한편 『元朝秘史』 第114節에서는 '掃花'에 대한 旁譯을 '人事'라고 하
였다. 이 외의 기타 문헌들에서 근거를 찾아보면 다음과 같다.

『元典章』 卷2, 聖政一, 止貢獻:
凡事撒花等物, 無非取給於民, 名爲己財, 實皆官物。

『通制條格』 卷20 償令, 平反寃獄:
及於馬謀總管張萬戶名下追到月娘, 並送與上下官吏撒花, 男女計一伯一
十九名, 盡數放還各家, 父子夫婦完聚。

이상 해석들에 의하면 이 용어는 몽고어에서 유래된 것으로서 元代
漢語에서 '선물' 또는 '공납물'의 의미로 사용되었음을 알 수 있다.

(6) 乞大

書名: 老乞大

書名 『老乞大』로 널리 알려진 '乞大'에 관한 문헌 기록을 찾아보면

다음과 같다.

　『元朝秘史』: 乞塔惕, 旁譯契丹', '金國'.
　『華夷譯語』 人物門: 漢人作乞塔.
　『華夷譯語』(丙種本) 人物門: 漢人作'乞塔苦溫'.
　『登壇必究』人物門: 漢人作乞塔.
　『薊門防御考』: 叫南朝漢人爲'圪探'.
　『盧龍塞略』品職門: 漢人, 東夷曰'乞塔惕', 北虜曰'起炭'.
　『元史語解』: 乞臺, 乞塔, 怯臺, 乞忒, 欠貼等等, 一律改爲'奇塔特', 解釋
　　　說:"奇塔特, 漢人也。"
　『西齋偶得』 卷上 蒙古呼漢人條: 蒙古人呼漢人爲契塔特.
　『蒙俄法辭典』: kitat, 漢人, 漢。
　『蒙古語大辭典』: hitat, 漢人, 漢。
　『蒙英辭典』: kitat, 漢, 漢人, 漢語。
　『蒙漢辭典』: hitad, 漢族, 漢人, 漢語。
　『現代蒙英日辭典』: хятад, 中國, 中國的。(方齡貴:1991;206)

　이상 '乞大'와 관련된 용어들은 모두 '契丹'(거란) 또는 '漢人'을 지칭한 것으로 보인다. 특히 몽고인들이 칭한 '契丹'은 일반적으로 金 나라 지배하의 華北 지역을 가리키며, 또한 漢人을 통털어 '契丹'이라 부르기도 하였는데 여기에는 女眞人도 포함시켰다. 그리고 南宋 지배하의 남방지역의 漢人들을 '蠻子', 또는 '南家'라고 하였고 通稱 '南人'이라 하였다. 따라서 '契丹人'은 사실상 광의적인 '漢人'을 가리키는 것으로 보인다.(方齡貴:1991;206) 그런데 이상과 같이 많은 용어들 중에 書名으로 사용한 경우를 제외하고는 '乞大'와 똑 같은 한자표기가 없는 것이 추정의 여운을 남기고 있다.

3.2 문법적 측면

3.2.1 후치사의 사용

초기 漢學書에는 문법적으로 한어의 일반 특징과 다른 표현들이 눈에 띄게 많이 발견된다. 그 예를 일부 들어 보기로 한다.

(1) －根底

　　好媳婦別人根底去也。(「原老」30左)
　　－좋은 색시가 다른 사람에게 가버린다－

　　將這兩件兒先父母根底行呵……(「孝直」2a20)
　　－이 두 가지를 우선 부모에게 행한다면……－

이상 예문과 같이 초기 漢學書에는 우리말 ‘－에게’의 의미로 ‘根底’가 많이 사용되었는데 모두 몽고어 후치사의 영향을 받은 것으로 추정된다. 몽고어에서는 후치사가 다양한 격조사의 역할을 하는데 『元朝秘史』의 몽고어 대역문에서는 ‘阿察’(－ača/－eče)를 ‘處’로, ‘迭/突兒’(－dur/－dür)를 ‘行’으로 표기하고 飜譯文에서는 ‘根前’ 또는 ‘根底’로 표현하였다.(余志鴻:1992;7)[4] 이러한 형태는 또한 전치사와 결합되어 ‘於～根前’·‘對～根前’·‘在～根前’·‘向～根底’와 같은 형식으로 사용되기도 하였다.

----

4) 余志鴻(1992)에서는 몽고어 격조사의 로마자 표기를 翰. C. 斯垂特의 『蒙古秘史的語言』(Street:1957)의 것을 그대로 답습하였으나 본고에서는 Poppe(1954)의 것에 따르기로 한다.

(2) －上頭

田禾不收的<u>上頭</u>, 俺也旋糴旋喫裏。(「原老」15右)

초기 漢學書에는 원인을 나타내는 후치사 형태인 '上頭'가 자주 사용되었다. 이런 용법은 기타 문헌에서도 많이 찾아 볼 수 있다.

蓋學校是國家有益的勾當, 俺爲這事不輕的<u>上頭</u>, 題奏有。(『通制條格』卷5, 廟學條)

후치사 형태로 원인을 나타내는 '上頭'는 '上'으로 표시되기도 하는데 蒙文直譯體에서는 '－까닭으로'의 의미를 나타낸다. '上頭' 의 이러한 용법은 역시 몽고어의 영향을 받은 후치사의 형태로 분석된다. 이 형태가 『元朝秘史』의 대역문에는 '禿剌'(tula)로 대응되는데 余志鴻(1992:6)에서 제시한 예문을 옮겨 보면 다음과 같다.

注　音: 騰格裏因　札阿隣　札阿黑三　兀格　黍貼昆　<u>禿剌</u>(『元朝秘史』206－567)
對譯文: 天的　　神告　告了的　言語　明白的　<u>上頭</u>
意譯文: 天告你的言語, 明白的<u>上頭</u>。(『元朝秘史』206右)

3.2.2 조사의 사용
(1) －有

存着自家敬父母的心呵, 也不肯將別人來欺負<u>有</u>。(「孝直」天子章第二)

문장의 종결에 '有'를 사용하는 것은 元代 漢語의 특징인 것으로 나타난다. Poppe(1954:157)에서는 몽고어의 動詞 'bui(is)', 'bolai(is)', 'bülüge (was)'와 모든 동사의 정동사형인 'a－(to be)', 'bayi－(to be), 그리고 동사 'bol－(to become)'은 모두 繫辭(copula)로 쓰였다고 주장하였다.5) 따라서 '有'는 몽고어의 'bui, bolai', 'bülüge', 'a－', 'bayi－', 'bol－'가 문장의 끝에 쓰여 문장을 종결시키는 통사적 기능을 대신하는 것으로 몽고어의 영향을 받은 元代 漢語의 특징이라고 할 수 있다.(鄭光 외:1999;58)6) '有'의 이러한 용법은 원대의 기타 문헌에서도 많이 찾아볼 수 있다.

> 人每的馳每根底, 百姓每女孩兒與了有。男兒死了呵, 媳婦孩兒做百姓的體例有, 道有。(『通制條格』 卷三 良賤爲婚條)

(2) －者

> 好處將就行者, 歹處當着整理者。(「孝直」 事君第十七)
> 咱每筭了房火錢者。(「原老」 7右)
> 主人家, 恁種著火者。(「原老」 7左)

이상 예문에 의하면 '者'는 권유나 명령을 나타내는 종결어미로 사용되었다. '者'와 대응되는 몽고어 원문을 전사한 용례를 들어 보면 다음과 같다.

elcin　bu　ba・uťuqayi　ula・a ši・usu bu bariťuqayi

---

5) 이에 대하여 Poppe(1954:157)에서는 "The Simple Copula" "The verbs *bui* "is," bolai "is," *bülüge* "was," and all finite forms of the verbs a－"to be," *bayi*－"to be," and *bol*－"to become" usually serve as copula."라고 설명하였다.
6) 太田辰夫(1991b:179)에서는 '有'가 어휘적 의미가 없는 文章末 終結語尾였을 것으로 추정이 된다고 주장하였고, 志村良治(1995:384)에서는 入矢義高의 주장에 따라 元代 초기부터 사용되기 시작한 '有'가 확정적인 의미를 나타내는 데 사용되었다고 주장하였다. 한편 余志鴻(1988a:32)에서는 '有'가 몽고어 '－UmU'에 대응되는 것으로서 과거에서 현재 또는 미래까지 지속되는 시제를 나타낸다고 주장하였다.

使臣 休 安下<u>者</u>   鋪馬 祗應   休 着 <u>者</u>(『重陽萬壽宮聖旨碑』,
田中謙二:1962;62)

이상 예문에서 '−ťuqayi' 형태는 몽고어에서 일반적으로 제3자에 대한 권유나 명령의 의미로 사용된다. 呂叔湘(1984:66)에서는 이러한 의미로 宋代의 저서에는 '著'와 '則箇'가 많이 사용되었고 金·元 시기의 작품에는 '者'와 '咱'이 많이 사용되었다고 주장하였다.[7]

3.3 기타 특수한 표현 형식

초기 漢學書에는 이상과 같이 어휘의 사용과 문법적 형태에서 주목되는 것들이 많이 나타날 뿐만 아니라 또한 일부 표현 형식에 있어서도 특징적인 것들이 적지 않게 발견된다. 그중 예를 몇 개 들어보기로 한다.

(1) ……的一般

　雖恁地呵, 也是不孝順<u>的一般</u>。(「孝直」紀孝行章第十)
　敬重祖先的神靈有<u>的一般</u>。(「孝直」感應章第十六)

이러한 용법은 元代의 기타 자료에서도 많이 찾아 볼 수 있다.

　俺衆人商量來, 伴當每的言語是<u>的一般</u>有。(『通制條格』 卷六 軍官習替條)

----

7) 香坂順一(1983)에서는 呂氏의 주장이 대체적인 경향성을 말하고는 있으나 金·元 시기의 작품에도 '著'와 '則箇'가 적지 않게 사용된 것으로 보아 시대적 차이라고 하기보다는 지역적 차이로 보는 것이 더 타당할 것이라고 지적하였다. 즉 입성 발음을 보존하고 있는 지역에서 '著'와 '則箇'를 많이 사용하였다고 주장하였다.(中譯本:1997;259)

'……的一般'의 형태는 백화문에서 일반적으로 '便似……一般'과 같이 사용되었고 현대 한어에서는 전치사 '跟'을 사용한 '跟……一樣과 같은 형태로 사용되었는데 우리말 '……것과 같다'의 의미를 나타내고 있다. 이처럼 원대 한어에서 대량으로 사용된 '……的一般'의 형태가 한어의 일반 습관에는 어긋나는 것으로 보이나『元典章』등 直譯體의 독특한 표현으로 사용된 것은 몽고어의 표현에서 유래된 것으로 추정된다.(田中謙二:1962;146)

(2) ……的+명사

孝道的勾當是德行的根本有。(「孝直」開宗明義章第一)
君子的人敎百姓行孝道呵, 不索每一家裏到。(「孝直」廣至德章第十三)
在先聖人有个周公的名字, 曾這般行來。(「孝直」聖治章第九)

'的'은 현대 한어에서 관형어와 명사구를 이어주는 구조조사로 사용되는데 이상 예문에서는 '的'이 비록 명사 앞의 관형어를 이어주고는 있지만 '이른바' 또는 '……이라는'의 의미로 사용된 것이 주목된다.

(3) 一麼道

『至正條格』卷第八:
至順元年九月二十三日, 中書省奏: "……敎禮部定擬呵: '今後漢人・南人收繼庶母幷阿嫂的, 合禁治.' 麼道, 定擬行有。依他每定擬的, 敎行呵, 怎生?"……(斷例241, [戶婚]「禁收庶母幷嫂」, 242쪽)

因這般上頭得一家人懽喜, 奉侍父母呵, 不枉了有, 麼道。因這的上頭, 父母在生時着受用咱每奉侍者。(「孝直」孝治章第八)

이 용어에 대하여 『老朴集覽』(「單字解」 4左)에서는 '麼道'는 元代語에서 '이르다'의 의미이며 崔世珍 당시에 이미 사용되지 않고 있다고 하였다.(본서 제2장 제3절 참조) 元代의 기타 문헌에서 이 용법의 사용을 많이 찾아 볼 수 있는데 인용문을 사용하는 경우에 '……라고 하다'의 의미로 사용되었다. 이에 대응되는 몽고어 원문을 들어 보기로 한다.

T'ay−šaŋ−lao−gün−u mör−iyer deŋri−y I jarbariju
太 上 老 君   教 法 裏   告 天
hiru・er ögun at'uqayi ge・en
祝 壽 者   麼 道(『重陽萬壽宮聖旨碑』, 田中謙二:1962;61)
eyin ele ge・ek'debe ge・eju
這 般 宣諭了也   麼 道(同上:66)

'麼道'는 몽고어 'ge・e'(……라고 하다)의 변화 형태인 'ge・en/ ge・eju/ ge・ek'degsed aju・ue' 등을 표현한 것으로 인용어의 뒤에 사용되는 형태이다.(田中謙二:1962;78) 이상 예문에서 'ge・e' 뒤에 첨부된 '−n'과 '−ju'는 '(……라고) 하며', '(……라고) 하고'에 해당되는 접속형태이다.

3.4 어순의 문제

3.4.1 수식어의 위치

漢語에서는 수식어가 중심어의 앞에 오는 것이 정상적인 어순이다. 그런데 초기 漢學書에서는 수식어와 중심어의 위치가 바뀌거나 그 사이에 다른 성분이 삽입되어 사용된 것이 눈에 띄게 많이 나타난다. 수식어의 위치가 특이하게 사용된 예를 들어 보기로 한다.(이하 「孝直」 예문의 부호 '〉' 뒤의 것은 필자의 것임)

　　1) 您底似的/休多索。(「原老」23右)
　　　〉你不要/十分多討(「飜老」下11右)
　　2) 小心/依着法度行者。(「孝直」諸侯章第三)
　　　〉依着法度小心/行者。
　　3) 常常敬重/祖先的神靈有的一般。(「孝直」感應章第十六)
　　　〉有/祖先的神靈一般/常常敬重。

　어순의 倒置가 어떤 표현적 효과를 위하여 의도적으로 사용되기도
하지만 元代 漢語의 경우, 언어 계통이 다른 蒙古語의 영향을 주목하지
않을 수 없을 것이다. 따라서 이상 예문 중 明代 한어에 속하는 「飜老」
에서 정상적인 위치를 회복한 것이 이를 설명해 주고 있다. 어순의 이러
한 도치 형태는 동사와 목적어의 관계에서 더 많이 찾아 볼 수 있다.

3.4.2 목적어의 도치

　동사가 목적어 앞에 오는 것은 한어의 일반 특징이다. 그런데 초기
漢學書에는 동사 앞에 목적어가 온 형태가 눈에 띄게 많이 나타난다.
그 예를 일부만 들어 보기로 한다.

　　1) 阿的是卿大夫孝道/行的勾當有。(「孝直」卿大夫章第四)
　　　〉阿的是卿大夫行/孝道的勾當有。
　　2) 孝順底孩兒在家侍奉父母呵, 敬重的心/有着。(「孝直」紀孝行章第十)
　　　〉孝順底孩兒在家侍奉父母呵, 有/敬重的心着。
　　3) 這三件兒歹勾當/不去了呵, 每日家怎生般飲食/奉養。(「孝直」紀孝行
章第十)
　　　〉不去了/這三件兒歹勾當呵, 每日家怎生般奉養/飲食。
　　4) 俺自穿的/不是, 要將投鄉外轉賣。(「原老」26左)
　　　〉不是/我自穿的, 要拿去別處轉賣。(「飜老」下27右)
　　5) 咱每爲父母心/盡了, 不曾落後。(「原老」31右)

〉 咱每盡了/爲父母的心, 不曾落後。(「飜老」下42左)

현대 한어에서 목적어가 동사 앞에 오는 경우는 전치사 '把/將'을 이용할 때 가능하며, 그렇지 않을 경우는 목적어의 강조를 위한 경우에만 일부 가능하다. 그런데 近代漢語에 속하는 초기 漢學書에서 동사와 목적어의 도치 형태가 대량으로 사용된 것은 결코 우연한 현상이 아니며 SVO형 언어인 한어가 SOV형인 몽고어의 영향을 받은 것임을 쉽게 짐작할 수 있다.

4 맺음말

초기 漢學書는 주로 高麗末 朝鮮初의 자료들로서 시대적으로 중국의 元代 말기에 속한다. 元代에 사용하던 언어는 漢語史의 시대적 구분에 의하면 近代漢語에 속하므로 당연히 근대한어의 특징을 다분히 지니고 있다. 그러나 당시 중국의 지배민족이 蒙古族이었으므로 그 시기에 사용되던 한어는 또한 몽고어의 영향을 적지 않게 받은 것으로 나타나며 이른바 특수한 언어양상을 지니고 있음을 발견할 수 있다.

본 연구에서 살펴본 바와 같이 초기 漢學書에는 몽고어 어휘를 직접 차용(음차)한 용례를 적지 않게 발견할 수 있으며, 동시에 몽고어의 문법적 영향을 받은 표현 형태들도 쉽게 찾아 볼 수 있다. 몽고어의 영향을 받은 이러한 언어적 특징들은 明淸 시기의 한어를 반영하는 후기 한학서(수정본)들에서 점차 사라지며, 일부 교재들은 다른 중국어교재에 의하여 교체된 것으로 나타난다.

※ 이 논문은 「초기 漢學書에 보이는 몽고어 성분」이란 제목으로 〈中語中文學〉(韓國中語中文學會) 第31輯(2002:75~96)에 실린 것을 수정한 것이다.

蒙文直譯體 漢語

1 서론

우리나라에 현전하는 譯學書 가운데서 초기의 漢學書 자료들을 살펴보면 일반 漢文 지식이나 現代白話文 지식으로는 이해하기 어려운 문구들을 대량으로 발견하게 된다. 그것은 이 자료들이 古代漢語(文言文)와 現代漢語의 중간 단계인 近代漢語의 특징을 지니고 있는데다 당시 중국의 지배민족인 蒙古族 언어의 영향을 받은 것과 밀접한 관계가 있는 것으로 나타난다. 그 예로 正統 漢文을 당시 구어체로 풀어 쓴 『大學直解』와 『孝經直解』의 경우, 양자 모두 元代 때 편찬된 것이라고는 하나 元代 초기의 것으로 추정되는 前者의 것보다 後者의 한어가 훨씬 난해한 양상을 보인다. 그것은 이러한 漢語文 자료들이 몽고족의 지배 기간이 길어질수록 몽고어의 성분이 더 많이 첨가된 것으로, 이른바 蒙文直譯體의 특징이 더 짙게 반영되어 있기 때문이다. 따라서 이러한 자료들에 대하여 蒙古語 原文과의 對譯 관계를 살펴보고 蒙古語와 같은 계통에 속하는 우리말로 접근을 하면 오히려 더 쉽게 이해할 수 있는 것이 흥미로운 사실이다.

본고에서는 元代의 白話碑文과 『元典章』 등 몽고어 원문과 대조할 수 있는 對譯文 자료들을 근거로, 초기 漢學書 중 일부 난해한 문장 형태들과 몽고어 원문과의 관계를 통하여 蒙文直譯體의 특징을 밝혀보고자 한다. 본고에서는 초기 譯學書 중 대표적인 자료라고 할 수 있는

『原本老乞大』와 『孝經直解』를 주요 분석 대상으로 삼았다.

2 蒙文直譯體의 형성

蒙古民族은 1206년 칭기스칸(成吉思汗)에 의해 蒙古國을 세웠고 1271
년에는 쿠빌라이(忽必烈)가 大元 제국을 건립하였다. 이처럼 蒙古民族
은 1368년 朱元璋에 의해 明 나라가 세워지기까지 장장 160여 년간을
중국의 북방 지역과 대륙 전체를 지배해 왔다.

蒙古國은 건립 초기부터 칭기스칸에 의해 漢文으로 된 勅令을 북방
의 漢人 지역에 발포하기 시작하였고, 쿠빌라이(忽必烈) 이후 元의 통치
중심이 中原地域으로 옮겨지면서는 漢族에 대한 통치를 강화하기 위하
여 漢文 또는 위구르(回鶻)식 몽고문자나 파스파(八思巴)문자로 된 勅
令·詔書들을 대량으로 반포하였다. 그중 당시의 白話文 형식으로 작
성된 자료들이 白話碑文과 『元典章』·『通制條格』·『憲臺通紀』·
『南臺備要』·『經世大典』 등 문헌들에 대량으로 남아 있다.[1]

그중 초기의 白話文 자료들은 蒙古語 口語를 직접 漢語로 번역을
하였는데 이러한 번역문은 修飾語가 거의 없고 고정된 격식이 갖추어져
있지 않으며 문법 형태에 있어서 한어의 표현 습관과 대개 비슷한 것으
로 나타난다. 이것은 당시에는 아직 蒙古語에 문자 체계가 정립되지 않
았고 典章制度가 제대로 갖추어지지 않은 것과 무관하지 않은 것으로
보인다. 그 후 위구르식 몽고문자와 파스파문자가 창제되고 詔書의 작성
과 번역을 전담하는 기구인 蒙古翰林院이 세워지면서 이러한 서류들이

---

1) 元代의 白話碑文은 아직도 새롭게 발견되는 것들이 있어 그 수를 정확히 통계할
   수는 없으나, 祖生利(2000)에서 현전하는 白話碑文(1223년~1366년) 118편을 수
   록하고 있어 가장 많은 것으로 추정된다. 본고에서는 주로 이를 참고하였다.

격식화되는 양상을 지니게 되었다.(祖生利:2000;5) 따라서 후기의 것들은
먼저 위구르식 몽고문자나 파스파문자로 몽고어 원문을 기록하고 그것
을 다시 白話文 한어로 번역을 하였는데, 이러한 한어는 中世蒙古語와
元代 漢語의 특징을 동시에 지니고 있다. 즉 기본어휘와 문법 형태는
당시 중국 북방 지역의 현실 口語를 반영하는 동시에, 대량의 중세몽고
어 성분이 섞여있는 이른바 蒙文直譯體 한어의 특징을 지니고 있으며
따라서 元代의 正統白話文과는 많이 다른 양상들을 보이고 있다.

元代는 한어의 발전사상 北方官話가 형성되는 중요한 시기이며, 또한
한어가 북방 알타이 諸語와 활발히 접촉하던 시기이기도 하다. 따라서
이러한 언어 접촉의 결과로 형성된 蒙文直譯體는 한어에 알타이어 성분
이 흡수되거나 영향을 미친 흔적들을 생생하게 보여 주고 있다.

3 蒙文直譯體의 특징

蒙文直譯體의 특징을 반영하는 대표적인 문헌인 元代 白話碑文은
문서의 성격에 따라 聖旨・懿旨・令旨・法旨・鈞旨 및 給文・箚
付・公據・執照・榜示 등으로 나뉜다. 그중 懿旨(황태자・황후・황비
의 지령), 令旨(황태자・태자・諸王의 지령), 法旨(종교 수령의 지령)는 元나
라에 특유한 지령 형식이다. 그리고 給文・箚付・公據・執照・榜示
등 주로 지방 관청에서 반포한 문서들은 몽고어 성분이 적게 섞이고 대
체로 한어의 습관에 맞게 씌어졌다.(祖生利:2000;10)

이 碑文들은 대부분 道觀이나 寺院에 세워져 있는데 그 내용으로 보
아 道士나 僧侶들의 특수 이익을 보호하는 것들이다. 따라서 元나라
초기에는 道教를 숭상하였고 元 憲宗朝 이후에는 佛教를 숭상하였던
당시의 사회 풍조를 반영하고 있다.

聖旨・懿旨・令旨・法旨 등 지령들은 대부분 먼저 몽고문으로 작성하고 그것을 다시 한어로 直譯을 하였다. 그 일부는 먼저 몽고어를 白話文으로 번역하고 다시 파스파문자로 漢文讀音을 표기하기도 하였다. 이 문서들은 때로는 蒙古文과 白話譯文 형식이 동시에 하달되었는데 그것을 접수한 道觀이나 寺院에서는 그 문서들을 영구히 보존하고 널리 알리기 위하여 碑文으로 새겨 두었다. 이 碑文들은 일반적으로 蒙古文을 위쪽에 漢文을 아래쪽에 새기거나, 한문을 우측에 몽고문을 좌측에, 또는 몽고문과 한문을 각각 비문의 앞뒤 면에 새기기도 하였다. 몽고문은 일부만 위구르식 몽고문자로 씌어진 것 외에는 대부분 파스파문자로 씌어졌다. 따라서 이처럼 똑 같은 내용을 두 가지 언어로 기록한 白話碑文은 몽고어 원문과의 대조를 통하여 直譯體 한어의 특징을 살펴 볼 수 있는 귀중한 자료로 인정되고 있다.

元代의 白話碑文에 보이는 몽고어 원문은 본래 우아하고 세련된 언어로 작성되었으나 文書官들에 의해 白話文으로 번역될 때 생경하고 속된 표현들이 섞인 난해한 한어로 변한 것으로 나타난다. 즉 이렇게 이루어진 한어는 순수한 元代 漢語가 아니고 몽고어 성분이 다분히 섞인 이른바 '피진 잉글리시(洋涇浜 英語)'식 漢語(皮欽漢語)라고 할 수 있다. 그 특징들을 요약하면 다음과 같다.

1) 어휘의 사용에 있어서 대부분 당시의 구어적 표현이 반영되어 있고 동시에 몽고어를 비롯한 기타 민족어의 借用語들이 많이 섞여 있다.
2) 형태론적으로 비록 한어에서 기능이 유사한 어휘나 문법 형태를 이용하여 몽고어의 원문을 對譯하였으나 종종 한어가 지니고 있는 본래의 기능에서 벗어나고 있다.
3) 통사론적으로 몽고어 원문의 SOV 어순을 그대로 옮겨 놓거나 몽고어의 특징인 格 형태, 긴 문장 형태로 이루어진 한정어・부사어・목적어, 특

수한 반문구, 조건구 등 한어에서는 아주 어색한 표현들이 빈번히 등장한
다.(祖生利:2000上;30)

　蒙文直譯體의 또 다른 대표적인 문헌인『元典章』은 전칭이『大元聖
政國朝典章』으로서 元 나라 朝廷에서 편찬한 典章制度에 관한 문헌이
다. 총 60권(첨부된 新集은 分卷을 하지 않음)으로 이루어진 이 문헌은 元
世祖 卽位年(1260년)에서부터 英宗 延祐 七年(1320년) 이전의 政事律例
에 관한 내용들을 수록하였다. 그중 4분의 3에 해당되는 것은 吏牘(公文)
문체에 속하고 4분의 1은 蒙文直譯體로 이루어졌다.(吉川:2)[2]

　『元典章』에서 사용된 吏牘 문체는 비록 書面語라 하지만 正統 文語
와 일정한 차이를 보이는 것으로 나타난다. 즉 正統 文語의 문법 기본을
지키면서도 正統 文語가 지니는 이른바 예술적 긴장감이 없고 다만 공
문 문체로서의 긴장감만을 추구하였다. 그리고 이러한 긴장감은 四字句
또는 그 변형에 의한 리듬과 구어체 어휘를 포함한 특수한 격식의 빈번
한 사용에 의하여 유지되고 있다. 한편 이러한 긴장감은 자주 구어적
표현의 도입에 의해 쉽게 弛緩되는 양상을 보이고 있다. 吏牘 문체의
이러한 특징은 그 문헌들이 대부분 고전적 문화소양이 부족한 하급관리
인 胥吏들에 의해 편찬된 것과 무관하지 않은 것으로 보인다. 즉 몽고족
이 지배민족이었던 元 나라 당시에는 고전적인 문필소양을 존중하는 관
습이 경시되고 실무지식이 중시되는 경향으로 하여, 우아한 문장을 구사
하는 선비(士) 계층보다 실무지식에 밝은 胥吏 계층이 중용되었던 것이
다.(吉川:38~39)

　한편『元典章』의 4분의 1을 차지하는 蒙文直譯體는 정통 한문과 크

2) 이 쪽수는 吉川幸次郞,「元典章に見えた漢文吏牘の文體」(1953),『校定本元典章
　刑部』(1963) 附錄의 것이다. 이하 같음.

게 다른 양상을 보이고 있다. 그 특징으로는 1) 정상적인 한어문장과 어순에서 뚜렷한 차이를 보인다. 2) 일반적인 한어 문장에서 사용하지 않는 특수한 어휘들이 대량으로 나타난다. 3) 한어에 고유한 어휘들도 일부는 원래의 의미와 다르게 사용되었다. 4) 흔히 직설적인 표현법으로 서술하고 있다. 5) 修辭的인 요소를 거의 지니지 않고 있다.(田中:161)[3]

4 蒙文直譯體와 譯學書의 한어

우리나라에서 전해지는 譯學書들 가운데서 특히 초기 譯學書에는 일반 白話文에서 사용하지 않는 표현 형태들이 자주 등장하여 解讀의 어려움을 더하여 주고 있다. 그중 가장 많이 보이는 것이 한어에서 사용하지 않는 後置詞 형태들이고 그 다음은 한어의 습관과 다른 어순 형태, 그리고 한어에서는 찾아보기 어려운 특수한 문장 형태들이다. 그런데 이 난해한 문형들은 蒙文直譯體에서 몽고어 원문과의 대역 관계를 통하여 대부분 그 근거들을 찾아 볼 수 있다. 본고에서는 몽고문을 로마자로 轉寫한 선행 연구들을 근거로 그 관계를 살펴보기로 한다.[4]

우선 蒙文直譯體에 등장하는 다양한 後置詞 형태에 대한 이해를 돕기 위하여 李基文(1964)과 李聖揆(2002) 등 우리나라의 蒙學書 연구 자료에서 고찰한 古典蒙古語의 格 형태에 대하여 간략히 소개하기로 한다.

고전몽고어에서 主格은 정해진 語尾가 없고 문장 속에서의 위치나 의미로 파악된다. 즉 제로 형태이다. 屬格의 어미는 어간이 모음으로 끝나면 −yin이 첨부되고, n 자음으로 끝나면 −u/ −ü가 첨부되며, n

---

3) 이 쪽수는 田中謙二,「元典章における蒙文直譯體の文章」,『校定本元典章刑部』(1964) 附錄의 것이다. 이하 같음.
4) 몽고어 원문에 대한 로마자 轉寫는 연구자들에 의해 조금씩 다르므로 본고에서는 각자의 것을 그대로 인용하였다.

이외의 자음으로 끝나면 -un/-ün이 첨부된다. 그 외 구어에서는 -ai/
-ei가 -u/-ü 대신에 나타나기도 하며 이중모음이나 장모음으로 끝나
는 어간 다음에 -yin 대신 -giyin을 사용하기도 한다. 與處格 어미에
는 경받침 b,ɣ, g, r, s, d 자음으로 끝나는 단어 뒤에는 -tur/-tür가
사용되고, 모음이나 연받침 n, ng, l, m 자음으로 끝나는 단어 뒤에는
-dur/-dür가 사용된다. 한편 구어에서는 -du/-dü, -tu/tü, -da/
-de, ta/-te 등의 어미도 사용되었다. 對格의 어미는 어간 말음이 모음
인 경우에는 -yi가 나타나고 자음인 경우에는 -i가 나타난다. 구어에
서는 어간 말음과 관계없이 -yi/-i가 사용되며 장모음이나 이중모음으
로 끝나는 어간에는 구어형 대격어미 -gi나 -yigi가 사용되었다. 奪格
의 어미는 양성 단어 뒤에서는 -ača, 음성 단어 뒤에서는 eče로 나타난
다. 한편 구어에서는 -asa/-esa가 나타난다. 造格의 어미는 모음으로
끝난 어간 다음에는 -bar/-ber, 자음으로 끝난 어간 다음에는 -iyar/
-iyer로 나타난다. 한편 구어에서는 -ɣar/-ger, -ar/-er, -nar가
나타난다. 이 외에도 共同格, 再歸-所有格 등 형태들이 있는데 본고에
서 고찰하고자 하는 내용과 직접 관련이 없으므로 생략하기로 한다.
　몽고어의 格 형태는 대부분 우리말의 格 형태와 유사한 기능들을 하고
있는데, 우선 直譯體 한어에서 그것들이 어떤 對譯 관계를 이루고 있는
가를 살펴보기로 한다.

4.1 -裏

　'-裏'는 본래 '속' 또는 '내부'의 의미를 나타내는데 白話 漢語에서는
흔히 전치사 '在-/從-/往-'와 결합되어 장소·시간·범위·방향 등
을 나타낸다. 元代 漢語에서는 한어의 용법과 달리 '裏'가 후치사 형태로

자주 사용되었는데 蒙古語 原文과 대조하여 보면 몽고어의 格 형태와
대응되면서 다양한 문법적 의미를 나타내고 있음을 발견할 수 있다.

4.1.1 與格 형태

(57) 白話譯文: 長生天氣力裏、大福蔭護助裏皇帝聖旨……
mmoŋ ka déŋ ri−yin kuᶜun−dur、yéke sujali−yin ˙ihe˙en−dur Gaˊan
jarliG manu
長 生 天 的 力 量裏大 福蔭的 保護裏大汗 聖 旨
我們的.(祖:上54)[5]
  −영생한 하느님의 위력에 (의하여), 大福蔭의 가호에 (의하여) 우리의 황제
성지…… −

이 예문은 白話碑文 서두에 흔히 나오는 문구인데, 몽고어 원문을
보면 '−裏'가 여위격 조사와 대응되면서 '−에 (의하여)'의 의미를 나타내
고 있다. 유사한 의미로 사용된 초기 譯學書의 예를 들어 보기로 한다.

官裏一人的是呵, 天下百姓都托着洪福裏行有。(「孝直」 2b8)[6]
  −임금 한 사람이 훌륭하게 행한다면 천하의 백성들은 큰 복에 의하여 행할
것이다−

官尺裏二丈八, 裁衣尺裏二丈五。(「原老」 27右)
  −관청의 자로는(−에 의하면) 스물여덟 자이고 바느질 자로는(−에 의하
면) 스물다섯 자이다−

---

5) 본고에서 인용한 白話譯文의 앞 번호는 『元代白話碑文硏究』(祖生利:2000)의 下
卷인 『元代白話碑文集錄校注』에 수록된 白話碑文의 순서이고, 로마자로 전사한
예문의 뒷 번호는 같은 책 上卷의 쪽수이다. 그리고 한글 역문은 필자의 것인데
지면 관계로 일부는 생략하기로 한다.
6) 이하 「孝直」의 쪽수는 『元版孝經直解』(太田辰夫・佐藤晴彦 編, 1996)의 것이다.

이상 예문과 같은 형태가 現代漢語에서는 '依靠－/憑借－'로 표현되며 元代 漢語에서는 '仰仗－/仰賴－(의존하다)' 또는 '托着－(의지하다)'로 표현하기도 하였다. 동시대 白話文獻의 유사한 표현들을 들어 보기로 한다.

　賴長生天的氣力, 皇帝叔叔的福蔭。(『元朝秘史 續集』 卷2)
　托著長生天底氣力, 皇帝的福蔭。(『黑韃事略』, 祖:上37 재인용)
　皇帝的大福蔭裏, 酒也醉了, 茶飯也飽了。(「朴諺」 上7左)

4.1.2 處格 형태

(80) 白話譯文: 這的每宮觀、庵廟裏, 房舍裏, 使臣休安下者。
éden－u géŋgon am mew－dur、geyid－dur 'anu,　él'cin bu ba'u－t uGayi.
他們的 宮 觀 庵 廟　裏　房舍 裏 他們的, 使臣 不 住　者(祖:上38)
－그들의 宮觀과 庵廟에서, 家屋에서 使臣들이 숙박하지 말라－

이상 예문에서 몽고어 원문을 보면 '－裏'는 장소를 나타내는 처격조사와 대응되며 '－에서'의 의미를 나타내고 있다. 초기 譯學書에서 이와 같은 형태로 사용된 예를 들어 보기로 한다.

　咱這高麗言語, 只是高麗田地裏行的。(「原老」 2右7)
　－우리 이 고려말은 다만 고려땅에서만 사용하는 것이다－

같은 시기의 문헌에는 '－裏'의 이러한 표현이 한어의 습관에 맞게 '於……處'의 형식으로 사용되거나 또는 '－裏가 전치사 '從－', '在－'와 결합되어 사용된 예도 찾아 볼 수 있다.

小人於人不見處甚的勾當不做出來? (『直說大學要略』,『近代漢語語法資料』:13)7)

教人的勾當先從這孝道裏生出來。(「孝直」 1b6)

我在漢兒學堂裏學文書來。(「原老」 1左)

4.1.3 造格 형태

(81) 白話譯文: 太上老君教法裏告天祝壽者。

tajs,aŋ lawgéun－u mör－iyer, déŋ ri－yi jalbari－ju hiru'er'ög－un'a－t' uGayi.

太上老君 的 道 裏 天 根底 禱告   祝福 與   有 者(祖:上40)

－太上老君의 敎法으로 하늘에 聖壽를 기원하라－

이상 예문에서는 '－裏'가 몽고어 원문의 조격 형태와 대응되며 '－으로'의 문법적 의미를 나타내고 있다. 초기 譯學書에서 조격의 의미로 '－裏'가 사용된 예를 찾아 볼 수 있다.

這飯店裏去來。(「原老」 17左)

「原老」에는 이상 예문과 같이 방향을 나타내는 경우, 한어의 습관에 맞게 전치사로 표현한 예도 찾아 볼 수 있다.

俺往大都去。(「原老」 1右)

白話碑文에서는 '－裏'를 조격의 의미로 사용하고도 한어의 습관에 따라 명사 앞에 전치사 '依－/依着－/照依－' 등을 첨부하여 사용하기

----

7) 이 쪽수는 『近代漢語語法資料彙編・元代明代卷』(劉堅 외 編, 北京 商務印書館, 1995)의 것이다.

도 하였다.

(42) 白話譯文: 你每這衆先生每, <u>依着</u>這李提點言語<u>裏</u>, 依理行踏者。
t'a ber olan séns,hi ŋ ud, éne li ti dem—un 'üge—'er juk—iyer yabu—dGun.
你每也 衆 先生 每   這 李 提 點 的 言語裏 道理 裏 行走 者(祖:上40)
-당신네 道士들은 이 李提點의 말<u>에</u> 따라 이치<u>에</u> 따라 행하라-

4.1.4 屬格 형태

(79) 白話譯文: 城子<u>裏</u>達魯花赤、官員每根底
balaGad—<u>un</u> daruGas—da、 noyad—da......
城 子 <u>的</u> 達魯花赤每根底 官員每根底......(祖:上40)
-城<u>의</u> 다루가치들에게, 官人들에게......-

이상 예문에서 몽고어 원문은 속격을 나타내고 있는데 한어에도 소속
관계를 나타내는 구조조사 '-的'이 있다. 그러나 "城子的達魯花赤"이
한어의 표현 습관에 맞지 않으므로 白話譯文에서는 "城子裏達魯花赤"
으로 표현하였다. 이 외에도 같은 형태를 "<u>管城子達魯花赤</u>" 또는 "<u>管城</u>
<u>子的達魯花赤</u>", "<u>城子裏的達魯花赤</u>" 등 형태로 표현하기도 하였다.(祖:
上39)

4.2 -根底

近代漢語에서 方位詞 '根底'는 '跟底'로도 표기되며 원래의 의미는
'面前/旁邊'의 의미이다. 이 용어가 蒙文直譯體에서 자주 사용되었는데
몽고어의 원문을 살펴보면 다양한 格 형태와 대응되고 있다.

4.2.1 與處格 형태

蒙文直譯體에서 '－根底'는 몽고어의 여처격 형태인 '－da/－de, －a/－e'와 대응되며 현대한어의 전치사 '向－/對－'와 같은 의미를 나타내면서 간접목적어 뒤에 사용되었다.

(79) 白話譯文: ……官員每根底、來往的使臣每根底宣諭的聖旨。
……noyad－da、　yorc'i－Gun yabu－Gun élc'in－e du'ulGa－Gué jarliG.
……官員每根底　往來的　行走的　　信使每根底　告訴　的　聖旨(祖:上40)
－……관인들에게, 내왕하는 사신들에게 알리는 성지－

(36) 白話譯文: 太原府裏石壁寺有的安僧錄根底, 執把聖旨與了也。
t'a'juénhuu bu－k'un s,ibizhi－dur'a－Gun 'anshi ŋ léu－da, bari－ju yabu' ayi jarliG 'ög－beé.
太原　府　有的　石壁寺　裏　有的　安僧錄　根底　把着　行的
聖旨　與　了(祖:上40)
－太原府의 石壁寺에 있는 安僧錄에게 가져간 聖旨를 주었다－

이상 예문에서 '－根底'는 모두 '－에게'의 의미를 나타내고 있다.

4.2.2 奪格 형태

蒙文直譯體에서 '－根底'는 몽고어의 탈격 형태인 '－aca/－ece, －daca/－dece' 등과 대응하면서 '－에게서/－한테서'의 의미를 나타내기도 한다.

(42) 白話譯文: 推稱諸投下, 先生每根底, 不揀甚麼休索要者。
'ayim'ud－da alasiĺta－ju, séns,hi ŋ ud－aca, ya'u ba Guyu－ju bu'ab－t uGayi.
諸投下　根底　借　故　　　先生每　根底　一切也　要求休拿要

者(祖:上42)
－여러 投下의 名義를 구실로 道士들한테서 어떠한 것도 요구하지 말라－

直譯體 한어에서 '－根底'는 이 외에도 다양한 格 형태와 대응되는 예들을 쉽게 찾아 볼 수 있다.

(29) 白話譯文: 又俗人, 和尙毎根底休歸斷者。
basa egil aran doyid－i buu jarγula－tuγai.
又　俗　人　和尙　根底　不　審問　者(祖:上41)
－또한 俗人이 和尙들을 취조하지 말라－

(6) 和尙根底寺、也立喬大師根底胡木刺(교회당)、先生根底觀院、達失蠻根底蜜昔吉...
－和尙의 寺院, 也立喬大師의 교회당, 道士의 관원, 회교도의 寺院......－

母親根底愛的心, 官裏根底敬的心, 這兩件兒父親根底都有着。(「孝直」4a19)
－母親을 사랑하는 마음, 임금님을 존경하는 마음, 이 두 가지 모두가 父親에게도 있어야 한다－

이상 예문에서 (29)는 몽고어의 대격 형태인 '－i/－yi'(－을/－를)와 대응되고 (6)은 속격 형태인 '－un'(－의)와 대응되며 「孝直」에서는 같은 형태가 한 문장에서 대격과 여격의 의미를 나타내고 있다.(祖:上42)

4.3 －者

'－者'는 '－着/－咱'로도 표기되는데 蒙文直譯體에서는 동사의 권유문 종결어미와 대응된다. 중세몽고어의 동사 권유문 종결어미는 인칭에 따라 다양한 형태들이 사용된다. 즉 1인칭에는 '−suɤai/−sügei, −su/−sü, −ya/−ye' 등이 있고, 2인칭에는 '−dɤun/−dgün', 3인칭에는 '−tugai/−tügei' 등이 있다.(李聖揆:2002;127) 그 예를 일부 들어 보기로 한다.

(42) 白話譯文: 你每這衆先生每, 依着這李提點言語裏, 依理行踏者。
ta ber olan éns,hi ŋ ud, éne litidem−un 'üge−'er, juk−yier yabu−dGun.
您 也 衆 先生每 這 李提點 的 言語裏 理 裏 行者(祖:上66)
−당신네 도사들은……이치에 따라 행하라−

(76) 白話譯文: 這的每寺院裏、房舍裏, 使臣休安下者。
éden−u sümes−dur、geyid−dur 'anu, élcin bu ba'u−tuGayi.
他每的 寺 裏 房舍 裏 他每的 使臣 不 住 者(祖:上66)
−그들의 寺院에서 가옥에서 使臣들이 숙박하지 말라−

이상 예문의 (42)는 2인칭 권유문의 대역 형태이고 (76)은 3인칭 권유문의 용례이다. 이와 같은 형태로 사용된 초기 譯學書의 예를 들어 보기로 한다.

大使錢的勾當休做着, 小心依着法度行者。(「孝直」 2b15)
−돈을 많이 쓰는 일은 하지 말아야 하며 법도에 따라 행하여야 한다−

你疾快做著五箇人的飯者。(「原老」 6右)
−당신은 빨리 다섯 사람의 밥을 지으시오−

한어에서 '−者'는 唐宋시기부터 사용되기 시작한 어기조사로서 어말에서 염원이나 권유, 명령 등의 의미를 나타낸다. 그러나 蒙文直譯體에서는 몽고어 동사 어미의 변화 형태와 대응되므로 대부분은 어말에 사용된 동사와 직접 연결된다. 다만 상기 「原老」의 예문과 같이 목적어를

사용한 타동사의 경우 '동사+목적어+者'의 형태로 동사와 분리되어 표현
된 것은 한어의 습관에 맞추기 위한 것으로 추정된다.(祖:上68)

4.4 -有

蒙文直譯體 한어에서는 어말에 '-有'가 자주 사용되었다. 이것은 중
세몽고어의 '-a/bü-' 형태와 대응되는데, 動詞로 사용될 경우에는 '有/
存在/是'의 뜻을 나타내고, 助動詞로 사용될 경우에는 形動詞나 副動
詞8)와 결합되어 時制나 相(體)의 문법적 의미를 나타낸다. 그 예들을
들어 보기로 한다.

4.4.1 동사의 경우

(64) 五嶽、五鎭、四海、四瀆咱每的神祈有。

여기서 '有'는 'bü-'의 대역으로 판단동사 '是'의 의미로 사용되었다.
즉 "五嶽、五鎭、四海、四瀆是咱每的神祇。"의 의미이다. 한편 같은
시기의 문헌에는 한어의 습관에 맞게 판단동사 '是'를 사용하고도 어미에
'有'를 첨부하여 사용한 혼합 형태를 발견할 수 있다.

俺是怯薛歹有。(『通制條格』卷17)

---

8) 몽고어에서 形動詞는 동사의 일종으로서 동사 뒤에 여러 형동사 부가성분을 첨가
함으로써 그 동사로 하여금 명사나 형용사의 문법적 기능을 지니도록 한다. 副動詞
는 동사의 일종 연결 형태로서 동사 뒤에 여러 부가성분을 첨가함으로써 뒤에 오는
다른 동사와의 다양한 관계를 맺어 주는 역할을 한다. 중세몽고어의 부동사에는
병렬·선행·조건·양보·연속·예비 등 다양한 형태들이 있다.(祖:上70)

4.4.2 時制

중세몽고어에서는 현재와 미래의 시제를 나타내는 형태로서 −m 계열(−mu/−mü, −mui/−müi), −n 계열(−nam/−nem, −nai/−nei, −n−a/−n−e), −yu 계열(−yu/−yü, −u/−ü) 등 세 종류의 어미가 있는데 이러한 형태들이 直譯體에서는 흔히 '動詞+有'의 형식으로 표현되고 있다.

ke˙e−mu/ke˙e−mui
旁譯: 說有。 (말하다)(『蒙古秘史』卷6)

ke˙e−gde−yü
旁譯: 呼的有。 (부른다)(卷2)

如今皇太子根底啓知有。(『通制條格』卷8)
− 지금 황태자에게 아뢴다 −

我也心裏那般想著有。(「原老」3左)
− 나도 마음속으로 그렇게 생각한다 −

將這兩件兒先父母根底行呵, 四海百姓把我的這德行敎道做體例一般行有。(「孝直」2a19)
− 이 두가지를 먼저 부모에게 행한다면 천하의 백성들은 나의 이 덕행과 가르치는 방식을 귀감처럼 삼아 행할 것이다 −

이상 예문에서 「孝直」은 미래 시제를 나타내고 있다. 중세몽고어에서 조동사 'a−/bü−' 형태가 副動詞 뒤에 첨가되어 현재 시제를 나타내기도 하는데 이러한 형태 역시 直譯體 한어에서는 '有'로 나타내고 있다.

bidan—i ya'un—a ber ülü bol—Gun büyyü.
旁譯:　俺　行　甚麼　行也　不　做　有。(『蒙古秘史』卷5)
－우리를 아무 것으로도 간주하지 않고 있다－

(64) 白話碑文: 這霍州裏所屬的中鎭霍嶽廟, 咱每的先生苗宗師住持有。
－霍州에 속하는 이 中鎭 霍嶽廟는 우리의 先生인 苗宗師가 住持를 맡고
있다－

이상 예문에서 '住持有'는 '正在住持'(주지를 맡고 있다)의 의미를 나타
낸다. 直譯體 한어에서는 이상과 같은 의미를 한어 습관에 맞게 먼저
동사와 목적어가 결합하고 그 뒤에 '有'가 첨부되기도 한다.

(92) 近聞外路有的管民官, 先生每根底科要地稅、商稅、雜泛差發有。
－근래 듣건대 外路에 있는 管民官들이 道士들에게 土地稅, 商稅와 잡다
한 세금을 부과하고 있다－

중세몽고어에서 조동사 'a-/bü-'는 이 외에도 다양한 시제를 나타내
는데 直譯體에서 흔히 'V了有'・'V了來'・'V了有來' 등 형태로 표현된다.

(42) 白話譯文: "……告天祝壽者"麽道有來。
"……dé ŋ ri—yi jalbari—ju hiru'er'ög—un'a—t'uGayi" ke'e—gde—gsed a
—ju'ué.
……天　根底　祈禱着　祈福　與　有　者　說　了　有來。(祖:上81)
－"……하느님께 聖壽를 기원하라"라고 말하였었다－

이상 예문의 몽고어 원문에서 'ke'e—gde—gsed'(말하였다)는 형동사
과거형 복수형태이고, 'a—ju'ué'는 과거서술형으로서 동사 뒤에 첨부되
어 '말하였었다/말한 적이 있다'의 의미로 사용되었다.(祖:上81) 이와 같

은 예를 더 들어 보기로 한다.

(118) 白話譯文:......'釋敎都總統'名分裏委付<u>了有來</u>。
－......'釋敎都總統'이라는 관직을 이미 수여하였다－

(99) 白話譯文:......定擬<u>了有</u>。
－......이미 확정하였다－

4.5 不......那甚麼?

蒙文直譯體에는 정통 한어에서 사용하지 않는 특이한 문장 형식들이
자주 등장하여 이해에 어려움을 더하여 준다. 그런데 이러한 형식들이
몽고어 원문을 살펴보면 대부분 그 근거를 찾아 볼 수 있다. '不......那甚
麼'는 정통 한어에서 사용하지 않는 의문 형태인데 白話碑文을 살펴보
면 몽고어 반문법의 직역 형태임을 알 수 있다.

(82) 白話譯文: 無體例勾當休做者. 做呵, 他<u>不怕那甚麼</u>.?
yosu 'üge'ue 'üeles bu 'üeled－tugeé. 'üéledu－'esu, <u>'ülu'u</u> 'ayu－Gun
mun.
道理 無的 事情 不 做 者   做 呵 <u>不 怕</u> 他?(祖:上72)
－법을 어기는 행위를 하지 말아야 한다. 만일 감히 (위법행위를) 한다면
그들은 (법이) 두렵지 않겠느냐?－

이러한 의미를 정통 한어로 표현한다면 "他們豈不知害怕?" 또는 "他
們難道不知害怕嗎?"와 같은 형식으로 되어야 할 것이다. 이와 같은 내
용이 『通制條格』에서는 "(彼或恃此)非理妄行, 國有常憲, 寧不知懼?"라
는 文言文 형식으로 표현되었다.(祖:上6) 이 형태가 초기 譯學書 자료에

서 사용된 예문을 살펴보면 다음과 같다.

這五件若都完備了呵, 孝順的勾當<u>不有那甚麼</u>?(「孝直」 9b5)
今後再厮見時, <u>不是好兄弟那甚麼</u>?(「原老」 40右)
若官司知道時, 把咱們<u>不償命那甚麼</u>?(「朴諺」 中28右)

4.6 一麼道

蒙文直譯體에 자주 등장하는 '一麼道'는 어원적으로는 한어식 표현 (這麼說/那麼說)이라 하겠지만 白話碑文을 살펴보면 몽고어에서 주로 어떤 말을 인용할 때 사용되는 동사 'keʾeー'의 직역 형태임을 알 수 있다. 그 예를 들어 보기로 한다.

(42) 白話譯文: "......不揀甚麼差發休着者, 告天祝壽者"<u>麼道</u>。
"......ʾaliba ʾalba Gubčiri ʾülu ʾüjen, déŋriーyi jalbariーju hiruʾerʾögーunʾa ーtʾuGayi" keʾen.
......一切 差發 賦 稅 不 見 天 根底 祈 禱 祝 壽 給
有 者   說道(祖:上22)
一"......어떤 부역이든 부과하지 말라, 하느님께 聖壽를 기원하라"라고 하며一

이상 예문에서 몽고어 원문 'keʾen'은 인용 동사 'keʾe'의 접속형태이다. 이 동사는 화자의 주관적인 염원이나 태도 등도 나타낸다. 이 경우 '一라 고 하다'의 의미로 사용된다. 그 예를 들어 보기로 한다.

(91) 白話譯文: 更這和尚每說有聖旨<u>麼道</u>, 無體例勾當休做者。
ede basa doyid jarliGー'tan keʾeーju, yosu ʾügeʾue ʾüeles bu ʾüeledーʾtugeé.
這些 更 和尚每 聖旨 有的 說着 體例 無的 事情 休做 者。(祖:上53)

－이 道士들도 자신들이 성지를 지니고 있다고 <u>하여</u> 위법 행위를 하지 말라－

정통 한어의 습관에 맞는 어순이라면 ‘麼道’는 인용문의 앞에 놓여야 할 것이다. 초기 譯學書에서 이와 같은 형태로 사용된 예를 들어 보기로 한다.

在人頭上行呵, 常常的把心行着, <u>麼道</u>。(「孝直」 1b9)

4.7 －呵

중세몽고어에서 조건이나 가정을 나타내는 副動詞의 첨가 형태에는 ‘－basu/－besü, －ɣasu/－gesü, －qula/－küle’ 등이 있다. 이것들이 直譯體 한어에서는 주로 ‘－着’ 또는 ‘－呵’ 형태로 나타난다. 그중 ‘－呵’ 로 표현된 예를 들어 보기로 한다.

(112) 白話譯文: 有損壞了的宮觀呵, 交用那錢物修補者。
géuŋ gon ébdereʾesu, teden－iyer seblen jasaʾul－un ʾabʾtuGayi.
宮　觀　損壞　呵　這些裏　修補　敎整治　　要　者(祖:上71)
－파손된 宮觀이 있<u>으면</u> 그 재물로 보수하라－

(82) 白話譯文: 無體例勾當休做者。做呵, 他不怕那甚麼?
yosu ʾügeʾun ʾüéles bu ʾüéled－tʾugeé ʾüéledu－ʾesu ʾülu'u ʾay－Gun mun
道理　無的　事情　不　做　者　　做　呵　不　怕　他(祖:上72)
－법을 어기는 행위를 하지 말아야 한다. 만일 감히 한<u>다면</u> 그들은 두렵지 않겠느냐－

학계에서는 일반적으로 '－呵'를 宋代 때부터 사용되기 시작한 한어의 어기조사로 인정하고 있다. 그러므로 '－呵'가 몽고어 '－ɤasu'의 음차 형태로 단정하거나 몽고어 가정 형태의 차용이라고 주장하는 것은 재고 의 여지가 있겠지만, 그러나 元代 때 주로 '－呵'를 이용하여 몽고어의 가정의 뜻을 대역함으로써 '－呵'가 지니고 있는 가정의 기능을 강화한 것은 분명한 것으로 보인다.

4.8 어순의 도치

蒙文直譯體의 어순에 있어서 가장 눈에 띄게 많이 나타나는 것은 동 사와 목적어의 위치가 정통 한어와 달리 도치된 것이다. 즉 목적어가 동사의 앞에 놓이는 형태가 많이 나타나는데 대부분의 경우 몽고문의 어순에 근거를 두고 있다. 일부 동사의 예들을 살펴보기로 한다.

4.8.1 동사 '有'와 목적어

(31) 白話譯文: 和尙共俗人一處折證底言語有呵……
doyi－un egilaran－luɤa ügüle－ldü－kün üges anu bö－gesü
和尙 每 俗 人 根底 互相 爭論 的 事情 他每的 有呵……(祖:上79)
－和尙들이 俗人들과 분쟁의 소송이 있으면……－

이상 예문에서 몽고어 원문의 'bö'는 'bü'의 어음변화 형태이며 'bö－ gesü'는 'bü'의 條件副動詞 형식으로서 동사 '있다'의 의미를 나타내는데 목적어 뒤에 놓였다. 한편 이와 같은 의미를 나타내는 '有'는 直譯體에서 다양한 어순으로 표현되기도 한다.

(92) 先生每與俗人<u>有</u>折證的詞訟呵……

(81) 先生每與俗人折證的詞訟<u>有</u>呵……

이상 예문에서 (92)는 한어 어순에 맞게 '有'를 목적어 앞에 둔 것이고
예 (81)은 한어 어순과 直譯體의 어순의 중첩 형태로서 군더더기식 표현
이라 할 수 있다. 예를 더 들어 보기로 한다.

(93) 白話譯文: 大都裏<u>有時分</u>寫來。

tajdu－da <u>bu－gué－dur</u> biči－beé.

大 都 裏 <u>有 的 時分</u> 寫 了(祖:上80)

－大都에 <u>있을 때</u> 썼다－

이상 예문에서 몽고어 원문의 'bu－gué'는 현재·미래형 形動詞로서,
'有時分/住時分'은 '在(某地)時'의 의미이다. 따라서 이러한 경우에 정통
한어에서는 "寫於大都"와 같은 형태로 표현된다. 한편 直譯體 한어에서
몽고어 원문은 같은 형태이지만 한어 역문이 정상어순으로 표현된 예들
도 있다.

(81) 白話譯文: 更先生每自其間裏<u>有</u>相爭的勾當呵……

basa séns,hiŋ ud－un 'ö'er ja'ura 'temeče－ldu－kun 'üeles <u>bö</u>－gesü

更 先生每 的 自己 中間 互相 口角 的 事 <u>有</u> 呵……(祖:上65)

4.8.2 동사 '與'와 목적어

(36) 白話譯文: ……安僧錄根底, 執把聖旨<u>與了</u>也。

…… 'anshiŋ léu－da, bari－ju yabu'ayi jarliG <u>'ög</u>－beé

……安 僧 錄 根底, 把着 行 的 聖旨 <u>與 了</u>(祖:上40)

－……安僧錄에게 가져간 聖旨를 <u>주었다</u>－

(81) 白話譯文: 孫眞人根底, 宣諭執把行的聖旨與了也。
Sun—jnžin bariju yabuʼayi jarliq ögbeé.
孫眞人　拿着　走的　聖旨　給了(田中:62)
－孫眞人에게 가져 간 聖旨를 주었다－

이상 예문에서는 몽고어 원문은 같은 형태인데 동사 '與'가 목적어 뒤에 놓였다. 한편 동사 '與'가 한어의 정상어순으로 표현된 예도 찾아 볼 수 있다.

(63) 白話譯文: 體窺履眞大師陳志忠爲頭先生每根底, 與了執把行的聖旨也。

4.8.3 동사 '做'와 목적어

(29) 白話譯文: 和尚每體例裏不行的、歹公事做的……和尚每根底
doyid—un yosu—ʼar ülu yabu—Gun, maʼué üeles üeled—kun……doyid
—i
和尚每的　法度裏　不　行的,　歹　事　做　的……和尚每根底(祖上:
76)

(54) 白話譯文: 這先生每有聖旨麼道, 沒體例的勾當休做者。
ede basa séns,hi ŋ ud, jarliG—ʼtan keʼe—ju, yosu ʼügeʼue üeles bu ʼüeled—ʼt
ugeé.
這些　又　先生每　聖旨　有者　說着,　道理　無的　事情　不　做　者(祖上:82)

이상 예문에서는 동사 '做'가 몽고어 원문과 같이 목적어 뒤에 놓였는데 정상 어순은 "這先生們也不得自恃持有聖旨, 做違法亂紀之事。"로 되어야 할 것이다. 몽고어 원문에서 이상 예문과 같은 경우 백화역문의 '做'가 정상어순으로 표현된 예도 있다.

(112) <u>做無體例的勾當呵</u>, 他每不怕那甚麼?

　蒙文直譯體에서 동사와 목적어의 도치 현상이 대량으로 나타나고 있는 것은 몽고어 원문의 어순과 밀접한 관계를 갖고 있음을 짐작할 수 있다. 따라서 이와 유사한 문형이 초기 漢學書에서도 대량으로 나타나는데 이것은 계통이 다른 두 언어의 접촉에 의한 것으로 결코 우연한 현상이 아님을 추측할 수 있다.

5 맺음말

　이상의 고찰을 통하여 알 수 있다시피 초기 漢學書에는 정통 한어의 상식으로는 이해하기 어려운 문장 형식들이 대량으로 등장하는데 이들은 대부분 格 형태를 비롯한 몽고어의 특징에서 그 근거를 찾아 볼 수 있다. 따라서 초기 한학서의 한어를 분석함에 있어서 몽고어와 같은 언어 계통인 우리말의 지식을 활용하면 보다 쉽게 접근할 수 있으며, 오히려 친근감을 느끼게 될 것이다. 본고에서는 초기 한학서에 나타나는 특이한 표현 형태 중 그 일부만을 살펴보았다. 본 연구가 앞으로 한학서에 대한 연구가 보다 체계적으로 이루어지고, 역사적으로 전해져 내려오는 譯學書 전반의 시대적 특징을 규명하는 데 도움이 되기를 기대한다.

※ 이 논문은 「蒙文直譯體의 특징과 한국 譯學書의 漢語」라는 제목으로 〈中語中文學〉(韓國中語中文學會) 第34輯(2004:79~103)에 실린 것을 수정한 것이다.

『老朴集覽』과 元代 漢語

1 서론

　　『老朴集覽』은 崔世珍이 『老乞大』・『朴通事』(이하 「老朴」)의 수정본인 '新本'에 대한 언해를 하면서 원간본으로 추정되는 '舊本'을 참조하여 난해한 어휘를 해석한 책이다. 「老朴」의 편찬 연대를 두고 학계에서 장기간 논란이 되어 왔다. 그것은 兩書의 편찬 연대에 대한 정확한 문헌 기록이 없고 게다가 원간본이 실전된 상태에서 수정본을 근거로 추정이 이루어졌으므로 당연한 것이었다. 다행히 지난 1998년에 원간본으로 추정되는 『原本老乞大』가 발굴됨으로 하여 「老朴」의 편찬 연대에 대한 추정이 큰 진전을 이루게 되었고 드디어 초기 「老朴」의 언어 양상을 살펴볼 수 있게 되었다. 「原老」에서 제공하고 있는 자료에 의하면 『老乞大』는 元代 말기에 편찬된 것이 분명하며 언어 자체도 元代 漢語의 특징을 잘 반영하고 있음을 발견할 수 있다. 「老朴」의 原刊本이 元代 말기에 편찬된 것으로 인정되는 한 『老朴集覽』에서 언급된 '舊本'의 어휘, 또는 '元朝語'라고 예를 든 것이 곧 元代 때 사용되던 한어 어휘로 보는 데는 무리가 없는 것으로 보인다.

　　본고에서는 『老朴集覽』의 편찬 과정과 구성 체계를 살펴보고 『老朴集覽』에서 舊本의 언어 또는 '元朝語'라고 제시한 용례를 근거로 「老朴」에 반영된 元代 漢語의 성분을 고찰하고자 한다. 따라서 「原老」 외에 아직 모습을 드러내지 않고 있는 『原本朴通事』의 언어 양상을 추정하는

데도 도움이 될 것이다.

2 『老朴集覽』의 편찬 과정

『老朴集覽』은 序文이나 跋文이 없어 刊記가 미상이나 崔世珍이 편찬한『四聲通解』序文과『通文館志』등 문헌기록을 통하여 편찬 경위를 엿볼 수 있다. 『通文館志』의 기록을 살펴보면 다음과 같다.

> 『通文館志』卷7, 人物條:
> 崔世珍精於華語兼通吏文, 成廟朝中院科選補講肄習讀官, 旣數年親講所業大, 加獎歎特差質正官(중략)嘗奉敎撰四聲通解, 諺解老乞大、朴通事, 又所撰有老朴輯覽、訓蒙字會、吏文輯覽、玉篇等書, 至今學者如指諸掌不煩尋師。
> -崔世珍은 한어와 吏文에 모두 정통하였다. 성종조에 院科에 합격하여 講肄習讀官으로 選補되었다. 이미 수년 동안 親講한 소업이 크므로 칭찬하여 상을 내리고 특별히 質正官으로 파견했다(중략) 일찌기 칙명을 받들어 四聲通解・諺解老乞大・朴通事 등을 편찬하였고 또 老朴輯覽・訓蒙字會・吏文輯覽・玉篇 등을 지었는데, 지금에 이르러서도 배우는 자들이 마치 손바닥을 펴 놓고 보듯 찾고 배우기가 번거롭지 않다-

이상과 같은 기록은『老朴集覽』이 崔世珍에 의하여 편찬된 것은 확인할 수 있으나 구체적인 편찬 시간과 편찬 경위에 대해서는 아직도 적지 않은 의문점을 남기고 있다. 우선『四聲通解』의 序文에 언급된 내용으로 보아『老朴集覽』이『四聲通解』를 간행한 明 正德 12年(1517) 이전 시기에 이미 간행되었음을 짐작할 수 있다. 한편『老朴集覽』은 역시 최세진이 편찬한 것으로 알려지고 있는『飜譯老乞大』・『飜譯朴通事』(이하「飜老朴」)에 대한 보충 학습서로 편찬된 것으로 보이기는 하나 사실『老朴集覽』과「飜老朴」의 관계에 있어서는 아직 적지 않은 의문점들이 남아 있다. 우선 집필 순서와 관련된 내용을 살펴보기로 한다.

> ① 諺音及字旁之點, 皆從鄕語鄕音, 詳見反譯凡例。(『老朴集覽』凡例)
> ② 兩書諺解簡帙重大, 故朴通事分爲上中下, 老乞大分爲上下, 以便繙閱。(『老朴集覽』凡例)

이상 凡例에서「飜老朴」에 대해 언급한 것으로 보아『老朴集覽』이「飜老朴」이후에 이루어진 것으로 보이나 이와 모순된 기록이 있어 추정에 어려움을 더하여 주고 있다. 즉「飜朴」(上)의 음식 이름에 대한 언해 부분에는 다음과 같은 夾註 형식의 해석이 있다.

> ③ 第二道, 金銀豆腐湯, 湯名, 制法未詳, 一說見集覽。
> 第三道, 鮮笋燈龍湯, 湯名, 制法未詳, 一說見集覽。
> 第四道, 三鮮湯, 湯名, 制法未詳, 一說見集覽。
> 第五道, 五軟三下鍋, 湯名, 制法未詳, 一說見集覽。
> 第六道, 鷄脆芙蓉湯, 湯名, 制法未詳, 一說見集覽。(「飜朴」上6-2)

이상의 예문에서 '制法未詳'이라 하고 '一說見集覽'이라고 한 것을 보면『老朴集覽』이「飜老朴」보다 오히려 먼저 이루어졌다는 느낌을 주기도 한다.

『老朴集覽』凡例에 의하면 최세진이「老朴」을 언해할 때 이미 수정을 거친 新本을 대본으로 삼았다고는 하나 아직도 난해한 어휘들이 많았고 또한 비록『音義』라는 舊本의 어휘집이 있어 해석에 도움을 주었으나 완전치는 않았던 것으로 보인다. 따라서 최세진은『老朴集覽』을 편찬하게 되었는바 兩書의 古語와 난해한 어휘들을 수십 종의 문헌을 참고하여 해석하였고 극히 난해한 어휘는 성급히 해석하지 않고 각별히 신중을 기하였던 것으로 보인다.1) 그 예로 「飜老」下의 연회 장면에 나오는 요리 이름을 다음과 같이 해석하고 있다.

④ 頭一道 團擭湯 첫흐도 團擭湯 製法未詳(「飜老」 下37左)
⑤ 第四道 五軟三下鍋 製法未詳(「飜老」 下37左)

이상 「飜老」에서는 똑 같이 '製法未詳'으로 되어 있으나 예④의 '團擭湯'에 대해서는 다음 예⑥과 같이 「老集」에서 『質問』2)에 의한 상세한 해석이 되어 있고 예⑤의 '五軟三下鍋'에 대해서는 「老集」에서 해석이 되어 있지 않는 것으로 보아 후자는 미처 확인을 하지 못하였던 것으로 짐작이 된다.

⑥ 團擭湯, 質問云: 細切肉爲丸, 又切薄肉片着於湯內食之, 方言謂之'團擭湯'. 又云: 以乾粉做成粉皮兒, 用鷄肉絲兒猪肺猪肚俱切成絲兒, 合成包兒做湯。(「老集」 下3右)

그런데 「飜朴」上에서도 '五軟三下鍋'가 역시 '製法未詳'으로 되어있고 '一說見集覽'이라 하였으나 예⑧에서처럼 「朴集」에서 『質問』에 의한 해석을 한 것도 궁금증을 자아낸다.

⑦ 第五道, 五軟三下鍋, 湯名, 製法未詳, 一說見集覽。(「飜朴」 上6-2)
⑧ 五軟三下鍋, 質問云: 五般無骨精肉碎切爲片, 先用塩煎, 次用醋煮, 交蔥花以食。(「朴集」 上3左)

----

1) 間有未及質問, 大有疑碍者, 不敢强解, 宜竢更質。(『老朴集覽』 凡例)
2) 『質問』은 『老朴集覽』 凡例에 "質問者, 入中朝質問而來者也。"라고 하였고 『五倫全備諺解』(1721)의 引用書目에 "質問, 本朝成三問等。"이라는 기록이 있어 成三問 등이 「老朴」의 난해한 어휘를 중국인에게 질문하여 편찬한 語彙解釋集 형태일 것으로 추정된다.

한편 「老集」과 「朴集」의 집필 순서도 논쟁의 여지가 있는 것으로 보인다. 즉 「老集」의 上과 下에는 각각 「朴集」上을 참조한 흔적이 있으므로 「朴集」上이 「老集」보다 먼저 편찬된 것으로 볼 수 있겠으나, 「朴集」의 中과 下에는 또한 「老集」을 참조한 흔적이 있어 혼란을 주고 있다.

⑨ 張社長, '社長'見朴通事'社神'下, '張'卽'社長'之姓也。(「老集」上2右)
⑩ 靑絲, 見朴通事集覽。(「老集」下4-1)
⑪ 推出後, 漢人指厠爲'後路', 詳見老乞大集覽'東厠'下。(「朴集」中3右)
⑫ 掛糆, 詳見老乞大集覽'濕麵'下。(「朴集」下6左)

이상 「老集」上의 예⑨에서는 '社長'에 대해 「朴集」上의 '社神'條를 참조하라 하였고 「老集」下의 예⑩에서는 '靑絲'에 대해 「朴集」上의 '細絲官銀'條를 참조하라고 하였다. 한편 「朴集」中의 예⑪에서는 '推出後'에 대해 「老集」上의 '東厠' 條를 참조하라 하였고 「朴集」下의 예⑫에서는 '掛糆'에 대해 「老集」上의 '濕麵'條를 참조하라고 하였다. 그런데 「朴集」上에는 또 「朴集」下를 참조하라는 기록이 나와 더욱 혼란스러운 느낌을 준다.

⑬ 打毬兒……詳見下卷集覽。(「朴集」上6左)
⑭ 打毬兒, 今按質問畵成毬兒, 卽如本國댱방올, 注云以木刷圓。(「朴集」下7右)

이상과 같은 상황을 분석하여 보면 최세진이 「老朴」의 한어문에 대한 수정(일부 誤字의 수정에 한함)과 注音, 언해 및 난해한 어휘에 대한 해석 등 일련의 작업들을 동시에 진행한 것이 아닌가 하는 추측을 불러일으키게 한다. 이러한 추측의 또 다른 근거로는 『老朴集覽』凡例의 마지막 조항인 상기 예②의 기록이다. 즉 '飜譯老朴凡例'가 아닌 '『老朴集覽』

凡例'에서 「老朴」諺解本의 '簡峡'이 '重大'하여『朴通事』는 上·中·
下로 하고『老乞大』는 上·下로 하였다는 分冊 사정에 대해 기술한
것은『老朴集覽』과 諺解本의 작업이 동시에 이루어졌을 가능성을 말해
주며 이는 또한 예③과 같이 「飜老朴」의 본문에서 「集覽」을 참조하라
고 한 것에 대한 해답으로 될 수도 있을 것이다.

그런데 의문점은 여전히 남아 있다. 즉 「飜老朴」의 언해와『老朴集
覽』의 주석이 일치하지 않다는 것이다.

⑮ 火贊鴿子彈 비두리를 구워사ᄒ니(「飜朴」 上157)
⑯ 火贊鴿子彈, 質問云: 鴿子彈糁於滾肉湯食之。又云用肉湯在鍋, 再加
椒料茱葱花, 燒火至滾沸, 方下鴿子卵盛之於碗, 以獻賓客。(「朴集」
上2左)
⑰ 百歲日又做筵席 첫돌시어든 또 이바디ᄒᆞᆯ제(「飜朴」 上250)
⑱ 百歲日, 子生一七日謂之一臘, 一歲謂之百晬。質問云: 初生孩兒以百
日爲百歲日, 六親皆以禮賀之, 主人設席館待。(「朴集」 上13左)

이상 예문⑮의 「飜朴」에서는 '鴿子彈'을 '비두리'(비둘기)라 하여 誤譯
으로 보이나 「集覽」에서는 '鴿子卵'(비둘기알)이라고 정확한 해석을 하
고 있다. 그리고 예⑰의 「飜朴」에서는 '百歲日'을 '첫돌시'(첫돌)로 잘못
언해하였으나 「集覽」에서는 '百日'로 정확히 해석하고 있다. 그리하여
鄭光(1977:140)에서는『老朴集覽』은 최세진 자신이 편찬한 「老朴」의 언
해본에 대한 주석이 아니라는 주장을 펴고 있다. 즉 최세진이 「老朴」
兩書를 독자적으로 언해하기 이전부터 司譯院에 傳來되어 온 諺釋이
있었다고 주장하면서『老朴集覽』에서 그 근거로 들고 있다.

⑲ 可知, 그러아니려, 又 그러커니ᄯᅡ나. 本國傳習之釋曰 새로 윌셔. (「累
字解」 8左)

⑳ 奪腦, 奪字未詳. 鄕習傳解曰: 뒤고리 뜰 앏프다. 奪音 드, 去聲讀。(「朴集」中2左)

이상 예문에 의하면 '本國傳習之釋'이나 '鄕習傳解' 등은 「老朴」에 대한 전래된 諺釋이 있었으며 『老朴集覽』은 바로 그 전래된 언해에 대한 해석이라는 것이다. 따라서 예③과 같이 이전의 언해에서 未詳으로 되어 있는 것을 '一說見集覽'이라고 하였다는 주장이다. 그리고 예⑮와 예⑰과 같은 오역도 최세진의 언해라고 보기 어렵다고 하였다.

그런데 앞에서 예를 든 『四聲通解』序文에 의하면 최세진은 「老朴」의 訓解가 잘못 전해지고 『四聲通攷』는 諸字에 音만 있고 訓釋이 없으므로 그 자신이 「老朴」 兩書의 音과 義를 언해하고 책에 있는 古語를 모아 「輯覽」을 만들었다고 하였다. 그러므로 최세진의 諺解本은 종래의 解釋本에서 잘못된 것을 수정하여 편찬한 것임을 알 수 있다. 따라서 이 諺解本은 현존하는 「飜老朴」과는 다른 간본일 것이라는 추측을 자아내게 한다. 이러한 추정의 근거로 『四聲通解』 권말에 실린 "飜譯老乞大朴通事凡例"를 들 수 있다.

㉑ 今之反譯書, 正音於右書, 俗音於左, 俗音之有兩三呼者, 則或書一音於前, 又書一音於後, 而兩存之。(正俗音 條)
－본 反譯에서는 正音을 오른쪽에 쓰고 俗音을 왼쪽에 쓰되 俗音이 두세 개 있을 경우 하나는 앞에다 쓰고 다른 하나는 그 뒤에 씀으로써 두 개를 다 올리도록 한다－

이상 기록에 의하면 反譯에서 正音을 오른쪽에 쓰고 俗音을 왼쪽에 쓰되 俗音이 두세 개 있을 경우에는 하나는 앞에다 쓰고 다른 하나는 그 뒤에 씀으로써 두 개를 다 올리도록 한다고 하였다. 그런데 현존본에

서는 俗音을 두세 개 올린 예를 어느 곳에서도 찾아 볼 수 없다는 것이
더 큰 의문을 남기고 있다.[3]

3 『老朴集覽』의 체재와 인용 서적

3.1 서지 사항과 구성

현존본『老朴集覽』은 乙亥(1455) 銅鑄字인 한자와 한글 혼용본으로
四周 單邊 有界이고, 판심은 黑口內向桑葉魚尾로 되었으며 板匡은
25cm×18.7cm이다. 표제어는 大字, 주해는 小字 雙行으로 되었고 '單字
解'와 '累字解'는 每葉 9행이고, 그 외에는 모두 10행으로 되었다.(李丙
疇:1966;12)『老朴集覽』은 본래 총 58張, 111葉이었던 것이「朴集」上의
제10장이 落張됨으로써 현재는 총 57張, 109葉으로 전해지고 있다.[4] 原
刊本은 현재 東國大學校 도서관에 소장되어 있다. 본서의 내용 구성을
살펴보면 다음과 같다.

(1) 凡例
8개 조항으로 된 凡例에는『老朴集覽』의 기본 체재와 편찬 당시 저자
의 신중한 학문적 태도 등이 잘 반영되어 있다. 예를 들면 초학자들이

---

3) 학계에서는 '凡例 正俗音條의 左右가 실제 표기와 바뀐 것으로 인정하고 있으나,
   左右音 어디에서도 주음을 하나 이상 표기한 용례를 찾아 볼 수 없는 것이 의문을
   남기고 있다.
4) 金裕範(1997)에서는 落張 부분에 대한 夏原 작업을 진행하였다. 한편 그는 李丙疇
   (1966:18)에서「朴集」中의 마지막 면(즉 9b葉)을 空欄으로 보아 총 108面으로
   계산했으나 해당 면에 '朴通事集覽 中'이라는 표제가 붙어 있으므로 이것도 실제
   葉數에 계산해 넣어야 한다고 주장하면서 109葉으로 통계하였다. 본고에서는 이를
   참조하였다.

배우기 쉽도록 발음 표기에 있어서 '鄕語鄕音'을 따른다고 하였고, 한문
으로 해석하기 어려운 내용은 諺文으로 직접 표현하였으며, 質問한 것
중에 서로 모순되는 것들은 신중성을 기하여 모두 올렸으며, 미처 질문
을 하지 못한 난해한 것은 억지로 해석을 하지 않았음을 밝히고 있다.(본
서 제6장 제1절 참조)

(2) 單字解

「老朴」에 나오는 單字 151개를 표제어로 하여 필요에 따라 注音 또는
뜻풀이를 하였으며 용례를 제시하였다.

(3) 累字解

「老朴」에 나오는 累字, 즉 2字 이상의 어휘(가장 긴 것은 5字임) 96개를
표제어로 하고 뜻풀이를 하였다. 累字解는 單字解와 함께 字解部를 이
룬다.

(4) 老乞大集覽(上・下)

이 부분에는 『老乞大』에 나오는 난해한 단어와 어구들을 원문의 등장
순서에 따라 배열하고 註釋을 하였다. 표제어에는 諺解本의 上下 체계
에 따라 老乞大集覽(上)에 44개, 老乞大集覽(下)에 65개, 총 109개의 항
목이 수록되었다.

(5) 朴通事集覽(上・中・下)

이 부분은 老乞大集覽과 같은 형태로 이루어졌는데 『朴通事』諺解
本의 上・中・下 체계에 따라 나뉘어 있다. 표제어에는 朴通事集覽(上)
에 220개(落張 부분의 17개 항목 포함), 朴通事集覽(中)에 109개, 朴通事集

覽(下)에 130개, 총 409개의 항목이 원문의 순서에 따라 수록되었다.

3.2 인용 서적

『老朴集覽』의 註解에는 많은 書籍들이 인용되었는데 필자가 조사한 바에 의하면 '本國傳習之釋曰' 또는 '鄕習傳解曰'과 같은 書名이 아닌 인용 출처를 제외하고도 무려 90여종의 書名이 등장한다. 이것은 저자의 해박한 지식을 보여 주는 동시에 어휘 해석에 대한 신중한 학구적 태도를 잘 반영하여 주는 것이라 하겠다. 그중 인용 횟수가 많은 것으로는 『南村輟耕錄』·『飜譯名義』·『事林廣記』·『事文類聚』·『事物紀原』·『音義』·『吏學指南』·『質問』 등을 들 수 있다. 그 서명들을 나열하면 다음과 같다.

1) 韻會, 2) 五音集韻, 3) 吏學指南, 4) 鄕習傳解, 5) 律條疏議, 6) 事物紀原, 7) 詩傳, 8) 禹貢, 9) 音義, 10) 漢書, 11) 諸司職掌, 12) 事文類聚, 13) 左傳, 14) 漢志, 15) 說文, 16) 增韻, 17) 直指方, 18) 南村輟耕錄, 19) 周禮, 20) 質問, 21) 譯語指南, 22) 飮膳正要, 23) 明道雜志, 24) 詩抑, 25) 難經, 26) 五行精紀, 27) 飜譯名義, 28) 一統誌, 29) 遼誌, 30) 求政錄, 31) 剏通傳, 32) 楊雄傳, 33) 總龜, 34) 孝經緯, 35) 免疑雜韻, 36) 書言故事, 37) 風俗通, 38) 周禮疏, 39) 晉書天文志, 40) 通俗文, 41) 東京錄, 42) 宋景文筆記, 43) 大智論, 44) 華嚴, 45) 戒壇, 46) 傳燈錄, 47) 般若經, 48) 請觀音經疏, 49) 家禮會通, 50) 邵氏聞見錄, 51) 博雅, 52) 家禮集註說, 53) 産書, 54) 廣韻, 55) 歲時樂事記, 56) 荊楚記, 57) 爾雅, 58) 列仙傳, 59) 佛地論, 60) 金剛經疏, 61) 至正條格, 62) 免疑韻略, 63) 法苑, 64) 瓔珞經, 65) 普門品經, 66) 禮記, 67) 神僧傳, 68) 西域記, 69) 史記, 70) 淸異錄, 71) 字學啓蒙, 72) 事林廣記, 73) 易見雜字, 74) 劉向別錄, 75) 周禮, 76) 直解小學, 77) 西遊記, 78) 觀經疏, 79) 道藏經, 80) 大經, 81) 了義經, 82) 善惡報應錄, 83) 家禮儀制, 84) 居家必用, 85) 飮饌正要, 86) 龍飛御天歌, 87) 遜齋閑覽,

88) 月令, 89) 東京夢華錄, 90) 容齋隨筆, 91) 兩京記, 92) 涅槃經, 93) 列子,
94) 文獻通考, 95) 續綱目 등.

4 『老朴集覽』에 보이는 元代語 성분

4.1 「老朴」의 언어

「老朴」의 초기 간본이 元代語로 이루어졌다는 근거는 우선 『朝鮮王
朝實錄』에서 찾아 볼 수 있다.

> 御書講, 侍讀官李昌臣啓曰: 前者承命質正漢語於頭目戴敬, 敬見『老乞
> 大』、『朴通事』曰, 此乃元朝時語也, 與今華語頓異, 多有未解處, 卽以時
> 語改數節皆可解讀, 請令能漢語者盡改之. (『成宗實錄』卷122, 11年(1480)
> 10月 乙丑條)
> － 임금과의 書講에서 시독관 李昌臣이 여쭈어 이르기를 "전에 命을 받아
> 한인 두목 戴敬에게 한어를 질정하였더니 그가 老乞大와 朴通事를 보고
> '이것은 元나라 때의 말이라 지금의 한어와 매우 다르므로 해독이 안 되는
> 대목이 많다'고 하였습니다. 그리고 즉석에서 지금의 한어로 몇 구절 고치니
> 모두 해독이 되었습니다. 그러하오니 한어에 능통한 사람을 시켜서 모두
> 수정할 것을 청합니다."라고 하였다－

이상의 기록은 「老朴」이 元代 漢語로 되어 있어 당시의 華語(明代
漢語)와 많이 다르므로 漢語에 능한 자를 선발하여 兩書를 수정할 것을
임금에게 청하였다는 내용이다. 朝鮮의 成宗 11年은 곧 中國의 明나라
成化 16年(1480)에 해당된다. 그리고 한어문의 수정에 관해서는 그로부
터 3년 후에 다음과 같은 기록이 있다.

先是命迎接都監郞廳房貴和從頭目葛貴校正『老乞大』、『朴通事』, 至是
又欲質『直解小學』。貴曰: 頭目金廣妒我, 疑副使聽讒, 故我欲先還, 恐難
讎校. 若使人謝改正『朴通事』、『老乞大』之意, 以回副使之心, 則我亦保
全矣. (『成宗實錄』 14년(1483) 9月條)
－이에 앞서서는 임금이 迎接都監의 郞廳인 房貴和에게 명하여 頭目 葛貴
를 따라 老乞大와 朴通事를 교정하게 하였고 이 때에 이르러는 또 直解小
學을 질정하려고 하였다. 그러자 葛貴가 말하기를 "두목 金廣이 나를 투기
하는데 副使가 그의 讒言을 들을까 의심스러워 먼저 돌아가려고 하니 교정
하는 일이 어려울 듯합니다. 만약 사람을 시켜 朴通事와 老乞大를 교정한
데 대한 謝意를 표함으로써 副使의 마음을 돌릴 수 있다면 나도 또한 보전
할 수 있을 것입니다"라고 하였다－

여기에서는 房貴和와 葛貴라는 두 사람이 兩書를 교정하였다고 기록
하고 있다. 이것이 「老朴」을 수정하였다는 최초의 기록으로 알려지고
있는데 成宗 11年(1480)과 成宗 14年(1483) 사이에 수정이 이루어진 것으
로 추정된다. 특히 葛貴라는 사람의 말에 의하면 金廣이라는 頭目이
자신을 질투하고 있고 또 副使가 그 讒言을 그대로 믿는 것 같아 자신이
먼저 돌아가려 한다고 한 것으로 보아 「老朴」의 수정에 中國人이 참가
하였음을 짐작할 수 있다.

4.2 舊本과 新本의 어휘

『老朴集覽』의 本文에는 舊本(또는 古本)과 新本(또는 今本)의 언어에
대해 자주 언급을 하였는데 그것들을 종합하여 살펴보면 「老朴」에 반영
된 元代語의 성분을 엿볼 수 있을 것이다.

① 時, 猶則也. 古本用呵字, 今本皆易用時字, 或用便字. (「單字解」 5
右)

－時: '則'과 같다. 古本에서는 '呵'자를 사용하였는데 今本에서는 모두 '時'
자로 바꾸거나 '便'자를 사용하였다－

古本: 呵 〉 今本: 時/便

② 者, 蒙古語謂諾辭曰者。兩書舊本皆述元時之語, 故多有者字, 今俗不
  用, 故新本易以着。(「單字解」6左)

－者: 몽고어에서 대답하는 말을 '者'라고 한다. 兩書의 舊本은 모두 元代語
로 기술하였으므로 '者'자가 많으나 지금은 세간에서 사용되지 않는다. 그러
므로 新本에서는 '着'자로 바꾸었다－

舊本: 者 〉 新本: 着

③ 纏張, 音義云: 纏去聲, 纏張猶言雜談。舊本書作戰張。(「老集」上2
  左)

－纏張: 音義에 이르기를 '纏'은 去聲으로 발음하며, '纏張'은 '雜談'과 같은
말이다. 舊本에서는 '戰張'으로 표기하였다－

舊本: 戰張 〉 新本: 纏張

④ 劣馬, 劣作趷, 是蹶趷跳踉貌。漢人謂不馴難御之馬曰劣馬。舊本作
  乖騎馬, 亦謂不循軌度也。(「老集」下1右)

－劣馬: '劣'은 '趷'로도 표기한다. 뒷발질하고 날뛰는 모양을 의미한다. 漢
人들은 온순하지 않고 부리기 어려운 말을 '劣馬'라고 한다. 舊本에서는 '乖
騎馬'라고 하였다. 궤도에서 벗어나는 것을 의미하기도 한다－

舊本: 乖騎馬 〉 新本: 劣馬

⑤ 挑脚, 舊本作赶脚的。謂赶脚者賃驢取直之人, 謂挑脚者負擔重物求
  直之人也。(「朴集」上5右)

－挑脚: 舊本에서는 '赶脚的'이라고 하였다. '赶脚者'라는 것은 나귀를 빌려
주고 돈을 받는 사람을 말하고 '挑脚者'라는 것은 무거운 짐을 져다 주고
돈을 받는 사람을 말한다－

舊本: 赶脚的 〉 新本: 挑脚的

⑥ 窟嵌戒指……今有指環, 卽遺制也。今按窟嵌者指環之背剜空爲穴,
用珠塡穴爲飾。總龜云: 亦名手記, 所飾玉石呼爲戒指面。舊本作指
纒兒。音義窟音왕, 窟是窆字之誤。窟音쿵, 窆音황。(「朴集」上7左)
－窟嵌戒指:……지금의 가락지가 그것인데 바로 예로부터 전해져 온 樣式
이다. 지금 생각하건대 '窟嵌'이라는 것은 반지 위에 구멍을 파고 구슬을
박아 넣어 장식한 것이다. 總龜에 이르기를 일명 '手記'라고도 한다. 장식한
玉石을 '戒指面'이라고 한다. 舊本에서는 '指纒兒'라고 하였다. 音義에서는
'窟'의 음을 '왕'로 표기하였다. '窟'은 '窆'의 誤字이다. '窟'의 音은 '쿵'이고
'窆'의 音은 '황'이다－
舊本: 指纒兒 〉 新本: 窟嵌戒指

⑦ 共有二百兩銀, 今觀所典之物只得七十兩而云二百兩銀者, 盖舊本云
有二百兩錠鈔, 今本改鈔爲銀 仍存鈔之舊數而不改也。(「朴集」上8
右)
－共有二百兩銀: 지금 보면 전당잡힌 물건이 '七十兩' 밖에 안되는데 '二百
兩銀'이라고 한 것은 아마 舊本에 '二百兩錠鈔'라고 한 것을 今本에서 '鈔'를
'銀'으로 고치면서 '鈔'의 본래 수자를 고치지 않았기 때문일 것이다－
舊本: 鈔 〉 新本: 銀

⑧ 滿刺嬌, 質問云: 以蓮花、荷葉、藕、鴛鴦、蜂蝶之屬, 或用五色絨綉,
或用彩色畵於段帛上, 謂之滿池嬌。今按: 刺, 新舊原本皆作池, 今詳
文義, 作'刺'是。池與刺音相近而訛。(「朴集」上8左)
－滿刺嬌: 質問에 이르기를 연꽃, 연잎, 연뿌리, 원앙, 벌, 나비 등을 오색
털실로 수를 놓거나 채색으로 비단천에 그린 것을 '滿池嬌'라고 한다. 지금
생각하건대 '刺'는 新舊 原本에서 모두 '池'로 표기하였으나 지금 본문의 뜻
을 자세히 살펴보면 '刺'가 옳은 자이다. '池'와 '刺'는 음이 근사하기 때문에
와전된 것이다－
新本/舊本: 滿池嬌 〉 飜譯本: 滿刺嬌

⑨ 紫鴉忽, 瓏也。出南番、西番。性堅滑, 有紅瓏、紫瓏……舊本作刺,
元語作刺兒。(「朴集」上9左)

－紫鴉忽: 瓛(옥돌의 일종으로 추정됨－필자)이다. 南番과 西番에서 나며 질이 단단하고 매끄럽다. 紅瓛과 紫瓛이 있다......舊本에는 '剌'이라 하였는데 元代語로는 '剌兒'이라 한다－

舊本: 剌 〉 新本: 紫鴉忽

⑩ 消息, 以禽鳥毳翎安於竹針頭, 用以取耳垢者, 俗呼爲消息。舊本作蒲樓翎兒。(『朴集』上11右)

－消息: 새의 깃털을 죽침 끝에 꽂아 귀지를 파내는 것으로, 속어는 '消息'이라 한다. 舊本에서는 '蒲樓翎兒'라고 하였다－

舊本: 蒲樓翎兒 〉 新本: 消息

⑪ 今日做筵席, 舊本作開口筵席, 古所謂言定。今俗云求親。(『朴集』上11左)

－今日做筵席: 舊本에서는 '開口筵席'이라 하였는데 예전에 이른바 '言定'이라는 것이다. 지금은 세간에서 '求親'[청혼]이라 한다－

舊本: 開口筵席 〉 新本: 筵席

⑫ 圓飯筵席, 圓作完, 是謂齊足之意。今按, 漢人娶妻親迎, 而女至男家以宿, 則女家送女食于男家三日而止。止食之日, 女家必具酒饌送男家設宴, 謂之完飯筵席。質問同。舊本曰解幔筵席......(『朴集』上12右)

－圓飯筵席: '圓'은 '完'과 같은 자로서 '원만하다'는 의미이다. 지금 생각하건대 漢人들은 신부를 맞아들일 때 신부가 시집에 온 후 신부집에서 사흘간 신부에게 음식을 보내 준다. 그리고 마지막 날에는 신부집에서 반드시 술과 안주를 신랑집에 보내 와서 잔치를 베푸는데 이것을 '完飯筵席'이라 한다. 質問한 내용도 이와 같다. 舊本에서는 '解幔筵席'이라고 하였다－

舊本: 解幔筵席 〉 新本: 圓飯筵席

⑬ 人事, 土産, 俗도산。舊本作撒花。(『朴集』上12左)

－人事: '土産'으로 속음은 '도산'이다. 舊本에서는 '撒花'라고 하였다－

舊本: 撒花 〉 新本: 人事

⑭ 混堂, 人家設溫湯浴室處, 燕都多有之, 乃熱水爲湯, 非溫泉也, 或稱堂子, 舊本作湯子。(「朴集」上13右)

－混堂: 인가에서 온탕 욕실을 설치한 곳으로 燕都에 이러한 집이 많다. 욕조의 물은 데운 것이고 온천의 물이 아니다. '堂子'라고도 하는데 舊本에서는 '湯子'라고 하였다－

舊本: 湯子 〉 混堂

⑮ 氣力, 音義云弓强弱之力, 重十二斤曰一箇氣力。今按, 舊本以斗石爲重, 續網目'兩石弓'註: 三十斤爲鈞, 四鈞爲石, 重百二十斤也。(「朴集」上13左)

－氣力: 音義에 이르기를 활시위의 강도를 재는 힘의 단위를 일컫는다. 十二斤의 중량을 한 '氣力'이라 한다. 지금 생각하건대 舊本에서는 '斗石'을 중량 단위로 하여 續網目의 '兩石弓'에 대한 註釋에 의하면 '三十斤이 一鈞이고 四鈞이 一石으로 百二十斤의 중량이다'라고 하였다－

舊本: 斗石 〉 新本: 氣力

⑯ 椶殿, 作殿閣用椶木皮苫盖, 以爲遊御之所。舊本作棕毛殿, 椶通作棕。(「朴集」上13左)

－椶殿: 殿閣을 지을 때 종려나무껍질로 이엉을 하여 덮었다. 임금이 노닐던 곳으로 생각된다. 舊本에는 '棕毛殿'이라 하였는데 '椶'은 '棕'과 통용된다－

舊本: 棕毛殿 〉 新本: 椶殿

⑰ 米酒, 舊本作一瓶半酒, 新本作米酒……恐是新本仍存'半'字而誤印爲'米'也。今從'半'字讀, 恐或爲是。(「朴集」中1右)

－米酒: 舊本에는 '一瓶半酒'라고 하였는데 新本에서는 '米酒'라고 하였다……아마 新本에도 역시 '半'자로 되었는데 '米'로 잘못 인쇄한 듯하다. 현재는 '半'자로 읽는 것이 옳을 듯하다－

舊本: 一瓶半酒 〉 新本: 一瓶米酒

⑱ 取燈兒,『南村輟耕錄』云: 杭人削松木爲小片, 其薄如紙, 鎔硫黃塗木

片頂分許, 名曰發燭, 又曰焠兒……今按, 舊本作'吹燈兒'. 焠, 音취,
則舊本'吹燈'之名, 恐或爲是. (「朴集」 中7左)
－取燈兒: 南村輟耕錄에 이르기를 杭州 사람들은 솔나무 조각을 종잇장처
럼 얇게 깎고 끝부분에 硫黃을 바른 것을 '發燭'이라 하고 또 '焠兒'라고도
하였다……지금 생각하건대 舊本에서는 '吹燈兒'라고 하였다. '焠'는 音이
'취'인데 舊本에서 '吹燈'이라 한 것이 옳을 것이다－
舊本: 吹燈兒 〉新本: 取燈兒

⑲ 躧, 音義云: 跐, 音채. '躧'通用, 後同. 今按, 舊本作躧. 韻書跐音재,
又즈; 躧音새, 又시. 兩字爲채音者, 韻書不收……(「朴集」 中7左)
－躧: 音義에 이르기를 '跐'의 音이 '채'이고 '躧'와 통용된다. 뒷부분에서도
이와 동일하다. 지금 생각하건대 舊本에서는 '躧'로 표기하였다. 韻書에 의
하면 '跐'의 음은 '재'이고 또 '즈'로 발음하기도 한다. '躧'의 음은 '새'이고
또 '시'로 발음하기도 한다. 두 자 모두 '채'로 발음하는 것은 韻書에 수록되지
않았다……－
舊本: 躧 = 新本: 躧

⑳ 閣落, 音ᄀ랏, 指一隅深奧之處. 舊本未得本字, 而借用栲栳二字……
(「朴集」 中9右)
－閣落: 音은 'ᄀ랏'이다. 한쪽 구석의 깊숙한 곳을 가리킨다. 舊本에서는
本字를 찾지 못하여 '栲栳'라는 두자를 차용하였다……－
舊本: 栲栳 〉新本: 閣落

이상 예문들에서는 舊本에 씌어진 元代語의 어휘와 그것이 新本에서
수정된 양상을 보여 주고 있다. 그중 예①~④의 용례는 「原老」를 통하
여 확인할 수 있다. 그리고 예②와 같은 용법은 몽고어의 영향은 받은
것임을 알 수 있으며 또한 예⑧과 같이 일부 誤字는 최세진이 언해본을
편찬하면서 직접 수정하였음을 알 수 있다. 한편 이러한 기록들은 최세
진이 「老朴」의 언해본을 집필할 당시 이미 한어문에 대한 수정을 거친
新本을 臺本으로 삼았고 元代語로 된 舊本을 참고로 하였음을 알 수

있으며 따라서 舊本의 언어와 新本의 언어는 현저한 차이가 있었음을
짐작할 수 있다.

4.3 '元朝言語'에 대하여

『老朴集覽』의 본문에는 저자가 '元朝言語'·'元朝時語'·'元朝之
語'·'元時之語'·'元時語'·'元語' 등 표현을 사용하여 분명히 元代 漢
語임을 밝힌 어휘들이 적지 않다. 그것들을 살펴보면 다음과 같다.

① 阿, 俗音。阿的, 猶言此也。又語助辭, 有阿沒잇ᄂ녀:업·스·녀。皆
   元朝之語。(「單字解」2右)
   ―阿: 俗音은 ' '이다. '阿的'은 '此(이것)'와 같은 말이다. 또 語助辭로 사용
   되기도 한다. '有阿沒'는 '있느냐 없느냐'이다. 모두 元代語이다―

② 把, 持也, 握也……與'將'字大同小異。又元時語有把解之語, 猶言典儅
   也。今不用。(「單字解」4右)
   ―把: '들다', '잡다'의 의미이다…'將'字와 대동소이하다. 또 元代語로 '把解'
   라는 말이 있는데 '典儅'과 같은 말이다. 지금은 사용되지 않는다―

③ 麽, 本音모。俗用爲語助辭, 音마。古人皆呼爲모……元語麽道니ᄅᄂ
   다, 麽, 音ᄆ。今不用。(「單字解」4左)
   ―麽: 本音은 '모'이다. 속어에서 語助辭로 사용하면 '마'로 발음한다. 옛사
   람들은 모두 '모'로 발음하였다……元代語에서 '麽道'는 '이르다'의 의미이며
   '麽'는 'ᄆ'로 발음한다. 현재는 사용되지 않는다―

④ 漢兒人有, 元時語必於言終用有字, 如語助而實非語助。今俗不用。
   (「老集」上1右)
   ―漢兒人有: 원대어에는 반드시 말이 끝나는 곳에 '有'자를 사용하는데 語助
   辭인 듯하나 실은 語助辭가 아니다. 지금은 세간에서 사용하지 않고 있다―

⑤ 洒子, 汲水之器。以柳枝編成者呼曰柳罐。元語謂帖落。洒, 音사, 上
  聲。(「老集」上2右)
－洒子: 물을 긷는 도구이다. 버드나무가지로 엮은 것은 '柳罐'이라 한다.
元代語로는 '帖落'이라고 한다. '洒'의 음은 '샤'이며 上聲이다－

⑥ 禿禿麼思, 一名手撒麵, 卽本國·믜·져·비。'禿'字音투, 上聲。讀
  麼思二合爲音맛, 急呼則用思字曰투투맛, 慢言之則用食字曰투투·
  마·시。元時語如此。(「朴集」中1左)
－禿禿麼思: 一名 '手撒麵'이라고도 한다. 즉 本國의 '수제비'이다. '禿'는
音이 '투'이고 上聲이다. '麼思' 두 자를 합하여 '맛'으로 발음한다. 급히 발음
할 경우 '思'자를 사용하여 '투투맛'이라 하고 천천히 발음할 경우 '食'자를
사용하여 '투투마시'라고 한다. 元代語가 이러하다－

⑦ 使長, 猶言君長也。元語那衍, 音노연。(「朴集」中6左)
－使長: '君長'과 같은 말이다. 元代語로는 '那衍'이라 하는데 음은 '노연'이
다－

⑧ 元寶,『南村輟耕錄』云: 至元十三年 元兵平宋, 回至楊州, 丞相伯顔號
  令搜撿將士行李, 所得撒花銀子, 銷鑄作錠, 每五十兩爲一錠……錠上
  有字, 曰楊州元寶……撒花, 元語, 猶本國語曰土産也。(「朴集」下5
  左)
－元寶: 南村輟耕錄에 이르기를 至元 十三年에 元兵이 宋을 평정하고 楊
州로 회군하였을 때 丞相인 伯顔이 명을 내려 장병들의 짐을 수색하도록
하여 얻은 '撒花銀子'로 銀錠을 주조하였는데 每 五十兩을 一錠으로 만들
었다……銀錠에는 '楊州元寶'라는 글자를 찍어 넣었다……撒花는 元代語
로서 本國語로는 '土産'과 같은 말이다－

이상의 예문들은 최세진이 新本의 어휘에 대한 해석을 하면서 동시에
그것에 해당되는 元代語의 어휘에 대한 해석도 하였는데 예①의 '阿的'
과 예④의 '有', 그리고 예⑤의 '帖落' 등은 「原老」에서 그 용례를 찾아

볼 수 있다.(졸고:2000a 참조) 그리고 이른바 '元朝言語'는 대부분 蒙古語
에서 직접 차용한 것임을 알 수 있다.

4.4 元制를 반영한 어휘

『老朴集覽』의 본문에는 元代語 외에 또한 '元制'·'元俗'·'元時' 등
표현을 사용하여 元朝 시기의 사회 제도와 생활 풍속을 반영하는 어휘들
을 대량으로 찾아 볼 수 있다. 이것은 당시에 비록 수정을 거친 新本이라
하여도 舊本의 흔적이 많이 남아 있으며 별도의 해석이 없이는 이해가
불가능할 만큼 난해한 어휘가 되었음을 짐작할 수 있다. 그 예들을 들어
보기로 한다.

① 替子, 音義云汗替皮替之總名......替子卽着氈絮爲裏而作厚替者也。
   又有指甲替者卽鞍兩翅板下襯着爲飾、此元制也。今俗只用厚替汗
   替, 而不用皮替指甲替之類。(「老集」下2左)
  ―替子: 音義에 이르기를 '汗替'와 '皮替'의 總稱이다......'替子'는 곧 보드
  라운 털로 안을 대어 만든 '厚替'이다. 또한 '指甲替'라는 것이 있는데 이것은
  말안장 양쪽 날개 밑에 받치는 장식용으로서 元朝 때 만든 것이다. 현재는
  세간에서 '厚替'와 '汗替'만 사용하고 '皮替'와 '指甲替' 같은 것은 사용하지
  않는다―

② 庫車, 達子無定居, 車上施氈帳爲室, 逐水草以居。今此庫車盖收藏物
   料之車, 如庫藏者也。元俗猶然。質問云, 其形似箱櫃。(「老集」下3
   右)
  ―庫車: 몽고인들은 정착지가 없으므로 수레 위에 모전으로 천막을 쳐서
  거실을 만들며 물과 풀이 있는 곳을 따라 이주한다. 지금 여기에 나오는
  '庫車'는 아마 물건을 넣어 두는 수레로서 창고와 같은 것이다. 元朝의 풍속
  이 그러하였다. 質問에 이르기를 '모양이 箱櫃와 비슷하다'고 하였다―

③ 剛叉帽, 質問云: 將軍勇士侍衛所冠。今按, 其制如本國駿小帽子......
  盖以元制, 今制沿革不同, 未可詳也。(「老集」下3左)
－剛叉帽: 質問에 이르기를 將軍·勇士·侍衛들이 쓰던 모자이다. 지금
생각하건대 그 양식이 本國의 '駿小帽子'와 같은 것이다......元朝의 제도인
듯하며 현재의 제도와 沿革이 다르므로 자세한 것은 알 수가 없다－

④ 月俸, 中朝官祿, 每月支給。今此一月四石之俸, 以元制考之, 乃從九
  品也。(「朴集」上5右)
－月俸: 중국의 官祿으로 매월마다 지급한다. 지금 여기에서 한 달에 四石
의 祿俸을 받는다고 하였는데 元朝의 制度로 고증하면 從九品에 해당된다－

⑤ 平則門......永樂十九年, 營建宮室, 立門九: 南曰正陽, 又曰午門, 元則
  曰麗正; 南之右曰宣武, 元則曰順承;......元設十一門, 而今減其二。
  (「朴集」上5左)
－平則門:......永樂 十九年에 宮室을 건축하고 아홉 개의 대문을 세웠다.
남쪽의 것은 '正陽門'이라고 하고 또 '午門'이라고도 한다. 元朝 시기에는
'麗正門'이라 하였다. 남문 오른 편의 것은 '宣武門'이라 하였는데 元朝 시기
에는 '順承門'이라 하였다......元朝 시기에는 열한 개 대문을 세웠는데 지금
은 두 개를 줄이었다－

⑥ 社神......孝經緯曰: 社, 土地之主也......春祭社, 祈穀之生; 秋祭社, 報
  穀之成......元制, 五十戶爲一社。今制, 每一鄕村之間, 或十五戶或二
  十戶, 隨其所便, 合爲一社。(「朴集」上6右)
－社神:......孝經緯에 이르기를 '社'는 '土地의 主人'이다......봄에 神에게
제를 지내는 것은 곡식이 잘 자라도록 기원하는 것이고 가을에 神에게 제를
지내는 것은 곡식이 잘 된 것을 보답하는 것이다......元朝의 制度에는 五十
戶를 '一社'로 하였는데 현재의 제도에는 매 鄕村 지간에 十五戶 또는 二十
戶가 편리한대로 결합하여 '一社'를 이루도록 하고 있다－

⑦ 刺通袖膝欄, 元時好着此衣, 前後具胸背, 又連肩而通袖之, 脊至袖口
  爲紋當......(「朴集」上8左)

－刺通袖膝欄: 元朝 때 이 옷을 즐겨 입었다. 앞뒤로 胸背가 달려 있고
또 어깨와 소매가 연결되어 있으며 등에서 소매까지는 무늬가 놓여 있
다……－

⑧ 漢子, 泛稱男兒曰漢, 又指婦女之夫曰漢子……至晉末五胡亂華, 胡人
　　罵華人曰漢兒, 華人罵胡人曰胡虜, 此稱漢之始也。今按, 元時胡漢相
　　雜, 故兩書稱漢者居多。(「朴集」上9左)
－漢子: 남자들을 두루 칭하여 '漢'이라 한다. 또한 부녀자의 남편을 '漢子'
라고도 한다……晉나라 말기 '五胡亂華' 시기에 이르러 胡人들이 華人을
욕하는 말로 '漢兒'라 하였고 華人들은 胡人을 멸시하여 '胡虜'라고 하였다.
이것이 '漢'을 사용한 시초이다. 지금 생각하건대 元朝 시기에는 胡人과 漢
人이 雜居하였으므로 兩書에 '漢'이라는 말이 많이 사용된 것이다－

⑨ 南城, 大元以燕京爲大都, 俗號南城, 以開平府爲上都, 俗呼北城。(「朴
　　集」上15左)
－南城: 元朝 시기에는 燕京을 大都로 정하고 속칭하여 '南城'이라 불렀고
開平을 上都로 정하고 속칭하여 '北城'이라 불렀다－

⑩ 分例支應, 正官曰廩給, 從人曰口粮, 通謂之分例。元制, 正官一員一
　　日宿頓, 該支米一升, 糆一斤, 羊肉一斤, 酒一升, 柴一束。(「朴集」中
　　1右)
－分例支應: 正官에게 배당하여 주는 것을 '廩給'이라 하고 從人에게 지급
하는 것을 '口粮'이라 하며 이를 통칭하여 '分例'라고 한다. 元朝의 制度로서
正官 一人에게 지급하는 하루의 배당이 쌀 한 되(升), 밀가루 한 근, 양고기
한 근, 술 한 되(升), 땔나무 한 단(束)이었다－

⑪ 金字圓牌, 至正條格云: 元時中書省奏, 諸王駙馬各投下有軍情緊急重
　　事, 許令懸帶原降銀字圓牌 應付鋪馬騎坐, 其餘差使人員有緊急軍情
　　重事, 許令懸帶金字圓牌, 方付鋪馬。其他泛常勾當只許臨時領受, 給
　　降聖旨, 方許給馬。(「朴集」中1左)
－金字圓牌: 至正條格에 이르기를, 元朝 때 中書省이 임금에게 上奏하여

諸王·駙馬·각 投下에 군사 상황이나 긴급한 중대사가 있을 경우에는 하사한 銀字圓牌를 지녀야 驛馬를 제공해 주도록 하고, 그 외 差使人員들은 긴급한 군사 상황이나 중대사가 있을 경우에 金字圓牌를 지녀야 驛馬를 제공해 주도록 하며, 기타 일반적인 일들이 있을 경우에는 임시로 聖旨를 받아야 驛馬를 제공해 주도록 하였다—

⑫ 東安州, 在東安縣西北。金以前皆爲縣, 元升爲州……洪武初改爲縣。(「朴集」中3左)

→東安州: 東安縣 西北에 있다. 金나라 이전에는 모두 縣이었는데 元朝 때 州로 승급되었다……洪武 年 초기에 縣으로 고치었다—

⑬ 大帽, 如本國笠子之制……此元時戴笠也。今俗唯出外行者及新婚壻郎無職者, 親迎之夕必戴大帽。(「朴集」中6左)

—大帽: 우리나라의 갓과 같은 모양이다……이것은 元朝 시기의 '戴笠'이다. 현재는 세간에서 다만 나들이를 할 경우나 결혼하는 신랑이 벼슬이 없을 경우에만 신부를 맞는 날 저녁에 반드시 大帽를 쓰도록 한다—

⑭ 解僧庫……元時或稱印子鋪, 或稱把解。人以重物來僧, 取錢而去, 在後償還本利, 還取其物而去, 此卽解僧庫也。(「朴集」中7右)

—解僧庫:……元朝 시기에는 '印子鋪' 또는 '把解'라고 불렀다. 사람이 값가는 물건을 전당 잡히고 돈을 빌려갔다가 후에 본전과 이자를 상환하고 그 물건을 다시 찾아 가는 것이 바로 '解僧庫'이다—

⑮ 一百七, 『南村輟耕錄』云: 凡七下至五十七下用笞, 六十七下至一百七下用杖。而數用七者, 建元以前皆用成數。大德中, 刑部尚書王約上言, 國朝用刑寬恕, 笞杖十減其三, 故笞一十減爲七……(「朴集」中7右)

——百七: 南村輟耕錄에 이르기를, 무릇 7대에서 57대까지는 笞刑을 내렸고 67대에서 107대까지는 杖刑을 내렸다. 그리고 형벌의 수를 7로 정하였는데 元나라 이전에는 모두 成數를 사용하였다. 大德 年間에 刑部 尚書인 王約이 國朝의 刑罰을 너그럽게 하여 笞杖刑을 10자리 수에서 3을 줄일

것을 진언하여 笞刑이 10자리 수에서 7로 줄게 되었다…… -

⑯ 稀粥也熬着, 北人好獵, 不力於農。獵者行者多齎炒米, 且其食性好粥,
　尤好生肉渾酪, 故兩書皆元時所記, 多言稀粥及酪。(「朴集」 中7右)
－稀粥也熬着: 북방인들은 사냥을 즐겨하고 농사에 주력하지 않는다. 수렵
꾼이나 여행객들은 흔히 볶은 쌀(炒米)을 휴대한다. 그리고 죽을 즐겨 먹으
며 특히 생고기와 乳酪을 즐겨 먹는다. 兩書는 모두 元朝 시기에 기술한
것이므로 죽과 乳酪을 많이 언급하였다－

⑰ 牢子走, 牢, 獄名, 繫重囚之所。牢子, 守獄之卒也。南村輟耕錄云: 牢
　子走者, 元時每歲一試之, 名曰放走, 亦名貴由赤, 俗謂快行是也。以
　脚力便捷者膺上賞。(「朴集」 中8左)
－牢子走: '牢'는 감옥 이름으로 重犯를 수용하는 곳이다. '牢子'는 감옥을
지키는 옥졸이다. 『南村輟耕錄』에 이르기를, '牢子走'는 元朝 때 매년에
한 번씩 진행하는 행사로서 '放走'라고 하며 일명 '貴由赤'라고도 하는데 세
간에서 말하는 '快行'이 그것이다. 빨리 달리는 자가 상을 받는다－

⑱ 花房窩兒, 質問云: 如打毬, 先立毬窩於花房之上, 然後用棒打入, 方言
　謂之花房窩兒……毬棒杓兒之制, 一如本國武試毬杖之設, 卽元時擊
　丸之事。(「朴集」 下7右)
－花房窩兒: 質問에 이르기를 '打毬'(공치기)와 같은 것이다. 먼저 '花房'
위에 공이 들어 갈 문을 세워 놓고 막대기로 공을 쳐서 넣는다. 方言에서는
이것을 '花房窩兒'라고 한다……'毬棒杓兒'(타구봉) 모양은 우리나라의 '武
試毬杖'과 같은 것으로서 즉 元朝 때의 '擊丸'을 하는 것과 같다－

⑲ 五箇鋪馬, 鋪馬, 站馬也。元制, 遠方之任官員, 一品五疋、二品四
　疋、三四品三疋、五品以下二疋。(「朴集」 下8左)
－五箇鋪馬: '鋪馬'는 驛馬이다. 元朝의 制度에 의하면 먼 곳에 부임되는
官員에게 驛馬를 제공하였는데 一品에게는 다섯 필, 二品에게는 네 필,
三~四品에게는 세 필, 五品 이하에게는 두 필을 제공하였다－

⑳ 丞相, 元中書省有左右丞相, 任宰相之職, 左右天子平章萬機。(「朴集」
下8左)
－丞相: 元朝 시기에는 中書省에 左右 丞相이 있어 宰相의 직을 담당하였
고 天子를 보좌하여 국사를 처리하였다－

㉑ 樞密院, 元制, 有使、副使、知院、同知院、簽書院, 與中書號爲二府,
主兵政。(「朴集」下8左)
－樞密院: 元朝의 制度로서 使・副使・知院・同知院・簽書院 관직을
두었으며 中書省과 함께 二府로 불렀다. 주로 軍事를 주관하였다－

㉒ 司天臺, 元置以司曆占, 今改爲欽天監, 又設司天監於朝陽門城上。(「朴
集」下10左)
－司天臺: 元朝 때 설치한 것으로서 曆占을 주관하였다. 현재는 '欽天監'으
로 고치었고 또 司天監을 朝陽門의 城 위에 설치하였다－

㉓ 太師太保, 元以太師、太傅、太保爲三師。以太尉、司徒、司空爲三
公, 漢唐舊制也。(「朴集」下10左)
－太師太保: 元朝 때에는 太師・太傅・太保를 三師라 하고 太尉・司
徒・司空을 三公이라 하였다. 漢나라와 唐나라 때 사용하던 옛 제도이다－

　이상 어휘들은 元代의 제도와 풍속을 반영하는 것들이지만 新本에서
수정되지 않고 그대로 사용된 것들이다. 즉 예①의 '替子'와 예②의 '庫
車'는 유목민족인 몽고족의 의상과 생활 풍속을 반영한 용어이고 예⑨의
'南城과 예⑫의 '東安州'는 元代 때 사용되던 지명이며 예⑮의 '一百七'
은 元代의 형벌 형식이다. 이상 예문에서 언급된 어휘들은 현존 「飜老朴」
에서 그 용례들을 모두 찾아 볼 수 있다. 이것은 중국의 통용어가 시대적
으로 변화됨에 따라 「老朴」의 수정이 불가피하게 이루어졌지만 역시
한계가 있었던 것으로 보인다.

4.5 「原朴」의 언어

이상 『老朴集覽』에서 언급된 元代語는 새로 발굴된 「原老」에서 그 일부를 찾아 볼 수 있다. 그러나 훨씬 많은 어휘들은 아직 발견되지 않은 「原朴」에 출처를 두고 있으므로 아직은 그 예문을 찾아 볼 수 없는 것이 큰 아쉬움으로 남는다. 다음은 「原朴」의 언어를 반영하는 일부 어휘를 살펴보기로 한다.

(1) 指纏兒

窟嵌戒指……今有指環, 卽遺制也。今按窟嵌者指環之背剜空爲穴, 用珠塡穴爲飾。總龜云: 亦名手記, 所飾玉石呼爲戒指面。舊本作指纏兒。音義窟音왕, 窟是穵字之誤。窟音쿵, 穵音황。(「朴集」上7左)

이상 해석에 의하면 '가락지'(指環)를 新本에서는 '窟嵌戒指'라고 하였는데 여기의 '窟'은 '穵'의 誤字임을 지적하고 舊本에서는 '指纏兒'로 표현하였음을 알 수 있다. 이 용어가 현존 『朴通事』 제간본에서 사용된 예를 들어 보기로 한다.

① 一對窟嵌的金戒指兒 날박은 금가락지 흔 쌍과를 다가 흐야(「飜朴」上20左)
② 一對窟嵌的金戒指兒 흔 쌍 날박은 금가락지(「朴諺」上20右)
③ 一對猫兒眼廂嵌的金戒指 흔 쌍 야관쥬 뎐메워 박은 金가락지(『朴通事新釋諺解』(이하 「朴新諺」) 一23左)

(2) 蒲樓翎兒

消息, 以禽鳥毳翎安於竹針頭, 用以取耳垢者俗呼爲消息。舊本作蒲樓翎

兒。(「朴集」上11右)

이상 해석에 의하면 새의 깃털로 만든 '귀이개'를 新本에서는 '消息'이라 하였는데 舊本에서는 '蒲樓翎兒'라고 하였음을 알 수 있다. 이 용어가 현존『朴通事』제간본에서 사용된 용례를 들어 보기로 한다.

① 將那鉸刀斡耳 消息來掏一掏耳朶 뎌 귓갓 갈 가져다가 귓안 돌아 털 갓고 지체 소옴터리로 뷔딩ㄱ니 가져다가 귓구무 닷가 틔업게 ᄒ라(「飜朴」上44左)
② 將那鉸刀斡耳 捎薏來掏一掏耳朶 뎌 귀갓 갈 가져다가 귀안 도로고 짓븨 가져다가 귓바회 쁠라(「朴諺」上40右)
③ 把鉸刀鉸了鼻孔毫毛 把捎薏掏一掏耳朶 鉸刀를 가져다가 코굼게 털을 쏩고 짓의로다가 귓바회 쁠면(「朴新諺」一43左)

(3) 撒花

人事, 土産, 俗도산。舊本作撒花。(「朴集」上12左)

이상 「朴集」에 의하면 新本의 '人事'는 '土産'(선물의 뜻)으로 언해되었는데 舊本에서는 본래 '撒花'로 되었으며 「朴集」(下5左)에서 "撒花, 元語, 猶本國語曰土産也。"라고 하여 이것이 元代語임을 알 수 있다. 이 용어가『朴通事』의 제간본에서 사용된 예를 들어 보면 다음과 같다.

① 多謝姐姐 我回來時 多多的與你人事 만히 깃게이다 누의님하 내 도라 오면 만히 너를 도산 주마(「飜朴」上48左)
② 多謝姐姐 我回來時 多多的與你人事 多謝ᄒ노라 姐姐ㅣ아 내 도라 오면 만히 네게 人事ᄒ마(「朴諺」上44右)
③ 多謝姐姐 我回來時候 多多的帶些人事與你還禮罷 多謝ᄒ여라 각시아 내 도라 올 쌔에 만히 人事를 가져 네게 還禮ᄒ마(「朴新諺」一47右)

이상 용례에 의하면 한어문의 '人事'는 예①의 「飜朴」과 예③의 「朴新諺」에서는 '선물'의 의미로 사용되었고 예②의 「朴諺」에서는 '인사하다'의 의미로 사용되었다.

문헌 기록에 의하면 '撒花'는 '掃花' 또는 '撒和'로도 표현하였는데『元朝秘史』114節의 '掃花'에 대한 旁譯에 '人事'라고 되어있고『元典章』卷二 聖政·止貢獻에는 "凡事撒花等物, 無非取給於民, 名爲己財, 實皆官物。"이라 하였다. 그리고 南宋에서 북방에 사신으로 갔던 彭大雅의 견문록『黑韃事略』에는 "見其物則欲, 謂之撒花……撒花者, 漢語覓也。"라고 하였고 또 徐霆의 疏에는 "燕京市學, 多敎回回字及韃人譯語, 才會譯語, 便做通事。凡隨韃人行打恣作威福, 討得撒花, 討得物事喫。"이라 하였다. 따라서 方齡貴(1991:30~33)에서는 이것이 몽고어 [sauɤat](禮物)의 차용어로 추정하고 있다.

이 외에도 앞(본 절 4.2)에서 예를 든 舊本의 어휘 중 「原朴」에서 사용된 것으로 추정되는 용어들을 들어 보면 다음과 같다.

① 舊本: 赶脚的 〉 新本: 挑脚的(「朴集」 上5右)
② 舊本: 鈔 〉 新本: 銀(「朴集」 上8右)
③ 舊本/新本: 滿池嬌 〉 飜譯本: 滿刺嬌(「朴集」 上8左)
④ 舊本: 刺 〉 新本: 紫鴉忽(「朴集」 上9左)
⑤ 舊本: 開口筵席 〉 新本: 筵席(「朴集」 上11左)
⑥ 舊本: 解幔筵席 〉 新本: 圓飯筵席(「朴集」 上12右)
⑦ 舊本: 湯子 〉 混堂(「朴集」 上13右)
⑧ 舊本: 斗石 〉 新本: 氣力(「朴集」 上13左)
⑨ 舊本: 棕毛殿 〉 新本: 椶殿(「朴集」 上13左)
⑩ 舊本: 一瓶半酒 〉 新本: 一瓶米酒(「朴集」 中1右)
⑪ 舊本: 吹燈兒 〉 新本: 取燈兒(「朴集」 中7左)
⑫ 舊本: 躧 ＝ 新本: 躧(「朴集」 中7左)
⑬ 舊本: 栲栳 〉 新本: 閣落(「朴集」 中9右)

5 맺음말

　이상의 고찰에 의하면 『老朴集覽』은 우선 「老朴」의 수정본인 新本에 대한 註釋書이지만 舊本의 어휘를 적지 않게 다루고 있어 原刊本의 언어를 추정하는 데 필요한 자료를 제공하여 주고 있다. 그리고 이른바 '元朝言語'라고 해석한 것들은 대부분 몽고어에서 직접 차용한 것임을 알 수 있다. 또한 시기적으로 明代 때 이루어진 「老朴」의 수정본에 元代의 제도나 풍속을 반영하는 언어가 수정되지 않은 채 그대로 사용되었고 심지어는 淸代 때 수정본인 「老朴」의 新釋에 와서도 그대로 사용된 것을 발견할 수 있다. 이러한 현상은 그중 일부는 수정 과정에 누락된 것으로 볼 수도 있겠으나 주된 원인은 수정 작업이 중국이 아닌 우리나라에서 이루어졌으므로 시대성을 띤 용어들이 그다지 민감하게 느껴지지 않았을 가능성이 있으며, 또한 이러한 용어들이 언어의 습득에는 별로 지장이 없었기 때문일 것으로 추정된다.

　元代語는 말 그대로 元代 때 통용되던 漢語라고 할 수 있겠으나 지배 민족이 漢族이 아니고 북방 소수민족인 蒙古族이었으므로 당시의 한어는 다른 시기에 비해 보다 특수한 양상이었던 것으로 나타난다. 따라서 『老朴集覽』에 나타난 元代語 성분은 당시 한학서의 언어적 특징을 살펴보고 또한 아직 발견되지 않은 『朴通事』 原刊本의 언어를 추정하는 데 유력한 근거를 제공하고 있다.

※ 이 논문은 「『老朴集覽』을 통해 본 元代語 성분」이란 제목으로 〈中國言語研究〉 (韓國中國言語學會) 第12輯(2001:153~180)에 실린 것을 수정한 것이다.

제3장 韓吏文과 漢吏文

漢　　學　　書　　研　　究

吏文의 성격과 吏文輯覽

1 서론

학계에서는 흔히 吏文을 역사적으로 中國을 상대로 한 外交文書 정도로만 이해하고 있고 언어학적 측면에서 정확한 성격 규명과 언어 특징에 대한 면밀한 분석이 아직 이루어지지 않고 있는 상태이다. 吏文은 본래 중국에서 사용되는 公文書를 지칭하던 용어로서 우리나라에서는 역사적으로 國內에서 사용되던 공문서와 외교문서를 지칭한 것으로 알려진다. 국내에서 사용되던 공문서는 또한 중국과 통용되는 文體와 吏讀를 섞어서 쓴 국내 전용의 文體가 전해지며 따라서 書名이 吏文으로 된 학습서도 이상 두 종류로 나뉜다.

본고에서는 兩者를 구분하여 중국과 통용되는 문서를 漢吏文, 국내 전용으로 된 문서를 韓吏文으로 지칭하기로 한다. 학계에서는 장기간 韓吏文을 吏讀와 혼용하거나 한문에 토를 단 것으로만 이해하고 있으며 漢吏文의 경우에는 흔히 정통 한문과 속어를 섞어서 쓴 이른바 특수한 문체 정도로만 이해하고 있다.[1] 본고에서는 역사문헌과 吏文 자료를 근거로 吏文의 개념을 정리하고 현존하는 吏文 자료와 吏文諸書輯覽을

---

1) 宋基中(1997:153)에서는 "현재 조선시대 吏文의 특징을 명확히 이해하는 사람이 별로 존재하지 않는 듯하다. 中宗代의 崔世珍이 편찬한 『吏文輯覽』이 현전하지만, 그것에 수록된 어휘 중에는 현재의 관점에서 漢文으로 인식되는 것들이 적지 않다. 당시에는 正統 漢文에 존재하지 않는 구어체 중국어 표현으로 인식되었으나, 세월이 감에 따라 한문과 구별되지 않은 결과로 보인다."고 지적하였다.

근거로 漢吏文에 반영된 언어적 특징을 고찰하는 것을 기본 목적으로
한다. 따라서 본 연구는 事大交隣의 역사적 배경 하에서 司譯院의 譯學
교육과 더불어 承文院에서 실시한 吏學 교육의 실태를 고찰하기 위한
기초 작업이 될 것이다.

2 吏文과 吏文 諸書

2.1 吏文의 개념

'吏文'이란 용어는 語源을 中國에 두고 있으나 현재는 중국에서도 별
로 사용하지 않는 생소한 단어로 되어 있다. 그 예로 중국에서 가장 권위
적인 辭典으로 알려지고 있는 『辭海』(1989)에도 '吏文'이 수록되어 있지
않고 '吏讀'만 수록되어 있다.[2] 그리고 근년에 완성된 『漢語大詞典』(縮
印本:1997;221)에는 '吏文'이 수록되었는데 "관청의 문서를 가리킨다"(指
官府文牘)라고만 해석하였다. 한편 '吏讀式'(222쪽)이라는 표제어에는 상
기 『辭海』와 같은 해석을 하고 있다.

吏文은 본래 중국에서 사용되는 공문서를 지칭하는 용어이다. 吏文의
대표적인 학습서로 중국에서는 元 大德 5年(1301)에 徐元瑞에 의하여
편찬된 『吏學指南』이 전해지고 있다. 이 책은 고려 후기부터 우리나라
에 유입된 것으로 추정되며 조선 초기에 이미 吏學의 取才書와 科試의
出題書로 사용된 것을 문헌기록에서 찾아 볼 수 있다.(본서 제3장 제2절

---

2) 『辭海』의 표제어 '吏讀'에는 "吏讀는 吏吐, 吏道라고도 하는데 7세기 신라 시대부
터 20세기 초 조선 말기까지 사용된 漢韓 混合文字이다. 형식상으로는 모두 한자
이지만 문구에서 實辭는 대부분 한어를 사용하고 虛辭는 대부분 한국어(한자로
표음)를 사용하였으며 문법은 한국어 형식에 따랐다."라고 해석하고 있다.(『辭海』
:1989;61, 上海辭書出版社 縮印本)

참조)

역사적으로 우리나라에서도 吏文의 문체를 모방하여 공문서를 작성
하였고 특히 중국과의 외교문서로 사용하였다. 따라서 현존하는 吏文
자료는 주로 조선 시대 중국과 주고받은 외교문서들이 주종을 이루고
있다. 이것을 흔히 특수한 문체라고 하는 것은 이 문서들이 비록 書面語
이기는 하나 또한 정통 한문과 적지 않은 차이가 있기 때문이다.

조선시대에 吏文은 중국의 禮部에 보내는 공식 문서에 사용되었으므
로 國初로부터 承文院에서 吏文 전문가를 양성하고 확보하였다. 초기
에는 吏學과 譯學을 근접된 것으로 인식했던 기록이 있지만 적어도 세
종조 이후에는 양자를 구별하여 별개의 것으로 취급한 것으로 보인다.

한편 역사적으로 우리나라의 國內 文書도 吏文이라고 칭하였는데 문
헌기록을 근거로 들어 보면 다음과 같다.

吏曹啓: 吏科及承蔭出身封贈爵牒等項文牒, 皆用吏文, 獨於東西班五品
以下告身, 襲用吏讀, 甚爲鄙俚, 請自今用吏文. 從之. (『世祖實錄』卷7,
3年 7月 甲戌條)
－吏曹에서 아뢰기를, "吏科와 承蔭出身의 爵牒을 封하거나 贈職하는 따
위의 文牒에는 모두 吏文을 사용하는데, 오로지 東班·西班 5품 이하의
告身에서만 吏讀를 옛날 그대로 사용하니, 심히 비루합니다. 청컨대 이제부
터 吏文을 사용하소서."하니, 그대로 따랐다－

이상 기록은 조선 世祖 때 吏曹가 임금에게 올린 啓에서 문무관 4품
이상에게 발급하는 임명장(告身)에는 모두 吏文을 사용하지만 5품 이하
에게는 吏讀를 사용하여 심히 卑俚하게 보이므로 앞으로는 吏文을 사용
할 것을 청하였고 임금이 이에 따르도록 한다는 내용이다.(安秉禧:1987;8)
여기에서 언급한 吏文은 상기 중국에서 사용되는 공문서와 같은 문체,

즉 漢吏文을 지칭하는 것으로 보인다.

그런데 역사적으로 吏讀가 사용된 국내전용의 공문서도 吏文이라 하여 개념상의 혼란을 일으키고 있다. 그 예로 現傳하는 吏讀의 학습서인 『吏文大師』·『吏文』·『典律通補』·『吏文襍例』·『儒胥必知』의 吏文이 바로 그러한 것이다. 吏文의 개념이 이렇게 변천된 데에는 국외와 국내의 두 문서에 사용된 文體가 다같이 公文書에 속하며 더욱이 국내 문서의 書式이 외교문서의 격식을 그대로 받아들여 首尾의 형식이 같은 것이 크게 작용하였기 때문인 것으로 추정된다.(安秉禧:1987;23)

한편 吏讀의 경우 廣義的인 것과 狹義的인 것으로 나누어 볼 수 있는데, 광의적 개념으로는 한자에 의한 차자표기인 吏讀·鄕札·口訣·고유명사표기까지 포함하고, 협의적 개념으로는 주로 한문과 우리말이 혼용된 行政文書를 지칭하며 또한 민간에서 사용되는 書簡·造成記·發願文 등 실용문을 포함시키기도 한다.(南豊鉉:2000;12) 본고에서는 후자인 行政文書 중심으로 韓吏文을 다루기로 한다.

2.2 吏文 諸書

2.2.1 韓吏文

현전하는 韓吏文 자료로서 책의 형태로 편찬되어 이용된 학습서는 세 부류로 나뉘는데 吏文 套式과 상용 표현을 수록한 用例集(『吏文』·『吏文大師』등), 吏文의 상용 표현을 수집하여 字數에 따라 분류한 字類輯覽(『典律通補』·『吏讀便覽』등), 각종 書式의 吏文을 수록한 文例集(『吏文襍例』·『儒胥必知』등)이 있다.(安秉禧:1987;19)

이상 학습서 중에서 『吏文』과 『吏文大師』는 韓吏文에서 자주 사용하는 표현들을 수록한 것으로서 이에 대한 분석을 통하여 韓吏文의 특징

을 쉽게 파악할 수 있을 것이다. 본고에서는 그중『吏文大師』를 예로
들어 보기로 한다. 이 책은 여러 종의 간본이 전해지고 있는데 그중 하나
인 高麗大 도서관 소장본을 들어보기로 한다.

이 책은 크기가 22.8cm×16.cm이고 한 쪽의 匡郭이 17.8cm×12.4cm이
며 모두 8장이다. 版式은 四周單邊에 8행, 1행 18자이다. 卷頭書名은
'吏文大師'이나 版心書名은 '吏文'으로 되어있다. 서문이나 刊記가 없으
므로 저자와 간행 연대는 미상이다. 그 내용을 보면 공문서의 작성에
필요한 發端과 結辭의 套式, 전형적인 문서들에 사용되는 漢字語句와
吏讀로 구성되었다. 그리고 吏讀에만 한글로 독법을 표시하는 주석을
달았다.

이 책은 吏文의 原典이 없이 吏文 작성에 필요한 표현들을 모아 놓은
'輯覽'에 해당되는 것인데 본문에서 특징적인 예를 일부 들어 보기로 한
다. 표제어 앞의 번호와 괄호 안의 해석은 필자가 첨가한 것이고 표제어
뒤의 번호와 해석 부분은 安秉禧(1987)를 참조한 것이다.[3]

(1) 發端 부분의 표현

　1) 右謹言－1(본인이 삼가 말씀드리는 바: 민간인이 관청에 제출하는 문서
　　　의 서두에 쓰는 구절임)

　2) 右謹陳所志矣段－2(본인이 삼가 말씀드리는 뜻인즉: 진정서나 고소장의
　　　서두에 쓰는 구절임. '矣段'은 주제를 표시하는 吏讀로서 '－인즉'에 해
　　　당됨)

　3) 右所陳爲白內等－3(본인이 말씀드리옵건대: 관청에 제출하는 공문서의
　　　서두에 쓰는 구절임. '爲白內等'은 吏讀로서 '하옵건대'의 의미임)

　4) 公事爲相考事云云－5(공무는 다음에 관한 일인 바: 관청에서 다른 관청

　3) 본 연구는 安秉禧(1996b;157)에서 "吏文 자료가 國語史 연구와 中國語 연구에 활
　　용되기를 기대한다"는 주장에 힘입어 시도한 것이며 교수님의 선행 연구에 많은
　　도움을 받았음을 밝히는 바이다.

으로 보내는 공문서의 서두에 쓰는 구절임. '爲相考事'는 참고하거나 조
사할 구체적인 내용을 생략하여 표현한 격식이고 '云云'은 본문내용을
생략한다는 의미임)

(2) 結辭 부분의 표현

5) 合行牒呈－6(牒呈을 하기에 합당함: 하급관청에서 상급관청에 보내는
공문서의 끝부분에 쓰는 구절임)
6) 伏請照驗施行－7,8(검토하여 처리하여 줄 것을 엎드려 바람: 하급관청에
서 상급관청에 보내는 공문서의 끝부분에 부탁을 청하는 구절임)
7) 須至牒呈者－9(모름지기 牒呈을 올림: 첩정의 끝부분에 쓰는 구절임)
8) 右牒呈－10(위의 첩정을 올려 보냄: 첩정의 끝부분에 쓰는 구절임)
9) 合下仰 照驗施行須至帖者 右帖下 某人准此－381(이 문서를 내려 보내
기에 합당한 것이니 검토하여 시행하기를 바라 모름지기 帖을 보낸다.
이 帖은 某人에게 내려 보내니 이를 따르도록 하라: 상급 관청에서 하급
관원에게 보내는 공문서의 끝부분에 쓰는 구절임)

(3) 漢字語句

10) 夜間突入－18(야간에 무단으로 침입함)
11) 偸取恣意－19(자의로 남의 물건을 도둑질함)
12) 依律施行－22(법률에 따라 처리함)
13) 下手不得－57(손을 대지 못함)
14) 招引設計－69(공모하여 일을 꾸밈)
15) 懲戒奸滑－70(간활한 자를 징계함)
16) 作弊援引－71(나쁜짓에 끌어들임)
17) 囚禁督促－114(구금하여 독촉함)

이상과 같이 漢字語句는 대부분 4자 어구 형태가 수록되었는데 의미
상으로는 한문의 원뜻 그대로 사용된 것으로 보인다.

(4) 吏讀 형식

18) 爲白內等 ᄒᆞᅀᆞᆸ걸든-3(하옵건대)
19) 矣身亦 의몸여-16(이 몸이)
20) 爲去等 ᄒᆞ걸든-77(하거든)
21) 爲白乎事 ᄒᆞᅀᆞᆸ온ᄉᆞ-109(하온 일)
22) 況旀 ᄒᆞ믈며-198(하물며)
23) 望良白去乎 ᄇᆞ라ᅀᆞᆸ거온-211(바라옵기에)

　이상의 예를 통하여 짐작할 수 있다시피 韓吏文은 중국에서 사용되는 공문서의 漢文 套式과 漢字語句를 기본으로 하고 거기에 吏讀式 표현이 첨가된 혼합 형태임을 알 수 있다.[4]

2.2.2 漢吏文

　漢吏文의 原典이 간본으로 전하는 것은『吏文』과『少保于公奏議』를 꼽을 수 있는데 그중 널리 알려진『吏文』을 예로 들어 보기로 한다.『吏文』은 본래 4권으로 되었으나 현재는 3권 3책만 전해지는 것으로 알려진다. 卷一은 본래 承文院 소장의 寫本 형태는 있었으나 吏文 학습서로 간행된 간본 형태는 처음부터 없었던 것으로 추정된다. 輯覽凡例의 기록에 의하면 卷一은 宣諭와 聖旨인데 모두 漢語로 되어 있어 吏文의 학습에 무관하므로 주석서를 만들지 않았다고 한 것으로 보아 애초부터 吏文의 학습서로는 간행되지 않은 것으로 보인다.[5]
　『吏文』의 간본은 乙亥字와 甲寅字로 된 활자본과 목판본이 전하는데

---

4)『吏文襍例』에 수록된 吏文(報狀式・所志式・上言式・重囚同推式・決訟立案式・移關下帖式 등)과『儒胥必知』에 실린 吏胥之體(擊錚原情・單子類・告目類・通文套 등)가 그러한 문체이다.
5) 舊抄吏文初卷, 宣諭聖旨皆漢語, 於習吏文無關, 故不著輯覽. 欲習者, 宜考諺解漢語諸書。(輯覽凡例 제2항)

모두 刊記가 없어 편찬자와 출간연대 등은 정확히 밝힐 수가 없다. 奎章閣의 想白文庫 소장의 乙亥字本이 가장 오래 된 것으로 壬辰亂 전인 16세기의 간본으로 추정된다. 版式이 四周雙邊에 大黑口이고 1면이 10행 17자로 되었으며 난상에 문서의 제목이 주기되어 있다.

　현존하는 간본의 내용을 보면 卷二에는 咨・奏・申・呈・照會 類가 32편 수록되었고, 卷三에는 咨・奏・呈・題奏 類가 20편 수록되었으며, 卷四에는 榜文 類가 41편 수록되었는데 거의 모두 明 나라와 朝鮮 사이에 오간 외교문서들이다. 시간적으로 가장 오래 된 것은 明 洪武 3年(高麗 공민왕 19년-1370)의 中書省咨이고 가장 뒤진 것은 明 成化 14年(朝鮮 성종 9년-1478)의 禮部題이다. 그중 하나를 예로 들어보기로 한다.

　　歸附各國山川降香致祭事中書省咨高麗國王(洪武 3年/ 恭愍 19年)
　　中書省據尙書禮部呈: "洪武二年十二月二十一日, 本省楊右丞、陳參政、侯參政、禮部崔尙書, 於金水橋中道欽奉聖旨, 內一款, 安南、高麗、占城旣來歸附, 其各國山川, 合於洪武參年過正朝後, 擇日齋戒降香, 欽此。開具該用祝版、香幣、金香合、絎絲幡, 幷收買犧牲大牢猪羊、香燭、酒醴、段疋, 及差出人銀兩、衣服等物。洪武參年正月初四日, 文武百官於戟門中座早朝。楊右丞、陳參政、侯參政、右司滕郎中、禮部崔尙書奏奉聖旨准, 欽此。呈乞施行。" 得此。又據本部呈: "考究到安南、高麗山川名號, 當日奏奉聖旨, 只寫高麗山川之神、安南山川之神、占城山川之神於本處城南設壇致祭, 欽此。除欽遵外, 呈乞施行." 得此都省除外。今差朝天宮道士徐師昊欽賚御香、祝幣, 幷香合、絎絲幡, 及收買犧牲、香燭、段疋等, 前去欽依致祭外。合行移咨, 請照驗欽依施行。須至咨者, 右咨高麗國王。洪武三年正月初十日。

　이상 예문은 明나라의 中書省에서 高麗國王에게 보낸 咨文이다. 본 『吏文』의 난해한 어휘와 표현들을 뽑아서 해석한 崔世珍의 『吏文輯覽』

이 전해지고 있는데 이에 대한 고찰은 본고의 언어적 특징을 다룬 부분
(3.3)에서 살펴보기로 한다.

　吏文의 어려움과 중요성을 기술한 내용이 역사 문헌에 자주 등장하는
데 그 예를 일부 들어 보기로 한다.

『稗官雜記』6):
『大明律』專用吏文文字, 而其體簡古多曲折, 非通乎吏文者, 不可得以解
矣。(魚叔權『稗官雜記』)
－大明律7)은 吏文으로만 씌어졌으므로 문체가 예스럽고 까다로운 곳이 많
아 吏文에 통하지 않은 자는 이해할 수가 없다－

『世宗實錄』:
禮曹判書申商啓: 我國事大莫重譯學, 今司譯院生徒, 但習語訓, 不曉文
理, 接待上國使臣及我國使臣入朝之日, 傳譯舛訛, 以致譏笑。故嘗令擇
衣冠子弟使習吏學, 稍通文義。(『世宗實錄』卷45, 11年 9月 己酉條)
－예조판서 申商이 말씀 올리기를 우리나라가 중국을 섬김에 있어서 譯學
이 매우 중요합니다. 그런데 오늘날 사역원의 생도들은 한어의 어훈만을
배우므로 문장의 내용에는 밝지 못하여 중국에서 온 사신을 접대할 때나
우리나라 사신이 중국에 갔을 때 통역을 잘못하여 웃음거리가 되고 있습니
다. 그리하여 일찍이 문신 자제들을 뽑아서 吏學을 공부시켰더니 문장의
뜻을 조금 이해하게 되었습니다－

　이상 내용들은 吏文이 정통 한문과는 다른, 당시에 유통되던 일종의
書面語를 지칭하고 있음을 짐작할 수 있다. 이 외에도 朝鮮 왕조실록에
는 吏文에 능통한 자가 없어서 우려하는 기록이 자주 등장한다.

---

6) 조선 中宗 때의 문인인 魚叔權(생몰년 미상)이 지은 4권의 筆記類 수필집으로,
政事・人物・風俗・逸話・詩話・民俗・文物 制度 등을 기록한 책이다.
7) 『大明律』은 明太祖가 刑部尚書 劉惟謙 등에게 명하여 편찬한 法典으로서 洪武
7年(1374)에 처음 반포되었다.

우리나라에서 漢吏文에 대한 학습이 언제부터 시작되었는지는 정확히 밝히기 어려우나 고려 후기인 忠惠王元年(1340)에 吏學都監을 설치하였고 恭讓王 元年(1389)에 司譯院에서 吏學을 가르쳤다는 기록 등이 있다.[8] 吏文이란 용어가 朝鮮의 왕조실록에 처음 나타난 것은 太祖 3年(1394)으로 추정되는데 司譯院 提調 偰長壽 등이 司譯院 敎授의 대우와 생도의 선발 기준 등에 대해 올린 啓에서 찾아 볼 수 있다.[9] 그리고 조선 초기인 太宗 8年(1408) 때 禮曹에 소속된 文書應奉司에서 吏文을 강습한 기록을 찾아 볼 수 있으며[10] 그 후 3년 뒤에 文書應奉司를 承文院으로 개칭하였고 承文院과 司譯院이 각기 吏學과 譯學을 전담한 것으로 알려진다.[11]

漢吏文의 자료가 학습서로 편찬된 것도 문헌 기록에서 그 근거를 찾

---

8) 吏學都監, 忠惠王元年置之......恭讓王元年置十學敎授官, 分隷禮學于成均館, 樂學于典儀寺, 兵學于軍候所, 律學于典法, 字學于典校寺......吏學于司譯院. (『高麗史』 卷77, 志31 百官志2 諸司都監條)
   -吏學都監은 충혜왕 원년에 설치하였다......공양왕 원년에 十學 敎授官을 두고, 禮學은 成均館에, 樂學은 典儀寺에, 兵學은 軍候所에, 律學은 典法寺에, 字學은 典校寺에 醫學은 典醫寺에, 風水陰陽學은 書雲觀에, 吏學은 司譯院에 각각 속하게 하였다-

9) 司譯院提調偰長壽等上書言: 臣等竊聞治國以人才爲本, 而人才以敎養爲先, 故學校之設乃爲政之要也......令在京五部及各道界首府州, 擇良家子弟十五歲以下天資明敏者, 歲貢一人, 每三年一次考試, 勿論是無本院生徒。七品以下人, 但能通曉四書、『小學』、吏文、漢、蒙語者, 俱得赴試......(『太祖實錄』 卷6, 3年 11月 乙卯條)
   -司譯院提調 偰長壽 등이 글월을 올려서 아뢰었다. "신 등은 그윽이 듣건대, 나라를 다스리는 데에는 인재를 근본으로 삼고, 인재는 교양을 먼저 실행해야 합니다. 그러므로 학교를 설립하는 것이 곧 정치의 요점입니다.......서울의 5개부와 각도의 界首官으로 하여금 양민의 자제 중 15세 이하의 자질이 명민한 자를 해마다 한 사람씩 뽑아서 올리게 할 것과, 3년마다 한 번씩 시험을 보이는데, 시험 자격은 본원에 생도로 재학했든 안했든 그것은 논하지 말고, 7품 이하의 사람으로서 四書와 小學・吏文・漢語・蒙古語에 통하는 사람은 다 응시하게 하소서......-

10) 議政府啓: 文書應奉司講習吏文之事。從之。(『太宗實錄』 卷16, 8年 12月 甲戌條)

11) 承文院專習吏文, 司譯院專習漢語。(『世宗實錄』 卷64, 16年 5月 甲申條)
    司譯院則譯學, 承文院則吏學。(『世祖實錄』 卷28, 8年 3月 丙辰條)

아 볼 수 있는데 그중 『世宗實錄』의 예를 들어 보기로 한다.

　禮曹據承文院牒呈啓:……『吏文謄錄』非唯矜式, 吏文體制具載本國事大
節目, 本院官員務要悉知。但院藏謄錄只有一件, 數多官員難以遍覽, 除
年例外撮其緊要文書, 令鑄字所印出, 各自技閱講習。從之。(『世宗實
錄』卷51, 世宗 13年 正月 丙戌條)
　－禮曹에서 承文院의 牒呈에 의하여 아뢰기를, "……吏文謄錄이란 다만
吏文의 體制만을 본받게 하기 위한 것이 아니요, 본국의 事大에 관한 규례
가 구비하게 기재되어 있으므로, 本院의 관원은 누구나 다 알아 둘 필요가
있는 것입니다. 다만 本院에 소장한 謄錄이 단지 1부밖에 없어, 수많은 관원
들이 고루 열람하기 어렵사오니, 年例的인 것을 제외하고 긴요한 문서만을
추려서 鑄字所에서 이를 인쇄해 내게 하여 각자 모두 열람 강습하게 하옵소
서." 하니, 그대로 따랐다－

　이상 기록은 禮曹에서 承文院에서 올린 啓에 근거하여, 承文院 소장
의 『吏文謄錄』이 한 부밖에 없어서 많은 관원들이 遍覽할 수 없으므로
긴요한 문서를 선택하여 鑄字所에서 간행할 것을 청한 것과 임금이 이에
윤허한다는 기록이다. 그리고 조선조 때는 吏文을 정기적으로 정리한
것으로 기록되어 있다.

　議政府據禮曹呈啓: 『吏文謄錄』, 每五年一次書寫, 十年一次印出。從
之。(『世宗實錄』卷121, 30年 8月 丙辰條)
　－議政府에서 禮曹의 牒呈에 의거하여 아뢰기를, "吏文謄錄을 5년에 한
차례씩 書寫하고, 10년에 한 차례씩을 印出하게 하소서." 하니, 그대로 따랐
다－

　이상 기록은 議政府가 禮曹의 보고에 의거하여 吏文謄錄을 5년에
한 번씩 정리하여 필사하고 10년에 한 번씩 印出하자고 청한 것을 임금

이 윤허한 사실을 적고 있다.

3　吏文諸書輯覽과 언어적 특징

3.1 『吏文輯覽』의 종류

　　장기간 학계에서는 吏文의 주석서가 『吏文輯覽』과 『吏文續集輯覽』
만으로 인정하여 왔다. 『吏文輯覽』은 앞에서 언급된 『吏文』 2・3・4권
에 대한 주석서이므로 표제어의 출처를 일일이 확인할 수 있다. 그러나
『吏文續集輯覽』은 그 原書가 될 『吏文續集』의 간본이나 사본이 전해
지지 않고 있다.(安秉禧:1996b:148) 또한 『吏文輯覽』이 당초에는 상기 두
종류 외에도 여러 종의 輯覽이 편찬되었던 것으로 보인다. 이에 대한
근거는 최세진과 동시대의 인물로 吏文學官인 魚叔權이 기술한 『稗官
雜記』에서 찾아 볼 수 있다.

　　　嘉靖庚子夏、慕齋金公啓、設纂集局、撰吏文諸書輯覽。以崔同知世
　　珍、尹參議漑、尹僉知溪爲堂上、以吏文學官掌其事。吏文、續吏文則
　　鄭君陳、柳大容、李景成及余昆季等五人雜就之。于公奏議則柳大容主
　　之,　駁稿、奏議擇稿則余主之。未幾, 尹參議出按忠淸, 尹僉知出倅延安,
　　崔同知獨專總裁。明年辛丑(1541)春書成, 命書局印出。凡吏語及中朝大
　　小官制之見於各書者, 註釋頗詳, 開卷了然, 殆所謂如客得歸者也。但其
　　間有一二牽强處, 又未詳者若干條, 其後屢往中朝頗有所質, 惜其撰集之
　　不在於今日也。(『稗官雜記』 卷2)

　　이상 기록에 의하면 嘉靖 庚子年(1540년, 中宗 35年)에 金安國의 啓에
따라 『吏文輯覽』 纂集局을 설치하고 崔世珍의 주관 하에 吏文學官들
이 참여하여 『吏文輯覽』・『吏文續集輯覽』・『于公奏議輯覽』・『駁

稿輯覽』·『奏議擇稿輯覽』 등 諸書輯覽을 편찬하였음을 알 수 있다.
이상 輯覽들 중에서 『于公奏議輯覽』은 그 원문이 明나라 于謙(1398~
1457)의 『少保于公奏議』로서 于公의 상주문을 수록한 것이다. 이 원문
은 중국에서 간행된 唐本과 조선에서 간행된 간본이 전해지고 있는데
輯覽에서 편찬 당시 唐本을 참조한 흔적을 찾아 볼 수 있다.[12] 于謙은
明나라 때 尙書직를 담당하였고 명예직위인 少保직을 겸한 인물이다.[13]
『駁稿輯覽』의 原典인 『駁稿』라는 책은 본래 문서의 전문을 수록하지
않고 중국의 大理寺에서 작성한 기각문(駁回文字)만으로 이루어졌으므
로 그 뜻을 자세히 알 수 없으며 인용된 법률이 大明律에 출처를 둔
것은 고증하여 간략히 풀이를 한 것이다.[14] 大理寺는 중앙재판기관으로
서 明淸時代에는 刑部, 都察院과 함께 3대 사법기구를 이루었다. 『奏議
擇稿輯覽』은 그 原典이 전해지지 않고 있어 자세한 내용은 알 수 없으
나 임금에게 올린 상주문(奏議)을 택하여 편찬한 책으로 추정된다.

　이상 輯覽들은 현재 모두 전해지고 있으며 그 외에도 增定本인 『增定
吏文輯覽』·『增定吏文續集輯覽』·『增定于公奏議輯覽』·『增定駁
稿輯覽』·『增定奏議擇稿輯覽』과 상기한 『稗官雜記』에 나타나지 않
은 『比部招議輯覽』도 전해지고 있다. 아마도 魚叔權의 『稗官雜記』에
서 언급된 諸書輯覽의 增定本이 이루어질 때 『比部招議輯覽』이 추가

----

12) 輯覽 편찬 당시 朝鮮本을 저본으로 하고 唐本을 참조한 것으로 추정된다. 輯覽에
　　唐本을 참조한 예를 들어 보면 다음과 같다.
　　父弟, 唐本無弟字。(于公9左)
　　免差人去奏知, 免唐本作先字。(于公14右)
13) 于謙(1398~1457), 明浙江錢塘(今杭州)人, 字廷益。永樂進士。任監察御使, 河
　　南、山西巡撫, 曾平反冤獄, 賑濟灾荒。正統十四年(1449)土木之變後, 從兵部
　　侍郎昇任尙書, 擁立景帝, 反對南遷。調集重兵, 在北京城外擊退瓦刺軍。加少
　　保。(『辭海』:1989;28)
14) 駁稿之書, 初非諸文移全文之例, 只取大理寺駁回文字爲書, 故今亦未能詳識本
　　能。其所引律文則在大明律, 故考而略之解。(輯覽凡例 제5항)

된 것이고 吏文諸書輯覽에 참여한 吏文學官이 본 輯覽의 편찬에 관여하였을 것으로 추정된다. 이상 諸輯覽들 중에서 吏文의 原典이 간본으로 전하는 것은 『吏文』과 『少保于公奏議』 두 책뿐이다.(安秉禧:1992b; 137～383)

이상 내용으로 보아 漢吏文은 외교문서에만 국한되지 않고 行政이나 法令 등 실무와 관련되는 공식문체를 두루 포함하고 있음을 알 수 있다. 다만 漢吏文이 중국과 거래하는 외교문서로만 인식되는 것은 외교문서를 관장하는 承文院에서 吏文을 가르치는 목적이 바로 외교문서의 작성에 있었기 때문인 것으로 추정된다.

3.2 『吏文輯覽』의 구성 체재

『吏文輯覽』은 漢吏文에 대한 어휘 해석집이라 할 수 있다. 우선 輯覽 凡例에서 밝힌 바와 같이 吏文諸書에서 난해한 표현들을 뽑아서 해석한 것이다. 그러므로 吏文의 原典에서 그 근거를 찾아 볼 수 있으며 표제어의 순서도 자료에서의 출현 순서와 동일하다. 앞에서 예를 든 明나라 中書省에서 高麗國王에게 보낸 咨文(본고 2.2.2)은 『吏文』 卷二에 나오는 첫 편인데 『吏文輯覽』 역시 제일 먼저 이 문장을 다루고 있다. 輯覽에서는 본 『吏文』에서 23개의 표제어를 뽑아 해석을 하였는데 그 예를 들어 보면 다음과 같다.

1) 中書省: 卽古之丞相府, 今革。
2) 據尙書禮部呈: 尙, 平聲, 主也。加尙書於禮部上者, 唐宋以來官啣如此, 洪武初因而不改, 今革。
3) 洪武: 高皇帝年號, 元年爲戊申歲。
4) 金水橋中道: 金水橋在奉天門前, 凡奏事者, 皆跪於本橋前御路上。

5) 欽奉: 凡奉聖旨必加欽字。欽此、欽遵、欽依、欽差、欽賚、欽捧
等語, 皆倣此。

6) 一款: 猶一條也。

7) 安南: 國名, 古交趾國, 今在南海中。

8) 占城: 國名, 在南海中。

9) 開具: 開, 猶列也。謂開列具備也。

10) 該用: 該, 備也, 當也。言當用也。

11) 紵絲: 段子也。

12) 香燭: 香及燭也。上旣有御降之香, 而又使買香者, 山川若多, 則御香
恐不足故也。

13) 戟門中座早朝: 戟門, 卽奉天門也。列戈戟於門內, 左右扇之後, 故
云。每月初一、十五及賀禮時, 則御奉天殿。其餘逐日之朝, 則例御
奉天門中。

14) 右司: 中書省有左右二司

15) 奏奉聖旨准: 准, 猶依允也。

16) 呈乞施行: 此謂將上件之語。呈于某官, 而請乞施行也。

17) 得此: 凡受申呈及狀告, 例曰得此, 亦曰據此。若罪人招詞, 則只曰據
此。

18) 考究到: 考究, 相考也。到, 謂相考而出來之意。選到、取到、弔到之
到, 皆倣此。

19) 除欽遵外: 此言除本部旣已遵行聖旨之外, 亦當移咨于某處云云。他
倣此。

20) 都省除外: 都省, 卽中書省總理六部, 故謂之都省。除外, 謂除都省亦
已遵行之外, 今差某官云云。

21) 朝天宮: 道觀也。洪武中, 置道錄司于朝天宮, 職專道敎之事。

22) 合行移咨: 行, 猶爲也。言合爲移咨也。他倣此。

23) 須至咨者: 須要送至咨文也。

이상 예문을 통하여 짐작할 수 있다시피 『吏文輯覽』은 어휘의 의미
해석에만 국한되지 않고 字音의 표기와 문법적 해석 및 문구에 대한
해석도 상당 부분 차지한다. 다음은 諸書輯覽에 반영된 언어적 특징을

살펴보기로 한다.

3.3 『吏文輯覽』의 언어적 특징

3.3.1 어휘적 측면

앞에서 언급한 바와 같이 吏文은 정통 한문과 차이를 보이는데 그중 가장 중요한 것은 어휘의 차이이다. 즉 近代漢語에서 새롭게 사용되는 어휘들이 대량으로 나타나는데 이러한 것들은 별도의 해석과 학습이 없이는 이해가 불가능한 것이다. 吏文諸書輯覽에서 그 예들을 일부 들어 보기로 한다. 이하 예문 중 부호 '〉' 앞의 것은 吏文 原典의 것이고 부호 뒤의 것은 輯覽의 해석 부분에서 해당어에 속하는 것이다. 그리고 괄호 안의 한글 해석은 필자가 추가한 것이다.

(1) 인칭대명사

1) 伊 〉 彼(그)
伊男: 伊, 與彼同。(輯覽3)[15]
2) 恁 〉 汝(너)
恁每: 恁汝也。(輯覽5)

(2) 지시대명사

3) 這 〉 此(이)
恁這: 這此也。(輯覽5)
4) 這裏 〉 此處(이곳)
這裏: 猶言此處也。(輯覽7)

---

15) 輯覽의 번호는『吏文』原典의 순서로서 前間恭作 遺稿(1942)의『吏文輯覽』에서 재인용한 것이다.

(3) 의문사

5) 怎 〉 何(어떤)
怎麼: 怎, 何也。 麼, 語辭, 猶乎字之意。 (輯覽10)
6) 甚 〉 何(어떠한)
有甚事情: 甚, 何也。 (輯覽17)
7) 早晚 〉 時未定(언제쯤)
早晚: 時未定之辭。 (于公19左)
8) 這早晚 〉 此晚(이렇게 늦다)
這早晚: 猶言此晚也。 (駁稿10左)

(4) 명사

9) 軀男 〉 使喚人(사환)
軀男: 軀與驅通, 謂家內使喚之人也。 (輯覽5)
10) 後晌 〉 午後(오후)
後晌: 午後也。 晌, 音尙, 上聲。 (輯覽5)
11) 勾當 〉 事/掌管(일/관장하다)
勾當: 皆去聲, 事也。 又掌管也。 (輯覽13)
12) 東西 〉 物件(물건)
東西: 方言凡物件皆謂之東西。 (輯覽32)
13) 晌午 〉 正午(정오)
晌午: 正午也。 (輯覽48)
14) 大馬法 〉 屯長(둔장)
大馬法: 達子謂其屯長曰大馬法。 (輯覽49)
15) 番字 〉 外國字(외국문자)
番字: 中國指外國曰番, 番字卽外國所用之字, 如蒙書、 倭書之類。 (于公3右)
16) 裏頭的 〉 內處(안쪽)
裏頭的: 內處也。 (于公6右)
17) 脚色 〉 來歷/根源(내력/근원)

脚色: 卽根脚, 猶言來歷根源也。(于公20右)

18) 無力 〉 貧者(빈자)

審無力: 貧者故曰無力。(駁稿2左)[16]

19) 有力 〉 富者(부자)

審有力: 富者故曰有力。(駁稿2左)

20) 老爹 〉 父/尊貴者(부친/존귀한 자)

老爹: 漢俗呼父曰爹。音뎌, 平聲。又謂尊貴者必曰老爹。(駁稿3右)

21) 地下 〉 地(땅바닥)

拖下地下: 地下, 卽地也。漢人於寢房例作炕, 常睡歇炕上。此地下乃炕下之地也。(駁稿10左)

22) 行止 〉 行實(행실)

行止: 行實也, 吏學指南云……(駁稿11右)

23) 阿翁 〉 夫之父(시아버지)

阿翁: 此指夫之父。(駁稿13右)

24) 後 〉 厠(변소)

上後: 上厠也。(駁稿13左)

25) 土黃 〉 公骨馬色(토황마색)

土黃: 公骨, 馬色也。(奏議5左)

26) 淨身人 〉 割勢者(거세한 자)

私自淨身人: 卽私自割勢者也。(奏議11左)

27) 脚 〉 足(발)

拳脚: 漢人謂足爲脚。此言用拳及脚而打踢也。(比部2左)

28) 裁縫的 〉 針線人(바느질꾼)

裁縫: 漢人呼針線人爲裁縫的。(比部6右)

(5) 동사

29) 了當 〉 了畢(종결하다)

了當: 事之已整齊者。例曰了當, 猶言了畢其事, 歸於合當也。(輯覽4)

---

16) 본고에서 駁稿는 『增定駁稿輯覽』(上下)의 약칭이며 쪽수는 『季刊書誌學報』(8)에 실린 영인본의 것이다.

30) 准 〉 信(믿다)

准得他的話: 准, 信也。他, 指崔通事。(輯覽10)

31) 將 〉 持(지니다)

有文書將來看: 汝有文書, 則持來我當看之。(輯覽16)

32) 打 〉 爲(하다)

打話: 打, 猶爲也。言爲話也。打攪、打細之打, 亦同。(于公1左)[17]

33) 過活 〉 生活(생활하다)

過活: 生活也。(于公7右)

34) 打 〉 得(얻다)

多打了銀子: 猶言多得銀子也。(駁稿13左)

35) 打點 〉 相考(조사하다)

打點尋箇好衙門: 打點, 猶言相考也。(駁稿3右)

(6) 부사

36) 這般 〉 此樣(이렇게)

這般: 猶言此樣也。(輯覽32)

37) 這等 〉 此樣(이처럼)

這等計議時: 這等, 猶言此樣也。言如此樣計議之時。(于公14右)

38) 好生 〉 至極(매우)

好生: 言至極也。(輯覽7)

(7) 전치사

39) 打 〉 向(-로)

打那裏去: 那, 上聲。此謂向何處去乎。(輯覽10)

40) 着 〉 使(하여금)

你着人根我: 着, 使也。根, 隨也。(輯覽16)

42) 喫 〉 被(당하다)

---

17) 본고에서 于公은 『增定于公奏議輯覽』(一~十卷)의 약칭이며 쪽수는 『季刊書誌學報』(8)에 실린 영인본의 것이다.

喫他手裏着道兒: 喫, 猶被也, 着, 猶施也。道兒, 猶謀計也。此言被他輩
手裏之施謀計也。(輯覽32)

(8) 형용사

43) 不該 〉 不當(마땅하지 않다)
不該: 猶言不當也。(于公20左)
44) 上緊 〉 急速(급속하다)
上緊: 急速之意。(輯覽33)

(9) 접속사

45) 不揀 〉 不擇(－을 막론하고)
不揀那箇地方: 那, 上聲。此言不擇某處地方也。(輯覽32)

(10) 조동사

46) 休 〉 不必(필요 없다)
休去前面: 謂不必前去也。(輯覽16)

이상 예문들은 대부분 해석문에서 해당 대역어를 제시할 수 있는 것들
이다. 해석문에서 해당 대역어를 제시할 수 없는 것들도 적지 않는데
그 예를 좀 더 들어 보기로 한다.(이하 역문은 필자의 것임)

47) 頂替
頂替: 冒他人之名, 而代其任也。(于公11右)
－頂替: 남의 이름을 사칭하여 그 직책을 대신 맡는 것이다－
48) 夥計
夥計: 夥, 音禍, 結伴營販之人相謂曰夥計, 亦曰伙伴。(駁稿5右)
－夥計: '夥'는 音이 '禍'이다. 함께 동업하는 자들끼리 서로 '夥計'라고 부른

다. 또는 '伙伴'이라고도 한다-

49) 包工

包工: 包, 卽包覽之包, 蓋都受應役人錢物, 而雇人作役者也。 (奏議3左)[18]

-包工: '包'는 '包覽'-도맡다- 의 의미로서 대개 사용자로부터 돈을 받고 사람을 고용하여 일을 하는 자이다-

50) 疊騎

疊騎: 疊, 當作疊。 漢話謂兩人並騎一馬曰疊騎。 (比部2右)[19]

-疊騎: '疊'는 '疊'와 같다. 중국어에서 두 사람이 말 한필을 나란히 타는 것을 '疊騎'라고 한다-

51) 批單

批單: 於納戶所納物件之單字內, 批寫已納語句以給, 謂之批單。 如通關之類。 (比部4右)

-批單: 납세자의 납세물품 명세서에 이미 납세하였음을 인증한 것을 '批單'이라 한다. 예컨대 '通關' 같은 것이다-

52) 倒文

倒文: 各衙門送文移于上司, 上司批寫以給, 謂之倒文。 (比部4右)

-倒文: 각 관청에서 상급 관청에 올린 공문을 상급 관청에서 결재하여 내려보내는 것을 '倒文'이라 한다-

53) 擺酒

擺酒: 陳設飮酒之謂。 (比部4左)

-擺酒: 술자리를 마련하는 것을 일컫는다-

이상 예문을 통하여 吏文에 사용된 어휘의 일면을 엿볼 수 있다. 이러한 어휘들은 文言文에서는 찾아 볼 수 없는 구어체 표현으로서 近代漢語에 속하는 것들이며 그중 일부는 明代漢語의 시대적 특징을 반영하고

---

18) 본고에서 '奏議'는 『增定奏議擇稿輯覽』의 약칭이며 쪽수는 『季刊書誌學報』(8)에 실린 영인본의 것이다.

19) 본고에서 '比部'는 『比部招議輯覽』의 약칭이며, 쪽수는 『季刊書誌學報』에 실린 영인본의 것이 분명하지 않아 필자가 순서에 따라 붙인 것이다. 본 輯覽의 원문인 『比部招議』는 전하지 않으나 서명으로 보아 중국의 比部, 즉 刑部에서의 陳述書를 수록한 책으로 추정된다.(安秉禧:1996b:153)

있다. 이러한 어휘들 중 그 일부는 시대의 변화에 따라 점차 도태되었다. 예를 들면 (1) 伊·(9) 軀男·(14) 大馬法·(15) 番字·(17) 脚色·(26) 淨身人·(30) 准·(31) 將·(38) 好生·(52) 倒文 등은 현재 본래의 의미를 상실하였거나 더 이상 사용되지 않고 있다. 특히 주목되는 것은 예문 (14) 大馬法에서 "達子謂其屯長曰大馬法"(輯覽49)이라고 해석한 것으로 보아 吏文에 蒙古語 借用語가 아직 남아 있음을 알 수 있다. 그리고 예문 (25) 土黃에서는 "公骨, 馬色也。"(奏議5左)라고 하여 해석 부분에서 몽고어 차용어인 '公骨'(공골)이 사용되었다. 그러나 이상 예문의 대부분 어휘들은 지금의 現代漢語에서도 그대로 사용되고 있는 것으로 나타난다.

3.3.2 문법적 측면

(1) 동태조사(시제)

1) ―了
乾淨了: 卽淨盡也。了, 語辭。 (輯覽32)
2) ―着
依着: 着, 語詞。 (輯覽8)
3) ―過
處置過: 過, 語辭, 有已行之意。 (于公4左)

이상 예문에서는 '了'·'着'·'過'가 어조사임을 지적하고 있는데 이것은 정통 한문(文言文)과 달리 近代漢語에서 나타나기 시작한 전형적인 문법 형태이다.[20] 이러한 형태는 동사와 결합하여 각기 행위의 완성(―

---

20) 王力(1980:311)에서는 이러한 형태의 출현이 근대한어의 문법사상 획기적인 사건임을 지적하고 이것들은 宋代를 전후하여 허사로 정착되었다고 주장하였다. 그리고 행위의 완성을 표시하던 '了'와 '着'은 明代 이후에 '着'이 행위의 지속을 나타내면서 그 역할 분담이 명확히 구분되었는데 이것은 한어 문법사에 있어서 큰 발전이라고

了), 행위의 지속(-着), 행위의 경과(-過) 등을 나타내는 것으로서 당시의 吏文에 사용되었음을 알 수 있으며 따라서 별도의 해석이 필요하였던 것으로 보인다.

(2) 복수접미사

4) -每
咱兄弟每: 咱, 音자, 我也。弟兄, 儕輩相尊親之語。每, 平聲, 猶等也。(輯覽4)
5) -些
將這些人: 些, 語辭。(輯覽28)

'每'는 현대한어의 '們'과 같은 의미로 사용되는데 주로 元代 때 사용되던 표현이다. 이상 예문에서 보다시피 '每'는 정통 한문에서 복수를 나타내는 '等'에 해당되는데 宋代 때부터 사용되기 시작한 것으로 나타난다. (呂叔湘:1985;54) 그리고 예문에서 語辭라고 해석한 '些'는 대명사 뒤에 첨부되어 복수를 나타내는 것이 현대 한어의 용법과 같은 것으로 보인다.

(3) 조사

6) -來
送將來: 將來, 語辭。(輯覽7)
說將來: 將來, 語詞, 漢語如此。(輯覽10)
說來: 來, 語詞。(輯覽10)
已前好來: 來, 語辭。言已前則好也。(于公19右)

주장하였다.

　　이상 예문의 '來'는 구어체의 어말에 사용되는 어기조사로서 唐代 때
부터 나타나기 시작하였는데 元代 때 가장 활발히 사용되었고 明代에
이르러는 점차 줄어드는 양상을 보인다. 그리고 胡明揚(1992:8)에서는
상기 예문과 같은 '동사+將+來' 문형의 출현과 발전 및 소실을 근대한어
의 특징 중 하나임을 지적하고 있다.

　　7) －的/－有
　　不是守分的人有: 的字、有字, 皆語辭。(輯覽32)

　　'的'은 관형어의 뒤에 첨가되어 명사를 수식하는 구조조사로서 일찍
宋代 때부터 사용되던 '底'와 '地'의 형태가 元代에 이르러 '的'으로 변화
된 것이다.(劉堅 외:1992;143) 그리고 '有'는 어미조사로서 몽고어 영향을
받은 元代 漢語의 특징으로 분석된다.

　　8) －那
　　肯饒我那: 饒, 寬宥之意。那, 去聲, 語辭。(輯覽9)

　　'那'는 어기조사 형태로서 일찍 魏晉 시기부터 사용된 것으로 인정을
하나 그 수가 극히 적고 宋代에 이르러서야 비로소 눈에 띄게 사용하게
되었다. 흔히 선택의문문·일반 의문문·반어 의문문 등에 사용된다.

　　9) －呵
　　習學呵: 呵, 語詞, 與則字同意。(輯覽7)
　　10) －時
　　若講和了時: 時, 猶則也。(于公2右)
　　趕不上時罷: 趕, 逐也。時, 猶則也。趕不上, 猶言不得及也。罷, 鄕言 두
어라。(于公6右)

이상 예문에서 '呵'(-면)는 가정을 나타내는 어기사 형태로서 몽고어의 영향을 받은 원대한어의 특징으로 분석된다. 그리고 '時'는 元代 때 사용되던 '呵'의 변화 형태로서 明代 때 사용되기 시작된 것으로 나타나는데 「老朴」의 元代 漢語本과 明代 漢語本이 그 변화를 보여 주고 있다.

11) -根底
根底: 猶根前也。(輯覽32)

'根底'는 여격이나 탈격을 나타내는 후치사 형태로서 몽고어의 영향을 받은 원대한어의 특징으로 분석된다.

(4) 결과보어

12) -到
考究到: 考究, 相考也。到謂相考而出來之意。選到、取到、弔到之到, 皆倣此。(輯覽1)
13) -着
睡着: 着, 謂眠睡深重之意, 或曰語詞。(輯覽3)
14) -住
按住: 按, 執而住也。按, 俗語 누르다。(駁稿11左)
15) -下
寫下牌櫪: 寫下, 書寫也。(于公3右)

이상 예문들은 주요동사 뒤에 '-到'‧'-着'‧'-住'‧'-下' 등 형태가 첨부되어 보충적 의미를 나타내는 결과보어 형태이다. 이러한 용법은 오늘날의 현대한어에서도 그대로 사용되고 있다.

(5) 가능보어

當他不過: 當他, 支當他也。不過, 不得也。言不得支當于他也。

(于公15右)

摸頭腦不着: 猶言使不得執其要領也。(駁稿13右)

이상 예문들은 '주요동사+得/不+동사' 형태로 가능 또는 불가능을 나
타내는 가능보어 형태이다. 이러한 가능보어 형태는 현대한어에서도 그
대로 사용되고 있으나 이상 예문과 같이 주요 동사와 보어 사이에 목적
어가 삽입된 용법은 사용하지 않는다.

(6) 수식어의 위치

却好着他去: 使他去乃好也。(于公18左)

이상 예문에서는 '却好着他去'(그로 하여금 가도록 하는 것이 오히려 좋을
것이다)라는 문장에서 '好'가 수식어의 위치에 온 것이 당시에는 생소한
표현이었던 것으로 추정된다.

이상 분석에서 알 수 있듯이 吏文에는 정통 한문과 달리 근대한어에서
사용되기 시작한 표현들이 적지 않게 사용되었으며 따라서 吏文의 습득
을 위해서는 이러한 표현에 대한 해석이 불가피하였던 것으로 추정된다.
한편 이상 吏文 자료들은 明代의 것들이나 아직 몽고어의 영향을 받은
元代 漢語의 흔적들도 적지 않게 남아 있음을 확인할 수 있다.

3.3.3 한자의 발음 표기

諸書輯覽에서는 吏文의 학습서답게 정통 한문에서 자주 사용하지 않
는 한자의 의미를 해석하는 동시에 정확한 발음 표기를 위하여 많은 심

혈을 기울였음을 찾아 볼 수 있다. 그 예를 일부 들어 보기로 한다.

(1) 直音 표기

1) 將鍋做飯: 鍋, 音過。炊飯之器, 猶本國小釜也。(輯覽3)

2) 張得峪: 峪, 音欲。(輯覽4)

3) 另行: 另, 音令, 去聲, 別也。(輯覽5)

4) 閘河: 閘, 音雜。字作牐。(輯覽5)

5) 背夯宣匣: 夯, 音向, 負荷也。宣匣, 藏宣諭之匣也。(輯覽5)

6) 撒酒: 撒, 音殺, 使酒也。(輯覽9)

7) 風汛: 汛, 音信, 潮水也。(輯覽10)

8) 收糴不全: 糴, 音狄, 買米也。不全, 謂不得完全也。(輯覽16)

9) 扒開: 扒, 音破, 裂破也。(輯覽19)

10) 先儘: 儘, 音盡。鄉音 다완다。(輯覽30)

11) 咩: 音米。(于公22右)

12) 檖: 音遜。(比部1右)

13) 瘸: 音厥, 又俗音加, 足蹇病也。(比部3右)

14) 戳: 音齪, 俗言刺也。(于公9右)

(2) 半切 표기

15) 鐥: 音甫園切。(奏議11左)

16) 逮: 音力谷切。(比部1右)

(3) 諺文 표기

17) 裝扮: 扮, 音반, 去聲, 飾也。(于公18右)

18) 在炕: 炕, 音캉, 去聲, 俗語土炕, 卽突也。(駁稿11右)

19) 咱兄弟每: 咱, 音자, 我也。弟兄, 儕輩相尊親之語。每, 平聲, 猶等也。(輯覽4)

20) 老爹: 漢俗呼父曰爹。音뎌, 平聲。又謂尊貴者必曰老爹。(駁稿3右)

(4) 聲調 표기

21) 敎處重了: 敎, <u>平聲</u>, 猶使也。(輯覽3)
22) 便將金聲那廝: 那, <u>去聲</u>。那廝, 俗言 뎌놈。(輯覽28)

이상 예문에서 볼 수 있듯이 정확한 발음 습득을 위하여 直音 표기・반절법・언문표기 등 다양한 표기 방법이 동원되었고 특히 같은 한자가 성조의 변화에 따라 의미가 변화된 것을 표시하는 등 吏文에 사용된 새로운 어휘의 정확한 발음 습득을 위해서도 많은 노력을 기울였음을 엿볼 수 있다. 따라서 이것은 학계에서 흔히 吏學은 文語에 대한 학습이므로 당시의 중국어 발음과는 별로 관계가 없다는 인식과 일정한 차이가 있는 것으로 보인다.[21]

3.3.4 諺解의 문제

諸書輯覽에는 언해를 한 어휘가 적지 않게 나타난다. 이러한 어휘들은 대부분 당시 정통 한문에서는 사용되지 않는 것들로서 별도의 해석이 필요하였던 것으로 추정된다. 그 예를 들어 보기로 한다.

1) 海菜 〉 메육(미역)
海菜: 卽本國鄕名 메육。(輯覽3)
2) 衣帶 〉 골홈(옷고름)
衣帶八條: 衣帶, 鄕言 골홈。八條, 卽八箇也。(輯覽3)
3) 責 〉 당부하다
責令: 責, 鄕言 당부하다。(輯覽4)
4) 根前 〉 그 앏픠(그 앞에)

---

21) 宋基中(1997:153)에서는 吏學은 어디까지나 文語의 습득으로 당시 中國語音은 문제가 되지 않은 반면에, 譯學은 당시의 현실 중국어 口語의 습득이었다고 주장하였다.

根前: 鄕言 그 앏픠。(輯覽5)

5) 節次 〉 벅디검(절차)

節次: 連次也, 猶鄕言 벅디검。(輯覽9)

6) 一向 〉 슬의여(함부로)

一向: 猶俗言 슬의여。(輯覽16)[22]

7) 抄 〉 죠히 쓰다(종이를 뜨다)

抄造: 抄, 죠히쓰다。方言曰抄紙。(輯覽23)

8) 那廝 〉 뎌놈(저 놈)

便將金聲那廝: 那, 去聲。那廝, 俗言 뎌놈。(輯覽28)

9) 儘 〉 다왇다(다그치다)

先儘: 儘, 音盡, 鄕音 다왇다。(輯覽30)[23]

10) 一發 〉 이믜셔리(곧)

一發: 鄕言 이믜셔리。一說言一時俱發也。(于公2右)

11) 下邊 〉 아래오래(하인)

下邊: 猶下人。鄕言 아래오래。(于公2右)

12) 那顔 〉 노연(官人)[24]

那顔: 鄕談 노연。那, 上聲。(于公3右)

13) 支吾 〉 막즈르다(막아끊다)

支吾: 小柱爲支, 邪柱爲吾。막즈르다。(于公10右)

14) 這尖嘴 〉 이부리 쏀론흔 놈(입이 뾰족한 놈)

這尖嘴: 俗罵人曰 이부리 쏀론흔 놈。(于公18左)

---

22) '一向'이 현대한어에서는 '근래' 또는 '줄곧'의 의미로 사용된다. 그런데 언해에서는 '슬의여'라 하였고 이에 대한『李朝語辭典』의 해석은 '함부로'라 하여 의미상의 차이를 보인다.

23) '先儘'은 '맨 먼저'의 뜻으로 추정된다. 그런데 '儘'에 대한 언해를 '다왇다'라 하였고 이에 대한『李朝語辭典』의 해석은 '다그치다'이다. '鄕音'은 '鄕言'의 오류로 보인다.

24) '那顔'은『元典章』·『元朝秘史』등에서 '那演'·'那延'으로도 표기되었는데 몽고어 [noyan]에서 유래된 것으로 분석된다.(方齡貴:1991;35)

　　『元典章』旁譯: '官人', '官人每'。

　　『華夷譯語』人物門: 官人 那顔(noyan)。

　　『蒙古語辭典』260: noyan: 法官, 公斷人。

　　『蒙古語大辭典』529: noyan: 老爺, 君, 頭目。

　　『老朴集覽』(「朴集」中6-2)에서는 "使長, 猶言君長也, 元語。那衍, 音노연。"이라고 하였는데 여기의 '那衍'은 '那顔'과 같은 元代語임을 알 수 있다.

15) 那間 〉 뎌 저긔(저, 저기)
那間: 鄕言 뎌 저긔。(于公19左)
16) 照顧 〉 斗頓(두둔하다)
照顧: 鄕言 斗頓也。(于公19左)
17) 激惱 〉 뉘닐워노케ᄒ다(화나게 하다)
激惱: 鄕言 뉘닐워케ᄒ다。(于公19左)
18) 痘瘡 〉 힝역(홍역)
痘瘡: 俗呼痘子, 鄕言 힝역。(于公11左)
19) 撥頭 〉 高都里(고두리)
皮撥頭: 撥頭, 國俗謂高都里。凡演習兵陣之法, 以皮爲之, 而射人則人不
至傷。(于公15左)
20) 骨朶 〉 보라올(兵器의 일종)25)
皮骨朶: 骨朶, 國俗語 보라올, 以皮爲之。(于公15左)
21) 堂兄 〉 同姓四寸兄(동성 사촌형)
堂兄: 同姓四寸兄也。(駁稿4左)
22) 表兄 〉 異姓四寸兄(내외종 사촌형)
表兄: 異姓四寸兄也。(駁稿13左)
23) 糧頭 〉 納稅 주비(납세 統首)
糧頭: 如本國之納稅 주비也。(駁稿5左)
24) 一會 〉 흔모돔(한동안)
一會: 猶言 흔모돔, 或謂一頃之間, 亦曰一會。(駁稿6右)
25) 好歹 〉 모로미(모름지기)
好歹丢下: 歹, 惡也。言好歹之間丢棄而去也。猶國俗言 모로미。(駁稿
10左)
26) 皮底 〉 휘챵/신챵(신바닥)
皮底: 휘챵 · 신챵, 皆曰底。(駁稿11右)
27) 口帒 〉 쟈릇(자루)
口帒: 俗言 쟈릇。(駁稿11左)
28) 豌豆 〉 江南太(강낭콩)

25) '보라올'이 『李朝語辭典』에는 수록되어 있지 않는데 '骨朶'는 옛 병기의 일종으로
추정된다.

豌豆: 豆名, 俗謂江南太。(奏議4左)

29) 芝麻 〉 眞荏子(참깨)

芝麻: 本國俗言眞荏子。(奏議4左)

30) 歇家 〉 主人家(주인집)

歇家: 卽本國方言主人家也。(奏議8右)

31) 水斗 〉 드레(두레박)

皮水斗: 水斗, 鄕言 드레。此加皮字未詳。(奏議15左)

32) 禿袖襖 〉 호슈(여성복의 일종)

禿袖襖: 無袖衣, 猶本國 호슈, 亦女服也。(奏議17右)26)

33) 顙 〉 목쥴뒤(목줄띠)

食氣顙塌: 按通解。顙與嗓通, 鄕言 목쥴뒤。(比部1右)

34) 頂隔 〉 텬하방(천장판)27)

頂隔: 障子謂之, 隔在上故曰頂隔。本國所謂 텬하방。(比部1左)

35) 拐子 〉 고드래(고무래)

木拐子: 拐與掛通。掛子猶鄕言 고드래。(比部2右)

36) 麵觔 〉 졉(분식의 일종)

麵觔: 以小麥屑爲之, 猶本國所謂 졉。(比部2左)

37) 活 〉 셩녕(일)

做活: 活, 鄕言所謂 셩녕。(比部3右)

38) 却開 〉 베우다(베다)

却開: 猶鄕言 베우다。與駁稿支開同義。(比部4右)

39) 銀褐 〉 부희여흔 빗(부연 색)

銀褐馬: 銀褐, 부희여흔 빗。(比部4左)

40) 驚嚇 〉 저히다(놀라다)

驚嚇: 저히다。漢人常用之語也。(比部6右)28)

41) 過房 〉 收養(수양하다)

過房: 卽本國所謂收養也。(駁稿12右)

---

26) 호슈는 '鶴袖'의 음역으로 어깨걸이와 같은 소매 없는 여성복을 가리킨다.
27) '텬하방'은 '天花板'(천장판)의 음역으로 추정된다.
28) '저히다'에 대한 해석을 『李朝語辭典』에서는 '위협하다'라고 해석하였는데 본 輯覽
의 한어표제어 뜻으로는 '놀라다' 또는 '두려워하다'의 의미로 풀이되어야 할 것이다.

이상 예를 든 표제어에서 일부는 현재 도태되어 사용하지 않고 있으나 대부분은 현대한어에서도 그대로 사용되며 의미도 거의 같은 것으로 나타난다. 언해 부분에서는 '本國·國俗·鄕言·鄕談·鄕名·俗呼· 俗稱·俗言·方言' 등 다양한 용어를 사용하여 표시하였는바 언해의 대역어는 당시에 사용되던 국어 어휘를 고찰할 수 있는 귀중한 자료를 제공하고 있다.

4 맺음말

이상에서 고찰한 바와 같이 吏文은 본래 말 그대로 중국의 관청에서 사용하는 공문서를 지칭하는 말이었으나 우리나라에 전해지면서 다소 복잡한 양상을 지니게 되었다. 즉 韓吏文과 漢吏文은 그 유래를 같이 하고 있으나 실제 사용에서는 많은 차이가 있음을 알 수 있다. 韓吏文은 한문의 양식을 기본으로 하면서도 국어의 특징이 반영된 吏讀 형식을 섞어서 쓴 혼합체 형태임을 알 수 있다. 그런데 문헌에 나타난 吏文이 때로는 漢吏文과 같은 개념으로 혼용하고 있으므로 각별히 유의하여야 할 것이다.

漢吏文은 정통 한문의 성격을 지니면서도 나름대로 특징적인 것들을 찾아 볼 수 있다. 첫째는 일반 한문과 달리 시대성을 지닌 공문체의 특수한 樣式을 갖춘 것이다. 둘째는 吏文이 서면어(文言文)임에도 불구하고 근대한어에서 새롭게 나타난 어휘와 문법 형식을 대량으로 섞어서 사용하였음을 발견할 수 있다. 셋째는 현존 吏文 자료는 明代에 속하는 것이나 아직 몽고어의 영향을 받은 元代 漢語의 흔적이 적지 않게 남아 있음을 알 수 있다. 따라서 비록 정통 한문에 일정한 지식을 갖춘 자라도 이에 대한 별도의 습득이 없이는 吏文을 자유롭게 구사하거나 이해할 수 없는 것은 당연한 것이다. 이것이 또한 방대한 양의 吏文諸書輯覽을 편찬하게 된 주요 이유임을 짐작할 수 있다. 한편 漢吏文은 중국을 상대로 하여 거래한 외교문서 외에도 행정이나 법령 등 실무와 관련된 공문문체가 두루 포함됨을 알 수 있다. 吏文諸書輯覽에는 정통한문을 통한 해석 외에도 諺文을 이용한 注音과 해석 부분도 적지 않은 비중을 차지하고 있다. 따라서 현전하는 吏文 자료와 吏文諸書輯覽에 반영된 언어적 자료들은 漢語史 연구는 물론 국어 어휘사 연구에도 중요한 가치를 발휘하게 될 것이다.

※ 이 논문은 「吏文과 吏文諸書輯覽의 言語」라는 제목으로 〈中國言語研究〉(韓國中國言語學會) 第14輯(2002:193~222)에 실린 것을 수정한 것이다.

『吏學指南』의 언어

제 2 절

1 서론

元나라 때 편찬된 『吏學指南』은 일찍 우리나라에 전해져서 承文院에서 정한 吏文의 학습서로 사용되었고 또한 漢吏學의 取才書로도 널리 사용되었다.[1] 그러나 학계에서는 이 자료가 장기간 失傳된 것으로 인정되어 연구가 거의 이루어지지 않고 있는 상태이다. 필자가 살펴본 바에 의하면 선행 연구로는 이강로(1974)에서 서지학적 고찰을 하였고 林東錫(1983)에서 본서의 내용을 개략적으로 다룬 것이 전부이며, 최근에 이르러 鄭丞蕙(2001)와 鄭光 외(2002b)에서 다시 이 자료에 대한 관심을 가지게 된 것이 그나마 다행이라 할 수 있다.

본고에서는 現傳하는 『吏學指南』 朝鮮刊本을 중심으로 본 자료의 성격과 기본 내용을 살펴보고 본문에 반영된 어휘의 특징을 분석함으로써 언어학적 측면에서 이 자료를 고찰하고자 한다.

2 『吏學指南』의 간행과 제간본

『吏學指南』은 저자 徐元瑞의 自序에 의하면 元 大德 5年 良月(1301

---

1) 『世宗實錄』(卷47, 12年[1430] 庚戌 3月條)의 詳定所 啓文에 나오는 漢吏學과 譯學의 取才書, 그리고 『經國大典』(禮典, 獎勸條)에 기록된 당시 漢學書 관련 교재에 『吏學指南』이 등장한다.

년 10월)에 편찬된 것으로 알려진다. 저자는 중국 吳郡(현 江蘇省 蘇州市) 사람인 것 외에 자세한 인적사항이 전해지지 않고 있으나 아마도 胥吏 출신으로서 상당한 관직을 역임하였으며 또한 儒學的 소양을 지닌 사람 이었을 것으로 추정된다.(林東錫:1983;392)

『吏學指南』은 전칭이 『習吏幼學指南』으로 吏學에 관한 일종의 계몽서이다. 이 책은 元刊本이 중국에서 1929년까지 전해진 것으로 기록된다. 이 사실에 대하여는 지난 1988년 중국 대륙에서 출간된 교정본에서 楊訥(1988)의 기술을 인용하기로 한다.

> 此書元刊本一九二九年尙存, 傅增湘『藏園羣書經眼錄』卷七記: "『吏學指南』八卷, 題吳郡徐元瑞君祥纂, 元刊本, 十一行十九字, 注雙行二十四字, 黑口, 四周雙闌......己巳九月見于上海陳乃乾處, 索百二十元, 已收。"
> ─이 책의 元刊本은 1929년까지 전해졌다. 傅增湘[2]의 藏園羣書經眼錄 권 7의 기록에 의하면 "吏學指南 8권은 吳郡의 徐元瑞君이 편찬한 것이다. 元刊本으로 11행 19자이고 注는 쌍행으로 24자이며 黑口에 四周雙闌이다......己巳年 9月에 上海의 陳乃乾씨한테서 발견되었는데 120元을 요구한 것을 이미 구입하였다."라고 하였다─

『吏學指南』은 시기적으로 元代의 저작이지만 그 실용성으로 하여 明代에 이르러서도 여러 번 간행되었고 우리나라와 日本에서도 간행되었던 것으로 알려진다. 현재 전해지고 있는 『吏學指南』의 刊本 및 影印本을 정리하면 대체적으로 다음과 같다.(정승혜:2001)

　　1) 中國刊本(1): 北京圖書館 所藏 元刻本[3], 元 大德 5年(1301) 간행. 8卷

---

2) 傅增湘(1872~1979), 字는 叔和이고 號는 潤元이며 四川江安人이다. 淸 光緖 연간에 進士에 급제하였고 藏書家와 校勘家로 알려진 인물이다.
3) 이 刊本은 도서목록에 元刻本으로 되어 있는데 실지로 元代의 간본인지는 필자가

2冊. 6行 12字, 注雙行, 黑口, 四周雙邊.

2) 朝鮮刊本: 世祖 4年(1458) 慶州에서 木板으로 간행. 8卷 1冊(65張). 10
行 17字. 注雙行, 大黑口, 四周雙邊. 후쇄본이 서울대학교 奎章閣과 국
립중앙도서관에 소장됨.

3) 中國刊本(2): 明代의 刊本으로 錢唐 田汝成 撰의『居家必用事類全集』
(嘉靖39年:1560) '辛集卷之十五'에 수록.

4) 日本刊本(1): 中國刊本(2)인 明刊本을 日本 寬文13年(1673)에 京都의
千松栢堂에서 再刊.

5) 日本刊本(2): 1951년 日本의 東洋史硏究會에서 ③의 明刊本을 底本으
로 하고 ②의 朝鮮刊本를 참조하여 油印本으로 출간.

6) 臺灣刊本: 1969년 中華民國의 臺北 文海出版社에서 日本刊本(2)와 居
家必用本인 中國刊本(2)를 참조하여 교정본을 출간.

7) 日本刊本(3): 1979년에 ④의 千松栢堂 刊本를 日本 京都의 中文出版社
에서 영인본으로 再刊.

8) 中國刊本(3): 1988년 中國 浙江古籍出版社에서『元代史料叢刊』政書
類에 ⑥의 臺灣刊本을 底本으로 하고 日本刊本(1)인 千松栢堂本을 참
조하여 교정본을 출간.

현전하는 朝鮮刊本을 살펴보면 앞부분에 중국 雲夢縣 石抹允의 序
文이 있다. 跋文은 세조 4년(1458) 당시 慶州府의 府尹이었던 柳規와
판관 趙信孫의 명에 의하여 李云俊4)이 쓴 것인데 이를 통하여『吏學指
南』이 경주에서 목판으로 간행된 경위를 알 수 있다. 이 발문을 옮겨
보면 다음과 같다.

직접 확인하여 보지 못하였다. 다만 楊訥(1988)의 교정 설명에서 1929년의 기록에
傳增湘 소장의 元刊本이 전해졌다고 하나 1988년 교정본을 출간할 당시에는 찾아
볼 수 없어 日本과 臺灣에서 출간한 明刊本을 底本으로 하였다고 한 것으로 보아
北京圖書館 소장이 元刊本일 가능성이 적은 것으로 보이며 이에 대한 서지학적
고찰이 이루어져야 할 것이다.

4) 李云俊은『文科榜目』의 기록에 의하면 세종 11년(1429)의 己酉 進士試에 급제하
였고 성적은 23人 가운데 19人이며, 父는 希若, 祖父는 持, 曾祖父는 舒原이다.
興陽人으로 벼슬이 舍人(정4품)까지 올랐다.

夫指南之書所以有利於學者大矣。歷代法律之美古今名物之辨, 昭然可
考, 而況註解之精, 字原之詳, 尤爲名義之易知者乎。非獨此已, 上自虞舜
下至唐宋, 其間列國之士可爲吏師者與。夫慘刻之流無不具載, 其爲勸戒
深切, 實吏學之指南也。然此書晚出而板刊鮮少, 學者不無病焉, 豈非君
子之所可慮者。今府尹柳相國規, 簿領之暇出家藏寫本一部, 與參刺趙侯
信孫擬議俾鋟于梓, 不數月而告訖。

－대저 指南이라는 책은 배우는 자에게 유리함이 크다. 역대 법률의 아름다
움과 고금 명물의 분별을 밝게 상고할 수 있을 뿐 아니라 하물며 주해의
정미로움과 자원의 상세함이 더욱 名義를 알기 쉽게 함에 있어서랴. 비단
이뿐만 아니라 위로는 虞임금과 舜임금으로부터 아래로는 唐宋에 이르기까
지 그 사이에 있는 열국의 선비들도 吏師라 할 만하다. 대저 참혹하고 각박
한 부류도 갖추어 싣지 않은 것이 없어, 그 권계함이 매우 절실하니 진실로
이학의 지남이 된다 하겠다. 그러나 이 책이 늦게 나온 데다 간판이 매우
드물어 배우는 자가 병통으로 여기지 않는 이가 없었으니 어찌 군자의 염려
하는 바가 아니겠는가. 이제 府尹인 柳規가 업무를 보는 겨를에 집에 간직
하고 있던 사본 한 부를 내어 판관 趙信孫과 더불어 논의하여 새기게 하였으
니, 몇 달 지나지 않아서 마침을 고하였다－

이 책의 말미에는 刻手와 書寫者, 교정관 등의 이름이 새겨져 있는데
그 내용을 살펴보면 조선 경주판 『吏學指南』은 세조 4년(1458), 즉 戊寅
年 봄 正月에 당시 慶州府의 府尹이었던 柳規와 慶州府 判官 趙信孫
이 함께 발의하여 간판한 것이다. 그리고 柳規의 소장본을 저본으로 하
여 幼學 安富가 서사한 것을 僧侶인 義全 등 11인의 刻手가 판각하여
간행한 것임을 알 수 있다.

『吏學指南』은 元 大德 5年 良月(1301년 10월)에 편찬되었지만 그 정
확한 간행 년대는 알 수 없다. 다만 편찬 시기와 거의 같은 元나라 말기
에 간행된 것으로 보이며 총 8권으로 나뉘어져 있다. 北京圖書館 소장의
『吏學指南』은 체재가 四周雙邊, 6행 12자, 註雙行으로 되어있고, 편철

순서가 序文, 歷代吏師類錄, 吏學指南目錄, 本文으로 되어 있는데, 우리나라의 國立圖書館本과 奎章閣本은 10行 不同字, 註雙行으로 되어 있어 판본이 완전히 다르며, 편철도 序文, 吏學指南目錄, 歷代吏師類錄, 本文, 跋文의 순서로 바뀌었다. 따라서 조선 경주판『吏學指南』은 元版을 저본으로 한 覆刻本이 아님을 알 수 있다. 실제로『朝鮮王朝實錄』에는 이미 세종조 때 이 책을 간행한 사실이 있었음을 기록하고 있다. 즉,『吏學指南』에 관한『朝鮮王朝實錄』의 기사를 찾아보면 世宗조에 모두 3건이 발견되는데 그 가운데 世宗 5年 10月 庚戌條의 기사를 들어 보면 다음과 같다.

承文院啓請, 印『至正條格』十件、『吏學指南』十五件、『御製大誥』十五件, 命各印五十件。(『世宗實錄』世宗 5年 10月 庚戌條)
─승문원에서 계하여 청하기를 至正條格 10부와 吏學指南 15부, 그리고 御製大誥 15부를 인쇄하고자 청합니다'하니 명하기를 '각각 50부씩 인쇄하라'하다─

이상 기록을 보면 세종 5년(1423년)에 이미『吏學指南』이 50부가 간행되었음을 알 수 있다. 이 밖의 기사로는 세종 12년에 두 건이 있는데 3月 乙巳條에 義禁府에서 奇尙廉이란 자와 노비 萬月 등의 처벌 내용을 아뢰는 장면과 12月 丁卯條에서 刑曹가 주인의 이를 부러뜨린 종 同良의 참형을 건의하는 장면에서『吏學指南』의 예가 인용되었다.

이 밖에 각종 책판 목록에서도『吏學指南』이 등장하는데 명종 9년(1554년) 魚叔權이 편찬한『攷事撮要』에는 慶州에 소재한 책판 61종 가운데『吏學指南』의 이름이 보인다. 또한 숙종 26년(1700년)경 편찬한『古書冊板有處攷』의 慶州 소재 책판 51종 가운데, 그리고 영조 19년(1743년) 경에 편찬한『三南所藏冊版』목록에 수록된 경상감영의 경주 소재

14종 가운데도『吏學指南』이 등재되어 있다.

이상의 내용을 통하여 이 책이 중국 元代에 편찬된 것이지만 일찍 우리나라와 일본에 전해져서 널리 애용되었으며 우리나라와 일본에서 다시 간판되었고 특히 조선시대에 지속적으로 이용되었음을 알 수 있다.

한편 위에서 언급한 中國刊本(2)의『居家必用事類全集』(嘉靖 39年: 1560年)에 실린『吏學指南』을 살펴보면 그 순서가 다음과 같다. 맨 앞에 '習吏幼學指南序'가 있고, '吏師定律之圖'라 하여 국립도서관본과 규장 각본의 '歷代吏師類錄'에 해당되는 내용이 있으며, '吏稱'으로 시작되는 본문이 실려 있다. 본문의 내용에는 朝鮮刊本에 없는 항목이 다수 발견 되며 순서도 朝鮮刊本과 동일하지 않다. 또한 朝鮮刊本의 卷8에 해당되 는 내용이 여기에는 없다. 이를 통하여 朝鮮刊本은 元刊本을 수입한 후 판을 달리 하여 간행한 것이고, 中國刊本(2)은 元刊本에 수정을 가하 여 이루어진 것으로 明代의 刊本임을 알 수 있다. 따라서 현전하는『吏 學指南』의 朝鮮刊本은 그 체재가 중국의 刊本과는 조금 다른 양상을 보인다. 즉 元刊本은 石抹允의 序가 있고 이어서 '歷代吏師類錄'이 있 은 다음에 '吏學指南目錄'이 이어진다. 그리고 明刊本은 권수에 '習吏幼 學指南序'라는 제목의 저자 徐元瑞의 自序가 있고 이어서 元刊本의 '歷 代吏師類錄'에 해당하는 '吏師定律之圖'가 이어진다.

3 『吏學指南』의 취지와 내용

3.1 吏의 의미와 본서의 취지

'吏'에 대한 의미를 흔히는 '官吏'에 대한 통칭으로 이해할 수 있으나 『吏學指南』의 내용을 자세히 살펴보면 보다 좁은 의미로서 정식 관리

(正官)의 보좌관이나 비서관에 해당되는 '胥吏'를 지칭한 것으로 보인다. 그 근거로 본서 卷一의 첫 항목인 吏의 명칭(吏稱)에 대한 해석을 들어 보기로 한다.

　吏稱: 周曰府、史、胥、徒, 今謂吏、胥、掾、史。(卷一 1上)[5]
　-吏의 이름을 周 나라 때는 府·史·胥·徒라고 하였는데 지금은 吏·胥·掾·史라고 일컫는다-

　이상 언급된 명칭들은 모두 중앙 정부나 지방 정부의 正官을 보좌하던 관리들의 이름이다. 이들은 통례적으로 새로 부임된 정관이 임의로 채용하는 하급관리직으로 주로 공문서를 작성하거나 구체적인 실무를 담당하였다.
　따라서 본서에서는 吏稱의 구체적인 용례로 吏·胥·掾·史·廉吏·良吏·能吏·酷吏·貪吏·獄吏·淸白吏·刀筆吏 등을 들고 있다. 한편 본서의 저자인 徐元瑞는 그의 自序에서 '官'과 '吏'의 관계를 다음과 같이 설명하고 있다.

　居官必任吏, 否則政乖, 吏之於官, 實非小補。夫吏古之胥也, 史也, 上應天文, 曰土公之星, 下書史牒, 曰刀筆之吏。
　-官에 오르면 반드시 '吏'를 임용해야 하거니와, 그렇지 않으면 정사가 어그러지므로, 官에 있어서 吏는 실로 작은 도움이 아니다. 대저 吏는 옛날의 胥요 史이니 위로는 天文에 응하여 '土公之星'이라 하고, 아래로는 史牒을 써서 '刀筆之吏'라고 한다-

---

5) 『周禮』"天官冢宰"에 의하면 "宰夫之職, 掌治朝之法, 以正王及三公六卿大夫群吏之位, 掌其禁令......辨其八職: 一曰正、二曰師、三曰司、四曰旅、五曰府、六曰史、七曰胥、八曰徒。"라고 하였다.(『中國歷代官稱辭典』: 1999; 338)

이어 저자는 본서의 취지에 대하여 다음과 같이 밝히고 있다.

> 繇吏入官, 深合古法。凡居是職, 可不愛重, 但初學之士, 妙齡而入, 律書
> 要旨, 未暇師承, 巧詆之風, 薰染日著。夫讀律則法理通。知書則字義見,
> 致君澤民之學, 莫大乎此, 彫人欺事之習, 恐反陰功, 是以不揆荒唐。因摘
> 當今吏用之字及古法之名, 首冠以歷代吏師, 終繼于恕刻, 輒範類成一書
> 目, 曰習吏幼學指南。期在啓蒙, 不敢呈諸達者, 與我同志, 幸毋誚云。
> ─吏를 거쳐 官에 오르는 것은 옛 법에 잘 부합되는 일이니 무릇 이 직에
> 있는 자가 어찌 귀중하지 않으랴? 다만 처음으로 배우는 선비는 묘령에 吏직
> 에 들어와서 律書의 要旨를 스승에게 배울 기회가 없어 아첨과 비방의 풍속
> 에 물들어감이 날로 드러나게 되었다. 대저 律을 읽어야 법리가 통하고 書를
> 알아야 글 뜻이 보이니 임금에게 충성을 다하고 백성에게 은혜를 베푸는
> 학문으로 이보다 더 큰 것이 없도다. 사람에게 피해를 주고 사실을 기만하는
> 습관이 陰功에 어긋날까 두려우니 이로써 황당함을 헤아릴 수 없다. 그리하
> 여 지금의 吏들이 사용하는 문자와 옛 법의 명칭을 뽑고, 역대 吏師들의
> 이름을 맨 처음에 수록하였다. 드디어 판각을 하고 비슷한 것들을 모아 하나
> 의 서목을 이루었으니, '習吏幼學指南'이라 이름하였다. 본서가 기대하는
> 바는 계몽에 있으므로 통달한 이들에게는 감히 바치지 못할 것이니 나와
> 뜻을 같이 하는 분들은 아무쪼록 책망하지 말지어다─

이상 서문에 의하면 본서를 편찬할 당시에는 吏와 官이 분명히 구별되
며 본서는 주로 정식으로 任官되지 않은 吏들을 대상으로 한 入門書라
할 수 있을 것이다. 그런데 본서의 내용을 보면 法律과 刑法에 대한
내용이 주종을 이루고 있어 法官이나 刑吏들을 상대로 한 법률 관련
입문서가 아닌가 하는 느낌이 들기도 한다. 그러나 주로 엄한 형벌로
정사를 다스리던 봉건제도의 시대적 상황에 비추어 보면 당시의 吏들이
다루어야 할 내용들이 주로 이러한 내용이었음을 알 수 있다. 이에 대한
설명을 저자는 서문에서 다음과 같이 밝히고 있다.

嘗聞善爲政者, 必先於治, 欲治必明乎法, 明法然後審刑。 刑明而淸民自
服矣, 所以居官必任吏, 否則政乖, 吏之於官, 實非小補。

－ 일찍이 들은 바에 의하면 정사를 잘하는 자는 반드시 治民을 먼저 한다고
한다. 치민을 하려면 반드시 법에 밝아야 하고, 법에 밝아야 형벌을 자세하
게 파악할 수 있다. 형벌이 분명하고 맑아지면 백성들은 스스로 복종하게
될 것이다. 그러므로 官에 오르면 반드시 吏를 임용해야 하거니와, 그렇지
않으면 정사가 어그러지므로, 官에 있어서 吏는 진실로 작은 도움이 아니다－

이상 내용에 의하면 저자는 法律과 刑罰의 중요성을 지적하면서 아울
러 吏의 주요한 역할을 언급하였는데 이는 당시 吏가 담당한 업무(공문서
작성)가 주로 이러한 범위에 관련된 것임을 알 수 있다. 따라서 본서의
편찬 취지는 공문서 작성을 위한 어휘의 습득을 기본으로 하는 동시에
吏의 직책을 담당한 자들이 갖추어야 할 기본 자질과 실무 지식의 습득
을 위한 指針書였던 것으로 보인다. 한편 『吏學指南』이 우리나라에서
는 漢吏學의 取才書로 지정됨으로써 주로 중국의 공문 문체인 吏文 습
득을 위한 참고서로 사용된 것으로 짐작이 된다.

주지하다시피 蒙古族이 지배민족이었던 元代에는 고전적 교양을 존
중하는 옛 관습이 경시되는 반면 실무적 지식기능이 중시되었다. 따라서
전통교육을 받은 士의 仕途가 좁혀진 것과는 반대로 법률적 실무지식이
풍부한 胥吏가 우대되면서 이 직책은 특히 당시 배척받던 漢人들이 관
직에 등용되고 정치에 참여할 수 있는 중요한 통로가 되었다. 또한 다른
시대에는 胥吏 내지는 胥吏의 자식이 과거를 보아 정식 관리가 되는
길이 막혀 있었으나 元代에는 胥吏를 몇 년간 하면 정식 관리로 등용될
수도 있었다.(吉川:1953;39) 이것이 당시 吏文의 습득이 중요시되고 『吏
學指南』과 같은 학습서가 간행된 주요 원인이었을 것으로 추정된다.

본서의 성격과 사료적 가치에 관해서는 楊訥(1988)의 교정 설명에서

기술한 평가를 인용하기로 한다.

元代重吏, 由吏入官是當時的重要仕途。作者有鑑於此, 爲使"習吏"的人
掌握"律書要旨", 編成此書。編撰的方法是"摘當今吏用之字及古法之名",
一一予以詮釋, 使讀者一目了然。這些"字""名"的含義, 在相隔六百餘年
後的今天, 有相當一部分已不甚了了, 有的甚至大的辭書也未予確解。所
以這部書對於硏究元代的法律以及社會、政治、經濟、風俗各個方面,
都具有特殊的參考價值。

－元代에는 吏를 중히 여겼는바 吏를 거쳐 官에 임명되는 것은 당시의 중요
한 仕途였다. 저자는 이러한 상황에 비추어 吏에 입문하고자 하는 자들로
하여금 '律書의 要旨'를 습득하도록 하기 위하여 본서를 편찬하였다. 이 책
의 편찬 방법은 "當今의 吏들이 사용하는 어휘(字)와 옛 법의 용어(名)들을
뽑아서" 일일이 주석을 가함으로써 독자들로 하여금 일목요연하도록 하였
다. 이러한 '어휘'와 '용어'들은 600여 년이 지난 오늘날에 와서 상당한 부분
은 이미 그 뜻을 정확히 알 수 없게 되었으며 어떤 것들은 심지어 대사전에
서도 명확한 해석이 이루어지지 않고 있다. 그러므로 이 책은 원대의 법률과
사회·정치·경제·풍속 등 각 방면에 대한 연구에 있어서 특수한 참고적
가치를 지니고 있다－

3.2 본문의 내용

우리나라에서 전해지는 朝鮮刊本은 총 8권으로 이루어졌는데 앞뒤로
序文과 跋文이 있다. 서문에 이어 八卷의 總目錄이 있고 목록에 이어
古代에서부터 宋代에 이르기까지 歷代 吏師들의 명단이 나열되었다.
吏師 명단의 일부를 예로 들어보면 상징적인 인물로 天文二星인 上帝
執法官과 土公吏로부터 시작하여 有虞氏 시기의 형법 집행관인 士師
皐陶, 周나라의 太傅 周公旦·太保 召公奭·朝鮮候 箕子·太司寇 呂
候, 춘추전국 시대의 韓非·李悝·管仲, 秦나라의 李斯·商鞅, 西漢

의 董仲舒, 삼국시대의 諸葛亮 등 유명한 법 집행관과 法家의 대표 인물들을 나열하고 있다. 그중 시대적으로 인물들이 많이 나열된 시기는 兩漢 시기와 唐代, 그리고 元代와 가까운 宋金 시기이다.

吏師 명단에 이어 卷一부터 卷八의 본문이 시작된다. 그 내용들을 차례로 살펴보면 다음과 같다.

卷一의 내용

卷一에서는 관청에서 사용되는 행정 용어에 대한 해석이 주요 내용을 이룬다. 즉 관리의 명칭·관직의 품계·관직 명칭·관청 직원의 명칭·행정부서·행정 단위 등과 관련된 용어, 그리고 행정 용무와 관련된 용어에 대한 해석이다. 예를 들면 관리의 명칭(吏稱)에는 吏·胥·掾·史·廉吏·良吏·能吏·酷吏·貪吏·獄吏·淸白吏 등, 관직의 품계(官品)에는 勳·爵·職官·散官·大夫·郞·將軍·校尉 등, 관직의 명칭(官稱)에는 牧民官·字民官·親民官·守土官·捕盜官·巡捕官·命官·官品·正官·士官·長官·官長 등, 행정부서(六曹)에는 吏·戶·禮·兵·刑·工 등에 대한 해석을 하였다. 그리고 행정 용무와 관련된 것들로는 임관(除授)·봉록(廩給)·공과(功過)·정사(政事) 등에 관한 항목을 설정하여 그 뜻을 해석하였다. 이 밖에 卷一에서 주목되는 내용으로는 본서가 吏學의 지침서인 만큼 官吏로서 지켜야 할 덕목(行止)과 좌우명(戒石銘), 官吏가 구비해야 할 기본 자질(才能) 등을 자세히 기술하고 있다.

卷二의 내용

卷二에서는 공문서의 종류와 공문에 자주 사용되는 용어 및 관용구에 대한 해석이 주요 내용을 이룬다. 예를 들면 공문 형식(公式)인 箚付·

咨·符·關·指揮·牒·咨呈 등, 일반 문서(冊籍)인 案牘·卷宗·案
卷·公案·文卷·文案·簿·文冊·文書 등, 榜文과 증명서(榜據)의
종류로 鏤榜·板榜·手榜·曉示·告示·解由·憑由·文契·鈔
書·勘合·公憑 등, 상소장과 관련된 용어(狀詞)로 執狀·取狀·送
狀·告狀·單狀·到狀·招伏·准伏·承伏 등에 대한 해석을 하였
다. 공문서에 자주 사용되는 관용구에는 서두 용어(發端)로 上天眷命·
長生天氣力裏·大福蔭護助裏 등, 결말에 사용되는 용어(結句)로 照
詳·照驗·謹牒·主者施行·符到奉行 등에 대하여 해석하였다. 이
밖에 관청의 실무(署事), 궁중 예의(禮儀), 量刑에 있어서의 관용(詳恕),
救災 등과 관련된 용어들에 대하여 해석하였다.

卷三의 내용

　卷三에서는 주로 형법에 관한 용어들을 다루었다. 예를 들면 형법의
경중에 따른 유형(三典)으로 輕典·中典·重典 등, 죄목의 성격에 따른
유형(三罪)으로 公罪·私罪·臟罪 등, 사면 조건(三赦)으로 老耄·幼
疾·惷愚 등, 형벌의 성격에 따른 유형(五糾)으로 野刑·軍刑·鄕刑·
官刑·國刑 등, 특권계층에 대한 형법 적용(八議)으로 議親·議故·議
賢·議能·議功·議貴·議勤·議賓 등, 각종 법령(五科)인 律·令·
格·式·勅의 조목, 중범죄의 유형(十惡)으로 謀反·謀大逆·謀叛·
惡逆·不道·大不敬·不孝·不睦·不義·內亂 등, 그리고 流配罪
(五流)로 加役流·反逆緣坐流·不孝流·子孫過失流·會赦猶流 등
에 대한 해석을 하였다. 이 외에도 법률 문서에서 사용되는 특수 용어에
대한 해석을 하였다. 즉 八例(8개 용어), 較名(20개 용어), 字類(12개 용어)
등을 수록하여 풀이하였다.

卷四의 내용

卷四에서는 주로 각종 법례와 역대의 형벌 유형에 대한 해석을 하였다. 예를 들면 법례(法例)에서는 刑法・典刑・刑罰・三尺法・條例・斷例・令甲・大札・酌古準今・行事擧例・舞文弄法・刑統・金科玉 등, 형벌 조례(條貫)에는 墨罰之屬千・劓罰之屬千・剕罰之屬五百・宮罰之屬三百・大辟之屬二百 등, 역대의 형벌로는 黃帝之刑・舜刑・周刑・漢刑・魏刑・晉刑・梁刑・北薺刑・後周刑・隋唐金宋刑 등, 그리고 流配刑(四罪)으로는 流・放・竄・殛 등, 雜刑으로는 腐・三族・奴屬・撻・加杖・刑措 등에 대한 해석을 하였다. 이 외에도 자수와 회개(首過)에 관한 용어로 自首・出首・代首・不准首・悔過・改過・悛改・改正・叙復 등, 뇌물 죄(贓私)와 관련된 용어로 取受・彼此俱罪・取與不和・行求・賄賂・貨賄・贓汚・狼籍・請求・請託・奏裁・當免・除名・勒停・罷役・罷職 등에 대하여 해석하였다.

卷五의 내용

卷五에서는 肉刑의 유형과 감옥 명칭・형구・量刑의 법적 근거 등 다양한 용어들을 다루고 있다. 예를 들면 육형(肉刑)에는 殺・戮・凌遲・支解・醢・烹・誅・族誅・赤誅・誅夷・爰及五屬・具五刑・五虐・車裂・分屍・鑿顚・炮烙 등, 감옥 명칭(獄名)으로 獄・牢・禁・監房・夏臺・囹圄・圜土・虎穴・黃沙 등, 형구(獄具)로 桎梏・拲・杻・鐐・鉗釱・械繫・露車・檻車・枷・桁楊 등, 죄인을 다루는 방식(加刑)으로 三木・木人・五毒・反接・面縛・係縲・搒笞・拷掠・跪芒・痕痏・獄持 등을 나누어 해석하였다. 量刑의 법적 근거와 관련된 용어로 父子 관계(五父)・母子 관계(十母)・老幼와 疾病(老

幼疾病)・상복(服制)・상복기간(五服)・夭死(三殤)・인척 관계(親姻)・ 호적과 혼인 관계(戶婚) 등에 대하여 해석하였다. 그리고 소송에 대한 심사(聽訟)와 관련된 용어들에 대한 해석을 하였다.

卷六의 내용

卷六에서는 형사 소송과 심문 조사에 관한 용어, 신분 출신에 관한 용어, 그리고 관리의 직무태만, 납세 측정, 금지사항 등에 관한 용어들이 수록되어 있다. 예를 들면 소송(獄訟)과 관련된 용어로 雀角鼠牙・鬪毆・傷損・罵詈・爭競・詛詛・相侵・手足・他物・匿名・反坐・誣告・悖逆・詆觸・咆悖・元告・被告・犯人・罪人・干犯 등, 심문 조사(推鞫)에 관한 용어로 鞫問・推問・歸問・審問・錄問・詢問・廉問・案問・考問 등, 신분 출신(良賤孳産)에 관한 용어로 貴賤・良賤・人口・官監戶・雜戶・部曲・客女・倡優・店戶・佃客・媒保・隨身・童僕・驅口 등에 대한 해석을 하였다. 그리고 관리의 직무태만(句稽)・납세 측정(體量)・금지사항(禁制) 등에 관한 용어들을 수록하여 해석을 하였다.

卷七의 내용

卷七에서는 주로 도주와 체포 형식, 사기죄와 절도죄・납세・징세・부역 등에 관련된 용어들이 수록되어 있다. 예를 들면 도주와 체포 형식(捕亡)에 관련된 용어로는 應合殺捕・許人告捕・許人告發・逃亡・逃竄・走透・亡命・縱逸・撒放・拒捕・抗拒・擒緝・窟拏・追襲・掩捕・追討・招收・句攝・巡捕・巡捉・巡防・巡邏・拘執・得獲・得見・就喚・就句・衷私 등, 사기죄(詐妄)와 관련된 용어로는 詐欺・詐爲・詐傳・詐醫・詐陷・詐冒・詐乘・忘認・忘冒・忘

傳・忘說・忘擧・訛言・錯認・捏合・毀謗・誹謗・贋濫・行濫
등, 절도죄(賊盜)와 관련된 용어에는 賊寇・劇賊・草賊・夙賊・劫
盜・劫殺・劫攘・剽掠・抄掠・虜掠・燒劫・搶劫・掏摸・公取・
竊取・已成盜・未成盜・首從・同火・同案・同黨・加功・停藏・
窩藏・姦宄・不軌・誘畧・迫脅・脅從 등으로 나누어 해석하였다.
이 밖에 세금징수(錢糧造作)・부역(徵斂差發)・상납(諸納) 및 기타 부류
(雜類)에 속하는 용어들을 수록하여 해석하였다.

卷八의 내용

卷八에는 주로 형집행관들을 훈계하는 箴文과 관리의 부정을 경계하
는 훈계문, 그리고 관리가 지녀야 할 품덕과 모범 사례, 혹리의 말로를
보여 주는 사례 등을 수록하였다. 예를 들면 잠문(諸箴)에는 提刑箴(元),
司臬箴(宋江西提刑潘時作), 獄官箴(唐張說作) 등이 있고, 관리에 대한 훈
계문(諸說)에는 獄訟說(宋李之彦作), 瘴說 등이 있다. 관리의 품덕과 모
범 사례를 보여 주는 것으로는 吏員三尚(容齋徐參政作), 律己, 仁恕 등
이 있다. 그리고 혹리의 사례를 보여 주는 것으로 慘刻, 五伯馬進傳(宋
王禹偁作) 등이 있다.

이상 내용들을 요약하면 크게 세 부류로 나뉜다. 첫째는 공문서에 사
용하는 行政用語에 대한 해석이고, 둘째는 法律用語에 대한 해석이다.
그리고 셋째는 관리들의 行動指針에 관한 내용으로서, 관리들이 지켜야
할 덕목과 기본 자질, 모범 관리들의 사례, 그리고 법 집행관들에 대한
경계문과 酷吏들의 비참한 末路 등 다양한 내용들이 수록되어 있다.

4 本文의 언어적 특징

4.1 『老朴集覽』 언어와의 관계

『老朴集覽』은 최세진이 『老乞大』와 『朴通事』의 수정본(明代漢語本)에 대한 언해를 하면서 原刊本으로 추정되는 舊本(元代漢語本)을 참조하여 난해한 어휘를 풀이한 어휘해석집이다. 이 책에서 저자는 『吏學指南』의 어휘해석을 자주 인용하였으며 또한 일부 어휘들은 吏文(吏語)의 용례를 들어 해석하였다. 그 예를 들어 보기로 한다.

(1) 保

保, 恃也。 保你 너 믿노라。 難保 믿디 어렵다。『吏學指南』相託信任曰保, 又保擧也。 (「單字解」 2左)
－保: '믿다'이다. '保你'는 '너를 믿는다'이다. '難保'는 '믿기 어렵다'이다. 吏學指南에서는 '신용하다', 또는 '신임하다'를 '保'라 하였다. 또한 '保擧(보증하여 추천하다)라고 한다－

'保'에 대하여 『吏學指南』(卷6, 4左)에서는 '良賤孳産' 부분의 '媒保'조에 "謀合成婚曰媒, 相託信任曰保。"라고 한 내용을 찾아볼 수 있다. 「朴諺」에서 '保'는 현대어와 같이 '保證'을 의미한 것으로 보이는데 이와 관련된 어휘로 '代保人', '同保人' 등이 있다. 「朴諺」(上53左)에는 돈을 빌리고 증서를 쓸 때에 보증인으로 '代保人'과 '同保人'을 세우고 借用證을 작성하는 예문을 찾아 볼 수 있다. 이 예에 의하면 당시에도 금전을 차용할 때에 借錢人이 있고 이를 보증하는 代保人과 同保人이 있어야 하는데 이것은 오늘날의 保證人 제도와 다름이 없음을 알 수 있다.

(2) 盤問

盤問,『吏學指南』云: 再三窮詰也。(「老集」上2左)
－盤問: 吏學指南에 이르길 "재삼 따져 묻는 것"이라 하였다－

『吏學指南』(卷6, 4앞)에서는 '推鞫' 부분의 '盤問'條에 "盤問謂再三窮詰也。"라 하여 같은 내용이 게재되었다. 그리고 『老乞大諺解』((이하「老諺」))에서는 '盤問'이 다음과 같이 사용되었다.

驗了文引, 仔細的盤問了, 纔放過來。(「老諺」上46右)
－글월 보고 ᄌᆞ셰히 盤問ᄒᆞ고야 ᄀᆞ 노하 보내ᄂᆞ니－

이 예를 보면 '盤問'은 사람에 대하여, 또는 일에 대하여 '審問하다'는 뜻으로 사용되었음을 알 수 있다.

(3) 外路

外路,『吏學指南』云: 宋分各道爲十八路, 元以大郡爲之。今分爲十三布政使司。(「老集」下2右)
－外路: 吏學指南에 이르길 "宋나라에서 各 道를 十八路로 나누었는데 元나라에서는 大郡이 그것을 대신하였다"라고 하였다. 현재는 13개 布政使司로 나누었다－

『吏學指南』(卷1, 2左)에서는 '郡邑' 부분의 '路'條에 "字宝曰通行之道曰路, 宋分各道爲十八路, 今以大郡爲之。"라 하여 『老朴集覽』의 출처를 확인할 수 있다.

'路'는 宋・金・元 시기에 설치한 지방 행정 단위의 명칭이다. 宋代에는 처음에 唐代의 道制를 모방하여 전국의 행정 구역을 二十一路로 설치하였다가 후에는 十五路·十八路·二十三路 등 변화된 양상을 보인다. 이것이 元代에 이르러는 지방정부에 路總管府가 설치되면서 그 급이 격하되어 중앙의 각 省에 소속되었고, 明代에 이르러는 이 제도가 폐지되었다. 이상 예문에서는 宋代 때 행정 단위를 지칭하던 이 용어가 元代에 와서 그 내용이 달라진 것을 반영하고 있다. 그리고 「老諺」(下26左)에서는 '外路'를 '외방'으로 번역하였는데 여기에서 '外路'는 전술한 18路에 속하지 않는 邊方을 말하고 있음을 알 수 있다.

(4) 勘合

勘合,『吏學指南』云: 勘合, 卽古之符契也。質問云: 官府設簿冊二扇, 凡事用印鈐記, 上寫外字幾號、發行去者曰外號; 上寫內字幾號、留在官府者曰內號。(「朴集」上1左)
－勘合: 吏學指南에 의하면 古代의 '符契'이다. 質問에 의하면 관청에는 簿冊 두 짝을 설치해 두고 모든 일에 도장(鈐記)6)을 찍어 사용하도록 하였다. 위에 '外'자와 번호를 쓰고 가는 자에게 발행하는 것은 '外號'라 하고 위에 '內'자와 번호가 적고 관청에 남겨 두는 것은 '內號'라고 한다－

『吏學指南』(卷2, 3右)에서는 '牓據' 부분의 '勘合'條에 "勘合, 卽古之符契也。"라는 구절이 있다. 이 용어는『元語言詞典』(1998:150)에 수록되었는데 이 사전에서는 그 용례를『吏學指南』과『通制條格』에서 들고 있다.『通制條格』(卷14)에서는 '倉庫' 부분의 '關防'條에 "(전략)諸支納錢糧一切官物, 勘合已到倉庫, 應納者經拾日不納, 應支者經壹月不支, 并須申報元發勘合官司, 隨卽理會。其物已到倉庫, 未得勘合者, 亦如之。"라는 규약이 있어 '勘合'의 사용을 규정하였음을 알 수 있다.

---

6) '鈐記'는 관청에서 하급관리가 사용하는 도장이다.

따라서 이 용어는 元代 때부터 사용되기 시작한 것으로서 관청에서 발급한 증명서나 계약서의 원본과 부본을 대조하여 틀림없이 없음을 확인하는 것을 말하는 것으로 보인다. 이 어휘는 「朴諺」(上3左)에서 설정 인물들이 光祿寺에 술을 얻으러 갈 때 勘合을 사용한 예를 찾아 볼 수 있다. 이 예문에서 "寫勘合就使印信與我來"라고 한 것을 보면 '勘合'은 음식을 지급하라는 禮部의 문서이며 이를 光祿寺에 갖고 가서 술을 얻어온 것임을 알 수 있다.

(5) 發落

發落, 『吏學指南』云: 明白散附也。(「朴集」上10左)
－發落: 吏學指南에 이르길 "명백히 처리하다"이다－

『吏學指南』(卷6, 6右)에서는 '體量' 부분의 '發落'條에 "發落, 謂明白散附也。"라는 내용이 실려 있다. 이 어휘는 「朴諺」(上33左)에서 남의 여자를 탐한 음란한 和尙을 처벌하는 장면에 나오는데 "你布施人家齋飯錢 無處發落 到處裏養老婆 네 人家에 보시혼 齋飯錢을 發落혼 곳이 업고 간 곳마다 겨집을 어르니"라고 사용되었다. 이 구절이 「朴新諺」(一36左)에서는 "想是你平日布施人家齋飯錢 無處出脫 要養老婆取樂了 싱각건대 네 平日에 布施혼 人家齋飯錢을 지쳐홀 곳이 업서 계집쳐 즐기려 ㅎ니"라고 수정되었는 여기의 '出脫'은 '처치하다'(지쳐하다)의 의미이다. 그리고 「朴諺」(中59右)에서는 관공서에서 뇌물을 받은 관인들이 고소장을 처리하지 않고 질질 끌고 있음을 한탄하는 대목에 사용되었다. 즉 "內中一兩箇官人 受他錢財當住 還不肯發落 그듕에 흔두 官人이 뎌의 錢財를 밧고 머믈워 당시롱 즐겨 發落디 아니 ㅎ고"라고 하였다.

이상 예문들에서 '發落'은 '처리하다' 또는 '처치하다'의 의미로 사용되어 『吏學指南』의 해석과 일치한 것으로 보인다.

(6) 甘結

甘結,『吏學指南』云: 所願曰甘, 合從曰結。今按, 如保擧人材者, 必寫稱
所擧之人並無喪過及干娼優子嗣, 委的賢能, 如虛甘伏重罪, 云云。擧此
爲辭, 以成文狀, 與彼收執, 或呈報上司, 以憑後考, 謂之不致扶, 同重甘結
狀。(「朴集」中2右)
－甘結: 吏學指南에 이르기를 "소원하는 것을 '甘'이라 하고 굳게 맹세하여
서로 응하는 것을 '結'이라 한다."라고 하였다. 지금 생각하건대 만약 인재를
보증하여 추천하는 경우에 반드시 추천받는 사람이 喪過가 없고 娼妓나
광대의 후예가 아니며 실지로 賢能하다는 것과 만일 허위 사실이 있다면
달갑게 重罪를 받겠다는 등의 내용을 기입하여야 한다. 이것을 문서로 작성
하여 상대자에게 증빙서류로 주거나 上司에 보고하여 사후에 조사할 수 있
는 근거로 삼도록 하는데 이것을 '不致扶'라고 한다. '重甘結狀'과 같은 것이
다－

『吏學指南』(卷2, 3右)에서는 '狀詞' 부분의 '甘結'條에 "甘結, 所願曰
甘, 合從曰結, 謂心肯也。"라는 설명이 있다. 따라서 이 용어는 인재를
등용할 때에 추천한 사람이 상사에게 제출하는 保證書의 의미로 사용된
것으로 보인다. 실제로 「朴諺」(中9右)에서 '甘結'을 사용한 예문을 보면,
외국으로 가는 使臣이 驛站의 牌子令史[7]로부터 甘結의 발부를 요청하
여 허가를 얻는 것인데, 相公(사신을 가리킴)들이 驛站에 머물면서 아무
런 비리가 없으므로 이를 발부한다는 내용이다. 이로 보면 '甘結'은 '관청
에 제출하는 보증서나 서약서'라는 뜻과 함께 '관청에서 발부하는 증명서'

---

7) 중국의 馬驛에서는 말을 관리하거나 나귀를 관리하는 사람을 구별하여 전자를 '馬
牌'라고 하고 후자를 '驢牌'라고 하였는데 '牌子令史'는 이들을 총칭하는 말이다.
「朴諺」(中8左 10~11행)의 협주 참조.

라는 뜻으로도 사용되었음을 알 수 있다.

(7) 解由

解由, 『吏學指南』云: 考滿職除曰解, 歷其殿最曰由。 質問云: 是儅差的官
人三年一替換, 滿日討了文書回家, 其文書, 方言謂之解由。(「朴集」中8
右)
－解由: 吏學指南에 이르기를 "관직이 만료되어 해제되는 것을 '解'라 하고
그 功過(殿最)의 경력을 '由'라고 한다"라고 하였다. 質問에 이르기를 "부임
된 官人은 3年에 한 번씩 교체된다. 임기가 만료되면 文書를 받고 집으로
돌아가는데 그 文書를 方言으로 '解由'라고 한다."라고 하였다－

『吏學指南』(卷2, 4右)에서는 '牓據' 부분의 '解由'條에 "解由, 考滿職
除曰解, 歷其殿最曰由。"라는 내용이 실려 있다. '解由'가 「朴諺」(中45
左)에 사용된 예문을 보면, 임기 만료로 그 직을 떠나는 관원이 후임자에
게 자신이 관장하던 물품이나 비품을 인수인계하고 그가 부임 중에 이상
이 없음을 증명하는 것으로 오늘날의 인수인계서에 해당되는 것임을 알
수 있다.

(8) 關節

打關節, 『吏學指南』云: 下之所以通款曲於上者曰關節, 又造請權要謂之
關節。 漢曰關說。 宋包拯剛直好駁, 時人語曰: 關節不到, 有閻羅包老。
如本國俗語 쇼쳥ᄒ다。(「朴集」中9右)
－打關節: 吏學指南에 이르기를 "아래에서 내통하여 위에 왜곡되게 보고하
는 것을 '關節'이라 한다. 또는 권세 있는 자에게 청탁하는 것을 '關節'이라
한다. 漢나라 때는 '關說'이라 하였다."라고 하였다. 宋代의 包拯은 剛直하
고 탄핵을 엄하게 하였으므로 당시 사람들이 '閻羅 包老가 있는 곳에는 비리
가 통하지 않는다'라고 하였다. 즉 本國의 俗語로 '소청하다'와 같은 말이다－

『吏學指南』(卷4, 1左)에서는 '臟私' 부분의 '關節'條에 "漫錄曰: 下之所以通款曲於上者曰關節, 又唐摭言云: 造請權要謂之關節. 漢曰關說。"라는 설명이 있다. 실제로 「朴諺」에서는 '關節'을 '所請'으로 풀이하고 뇌물로서 불합리한 소청을 하는 것, 즉 청탁을 '關節'의 뜻으로 보았다. 그에 관하여 「朴諺」(中59右)의 '發落'條에 사용된 예문을 보면, 관청에 고소한 민원인이 거의 처결되었던 일을 상대방의 뇌물을 받은 한두 명의 관원에 의하여 해결이 안 되고 있음을 하소연하고 있다. 특히 "那冤家們打關節時, 內中一兩箇官人, 受他錢財當住, 還不肯發落。"이라 하여 '關節'을 '소청'으로 풀이하였고 상대방으로부터 '關節', 즉 청탁을 받은 한두 명의 관원이 돈을 받고 일부러 자신의 고소를 처결하지 않는 것을 원망하고 있다.

(9) 仵作

仵作,『吏學指南』云: 中人也。件者, 偶也。作者, 任事也。爾雅曰: 偶者, 合也。陰陽相合則成偶, 謂得中也。仵字從人從午, 萬物至午則中正。又仵位屬火, 破諸幽暗, 所以仵作名中人也。(「朴集」下9右)
－仵作: 吏學指南에서 이르기를 "'中人'이다. '件'는 짝이라는 뜻이고 '作'은 일을 맡는다는 뜻이다. 爾雅에 이르기를 '偶'는 '합하다'이다. 陰陽이 서로 합하면 '偶'가 되므로 '得中'(적당함)을 의미한다. '仵'자는 '人'자와 '午'자로 이루어지는데 萬物이 午時에 이르면 '中正'이 된다. 또는 午位는 (五行의) '火'에 속하므로 모든 암흑을 물리친다. 그러므로 '仵作'을 '中人'이라 칭한다."라고 하였다－

『吏學指南』(卷6, 3右)에서는 '獄訟' 부분의 '仵作'條에 이에 해당되는 해설이 있다. 이 말은 元代의 葬儀 용어로서 일명 '仵作行人'이라고도 하며 官府에서 인명사건과 관련된 檢屍를 담당하는 檢屍官이나 殯葬을

업으로 하는 사람을 지칭하던 용어이다.(『元語言詞典』:1998;340) 宋代 때
부터 이 직책을 설치하였는데 淸末에 이르러서는 이름을 바꾸어 '檢驗
吏'라고 하였다. 아마도 이 관직은 葬儀社의 역할도 함께 한 것으로 보인
다. 그리고 실제로 「朴諺」(下42左)에서 사용된 예문을 보면 '作作'은 장
례를 전담하는 사람으로 보이며 그의 집에서 여러 장례 기구를 빌려왔음
을 알 수 있다.

(10) 狀子

> 狀子, 猶本國所志.『吏學指南』云: 狀, 貌也. 以貌寫情於紙墨也. 亦曰告
> 狀, 謂述其情告訴於上也。(「朴集」下12右)
> ‒ 狀子: 우리나라의 '所志'와 같은 것이다. 吏學指南에 이르기를 "'狀'은
> '貌'(서식)로서 사정을 紙墨으로 적는 것이다"라고 하였다. 또는 '告狀'(고소
> 하다)이라고도 하는데 자신의 사정을 상소하는 것이다‒

『吏學指南』(卷2, 3右)에서는 '狀詞' 부분의 '狀條에 "演義曰: 皃也, 以
皃寫情於紙墨也。"라 하여『老朴集覽』의 해설과 같은 설명이 보인다.
「朴諺」에서는 '狀'이 '告狀'(中59右)·'竊盜狀'(下51左)·'具狀'(下54左) 등
으로 사용되었다. 그 가운데 '告狀'의 예문을 보면 '狀'은 지금의 상소문
에 해당되는 것으로 자신의 억울하거나 피해를 본 사정을 글로 써서 관
청에 고소하는 문서임을 알 수 있다.
『老朴集覽』에는 이 외에도 吏語의 용례를 제시하고 해석한 예문도
적지 않게 발견된다. 그 예를 몇 개만 더 들어 보기로 한다.

1) 等, 候待也。等他, 等着 기들우다。又等子 저울。又吏語用此爲等輩
   之意。(「單字解」1右)
2) 安, 安鍋兒 가마 거다。又安下 사ᄅ미 자리 븓다。又吏語, 安揷 사ᄅ믈

안접ㅎ게 ㅎ다. (「單字解」 1左)

3) 另, 音零, 去聲。別也, 零也。另的 ᄯᅳᆫ 것。吏語, 另行 각벼리 ᄒᆞ다. (「單字解」 2左)

4) 的, 指物之辭。你的 네 것, 好的 됴흔 것……吏語, 的確、的當、虛的、委的。(「單字解」 3左)

4.2 元代 漢語의 성분

본서에 수록된 公文書 용어는 대부분 전통적으로 사용되어 오던 것들이고 법률 용어는 거의 다 元 이전 시기의 法典에 근거한 것들이며 해석문은 전형적인 文言文 형태로 이루어져 있다. 그러나 자세히 살펴보면 元代의 시대적 특징을 반영하고 있는 용어들도 적지 않게 발견할 수 있는데 그 예들을 들어 보기로 한다.

(1) 站驛

府號條:
站驛, 安也。舡馬車轎之所曰站。使客傳舍曰驛。(卷一, 3左)

'站'은 몽고어 '站赤'[ǰamči]에서 유래된 것으로서 공무로 지방에 출장하는 관리들이 쉬어가던 곳을 지칭하는 말이다. 이에 대한 자세한 해석은 『元史』(卷101, 兵志 站赤條)와 『元朝秘史』(第二七九節)에서 찾아 볼 수 있다.(본서 제2장 제1절 참조)

(2) 斡魯朶裏

發端條:
斡魯朶裏, 車駕行在之所, 金帳之內也。(卷2, 2左)

이 용어는 卷二의 '發端'條에 나오는 것으로서 공문서의 서두 부분에 사용되던 용어이다. 이상 예문에서는 "車駕行이 머무는 곳, 金帳 안"이라 해석하였는데 이것은 곧 皇宮을 의미하는 것으로서 皇帝를 상징하는 것으로 보인다. 따라서 이 용어가 공문의 발단에 사용되는 것은 임금에게 올리는 글에 사용된 것으로 추정된다. 이 용어는 蒙古語에서 유래된 것으로 추정되는데 기타 문헌 자료에서 그 근거를 살펴보면 다음과 같다.

宮, 斡耳朶－格兒[ordu－ger](『華夷譯語』 宮室門條)
宮, 斡兒都(『韃靼譯語』 宮室門條)
宮, 我兒都(『薊門防御考』 宮條)

이상 예문에 의하면 '斡魯朶'가 宮殿을 가리키고 있음이 분명하다. 이에 대하여 方齡貴(1991:24)의 '窩脫'條에서도 "몽고어에서 '宮帳'을 '斡耳朶'[ordo]라고 한다. 契丹語와 女眞語에서도 이와 동일하다"라고 해석하였다. 이 용어는 원대의 공문서 서두에서 '皇帝陛下께'의 의미로 사용된 것임을 짐작할 수 있다.

(3) 撒花

准: 止准其罪謂之准, 凡稱准者止同以贓計錢爲罪, 假如官吏毋得指克敵爲名, 取要一切撒花拜見禮物, 如違並准贓論, 故曰止准。其贓定罪不在除名陪贓之例。(卷3, 3右)

'撒花'는 본서에서 八例 부분의 '准'條에 대한 해석에 나온다. 이 용어는 '掃花' 또는 '撒和'라고도 표현되는데 方齡貴(1991:30~33)에서는 이것을 몽고어 [sauγat](禮物)의 차용어로 추정하고 있다. 元代의 기타 문헌들에 의하면 '撒花'는 元代 漢語 '선물' 또는 '공납물'의 의미로 사용된 것임

을 알 수 있다.(본서 제2장 제1절 참조)

(4) 達魯花赤

字類條:

如, 義明於後謂之如。凡稱如者, 謂前意雖擧而取結其事於後也。假如投
下幷諸色戶計, 遇有刑名詞訟, 從本處達魯花赤管民(官)約會, 本管官斷
遣, 如約會不至就便斷遣是也。(卷3, 5右)

'達魯花赤'는 본서에서 字類 부분의 '如'條에 대한 해석에 나온다. 이
용어는 元代 때 지방의 각 路·府·州·縣 등에 설치한 관직 명칭으로
주로 몽고족과 일부 색목인들이 이 관직을 담당하였는데 漢人 및 기타
민족을 지배하는 감독관 역할을 하였다. 어원을 보면 몽고어 '[darughachi]'
(다루가치)에서 유래된 것으로서 본래는 '두목' 또는 '진압자'의 의미로 사
용되었다.

(5) 扎撒

法例條: 大扎撒, 謂依條例法度也。(卷3, 2左)

'扎撒'은 '札撒'이라고도 하는데 몽고어 [yasa]의 음역으로 '號令' 또는
'법에 따라 처분하다'의 의미이다.(吳海航:2000;61) 본서에서는 후자의 의
미로 해석한 것으로 보인다.

한편『大札撒』은 蒙古國이 칭기스칸 때 제정한 초기 법률서의 명칭
이기도 하다. 徐祥民 외(2000;198)에 의하면 몽고 건국 초기인 "1219년에
칭기스칸은 회의를 소집하여 訓言·札撒과 전래의 體例 등을 새로이
확정하였으며 이것들을 책으로 편찬하여 이름을『大札撒』이라 하도록

명하였다."고 한다. 方齡貴(1991:333)에서도 '大札撒'에 대한 분석을 다음 과 같이 하였다.

扎撒條: 所謂'大札撒', 卽蒙語[yeke ǰasaq], 應指成吉思汗糾正的法典, 可惜 沒有完整地流傳下來.

본서에서는 모두 元 이전 시기의 법률을 다루고 있으므로 이 용어가 법전의 명칭으로 사용된 용례는 발견되지 않는다.

(6) 軀口

軀口: 謂被俘獲軀使之人。古者以罪沒爲奴婢, 故有官私奴婢之分……刑 統賦釋曰: 稱人不及於奴婢, 其所生子女謂曰家生軀口。若軀口自買到軀 口, 謂之重口, 盖此流亦同財産。(卷6, 4左)

이 용어는 '駈口'・'驅口'・또는 '驅戶'로도 표기된다. 宋元 시기에 金 軍과 元軍이 전쟁에서 생포한 漢人 포로들을 노예로 삼았는데 이 용어 는 바로 漢人 노예를 지칭하던 말이다. 元代 때는 백성을 蒙古人・色目 人・漢人・南人 등 4 등급으로 나누어 차별 정책을 실시하였는데 법적 으로 민족을 차별시하였음을 보여 주는 『輟耕錄』의 기록을 들어 보기로 한다.

今蒙古色目人之臧獲, 男曰奴, 女曰婢, 總曰驅口……刑律, 私宰牛馬杖一 百, 毆死驅口, 比常人減死一等, 杖一百七。所以視奴婢與馬牛無異。 (『輟耕錄』 卷17, 250 奴婢條)
─ 현재 蒙古人과 色目人의 포로를 남자는 '奴'라 하고 여자는 '婢'라 하며 통칭 '驅口'라고 한다……刑律에 의하면 사사로이 牛馬를 도축하면 杖刑

100대에 처하고 驅口를 打殺하면 일반인을 죽인 것보다 한 등 낮추어 杖刑 107대에 처한다. 그러므로 奴婢를 牛馬와 별반 없이 다루고 있다—

이상 기록에 의하면 元代의 형법에는 漢人 노예인 驅口를 마소나 다름이 없이 다루었음을 알 수 있다. 시대적 특징을 띤 이 용어는 『老乞大』의 元代漢語本에서도 사용되었는데 그 후의 明代漢語本을 비롯한 기타 수정본에서는 모두 삭제된 것으로 나타난다.

(7) 斡脫

斡脫: 謂轉運官錢散本求利之名也。(卷7, 4右)

이상 해석에 의하면 '斡脫'은 "관가의 돈을 운영하여 이자를 얻는 것"을 의미하고 있다. 이 용어에 대하여 方齡貴(1991:25~27)의 '窩脫條'에서는 元代 때 일종의 官商을 '斡脫'이라 하였는데 突厥語에서 유래된 것이며 '窩脫'과 '斡脫'은 같은 용어라고 하였다. 그리고 伯希和의 고증에 의하면 '斡脫'은 [ortaq]의 주음 형태라고 하였다.

'斡脫'은 元代 때 일종의 官商을 지칭하는 용어인데 대체로 回回人들이 이 업종에 종사하였다. 당시 元朝의 조정과 몽고 황실 및 귀족들은 흔히 자본을 回回人 상인들에게 맡겨서 경영하였고, 주로 銀錢 高利貸 형식으로 이득을 챙겼는데 이런 고리대 銀錢을 '斡脫錢'・'斡脫官錢', 또는 '斡脫銀'이라고 칭하였다. 현대몽고어의 [orusil](수입, 이윤)는 이것의 변화형으로 추정된다.(鄭光 외:2002a;86)

4.3 법률 용어의 특징

元代의 法制史를 살펴보면 1206년 大蒙古國이 정식으로 건립되기 전까지 몽고인들은 주로 '約孫'(yusun)이라는 일종의 '관습'을 법으로 삼았다. 한편『史集』[8])에 의하면 칭기스칸은 건국 전인 1202년부터 일종의 법령인 '札撒'을 제정하기 시작하였고 1219년에는 이것을 전래의 訓言 등과 통합하여『大札撒』[yeke jasaq]이라는 법률서를 출간하였다. 이것은 사유제와 봉건귀족의 이익을 수호하고 父權과 夫權을 인정하며 몽고족의 민족 습관을 반영하는 가장 초기의 법률서이다.

元 건립 이후인 至元 28년(1291)에 이르러 漢族 관리들이 제안한 '尊用漢法'·'附會漢法'의 건의를 받아들여 唐宋의 법제를 토대로 하고 몽고의 관습을 반영한 法典인『至元新格』을 반포하였다. 그 후 世祖와 成宗에 걸쳐『唐律疏議』와 같은 律典을 편찬하려고 노력하였으나 그 뜻을 이루지 못하고 英宗 至治 3年(1323)에 이르러『大元通制』를 완성하기에 이른다.(徐祥民 외:2000;197) 大德 7年(1303)에 이르러『唐六典』을 모방한『元典章』을 반포하기 시작하는데 총 60卷에 달하는 이 典章에는 中統 元年(1260)에서부터 至治 2年(1322)에 이르는 약 60년간에 반포된 각종 법령들이 수록되었다. 그리고 元代 말기인 至正 5年(1345)에 이르러 法典인『至正條格』을 편찬하였다.(吳海航:2000;15)

『吏學指南』은 元 大德 5年(1301)에 편찬된 것이므로 이상에서 언급된 元代의 법전 중『大元通制』이전의 내용이 반영될 것으로 보이지만 사실 본서에서는 그 이전 시기의 법전인『大札撒』이나『至元條格』의 서

---

8) 『史集』은 페르시아 사학자인 拉施特(1247~1318: Rashid al—din allah)가 편찬한 역사서이다. 원서(*Jami al—Tawarikh*)는 페르시아어로 되었는데 여기서는 러시아어 번역본에 근거한 周建奇의 中譯本(1983, 北京商務印書官)을 참조한 것이다.(吳海航:2000;20)

명이 전혀 등장하지 않고 있다.

본서에는 元 이전 시기의 문헌들이 무려 100여 종이나 인용되었는데 그중 자주 등장하는 것들을 들어 보면 대체로 다음과 같다.

1) 說文(東漢), 2) 字宝, 3) 周禮, 4) 藝文志(漢), 5) 兩京記(唐), 6) 文選注 (唐), 7) 爾雅, 8) 蘇氏演義(唐), 9) 釋名(東漢), 10) 左傳, 11) 韻注, 12) 禮記, 13) 白虎通(東漢), 14) 孟子, 15) 漢書音義, 16) 通典(唐), 17) 高僧傳, 18) 琅書經, 19) 黃帝內傳, 20) 昇玄經, 21) 通鑑注, 22) 通鑑注, 23) 史記, 24) 左傳, 25) 漢志, 26) 廣州記, 27) 大雅, 28) 曲禮, 29) 刑法志(唐), 30) 商書注, 31) 漢律, 32) 刑統賦(宋), 33) 莊子, 34) 禮注, 35) 魯語, 36) 易注, 37) 毛詩, 38) 孝經, 39) 素問, 40) 文律義, 41) 柳向別錄(漢), 42) 孟嘗傳 (漢), 43) 鄧通傳, 44) 袁紹傳(漢), 45) 楊揮傳(漢), 46) 梁商傳, 47) 刑統釋 文, 48) 李翶傳(唐), 49) 列子, 50) 西羌論, 51) 漢書, 52) 劉放傳(魏), 53) 刑法志(漢), 54) 王莽傳 등.

『吏學指南』에서는 형법과 관련된 용어들도 宋金 시기까지만 수록하고 있다. 예를 들면 형벌의 유형을 해석하는 부분에서는 黃帝之刑으로부터 시작하여 舜刑‧周刑‧漢刑‧魏刑‧晋刑‧梁刑‧北齊刑‧後周刑‧隋唐金宋刑까지만 소개하고 있다.(卷四, 3右) 이것은 본서의 서문에서 "지금의 吏들이 사용하는 문자와 옛 법의 명칭을 뽑는다(摘當今吏用之字及古法之名)"고 한 것과 부합되는 것이다. 그러므로 본서에서 사용된 법률 용어들은 대체로 元 이전 시기부터 사용되던 것들이며 그중 간혹 발견되는 元代의 내용이라 해도 본고의 어휘 부분에서 살펴 본 것이 거의 전부이다. 이것은 본서가 법률 내용 그 자체보다도 어휘의 기본 의미 파악에 중점을 둔 것으로서 吏들의 공무서 작성에 필요한 어휘 습득에 더 큰 비중을 두었다는 추정을 가능하게 한다. 다만 같은 법률 용어를 사용할지라도 元代에 와서 그 내용이 변화된 것을 반영한 것이

해석문의 일부 예문에서 발견된다. 그 예를 들어 보기로 한다.

1) 笞: 捶擊也, 耻博也。言人有小過, 法須懲戒, 微加捶撻以耻之。漢時則用竹, 今時用楚, 卽莉也。隋制五等, 自一十至五十, 唐宋金皆相同。(卷四, 5上)
2) 杖: 持也。言人執持可以擊人者, 古者用鞭, 今時用杖。隋制五等, 自六十至一百, 唐宋金皆相同也。(卷四, 5上)
3) 各: 各上其事謂之各。假如和誘人口者, 各斷一百七下。蓋爲買主賣主各上其事, 同科此罪也。(卷三, 3上)
4) 其: 反於先義謂之其……假如僞造寶鈔, 但是同情並合處死其買使分使者, 斷一百七是也。(卷三, 3上)
5) 止: 無所加及謂之止。凡稱止者, 謂坐罪止此, 不可復加於他人也。假如犯界酒一十瓶以下, 追罰鈔二十兩, 決二十七下, 一十瓶以上, 追罰鈔四十兩, 決四十七下; 酒雖多, 罪止杖六十, 罰鈔五十兩是也。(卷3, 5上)

이상 예1)에서는 笞刑을 내릴 때 사용하는 곤장이 漢代에는 대나무(竹)였는데 元 당시에는 가시나무(莉)로 바뀌었음을 보여 주고 있다. 그리고 예2)에서는 杖刑을 내릴 때 사용하는 형구가 옛 법에는 채찍(鞭)이었는데 元 당시에는 곤장(杖)으로 바뀌었음을 말해 준다. 그리고 예3), 4), 5)에 나오는 杖刑의 끝수가 '七'로 된 것이 주목되는데 이것은 元代의 형법을 보여 주는 전형적인 예라고 말할 수 있다. 그 근거를 들어 보면 다음과 같다.

其五刑之目, 凡七下至五十七, 謂之笞刑; 凡六十七至一百七, 謂之杖刑。(『元史』卷102, 刑法一)

國初立法以來, 有笞杖徒流死之制……建元以前皆用成數, 大德中, 刑部尚書王約數上言: 國朝用刑寬恕, 笞杖十減其三, 故笞一十減爲七。今之

杖一百者, 宜止九十七, 不當反加十也。(『南村輟耕錄』 卷2, 五刑)

元世祖定天下之刑, 笞杖徒流絞五等......曰天饒他一下, 地饒他一下, 我饒他一下, 自是合笞五十, 止笞四十七, 合杖一百十, 止杖一百七。(『草木子』[9] 卷3下, 雜製篇)

이상 자료에 의하면 중국의 전통 형법에서는 笞杖刑이 모두 10단위로 정해겼는데 끝수가 7단위로 변한 것은 元世祖가 천하를 평정한 후 형벌에 대한 관용 정책을 펼치면서 시작된 것임을 알 수 있다.

본 자료에서 元代의 내용을 보여 주는 것들은 대부분 해석 부분에서 "가령(假如)"이라는 접속어를 사용한 대목에서 나타난다. 이를테면 어휘 부분의 '撒花'나 '達魯花赤', 그리고 형벌에서 '七'이 등장한 경우도 모두 그러하다. 그런데 본서의 해석문에서 '假如'가 사용된 해석 부분에서 杖刑의 끝수가 변하지 않고 사용된 것도 발견된다. 예를 들어 보면 다음과 같다.

若: 若者, 文雖殊而會上意......假如私宰牛馬正犯人, 決杖一百, 仍徵鈔二十五兩。(卷3, 3하)

이에 대한 해답은 역시 『南村輟耕錄』에서 찾아 볼 수 있다.

數用七者, 建元以前皆用成數, 今匿稅者笞五十, 犯私鹽茶者杖七十, 私宰牛馬者杖一百, 舊法猶有存者。大德中, 刑部尙書王約數上言: 國朝用刑寬恕, 笞杖十減其三, 故笞一十減爲七, 今之杖一百者, 宜止九十七, 不當反加十也。(『南村輟耕錄』 卷2, 五刑)

---

9) 『草木子』(明 葉子奇), 『元明史料筆記叢刊』(1959), 北京 中華書局. 저자 葉子奇는 明初의 학자로서 字는 世杰이고 號는 靜齋 또는 草木子이다. 저서로는 『草木子』 四卷이 전해지고 있다.

이상 예문에 의하면 당시에는 태장형의 끝수를 10단위로 하는 옛 법과 7단위로 하는 새로운 법이 공존하고 있었음을 알 수 있으며 이러한 과도기적 사회상을 『吏學指南』이 보여 주고 있는 것이라 할 수 있다.

한편 『居家必用事類』(辛集 卷15)에 실린 『吏學指南』에서는 이상 예문과 차이를 보이고 있음을 발견할 수 있다. 예를 들면 상기 예3)과 예4)의 '一百七'이 모두 "一百以下"로 되어 있다. 그리고 예5)의 경우를 인용하면 그 차이가 더욱 뚜렷이 나타난다.

> 止: 無所加及謂之止, 所稱止者, 謂坐罪止此, 不可復加於他人也。假如犯界酒一十瓶以下, 追罰鈔二十兩, 決二十以下; 二十瓶以上, 追罰鈔四十兩, 決四十以下; 酒雖多, 罪止杖六十, 罰鈔五十兩是也。

이러한 차이에 대해서는 여러 간본의 비교 분석을 통하여 그 원인이 정확히 밝혀져야 할 것이다.

5 맺음말

이상 고찰에 의하면 『吏學指南』은 시기적으로 元代의 작품이지만 그 실용성으로 하여 明代에 이르러서도 여러 번 간행되었고 우리나라와 일본에서도 간행되어 널리 사용되었음을 알 수 있다. 그리고 우리나라에 현전하는 朝鮮刊本은 北京圖書館 소장본과 체재가 다르고 편철 순서도 다르므로 중국의 元版을 저본으로 한 覆刻本이 아님을 알 수 있다.

한편 본 자료를 편찬할 당시에는 吏와 官이 분명히 구별되었던 것으로 보이며 따라서 본서에서 의미하는 吏는 정식 관리(正官)의 보좌관이나 비서관에 해당되는 胥吏를 지칭하고 있음을 알 수 있다. 본서의 내용이 법률과 형법에 대한 내용이 주종을 이루고 있어 法官이나 刑吏들을 상대로 한 법률 관련 입문서로 이해할 수도 있으나 주로 엄한 형벌로 정사를 다스리던 봉건제도의 시대적 상황에 비추어 보면 본서는 서리들의 실무용 입문서에 해당되는 것임을 알 수 있다.

언어학적 측면에서, 본 자료는 『老朴集覽』에서 최세진이 난해한 어휘를 풀이하면서 『吏學指南』의 어휘해석을 자주 인용한 것만으로도 그 가치를 짐작할 수 있다. 본서의 언어적 특징을 살펴보면 행정 용어는 대부분 전통적으로 사용되어 오던 용어들이고 법률 용어는 거의 다 元 이전 시기의 법전에 근거한 것들이며 해석문은 전형적인 문언문 형태로 이루어져 있다. 한편 元代의 시대적 특징을 반영하고 있는 용어와 몽고어의 영향을 받아 생겨난 어휘들도 적지 않게 발견할 수 있다. 본서가 비록 元代의 작품이기는 하나 수록된 법률 용어들은 대부분 元 이전 시기부터 사용되던 것들이며 그중 元代의 내용은 일부만 발견되고 있다. 이것은 본서가 법률 내용 그 자체보다도 吏들의 공문서 작성을 위한 기본어휘의 습득에 치중한 것임을 짐작하게 한다.

※ 이 논문은 「『吏學指南』의 성격과 언어적 특징에 대하여」라는 제목으로 〈中國言語硏究〉(韓國中國言語學會) 第16輯(2003:273~305)에 실린 것을 수정한 것이다.

『至正條格』의 언어

1 서론

우리나라에서는 역사적으로 中國과의 외교적 교류를 위하여 吏文 교육을 실시하여 왔으며 따라서 다양한 吏文 학습서들이 전해지고 있다. 그중 하나인『至正條格』은 중국 元나라에서 편찬한 최후의 법률서로서 장기간 失傳되어 실제 면모를 알 수가 없었는데 다행히 지난 2002년 경주시 孫氏 종가에서 국내외 유일본이 발굴되었고 韓國學中央研究院 주최로 影印本 및 校註本(2007)이 발간되어 학계의 관심을 모으고 있다.

『至正條格』은 歐陽玄의 서문에 의하면 元 至正 5年 冬 11月 14日 (1345.12.8)에 완성되어 다음해 夏 4月 癸丑(1345.4.26)에 반포되었다.[1] 歐陽玄은 元 말기의 文臣으로 관직이 翰林學士承旨에 이르렀다.[2] 이 책의 편찬 목적은 至治 3年(1323)에『大元通制』가 반포된 이후 수많은 詔條와 格例가 새로 만들어지면서 법규의 적용에 혼란이 생겨 이를 시정하기 위한 것이었다. 이 法典이 우리나라에 전해지면서 미친 영향이 적지 않은 것으로 추정이 된다. 그 근거로『高麗史』(1451년)의 1377년

---

1) "至正五年冬十一月十有四日, 右丞相阿魯圖、左丞相別里怯不花、平章政事鐵穆爾達識……等入奏, 請賜其名曰『至正條格』, 上曰可." (『圭齋文集』卷7,『至正條格』序)
2) 歐陽玄(1274~1358), 元瀏陽(今屬湖南)人. 祖籍 盧陵(今江西 吉安), 歐陽修之後. 字原功, 號圭齋. 善詞章, 通理學. 延祐進士. 文宗時預修『經世大典』, 順帝時修宋、遼、金三史, 爲總裁官. 官至翰林學士承旨. 至正十七年末(1358年初), 死於大都(今北京). 著有『圭齋文集』. (『辭海』:1989;1720)

2월 기사에 "중앙과 지방에서 옥사를 처결할 때 오로지『至正條格』을 따랐다"[3])는 기록만으로도 이를 충분히 증명할 수 있다.

한편『至正條格』이 조선조에 이르러 법률 참고서 외에도 吏文의 학습서로서 장기간 중요한 역할을 한 것으로 알려진다. 현재 이 책은 條格 부분이 권23부터 권34까지 12권 남아있고 斷例 부분이 30卷 中 13卷만 남아있어 비록 殘存本이기는 하나 지금까지 발견된 국내외 유일본으로, 元代 漢語의 특징을 반영하는 귀중한 자료로 인정된다.

본 연구에서는 동시대의 문헌들을 근거로 吏文 학습서인『至正條格』의 언어적 특징을 고찰하는 것을 주요 목적으로 한다. 이러한 연구는 당시 吏文 교육의 실태와 吏文 교재의 범위를 파악하고 우리나라에서 습득한 중국어의 시대적 특징을 고찰하는 데 필요한 작업이 될 것이다.

2 吏文 학습서로서『至正條格』의 위치

『至正條格』은『朝鮮王朝實錄』에 20여 차례나 등장하는데 처음 나타난 것은 定宗 2年(1400年)의 기록이다.

門下府劾奉常少卿金瞻。瞻建議: "本朝國學遇春秋二丁祭文宣王僭用大牢, 未合於禮, 乞依『至正條格』諸郡縣品式, 只用羊三。" 然本朝用大牢久矣, 瞻欲輕改, 故劾之。(『定宗實錄』卷3, 2年 正月 己丑條.)
－문하부에서 奉常少卿 金瞻을 탄핵하였다. 김첨이 건의하였었다. "본조 국학에서 봄·가을 두 丁日을 당하여 文宣王을 제사하는 데에 참람하게 대뢰를 쓰니, 예에 합당하지 못합니다. 빌건대, 至正條格 제군현의 품식에 의하여 羊 셋만 쓰소서." 그러나 본조에서 대뢰를 쓴 지가 오래인데 김첨이 경솔히 고치고자 하였으므로 탄핵한 것이다－

---

3) "辛禑三年二月, 令中外決獄一遵『至正條格』。"(『高麗史』卷84, 刑法一, 職制 辛禑 三年條)

이상 기록에서는『至正條格』이 吏文의 학습서로서가 아니라 法制書로 등장한다. 즉 奉常少卿 직을 맡은 金瞻이란 관리가 國學에서 文宣王(공자)의 제를 지낼 때 大牢(소를 통째 제물로 바침)를 사용하고 있는데 『至正條格』에 정한 諸郡縣의 品式에 따라 羊 세 마리를 사용하는 것으로 개정할 것을 건의했다가 결국 門下府에 의하여 탄핵을 당했다는 기록이다.

이 문헌이 吏文 학습서로 처음 등장한 것은『世宗實錄』(세종 5年 10月 庚戌條)의 기록이다. 이 기록에 의하면 承文院의 청에 의하여 세종 5년(1423년)에『至正條格』·『吏學指南』·『御製大誥』등 吏文 자료가 각기 50부씩 간행되었음을 알 수 있다.

조선조 때 외국어 取才와 관련하여 漢吏學·字學·譯學 등 세 분야가 있었는데,『世宗實錄』(12年 3月 戊午條)의 諸學 取才에 등재된 取才書와『經國大典』(권3, 禮典 獎勸條)에 기록된 漢學書에『至正條格』이 포함되어 있음을 확인할 수 있다.

『朝鮮王朝實錄』에 吏文의 학습서로『至正條格』이 마지막으로 나타난 것은 성종 9년(1478)의 기록이다.

承文院提調議啓吏文習讀官勸課條件: "......一.『至正條格』、『大元通制』、『吏文謄錄』及凡干吏文, 每日所讀限以十張以上, 常仕提調逐日置簿, 每節季都提調一會, 一朔所讀, 揲出三處, 所讀張數, 各於名下具錄以啓......"(『成宗實錄』卷98, 成宗 9年 11月 庚午條)
－승문원 제조가 吏文 習讀官의 勸課하는 조건을 의논하여 아뢰기를, "......1. 至正條格·大元通制·吏文謄錄과 무릇 吏文에 관계된 서적을 매일 읽는 것을 10장 이상으로 정하되, 상사제조가 날마다 장부에 기록하고, 節季마다 도제조가 한 차례씩 한 달 읽은 것 중에 세 곳을 골라 읽혀서, 읽은 장수를 각각 이름 밑에 모두 기록하여 아뢰도록 하소서......"－

이것은 承文院 제조가 吏文을 익히는 官吏의 課題를 부과하는 조건
을 의논하여 임금에게 아뢰니 임금이 그대로 따르도록 한다는 기록이다.
이 후에도 왕조실록에 『至正條格』이 세 차례 더 등장하나 모두 吏文에
관한 것이 아니고 法制書로 서명이 거론된다.

이처럼 우리나라에서는 역사적으로 중국어 인재 양성을 위하여 다양
한 文體의 학습서를 사용한 것으로 나타나는데 그중 『至正條格』이 吏
文의 학습서로서 중요한 위치를 차지하고 있었음을 짐작할 수 있다.

3 『至正條格』의 언어적 특징

『至正條格』의 언어는 正統 漢文(文言文)과 蒙文直譯體의 특징을 지
닌 이른바 元代 漢語가 섞여있는 양상을 보이는데, 우선 어휘 면에서
몽고어 借用語가 대량으로 사용되었다. 그 예를 일부 들어보면 다음과
같다.

1) 忽剌罕赤: 몽고어 qulaghanchi의 음차로서 도둑을 잡는 관직명, 捕盜
   官.(『條格』8, 21쪽)[4]
2) 怯薛: 몽고어 keshig의 음차로서 怯薛歹, 怯薛帶, 怯薛台 등으로 표기되
   는데 군주를 보호하는 親衛士.(『條格』28, 28쪽)
3) 孛可孫: 몽고어 bökesün의 음차로서 宿衛의 廩給과 馬駝의 芻料를 관장
   하는 관직명.(『條格』29, 29쪽)
4) 奧魯(官): 몽고어 a'uruq의 음차로서 군인들의 가족을 관리하는 관직명.
   (『條格』105, 64쪽)
5) 斡耳朶: 몽고어 ordu의 음차로서 宮殿을 지칭.(『斷例』3, 169쪽)
6) 必闍赤: 몽고어 bichēchi의 음차로서 書記官.(『斷例』25, 179쪽)

---

4) 이하 『至正條格』 예문의 번호와 쪽수는 『至正條格』 校註本(韓中硏 編:2007)의
   것이다.

본고에서는 이러한 어휘에 대한 고찰은 생략하고 주로 元代 漢語 부분에 대하여 동시대의 문헌들을 근거로 그 특징을 살펴보기로 한다.

3.1 후치사 －根底

『至正條格』 卷第一:
至順元年閏七月初十月, 中書省奏, 節該: "各怯薛 · 各枝兒裏, 將無體例的漢人 · 蠻子幷高麗人的奴婢等夾帶着行呵, 將各怯薛 · 各枝兒頭目每, 打五十七下……其有體例合行的每根底, 依舊與衣糧, 不依體例行的, 教監察御使每好生用心體察者. 各怯薛 · 各枝兒裏曉諭呵, 怎生?" 奏呵, 奉聖旨: "是有. 與的每根底, 依恁商量來的, 與者."((斷例)5, [衛禁]「分揀怯薛歹」, 170쪽)

'根底'는 元代 漢語에서 자주 사용된 후치사 형태로 몽고어의 對譯文을 살펴보면 다양한 格 형태와 대응되고 있다.(본서 제2장 제2절 참조)

3.2 후치사 －上頭

『至正條格』 卷第二:
皇慶元年九月初八日, 御史臺奏: "……'孟顯祖小名的千戶, 官人每的言語, 教他看守豊盈庫, 他自己不謹愼夜巡, 家裏宿去上頭, 被賊剜開墻, 偸了參佰定官錢. 廉訪司他根底取了招也'……"((斷例)15, [職制]「應直不直」, 174쪽)

'上頭'의 이러한 용법은 역시 몽고어의 영향을 받은 후치사의 형태로 분석된다. 이 형태가 『元朝秘史』의 대역문에는 '禿剌'(tula)로 대응된다. (본서 제2장 제1절 참조)

3.3 −有

『至正條格』卷第二:
至元六年(1340)正月, 樞密院奏: "各處萬戶府裏, 萬戶、千戶、百戶, 幷鎭
撫、彈壓、首領官人等, 有急闕的上頭, 委用人員, 上位根底奏了。既是
給降與了宣勅牌面, 推稱緣故, 嫌地里遠窎, 不肯前去<u>有</u>。軍情事比其餘
勾當不<u>廝似有</u>......"(〔斷例〕13, [職制] 「託故不赴任」, 173쪽)

蒙文直譯體 한어에서는 어말에 '有'가 자주 사용되는데 이것은 중세
몽고어의 조동사 '−a'와 'bü−' 형태에 대응되며, 이것이 動詞로 사용될
경우에는 '有/存在/是'의 뜻을 나타내고, 助動詞로 사용될 경우에는 形
動詞나 副動詞와 결합되어 時制나 相(體)의 문법적 의미를 나타낸다.(본
서 제2장 제2절 참조)

『至正條格』에는 이 외에도 이러한 '有' 형태가 형용사 뒤에 첨부되어
사용된 용례도 발견된다.

『至正條格』卷第八:
至順元年九月二十三日, 中書省奏: "御史臺備着監察每文書, 俺根底與將
文書來: '漢人歿了哥哥, 他的阿嫂守寡, 其兄弟每收繼了<u>多有</u>, 似這般呵,
體例裏不<u>廝似一般有</u>......'"(〔斷例〕241, [戶婚] 「禁收庶母幷嫂」, 242쪽)

『至正條格』卷第二:
至元六年(1340)正月, 樞密院奏: "......軍情事比其餘勾當不<u>廝似有</u>。不擬
罪過呵, 怎中?......"(〔斷例〕13, [職制] 「託故不赴任」, 173쪽)

3.4 복수접미사 −每

『至正條格』卷第一:
延祐四年(1317)十一日二十九日, 中書省奏, 節該: "世祖皇帝時分, 諸王駙

馬每、各衙門官人每, 都在主廊裏坐地, 商量了勾當, 有合奏的事呵, 先題
了入去奏有來……” ((斷例)2, [衛禁] 「肅嚴宮禁」, 167쪽)

『至正條格』에는 복수접미사 ‘每’가 대량으로 사용되었다. 한어에서
복수접미사가 사용되기 시작한 것은 宋代 때부터로 알려지는데 ‘懑(滿)
·瞞·門(們)’ 등의 형태로 나타난다. 元代에 이르러서도 ‘們’이 부분적
으로 사용되었으나 대부분은 ‘每’로 바뀌었다. 그 후 明代 중엽부터 다시
‘們’의 사용이 많아지기 시작하였다. 이처럼 宋·元·明 시기에는 ‘們
〉每 〉們’의 형태로 반복되는 과정을 거쳤으며 주목되는 것은 元代에
이르러 북방계 官話가 표준어로 자리 잡으면서 ‘每’가 통용되었지만 남
방계 官話에서는 여전히 ‘們’을 사용하였으며 元代 이후에는 또한 북방
계 官話에서 ‘每’가 점차 사라지게 되었다는 것이다(呂叔湘:1985;54). 따라
서 『至正條格』에 ‘每’가 대량으로 사용된 것은 이 자료가 元代 漢語의
특징을 반영하고 있음을 확인할 수 있다.

3.5 -者

『至正條格』卷第二:
皇慶元年九月初八日, 御史臺奏: “……俺商量來, 依他每擬來的斷呵, 怎
生?, 奏呵, 奉聖旨: ‘那般者。要了罪過, 依舊敎勾當行者’。”((斷例)15, [職
制] 「應直不直」, 174쪽)

『至正條格』에는 어말에 조사 형태인 ‘-者’가 많이 사용되었다. 近代
漢語에서 어기조사인 ‘-者’는 ‘-着’ 또는 ‘-咱’로도 표기되는데 蒙文
直譯體에서는 권유를 나타내는 종결어미와 대응된다. 중세몽고어의 동
사 권유문 종결어미는 인칭에 따라 다양한 형태들이 사용된다. 즉 1인칭
에는 ‘-suɣai/-sügei, -su/-sü, -ya/-ye’ 등이 있고, 2인칭에는 ‘-

dɤun/－dgün', 3인칭에는 '－tugai/－tügei' 등이 있다.(李聖揆:2002;127) 그 예를 일부 들어 보기로 한다.

(42) 白話譯文: 你每這衆先生每, 依着這李提點言語裏, 依理行踏者。
ta ber olan éns,hiŋud, éne litidem－un 'üge－'er, juk－yier yabu－dGun.
您也　衆　先生每, 這　李提點的　言語裏, 理　裏　行者。(祖:上66)
－당신네 도사들은 ......이치에 따라 행하라－

(76) 白話譯文: 這的每寺院裏、房舍裏, 使臣休安下者。
éden－u sümes－dur、geyid－dur 'anu,　élcin bu ba'u－'tuGayi.
他每的　寺　裏　房舍　裏 他每的, 使臣 不 住　　者。(祖:上66)
－그들의 寺院에서 가옥에서 使臣들이 숙박하지 말라－

이상 예문 (42)는 2인칭 권유문의 대역 형태이고 예문 (76)은 3인칭 권유문의 용례이다. 이와 같은 형태는 초기 譯學書에서 그 예를 많이 찾아 볼 수 있다.

한어에서 '－者'는 唐宋시기부터 사용되기 시작한 어기조사로서 어말에서 염원이나 권유, 명령 등의 의미를 나타낸다. 그러나 蒙文直譯體에서는 몽고어 동사 어미의 변화 형태와 대응되므로 대부분은 어말에 사용된 동사와 직접 연결된다. 다만 상기 「原老」의 예문과 같이 목적어를 사용한 타동사의 경우 '동사+목적어+者'의 형태로 동사와 분리되어 표현된 것은 한어의 습관에 맞추기 위한 것으로 추정된다.(祖生利:2000;上68)

3.6 －呵

『至正條格』 卷第八:
至順元年九月二十三日, 中書省奏: "......敎禮部定擬呵: '今後漢人、南人收繼庶母幷阿嫂的, 合禁治.' 麽道, 定擬行有. 依他每定擬的, 敎行呵,

怎生?" 奏呵, "那般者。" 欽此。(『斷例』241, [戶婚]「禁收庶母幷嫂」, 242쪽)

『至正條格』卷第一:
延祐四年(1317)十一日二十九日, 中書省奏, 節該: "......有合奏的事呵, 先題了入去奏有來。如今若不嚴切禁治呵, 不便當的一般有......"(『斷例』2, [衛禁]「肅嚴宮禁」, 167쪽)

‘－呵'는 조건이나 가정을 나타내는 어기조사 형태로 몽고어 副動詞의 첨가 형태인 ‘－basu/－besü, －ɣasu/－gesü, －qula/－küle' 등의 영향으로 보인다.(본서 제2장 제2절 참조)

3.7 －麽道

『至正條格』卷第一:
泰定三年(1326)五月十七日, 留守司奏: "世祖皇帝時分, 斡耳朶後地賣酒肉做買賣的, 都無有來。如今做買賣的, 好生多有." 奏呵, 奉聖旨: "使將兩箇扎撒孫、貴赤、火里溫, 一處去拏將來了者。"麽道......(『斷例』3, [衛禁]「肅嚴宮禁」, 169쪽)

『至正條格』卷第二:
皇慶元年九月初八日, 御史臺奏: "......刑部擬着: ‘打三十七, 依舊勾當。' 麽道, 說有......"(『斷例』15, [職制]「應直不直」, 174쪽)

이상 예문에 사용된 ‘麽道'는 어원을 살펴보면 몽고어에서 주로 어떤 말을 인용할 때 사용되는 동사 ‘ke'e－'의 직역 형태임을 알 수 있다.(본서 제2장 제2절 참조)

3.8 어순의 도치

『至正條格』에는 정통 한어의 어순과 다른 용례들이 많이 발견되는데 그중 동사와 목적어의 어순에서 그 차이가 가장 두드러지게 나타난다. 동사가 목적어 앞에 오는 것은 한어의 일반 특징이다. 그런데『至正條格』에는 동사+목적어 구조가 도치된 문형이 대량으로 나타난다. 그 예를 일부 들어보기로 한다.

『至正條格』卷第一:
泰定三年(1326)五月十七日, 留守司奏: "……奉聖旨: '恁留守司出與牓文禁約者。今後似這般依前做買賣的人/拿住, 好生要罪過……'"(〔斷例〕3, 〔衛禁〕「肅嚴宮禁」, 169쪽)

『至正條格』卷第二:
大德十一年十月十四日, 欽奉聖旨: "今後陰陽法師, 休教諸王、公主、駙馬根前去者。去的人/有呵, 當死罪者." (〔斷例〕23, 〔職制〕「各位下陰陽人」, 178쪽)

『至正條格』卷第二:
至大四年二月十七日, 中書省奏: "省裏商量勾當其間, 商量來的言語/走泄了呵, 根挨着要了招伏, 斟量了他每的罪過, 上位/奏了, 要了罪過, 勾當裏教出去呵, 怎生?"(〔斷例〕24, 〔職制〕「漏泄官事」, 178쪽)

『至正條格』卷第二:
皇慶元年九月初八日, 御史臺奏: "……教他看守豊盈庫, 他自己不謹愼夜巡, 家裏/宿去上頭, 被賊剗開墻, 偸了參佰定官錢……"(〔斷例〕15, 〔職制〕「應直不直」, 174쪽)

이상 예문들을 정상 어순으로 바꾸어 보면 '拿住/做買賣的人', '有/去

的人呵', '走泄了/商量來的言語呵', '奏了/上位', '去家裏宿/上頭'의 형
태로 되어야 할 것이다.

　이처럼 동사+목적어 구조가 목적어+동사 구조로 도치된 형태는 기타
초기 漢學書에서도 쉽게 발견할 수 있는데 이것은 SVO형 언어인 漢語가
SOV형인 蒙古語의 영향을 받은 것으로 짐작된다.

4 맺음말

　『至正條格』이 편찬된 元代 시기는 한어의 발전사상 北方官話가 형
성되는 중요한 시기이며, 또한 한어가 북방 알타이 諸語와 활발히 접촉
하던 시기이기도 하다. 따라서 이러한 언어 접촉의 결과로 형성된 元代
漢語는 어휘의 사용에 있어서 대부분 당시의 구어적 표현이 반영되어
있고 동시에 蒙古語를 비롯한 기타 민족어의 성분들이 많이 섞여 있다.
또한 통사론적으로 몽고어 원문의 SOV 어순을 그대로 옮겨 놓거나 몽고
어의 특징인 格 형태, 긴 문장 형태로 이루어진 한정어·부사어·목적
어가 자주 나타나고, 특수한 반문구, 조건구 등 한어에서는 아주 어색한
표현들이 빈번히 등장한다. 본 고찰을 통하여 알 수 있다시피 『至正條格』
의 언어는 元代의 이러한 언어적 특징을 잘 반영하고 있는 것으로 분석
되며 따라서 이와 같은 연구는 당시 우리나라에서 습득한 吏文이 어떠한
모습이었는가를 고찰하는 데 도움이 될 것이다.

※ 이 논문은 「吏文과 『至正條格』의 언어」라는 제목으로 〈中國言語硏究〉(韓國中
國言語學會) 第27輯(2008:293~318)에 실린 것을 수정한 것이다.

제4장 『老乞大』와 『朴通事』

漢　學　書　研　究

『老乞大』諸刊本과 언어

1 서론

우리나라 역대 漢學書 중에서 가장 중요한 회화서로 인정되는『老乞大』・『朴通事』는 지난 수세기 동안 漢語 原文과 諺解文에 대한 수정을 여러 차례 거침으로써 漢語의 역사적 변천과 國語의 변화 양상을 고찰할 수 있는 귀중한 자료를 제공하고 있다. 하지만 이 두 책의 원저자와 편찬 연대 등이 아직 정확히 밝혀지지 않고 있고 또한 제간본의 한어문에 대한 체계적인 분석이 미흡한 상태라 할 수 있다. 그리고 國語學界에서는「老朴」의 언해문을 근거로 국어의 음운 및 형태의 역사적 변화에 대한 연구에 많은 업적들이 이루어졌지만 한어 원문에 대한 분석을 기초로 한 연구는 아직 부족한 상태인 것으로 보인다.「老朴」의 한어문에 대한 연구는 한어의 역사적 변화에 대한 고찰뿐만 아니라 국어사 자료에 대한 이해를 보다 깊이 있게 하는 데 필수적인 작업이다.

본 논문에서는『老乞大』의 원간본으로 추정되는 초기 간본을 근거로 『老乞大』의 편찬 연대에 대한 고찰과『老乞大』제간본의 한어문 성격에 대한 규명을 기본 목적으로 한다. 따라서 이러한 작업이 漢語史 뿐만 아니라 國語史 연구에도 필요한 기초적 자료를 제공하게 될 것으로 기대한다.

2 『老乞大』의 편찬 연대

　『老乞大』의 편찬 연대에 대하여 그 동안 학계에서는 여러 가지 설들이 있으나 주로는 明初에 편찬되었다는 주장과 元末에 편찬되었다는 주장으로 귀결된다. 明初에 편찬되었을 것이라는 주장의 예로 閔泳珪(1964)에서는 『老乞大』의 본문에 보이는 "如今朝廷一統天下"(「飜老」上5右)를 明太祖의 천하통일로 보고 이 책이 明 洪武 元年(1368) 이후에 편찬된 것으로 보았다. 元末에 편찬되었을 것으로 보는 주장으로는 鄭光(1995)에서 『朴通事』에 고려 명승 步虛가 至正 7年(1347)에 燕都의 永寧寺에서 演法을 한 것을 근거로 「老朴」이 고려 忠穆王이나 恭愍王 시기의 저작으로 추정하였다. 또한 졸저(1998)에서는 위의 '一統天下'를 蒙古의 쿠빌라이(元世祖)가 南宋을 멸하고 中原을 통일한 것(1279)으로 보았으며 본문의 마지막 부분에 고려인들이 귀국 날짜를 잡기 위해 점을 보는 장면에서 언급된 '丙戌年'을 元順帝 至正 六年의 丙戌年(1346)으로 보아 이 책이 그로부터 멀지 않은 시기에 편찬되었을 것이라고 주장하였다. 1998년 초에 새로 발굴된 이른바 『原本老乞大』에서는 『老乞大』의 편찬 연대를 추정할 수 있는 보다 구체적인 근거를 찾아 볼 수 있다. 그 예를 들어보기로 한다.(이하 부호 ')'는 「飜老」에서의 변화를 표시함)

　1) 舡口 〉 삭제

　那人每却是達達人家走出來的舡口。(「原老」14左)
　　〉那人們 却是達達人家走出來的 그 사름들히 또 다대사름미 도망ᄒᆞ야 나가니어늘(「飜老」上50左)

　이상 예문에서 「原老」에 있던 '舡口'가 「飜老」에서는 생략되었는데 이로 하여 원문의 의미가 전혀 달라졌음을 발견할 수 있다. 즉 「飜老」에서 "그 사람들은 바로 타타르 사람으로 도망하여 나간 사람들이어서"로 언해되었으나 「原老」의 원문을 보면 "그 사람들은 바로 타타르 사람네 집에서 도망하여 나간 虹口들이어서"라고 해석되어야 한다.

'虹'는 '軀'의 통용자이며 '虹口'는 '軀口'·'驅口'·'驅戶' 등으로도 쓰인다. 宋元 시기에 金軍과 蒙軍은 전쟁에서 포로로 잡은 漢人들을 노예로 삼았는데 이들을 '驅口'라고 불렀다. 『南村輟耕錄』(卷17, 奴婢條)에 의하면 당시에는 蒙古人과 色目人들이 포로로 잡은 사람들을 '驅口'라고 하였고 마소처럼 다루었음을 알 수 있다. 明代에 이르러는 지배민족이 바뀌었고 따라서 그러한 제도도 없어졌으므로 「飜老」에서는 자연히 그 내용도 삭제하게 된 것으로 추정된다. 따라서 이것은 『老乞大』의 편찬 연대가 元代임을 추정할 수 있는 근거를 제공하고 있다. 「原老」에는 '虹'가 한 곳(14左) 더 사용되었는데 「飜老」(上50左)에서는 역시 삭제되었다.

2) 中統鈔 〉官銀

如先悔的罰中統鈔一十兩(「原老」 24左)
　〉如先悔的 罰官銀五兩 ᄒ다가 몬져 므르리란 구의나깃 은 닷 량을 벌로 내여(「飜老」 下17右)

「原老」에서는 화폐 명칭으로 '中統鈔'가 사용되었는데 「飜老」에서는 '官銀'으로 바뀌었다. '中統'은 蒙古 世祖(쿠빌라이)의 연호(1260~1263)이다. 世祖는 1264년에 연호를 至元으로 고쳤으며 至元 8年(1271)에는 國號를 元이라 하였다. '中統鈔'는 세조 中統 年間에 제조된 화폐 이름이므로 明代에 이르러는 사용될 수가 없었을 것이다. 따라서 이것은 『老乞

大』의 편찬 연대가 元代이며 그것도 中統 年間(1263) 이후임을 증명하
는 근거를 제공하고 있다. 「原老」의 '中統鈔'(24左)가 「飜老」에서는 '白
銀'(下16左)으로 표현되기도 하였다.

3) 大都 〉北京

俺往<u>大都</u>去。(「原老」 1右)
　〉我往<u>北京</u>去 내 北京 항ᄒᆞ야 가노라(「飜老」上1右)

「原老」에서는 지명 '大都'가 자주 사용되었는데 「飜老」에서는 '北京',
또는 '京・京城・京都' 등으로 교체되었다. '大都'는 지금의 北京을 말
한다. 北京의 지명은 일찍 唐代에는 幽州라 불렸고 後晉(936)의 高祖가
燕雲 十六州를 契丹에 떼어 주자 契丹이 析津府(現 北京)를 南京으로
정하고 遼 나라 五京의 하나로 삼았다. 金나라가 遼나라를 멸하고 南京
을 燕京으로 개칭하였으며 기원 1153년에 海陵王이 上京(現 黑龍江省
阿城縣 남쪽)에서 이곳으로 수도를 옮기면서 中都라 하였다. 蒙古의 쿠
빌라이 때 다시 燕京으로 부르다가 至元 元年(1264)에 다시 中都로 불렀
고 蒙古가 金나라를 멸망시킨 다음해(1272)에는 大都로 고치었다. 明
洪武 元年(1368)에는 大都路를 北平府로 고치었고 永樂 元年(1403)에
順天府를 설치하면서 北京으로 고치었다. 元代를 제외하고는 이곳을
'大都'로 부른 일이 없으므로 「原老」에서 '大都'로 칭한 것은 이 자료가
元代에 편찬된 것임을 증명하고 있다. 한편 明代 漢語 계열인 『朴通事』
에서도 '大都'가 한 곳 발견되는데[1] 이것은 수정하는 과정에 누락된 것으
로 보인다.

---

1) 『朴通事』의 人身賣買契約書에 나오는 대목으로서 원문은 "大都某村住人錢小馬
　셔울 아모 촌의 사는 사름 錢小馬ㅣ(「朴諺」 中9左)"이다.

4) 『三國志評話』

> 更買些文書。一部四書, 都是晦庵集註。又買一部『毛詩』、『尙書』、『周
> 易』、『禮記』、『五子書』、『韓文』、『柳文』、『東坡詩』、『淵源詩學押
> 韻』、『君臣故事』、『資治通鑑』、『翰院(苑)新書』[2]、『標題小學』、『貞
> 觀政要』、『三國志評話』, 這些行貨都買了也。(「原老」39右)

이상 예문은 고려 상인들이 서적을 구입하는 장면에 나오는 대목인데
『三國志評話』라는 책이름이 주목된다. 이 책은 元 至治年間(1321~
1323)에 간행된 『全象平和五種』의 일종으로서 역사 이야기를 설화 형식
으로 기술한 것인데 元末 明初에 羅貫中에 의하여 집필된 『三國演義』
(全稱 『三國志通俗演義』)의 전신으로 알려져 있다. 따라서 이것은 「原老」
의 편찬 연대를 元 至治年間(1321) 이후로 추정할 수 있는 근거를 제공해
주고 있다.[3]

이 외에 동시대의 작품으로 추정되는 『朴通事』의 내용을 참조하면
步虛 和尙이 燕都에 들어가서 설법을 한 것은 至正 7年(1347)의 일로
기록된다. 그리고 『朴通事』에서 '老曹'라는 인물의 '殃榜'에 나오는 壬辰
年은 1347년을 근거로 한다면 1352년이 될 것이다.(본서 제4장 제2절 참조)

이상 내용들에 의하면 『老乞大』는 元代의 작품이 분명하며, 구체적
인 편찬 연대는 그 상한선을 元 至治年間(1321) 이후로 하고 하한선을
明 건국(1368) 이전으로 추정할 수 있을 것이다. 그리고 더 나아가서 『老
乞大』와 『朴通事』를 같은 시기의 작품으로 본다면 그 시기를 좀 더 좁
혀서 1352년과 1368년 사이에 편찬된 것으로 추정할 수 있을 것이다.

---

2) 『翰院新書』는 『翰苑新書』의 오류로 추정된다.(鄭光·金文京 외:2002;341)
3) 동일한 책이름이 「飜老」에서는 「原老」와 같이 『三國志平話』로 되어 있고 「老新」
에서는 『三國誌』, 그리고 『重刊老乞大』에서는 『三國志』로 수정되었다.

3 『老乞大』의 내용 구성

　『老乞大』는 高麗 商人 일행 네 명(주요 대화자, 그의 고종 사촌형 金氏, 이종 동생 李氏, 이웃 趙氏)이 고려의 말(馬)과 베(毛施布), 人蔘 등을 가지고 중국 大都(현 北京)으로 행상하러 가는 도중, 中國 商人 王氏(遼陽城 출신)를 만나는 것으로부터 시작이 된다. 그리고 그들 일행이 동행하면서 나누는 대화가 기본 줄거리를 이루는데, 목적지에 도착하여 갖고 간 물건들을 다 처리하고 高麗에 가져다 팔 물건들을 구입한 후 중국 상인과 작별 인사를 나누는 것으로 끝이 난다. 따라서 목적지로 가는 도중의 여관 투숙, 물건을 파고 살 때 벌이는 흥정 등 旅行과 交易에 관한 내용들이 주축을 이루고 있다. 『老乞大』의 내용을 이야기 전개 순서에 따라 정리하면 대체로 다음과 같다.

　　1) 兩國 商人의 邂逅　　　　　2) 고려상인의 漢語 습득
　　3) 大都의 物價　　　　　　　4) 住宿地 의논
　　5) 말 사료와 物價　　　　　　6) 고려상인들의 關係
　　7) 瓦店에 도착　　　　　　　8) 말 사육
　　9) 저녁 식사　　　　　　　　10) 料金 계산
　　11) 夜間 말 사육　　　　　　12) 路上强盜 이야기
　　13) 말 먹일 물 긷기　　　　　14) 고려의 우물
　　15) 뒷간 가기　　　　　　　　16) 집주인과의 작별
　　17) 人家에서 점심 예정　　　　18) 人家 주인 점심 초대
　　19) 말 보는 이 점심걱정　　　20) 집주인과의 작별
　　21) 말 보는 이 점심 대접　　　22) 주숙지 의논
　　23) 투숙을 거절하는 집주인　　24) 집주인 드디어 투숙 승낙
　　25) 식사 부탁　　　　　　　　26) 말 사료 부탁
　　27) 말 보살피기　　　　　　　28) 집주인과 작별
　　29) 夏店에서 식사 예정　　　　30) 夏店에서 아침 식사

31) 草店兒에서 음주　　　　　　32) 술 권하기

33) 집주인과 言爭　　　　　　　34) 官店 주숙 예정

35) 두 상인 官店 도착　　　　　36) 남은 일행 官店 도착

37) 물건 판매 의논　　　　　　38) 李씨 친척 來訪

39) 李씨 친척 主人과 대화　　　40) 李씨와 친척 상봉

41) 중국상인 소개　　　　　　　42) 李씨 친척과 작별

43) 말 구매자 來訪　　　　　　44) 중국상인 말 소개

45) 仲介로 말값 흥정　　　　　46) 銀子 관계로 言爭

47) 말 판매 文契 작성　　　　　48) 牙錢과 稅錢 지불

49) 말 무르기　　　　　　　　　50) 羊 구입

51) 비단 구입　　　　　　　　　52) 馬具 구입

53) 활과 화살 구입　　　　　　54) 그릇 구입

52) 친척 초대연　　　　　　　　53) 수레 補修

54) 羊 내기 활 시합　　　　　　55) 중국 음식

56) 頭痛 치료　　　　　　　　　57) 奴婢의 일장 설교

58) 중국상인 涿州行　　　　　　59) 고려상인 인삼 판매

60) 고려상인 모시 판매　　　　61) 귀국물품 구입 의논

62) 雜貨 구입　　　　　　　　　63) 歸國日 점보기

64) 兩國 상인 작별 인사

4 『老乞大』의 諸刊本

　『老乞大』계열에는 純漢語本과 諺解本 등 여러 간본들이 전해지고 있는데 본고에서는 한어문의 성격 규명에 중점을 두는바 같은 종류의 한어문에 속하는 異本들은 일일이 언급하지 않기로 한다. 먼저 순한어문 『老乞大』간본들을 살펴보기로 한다.

4.1 『原本老乞大』

이 간본은 1998년 초에 남권희 교수가 大邱의 개인 소장 자료에서 발견한 것이다. 책의 외형은 1책 40엽으로 五針眼의 韓裝本이며 크기가 31.0cm×18.8cm이고 紙質은 藁精紙와 黃紙가 대부분이고 인쇄의 상태가 양호하여 初刊本에 가까운 것으로 보인다. 이 책의 판식주기는 四周雙邊에 內框이 25.1cm×15.5cm의 크기다. 有界에 10행 21자로서 판심은 上下大黑口 上下內向黑魚尾이고 魚尾間에 '老乞大 幾'라는 판심서명과 葉數가 있다. 제1엽 첫 행에 '老乞大'란 권수서명이 있고 한어 본문에 卷·章·節의 구분과 띄어쓰기가 없다. 제40엽 제6행에 '老乞大終'이란 권미서명이 있고 기타 序文이나 跋文이 없어 刊記가 밝혀지지 않고 있다. 이 자료의 판식과 지질, 그리고 서체, 판각을 보면 1395년경(조선 太祖 年間)에 간행한 것으로 알려진 泥山本『三國遺事』나 조선 太宗 年間(1401~1418)에 간행한『鄕藥濟生集成方』과 거의 같은 형태로 판단된다. 따라서 「原老」 역시 이와 같은 시기에 간행된 것으로 추정된다.(鄭光 외:1999) 「原老」의 한어문은 元代 漢語의 특징을 고스란히 지니고 있고『老朴集覽』에서 '舊本'의 어휘라고 해석한 예들을 거의 찾아 볼 수 있으므로 初刊本의 한어로 추정이 된다.

4.2 『老乞大1』

이 간본(이하 「老1」)은 「舊老」를 발견하기 이전의 현존『老乞大』한어본 계열에서 가장 오래 된 것으로 알려진 간본 중 하나이다. 이 간본은 표지서명이 '華語'이고 弘文館의 印章이 찍혀 있으며 1권 1책 48장, 목판본(甲寅字 飜刻本)으로 임진왜란 이전의 것으로 추정된다. 이 간본은 크

기가 29.6cm×20.3cm이고 半葉匡郭이 24.2cm×16.6cm이며 판심서명이
'老乞大'이다. 四周單邊에 有界로 10행이고 매행 17자이며, 판심은 黑口
上下黑魚尾로 되었다. 이 간본은 제6장, 제8장, 제18장, 제45장이 후에
보충하여 써넣은 것이고 序文이나 跋文이 없어 刊記가 밝혀지지 않고
있다.

이 책은 현재 奎章閣(奎 5158)에 소장되어 있는데 「朝鮮圖書解題」,
「老奎章閣圖書韓國本總目錄」 등에서 "朝鮮時邊憲撰"이라 되어 있으
나, 邊憲은 朝鮮 景宗 二年(1721)에 譯科 급제한 사람으로 英祖 37年
(1761)에 「老新」을 편찬하였으므로 시대적으로 불가능한 것이다.(林東
錫·1982;351) 「老1」의 한어문은 「原老」와 큰 차이를 보이며 조선 成宗
14年(1483)에 수정된 明代 漢語本으로 추정된다.

4.3 『老乞大2』

이 간본(이하 '老2」)은 표지서명이 '老乞大'이고 侍講院의 印章이 찍혀
있으며 내용과 체재가 「老1」과 동일하나 版本(寫生 生體字)으로 보아
임진왜란(1592) 이후의 것으로 추정된다. 이 간본은 현재 奎章閣(奎 6293/
6294)에 소장되어 있는데 昭和 19年(1944)에 京城帝國大學 法學部에서
영인본을 출판하였고, 그 후 韓國亞細亞文化社(1973년)와 臺北聯經出
版公司(1978년)에서도 영인본을 내었다.

이상 두 종류의 『老乞大』는 「原老」가 발견되기 이전 가장 오래된
한어문인 것만은 분명하나 확실한 출간 연대는 알 수가 없으며 한어문이
동일한 「飜老」의 출간 연대를 참조할 수 있다.

4.4 『老乞大新釋』

이 간본은 1권 1책 51장으로 되었는데 표지서명과 판심서명이 '老乞大新釋'이고 크기는 32cm×21.3cm이며 半葉匡郭이 22.7cm×16cm이다. 四周雙邊에 有界로 10행이고 매 행 20자이며 판심은 上花紋魚尾로 되었다. 이 간본은 弘文館提學 洪啓禧의 서문이 있어 출간 시일이 英祖 37年(1761)임을 알 수 있다. 그리고 卷末에 檢察官・校正官・書寫官 등의 명단이 밝혀져 있어 金昌祚・邊憲 등이 편찬한 것임을 알 수 있다. 『通文館志』卷八 '什物 續篇'에도 "新釋老乞大板、諺解板, 乾隆癸未, 訓長邊憲修整, 芸閣刊板。"이라 기록되어 있다.

이 수정본은 그 전의 간본에 비해 내용에는 거의 변화가 없으나 이전 간본의 문장과 일일이 대칭되게 수정을 진행하였으므로 한어문의 문법과 어휘의 변화 양상을 그대로 관찰할 수 있어 귀중한 연구 자료가 되고 있다. 이 간본은 성종 14년(1483)의 수정본과 근 300년의 간격을 두고 있고 淸나라가 세워진(1663) 후로도 100년이 지났으므로 자연히 淸代에 사용하던 한어를 반영하고 있으며 明代의 한어본과 큰 차이를 보이고 있다. 이 간본은 현재 奎章閣(奎 4871/4872)에 소장되어 있다.

4.5 『重刊老乞大』

이 간본(이하「重老」)은 1권 1책 46장, 목판본으로 되었고 표지서명과 판심서명이 '重刊老乞大'이며 摛文院과 弘文館의 印章이 찍혀 있다. 이 간본은 크기가 35.1cm×23.6cm이며 半葉匡郭이 22.2cm×16.5cm이다. 四周雙邊에 有界로 10행 20자이고 판심은 上花紋魚尾로 되었다. 이 간본은 서문이 없으나 刊記에 "乙卯中秋 本院重刊"이라 되어 있어 출간

연대가 正祖 19年(1795)임을 알 수 있다. 그리고 卷末에는 檢察官・敎
整官・書寫官・監印官 등의 명단이 밝혀져 있어 李洙・張濂 등이 重
刊에 참여하였음을 알 수 있다. 이 간본은 현재 奎章閣(奎 932/2052/3173/
5198 등)에 소장되어 있으며 이 외에도 여러 異本들이 전해지고 있는
것으로 알려진다.

이 간본의 漢語文은 「老新」에 비하여 오히려 시간적으로 거리가 먼
明代 한어문『老乞大』와 더 가까운 것이 주목되는 점이다. 그리고 「老
新」이 출간된 지 34년 만에 다시 수정 출간된 것은 당시 「老新」이 失傳
된 데 원인이 있지 않나 하는 추측도 있으나(康寔鎭:1985;36) 역시 의문을
남기는 부분이다. 다음은 『老乞大』의 언해본들을 살펴보기로 한다.

4.6 『飜譯老乞大』

이 간본은 『老乞大』언해본 중에서 가장 오래 된 것으로 인정되며
조선 中宗朝의 崔世珍에 의해 편찬된 것으로 알려져 있다. 이 간본은
상하 2권 2책의 목판본으로, 상권은 71장, 하권은 73장이다. 상권의 표지
서명이 '老乞大 潮'라고 되어 있으나 현존하는 「飜老」의 하권에는 '汐'자
가 보이지 않는다. 이 간본은 크기가 33cm×22cm이고 半葉匡郭이
23.7cm×17.6cm이다. 四周單邊에 有界로 9행이고 매 행 19자이다. 판심
서명은 '老乞大 上, 下'로 되었고 판심은 黑口에 三葉花紋魚尾와 黑魚
尾가 섞여 있다. 이 간본은 서문이나 발문이 없어 확실한 편찬 연대는
밝혀지지 않고 있으나 최세진이 中宗 12年(1517)에 간행한 『四聲通解』
의 卷末에 '飜譯老乞大朴通事凡例'가 부첨되어 있는 것으로 보아 그
이전 시기의 것으로 추정되고 있다.[4] 이 간본을 『飜譯老乞大』라고 하는
것은 '飜譯老乞大朴通事凡例'를 근거로 한 것이다.(南廣祐:1972;204)

이 간본은 漢字의 좌우에 이중으로 주음을 하였고 한어문의 한 구절이 끝나는 곳에 언해를 하였다. 방점으로 국어의 성조를 표시하였고 [ᅀ]·[ㆁ]과 같은 문자가 사용된 것이 특징적이다. 「飜老」의 한어문은 앞에서 소개한 명대 한어본과 일치하다. 上卷은 白淳在氏의 所藏이고 1972년 中央大學校 大學院에서 영인본을 내었으며 下卷은 趙炳舜氏의 소장으로 1975년에 仁荷大學校 인문과학연구소에서 영인본으로 내었다.

4.7 『老乞大諺解1』

이 간본(이하 「老諺1」)은 상하 2권으로 되었는데 상권이 64장이고 하권이 66장이며 廂庫印이 찍혀 있다. 이 간본은 판심서명이 '老乞大諺解'이며 四周雙邊에 有界로 10행이고 매 행 19자이다. 이 간본은 크기가 35.6cm×22.8cm이고 半葉匡郭의 크기가 24.7cm×17cm이며 판심은 上下花紋魚尾로 되었다. 한어문의 내용과 언해의 체계는 「飜老」와 거의 동일하나[5] 국어 성조를 표기하는 방점을 사용하지 않았고 각 課를 시작하는 곳에 二葉花紋魚尾를 둔 것이 「飜老」와 다르다. 이 간본은 서문과 발문 등 刊記가 없다. 「奎章閣圖書 韓國本綜合目錄」에서는 '李洙 撰'이라고 되어 있으나 李洙는 「重老」와 『重刊老乞大諺解』를 편찬한 사람이므로 잘못 기록된 것으로 보인다. 같은 시기의 작품으로 추정되는 「朴諺」의 서문에 "歲丁巳(1677)十月日……"이라 되어 있고 권말에 讐正

---

4) 鄭光(1977:13)에서는 崔世珍이 「老朴」의 방대한 번역 작업을 할 수 있었던 기간은 그가 '喪中娶妾事'로 中宗 4年(1509) '不合師表, 不合師儒'라는 臺諫의 탄핵을 받아 파직되었다가 그 후 中宗 10年(1515) 承文院 訓誨로 다시 재임되기까지 6년간의 空白期에 이룩된 것으로 추정된다고 주장하였다.

5) 金完鎭(1976:50)에서는 「飜老」에서 원문의 한 구절이 빠진 것을 「老諺」에서 보충해 넣었음을 지적하였다. 즉 「老諺」(下17右)의 '有甚麼病 므슴병이잇ᄂ뇨'가 「飜老」에는 빠져 있다.

官·書寫官의 명단으로 邊暹·朴世華 등의 이름이 밝혀져 있는 것을 참조할 수 있다. 그리고 『通文館志』 卷8 書籍條에는 "內賜老乞大諺解"라는 구절이 있고 그 아래에 "二本 康熙庚戌 陽坡鄭相國啓令藝閣鑄字印行"이라는 주석이 붙어 있는데 淸 康熙 庚戌年은 서기 1670년으로서 「老諺」은 「朴諺」보다 7년 먼저 간행된 것으로 추정할 수 있다. 이 간본은 「飜老」와 160년의 간격을 두고 있으나 한어문이 동일한 상태에서 국어의 주음과 번역이 새롭게 이루어졌으므로 한어의 음운과 국어의 변화 양상을 고찰할 수 있는 귀중한 자료를 제공하여 주고 있다.

이 간본은 奎章閣(奎 2044/3917 등) 複本으로 4부가 소장되어 있는데 1944년에 「奎章閣叢書」 제9호로 京城帝國大學 法文學部에서 영인본으로 출간하였다. 그리고 뒷부분에는 순한어문과 『四聲通解』에 수록된 '飜譯老乞大朴通事凡例'가 첨부되었다. 같은 책으로 內賜本 2부가 慶北 漆谷과 미국 컬럼비아대학 동아도서관에 소장되어 있다.

4.8 『老乞大諺解2』

이 간본(이하 「老諺2」)은 상하 2권으로 상권 64장, 하권 67장으로 되어 있다. 표지서명은 '舊刊老乞大 乾·坤'으로 되었고 판심서명은 '老乞大諺解 上·下'로 되었다.[6] 이 간본은 목판본으로서 크기는 36cm×23cm이고 半葉匡郭이 24cm×16.8cm이다. 四周雙邊에 有界로 10행이고 매행 19자이며 판심은 上下花紋魚尾로 되었다.

이 간본은 서문의 끝부분에 "……歲乙丑仲秋上澣 校正官通訓大夫

---

6) 표지서명은 사용자가 임의로 붙인 것이므로 판심서명을 기준으로 해야 할 것이나 학계에서는 상기 「老諺」과 구별하기 위하여 『舊刊老乞大』라고도 한다. 그리고 일명 '平壤版 老乞大諺解'라고도 한다.

前司譯院正 卞熤謹序"라고 씌어 있고 하권의 권말에 校正官과 書寫官으로 申聖淵, 卞熤 등의 이름과 "平安監營重刊"이라는 刊記가 밝혀져 있어 乙丑年(1745)에 평안 감영에서 위의 「老諺1」을 중간한 것임을 짐작할 수 있다. 이 간본은 한어문과 판식, 언해의 체재 등은 重刊本답게 「老諺1」을 답습하고 있으나 좌음에 대한 주음과 번역에서의 표기 · 음운 · 어휘 등에는 상당한 차이가 있다. 따라서 이 간본은 卞熤의 序에서 "有古今聲音之差殊, 學譯者病之。"라고 한 것과 「老諺1」보다 70년이나 뒤에 나온 책이라는 점으로 미루어 보아 주음과 번역이 모두 새로운 모습의 책이라 하겠다.(安秉禧:1996a;14) 이 간본은 현재 奎章閣(奎 2303)에 소장되어 있다.

4.9 『老乞大新釋諺解』

이 간본(이하 「老新諺」)은 장기간 失傳된 것으로 알려져 왔다.[7] 그러나 1946년에 方鍾鉉 선생이 宋錫夏 교수 所藏의 卷二 · 卷三 두 책을 소개한 바 있고 뒤늦게 卷一 한 책이 미국 컬럼비아대학에 소장되어 있는 것으로 밝혀졌다.[8] 따라서 「老新諺」은 바로 「老新」의 언해본으로서 1763년 敎書館에서 간행된 목판본임이 확인되었다. 安秉禧(1996a:15)에서 이 간본의 卷一을 고찰한 바에 의하면 판식은 四周雙邊에 半郭의 크기가 23.3cm×17cm이며, 有界 10행에 1행 20자이고 주음과 번역은 雙

7) 『老乞大新釋諺解』는 장기간 失傳된 것으로 알려져 왔으나 卷一 한 책이 뒤늦게 미국 컬럼비아대학에 소장되어 있는 것으로 밝혀졌다. 따라서 『老乞大新釋諺解』는 바로 『老乞大新釋』의 언해본으로서 1763년 敎書館에서 간행된 목판본임이 확인되었다.(安秉禧:1996a;14)

8) 『通文館志』(卷8, 書籍條)에 『新釋老乞大』 一本과 『新釋老乞大諺解』 三本이 등록되어 있어 『老乞大新釋諺解』가 三卷으로 이루어진 것임을 알 수 있다.(安秉禧:1996a;14)

行이다. 판심은 版心題로 '老乞大新釋'이고, 下向三葉花紋魚尾와 그 아래에 '諺解'와 卷次 '一', 그리고 張次가 있다. 首題는 '老乞大新釋諺解'와 '卷一'로 되었다.

이 간본은 「老新」에서 언급된 바와 같이 한어문에 많은 수정이 이루어졌을 뿐만 아니라 그 전의 언해본에 비해 주음과 번역에서도 많은 변화가 있다. 우선 주음에서 좌측음은 「老諺2」를 따르나 우측음은 크게 수정되었다. 그리고 번역은 다른 언해본에 비해 「老諺2」의 특징이 표기・음운・어휘에서 더욱 강하게 나타나며 한자의 사용이 더욱 늘어난다. 그리고 그 전까지의 언해본은 모두 107課(절)였으나 이 간본에서는 111課로 늘어난 것으로 알려진다.(方鍾鉉:1946a;45)

4.10 『重刊老乞大諺解』

이 간본(이하 「重老諺」)은 「重老」를 언해한 것으로서 상하 2권으로 되었는데 상권 65장, 하권 67장이며 목판본으로 되었다. 이 간본은 크기가 35.2cm×23.6cm이며 四周雙邊에 有界로 10행이고 매 행 20자이며 半葉匡郭이 22.3cm×16.4cm이다. 판심서명은 '重刊老乞大諺解 上, 下'이고 판심은 上花紋魚尾로 되었다. 이 간본은 체재가 「老新諺」과 거의 같으나 張次 아래 가로줄을 둔 점이 다르다.

이 간본은 서문이나 발문 등 刊記가 없는데 한어본 「重老」를 근거로 같은 해(乙卯 1795)가 아니면 그보다 조금 후에 이루어진 것으로 짐작할 수 있으며 편찬자 역시 李洙 등으로 추정된다. 실지로 '熙政堂'이란 印記를 가진 한 책(奎 2043)의 앞표지 上包角 자리에 '乙卯重刊'이란 墨書가 있어 이를 증명하는 근거를 제공하고 있다.(安秉禧:1996;17) 이 간본은 현존하는 『老乞大』諺解類 중에서 가장 후기에 간행된 것으로 보이며 현재 奎章閣(奎 2049/2043/4866 등)에 20여 종이 소장되어 있다.

5 『老乞大』 諸刊本의 漢語

5.1 『老乞大』 漢語文의 유형

『老乞大』諸刊本의 한어문은 시대적 순서에 따라 다음과 같은 세 부류로 나뉜다.

1) 元代 한어문:
  『原本老乞大』: (1352년~1367년 추정).

2) 明代 한어문:
  『老乞大1』(서명 '華語', 弘文館印, 임란[1592년] 이전)
  『老乞大2』(書名 '老乞大', 侍講院印, 임란 이후)
  『飜譯老乞大』(1517년 이전)
  『老乞大諺解1』(1670년 추정)
  『老乞大諺解2』(서명 '舊刊老乞大', 1745년)

3) 淸代 한어문:
  『老乞大新釋』(1761년)
  『老乞大新釋諺解』(1763년)
  『重刊老乞大』(1795년)
  『重刊老乞大諺解』(1795년 추정)

5.2 元代 漢語本의 언어

「老朴」과 관련된 여러 문헌 기록과『老朴集覽』에는『老乞大』가 원

래 元代의 漢語임을 말해 주는 용어들이 자주 등장한다. 그리고 『成宗
實錄』11年(1480) 10月 乙丑條에 기록된 侍讀官 李昌臣의 啓에서도 개
정 이전의 「老朴」이 元代 漢語임을 밝히고 있다. 『老朴集覽』凡例에서
도 "兩書皆元朝言語, 其沿舊未改者, 今難曉解。"라고 하여 兩書가 모
두 원대의 언어로서 옛 것을 따르고 고치지 않은 것들은 이해하기 어렵
다고 하였다. 그리고 『老朴集覽』의 어휘 해석에서는 '舊本' 또는 '古本'
에서 사용된 元代語임을 여러 차례 언급하였고 일부 어휘에 대해서는
'今不用' 또는 '今罕用'이라 하여 당시에 이미 사용되지 않거나 거의 사용
되지 않음을 밝히고 있다. 그런데 이러한 어휘들이 「原老」에서 모두 그
용례를 찾아 볼 수 있다. 「原老」에는 본고의 편찬 연대에 대한 분석에서
지적한 바와 같이 원대에만 사용 가능한 용어로 '觔口'·'中統鈔'·'大都'
등이 사용되었는데 그 외에도 시기적으로 明代 이전에 사용되던 용어들
을 대량으로 발견할 수 있다. 이 용어들이 명대 한어본에서는 모두 변화
된 양상을 보이는데 「飜老」와의 비교를 통해 그 일부를 살펴보기로 한
다.(이하 예문 생략)

① 乖驕馬(22左) 〉 劣馬(下9右)
② 咱每(2右)〉咱們(上5左)
③ 索(9右) 〉 要(上30左)
④ 哏(2右) 〉 十分(上7右)/忒(上39右)
⑤ 底似(6左) 〉 十分(上21右)
⑥ 呵(1右) 〉 時(上2右)
⑦ 者(6右) 〉 着(上20右)
⑧ 戰張(15右) 〉 纏張(上52右)
⑨ 帖落(9左) 〉 洒子(上31左)
⑩ 有(1右) 〉 삭제(上2右)

이 외에도 「原老」에는 원대 한어에서 사용되던 부사 演裏(아직)〉還, 索(진실로)〉委實, 厮(서로)〉相, 猶自(역시)〉還, 전치사 投(-로/-향하여)〉往, 投(-로부터)〉從, 후치사 行(-에게/-에게서)〉上, 行(-앞에)〉前 등 시대적 특징을 나타내는 어휘들을 대량으로 발견할 수 있는데 「飜老」에서는 모두 변화되었음을 확인할 수 있다.

5.3 明代 漢語本과 淸代 漢語本의 언어

『성종실록』11년(1480)의 기록에서 중국의 사신인 戴敬이 「老朴」의 언어가 당시 중국에서 사용하지 않는 元代의 한어임을 지적하였는데『성종실록』 14년(1483) 9월조의 기록을 통하여 중국인 출신인 房貴和 · 葛貴 등에 의해 「老朴」이 실제로 수정되었음을 알 수 있다. 한편 「飜老」를 편찬한 최세진이 『老朴集覽』에서 「原老」의 어휘를 직접 다룬 것으로 보아 「飜老」의 한어문이 곧 당시 명대 한어로 수정된 간본임을 추정할 수 있다. 본고에서는 明代 한어본 계열인 「老諺」과 淸代 한어본인 「老新」의 일부 어휘를 비교하여 그 차이를 살펴보기로 한다.

① 高麗(上1-1) 〉 朝鮮(1-1)

'高麗'는 「老諺」의 한어문에 나타난 국호인데 「老新」에서는 '朝鮮'으로 수정된 것이 대조적이다. 이는 전자의 한어문이 朝鮮 開國(1392) 이전인 高麗 시기의 작품일 것이라는 추측을 자아내기도 하는데 이것은 또한 「老諺」의 한어문을 朝鮮 성종조의 수정본으로 추정하는 것과 모순되는 점이기도 하다. 그리고 전자의 것이 「原老」와 일치한 것이 의문으로 남기도 한다.

② 漢兒人(上2-1) 〉 中國人(1-2)
　　漢兒言語(上2-1) 〉 官話(1-1)

이상 '漢兒人'과 '漢兒言語'는 시대성이 짙은 어휘로서 「老新」에서의 변화가 주목된다. 전자는 「原老」의 용법과 일치한다.

③ 這的(하16-2) 〉 這箇(28-2)
　　那的(上11-2) 〉 那箇(4-2)

「老諺」에서 지시대명사 '這的'·'那的'은 '이것'·'저것'과 같은 의미로 사용되었다. '這的'·'那的'은 현대 한어에서 사용되지 않으며 「老新」에서 수정된 형태와 일치한다. 이러한 용법이 「老新」에서 수정되지 않고 그대로 사용된 예들도 많이 찾아 볼 수 있는데 이것은 이 용어가 그 당시 변화 과정에 있었음을 보여 주는 근거라 할 수 있다. 전자는 「原老」의 용법과 일치한다. 이 외에 대명사의 사용에서 '這們(上59-1)/那們(上60-1)〉這樣(21-1)/那麼(21-2)'의 용법도 나타나는데 「原老」에서는 '阿的'·'兀的'과 같은 표현을 사용하였다.

④ 這早晚(上44-2) 〉 這時候(16-1)

'早晚'은 본래 시간 의문사로서 '什麼時候'(언제)와 같은 뜻으로 사용되었다. 元朝에 이르러 '多早晚'(언제)의 형식이 생겨나면서 의미의 중심이 '多'(多少 얼마)로 옮겨졌고 '早晚'은 '時候'(때)란 뜻으로 변화되었다. 따라서 '這早晚'의 형식이 생겨난 것이다. '早晚'은 合音字로 되면서 '多'와 결합되어 '多喒' 또는 '多咱'로 되었고 현대 한어에서는 흔히 '多偺'으로 쓰고 있다. '這早晚'은 「原老」의 용법과 같고 현대 한어에서는 「老新」의 용법과 일치한다.

⑤ 將(上3-2, 上18-1) 〉 拿(2-1)/把(7-1)

「老諺」에서 '將'은 동사 '가지다' 또는 전치사 '-을/를'의 의미로 사용되었다. '將'은 「原老」의 용법과 같으며 현대 한어에서는 「老新」의 용법과 일치한다.

⑥ 饋(上55-1) 〉 給(42-1)

「老諺」에서 '饋'는 '주다'의 의미로 사용되었는데 「老新」에서는 대부분 '給'(주다)으로 바뀌었다. '給'은 淸朝 시기부터 사용되기 시작한 어휘로서 현대 한어의 용법과 일치한다. '給'과 같은 의미로 그전 시기에는 '與'·'歸'·'饋'·'己' 등으로 표시하였는데 발음상의 특징으로 보아 '饋'는 '給'의 前身으로 볼 수 있다. 「原老」에서는 '與'를 사용하였다.

⑦ 知他(上89-1) 〉 不知(16-2)

'知'는 '알다'의 의미를 나타내는 동사이고 '他'는 '그이'·'그 사람'을 나타내는 인칭 대명사이다. 그런데 전자에서 이 두 단어가 결합되어 '모르다'의 의미로 사용된 것이 독특하다. 이러한 용법은 인칭대명사 '他'(그)가 본래의 의미를 떠나서 동사 '知'(알다) 뒤에 첨가되어 '개의치 않다'는 語氣를 나타내는 조동사의 역할을 하였다. 전자는 「原老」의 용법과 같고 「老新」에서는 '不知'로 표현을 바꾸었는데 이것은 현대 한어와 일치한다.

⑧ 也似(上17-2) 〉 一樣(6-2)

'也'가 '似'의 앞에 첨부되어 '-와 같다'의 뜻을 나타내는데 비유되는 대상이 그 앞에 놓인다. '也似'가 현대 한어에서는 동사 '飛' 뒤에 첨부되어 '飛也似(나는 듯이)'라는 표현에만 사용된다. 「老諺」에는 '似'와 결합된 단어가 이 외에도 '底似・哏似・何似' 등이 있다. 전자는 「原老」의 용법과 같고 현대 한어에서는 「老新」의 용법과 일치한다.

⑨ 只除(上10-1) 〉 就是(4-1)

이 단어는 「老諺」에서 '오직・다만'의 뜻으로 사용되었는데 현대 한어에서는 「老新」에서의 용법과 일치한다. 「原老」에서는 '則除'의 형태를 사용하였다.

⑩ 旋......旋......(上48-1) 〉 現......現......(17-2)

'旋......旋......'은 두 개의 동사를 수식하면서 두 동작이 짧은 간격을 두고 이루어짐을 나타내는 형태로서 '그때그때・그 자리에서'의 뜻으로 해석된다. 「老諺」에서 '가끔'(又곰)으로 풀이한 것은 本義와 일정한 거리가 있는 것으로 보인다. 이에 비해 「飜老」에서 '旋糴旋喫'에 대한 언해를 '즉재 밧고와다가 즉재 먹으니'라고 한 것이 本義와 더 가까운 것으로 보인다. 전자는 「原老」의 용법과 같고 「老新」의 용법은 현대 한어와 일치한다.

⑪ 上(上2-1/上6-2) 〉根前(1-2)/-向(3-1)

여기의 '上'은 후치사에 해당되는데 「老諺」에서는 '여격' 또는 '탈격'으로 풀이되었고, 「老新」에서는 모두 다른 형태로 바뀌었다. 이러한 용법은 그 후 전해지지 않고 있는데 蒙古語의 '여격' 또는 '탈격'의 영향으로 추정된다. 현대 한어에서는 전치사의 사용이 활발한 데 비하여 후치사는 거의 사용되지 않고 있다. 그런데 「老朴」의 한어문을 살펴보면 '上頭·根底·行' 등과 같은 후치사 성분들이 눈에 띄게 많이 찾아 볼 수 있다.

⑫ 也(上41-2) 〉了(15-1)

上古 漢語에서 '也'는 본래 판단문의 어미 조사로 사용되었고 이와 대칭되는 '矣'는 서술문의 어미에 사용되었다. 中古 漢語에 이르러 판단문에 판단동사 '是'가 등장함으로 하여 '也'의 사용이 크게 줄어들었다. 「老諺」에서 사용된 '也'는 「老新」에서 모두 '了'로 바뀌었는데 이것은 현대 한어와 일치한다.

⑬ 着(上28-1) 〉罷(10-2)

어조사 '着'은 현대 한어에서 동작의 진행이나 상태의 지속 등을 나타낸다. 그러나 「老諺」에서는 '着'이 어말에 오는 경우 주로 명령이나 청유의 의미를 나타낸다. 같은 의미로 「原老」에서는 '者'를 사용하였고 「老新」에서 '罷'로 교체하였는데 이것은 청유를 나타내는 어조사로서 현대 한어의 용법과 같다.

⑭ 那(上18－1/上44－1) ＞ 啊(7－1)/麽(16－1)

‘那’가 「老諺」에서 어기조사로 사용되었는데 일반 의문문에 극히 일부
분만 사용되었고 선택 의문문에서 상대적으로 많이 사용되었다. 그러나
그 후에 출간된 『訓世評話』 등 다른 자료에서는 더 이상 ‘那’의 이러한
용법을 찾아 볼 수 없는 것으로 보아 「老朴」이 마지막으로 그 흔적을
남긴 것으로 보인다. (曹廣順:1995;169) 「老新」의 용법은 현대 한어와 같다.

⑮ 阿(上16－1/上32－2) ＞ 생략(6－1)/(11－2)

‘阿’에 대한 「集覽」의 해석에 의하면 ‘皆元朝之語’라 하였으나 ‘阿’의
어조사적 용법이 宋代 때에도 명령·금지·의문·추측·가정 등을 나
타내는 어말에 사용되었으며 元代에 이르러서는 주로 부름말에 사용된
것으로 나타난다. 한편 ‘阿’는 현대 한어의 어조사 ‘啊’의 前身이라 할
수 있다. 「老諺」에서 ‘阿’는 선택 의문문과 반문문에 쓰이었다. 한편 「老
新」에서는 모두 생략되었으나 의미에는 지장이 없는 것으로 보인다.

이상 분석을 통하여 明代 한어문과 淸代 한어문은 현저한 차이가 있
음을 발견할 수 있다. 그리고 명대 한어문에는 아직도 원대 한어의 흔적
이 적지 않게 남아 있으며 청대 한어문은 현대 한어의 용법과 거의 일치
함을 짐작할 수 있다. 명대 한어문에 대한 자세한 분석은 졸저(1998b)를
참조하기 바란다.

5.3 明代 漢語文 제간본의 차이

『老乞大』의 명대 한어본은 간본들 사이의 언어가 거의 일치하나 글자의 사용에서 일부 차이를 발견할 수 있다. 그 일부는 異體字나 通用字, 또는 略字에 속하는 것이고 일부는 誤字로 인정되는 것들이다. 부분적인 예를 들어보기로 한다.

(1) 「老1」〉「老2」:

① 捉拿 〉 提拿(10左): '提'는 '捉'착의 오자이다.
② 房子 〉 房于(11左): '于'는 '子'의 오자이다.
③ 委實 〉 要實(17右): '要'는 '委'의 오자이다.
④ 緞子 〉 段了(33右): '了'는 '子'의 오자이다.
⑤ 狐朋狗黨 〉 孤朋狗黨(40右): '孤'는 '狐'의 오자이다.
⑥ 黑綠紵絲比甲 〉 黑祿紵絲比甲(41右): '祿'은 '綠'의 오자이다.
⑦ 不曾去 〉 不曾失(42左): '失'은 '去'의 오자이다.
⑧ 草料 〉 車料(31右): '車'는 '草'의 오자이다.
⑨ 嘉興綾子 〉 喜興綾子(32左): '喜'는 '嘉'의 오자이다.(嘉興: 浙江省의 杭州와 上海 사이 지명)
⑩ 春季裏 〉 春季裡(41右): '裡'는 '裏'의 이체자로 사용되었다.
⑪ 問牙家換 〉 問我家換(29右): '我家'는 '牙家'의 오자이다.
⑫ 送你到外頭去 〉 送到你外頭去(26左): '你到'의 어순이 '到你'로 잘못 전도되었다.

(2) 「飜老」〉「老諺1」:

① 包彈(下31右) 〉 駁彈(下28右): '包'와 '駁'은 통용자로 사용되었다. 현대한어에서는 '駁'자를 사용한다. '朴集'의 '褒彈'에 대한 해석에서는 '褒作包是'(「朴集」中7左)라고 하였고 「原老」에는 '褒彈'으로 표시하였다.
② 取(下42右) 〉 娶(下38右): '取'와 '娶'는 통용자로 사용되었다. 현대 한어에

서는 후자를 사용하고 있다.

③ 爺孃(下48左) 〉 爺娘(下43左): '娘'은 '孃'의 약자이다.

④ 頭疋(下55右) 〉 頭匹(下49左): '疋'과 '匹'은 통용자이다.

⑤ 消乏(下55右) 〉 消之(下49左): '之'는 '乏'의 오자이다.

⑥ 貨物(下66右) 〉 貨要(下59左): '要'는 '物'의 오자이다.

⑦ 靑羅曳撒(下50右) 〉 靑羅衣撒(下45右): 「老1」과 「老2」에서는 '曳'로 표시하였다.

⑧ 緜子(上13右) 〉 綿子(上12右): '綿'은 '緜'의 약자이다.

(3) 「老1」/「老2」[9] 〉 「飜老」/「老諺1」:

① 些小(2左) 〉 些少(上6左)/上(5左): '小'와 '少'는 통용자로 사용되었다.

② 則(6左) 〉 只(上17右)/(上15左): '則'과 '只'는 통용자로 사용되었다. 현대어에서는 후자를 사용하고 있다.

③ 路澁(11右) 〉 路濇(上30左)/(上27左): '濇'은 '澁'의 이체자로 사용되었다.

④ 桂杖(11左) 〉 拄杖(上33右)/(上30左): '桂'는 '拄'의 오자이다.

⑤ 礶兒(15右) 〉 罐兒(上43右)/(上38左): '礶'은 '罐'의 이체자로 사용되었다.

(4) 「老1」/「老2」/「飜老」 〉 「老諺1」:

① 低銀子(28左)/(下14右) 〉 低好子(下12左): '好'는 '銀'의 오자이다.

② 煮料(7右)/(上19左) 〉 煮了(上18右) : '了'는 '料'의 오자이다.

③ 秆草(6左)/(上18右) 〉 稈草(上16右): '秆'은 '稈'의 약자로 '조짚'의 의미로 사용되었다.

이상의 예문들을 정리하면 다음과 같다. 명대 한어문 제간본의 차이는 부분적인 통용자와 이체자, 그리고 약자를 제외하면 대부분은 誤字로 인하여 생긴 것들이다. 그중 「老1」에 비해 「老2」의 오자가 훨씬 많고 「飜老」에 비해 「老諺1」의 오자가 훨씬 많음을 쉽게 발견할 수 있다.

---

9) 이상 「老1」과 「老2」는 쪽수가 같으므로 따로 표시하지 않음.

한편 「老諺2」는 「老諺1」에 비해 한자의 주음과 언해문에는 상당한 차이
가 있으나 한어문은 일치하며 오자가 거의 발견되지 않는 것이 그 차이
라고 할 수 있다. 漢學書의 편찬 작업이 워낙 방대한 만큼 오자가 조금도
없을 수는 없겠지만 무엇보다도 정확성을 요구하는 교과서에 오자가 눈
에 띄게 많이 발견되는 것은 당시 편찬자들의 수준에 의문을 갖게 하며
적어도 편찬 작업이 면밀하지 못했음을 짐작하게 한다.

5.4 淸代 漢語文 제간본의 차이

淸代 漢語文 간본으로는 「老新」과 「重老」 두 종류와 그 언해본들이
있다. 이 두 한어문 간본은 본문 내용에는 차이가 없으나 體裁에 있어서
전자는 51장이고 후자는 46장인 것부터 다르며 언어의 표현 형식에 있어
서도 적지 않은 차이를 보이고 있다. 우선 「老新」이 「重老」보다 더 구어
체 형식으로 표현된 것을 쉽게 발견할 수 있다. 다음은 시간적으로 30여
년 후에 편찬된 「重老」의 한어문이 「老新」에 비하여 명대의 한어문과
오히려 가까운 양상을 보이고 있는 것이 특징적이다. 그 예를 일부 들어
보기로 한다.

① ㄱ) 大哥你從那裏來?(「老1」 1右)
   ㄴ) 大哥你從那裏來?(「重老」 1右)
   ㄷ) 阿哥你打那裏來?(「老新」 1右)

② ㄱ) 如今那裏去?(「老1」 1右)
   ㄴ) 如今那裏去?(「重老」 1右)
   ㄷ) 這回兒那裏去?(「老新」 1右)

③ ㄱ) 我們不會體例的人。(「老1」 6右)

ㄴ) 我們不會體例的人。(「重老」5左)

ㄷ) 我們不忌的人。(「老新」6右)

④　ㄱ)咱們閑話且休說。(「老1」6左)

　　ㄴ) 咱們閑話且休說。(「重老」5左)

　　ㄷ) 咱們閑話別講罷。(「老新」6右)

　이상 예문들은 「老新」에 비하여 「重老」의 한어문이 명대 한어문인 「老1」과 일치한 양상을 보이고 있음을 말해 준다. 그리고 예① ㄷ)의 '阿哥'는 '大哥'에 비해 구어체에서 쓰이는 호칭어이고 '打'는 '從'에 비해 구어체에서 많이 사용하는 전치사이다. 예② ㄷ)의 '這回兒' 역시 '如今'에 비해 구어체에서 사용하는 시간사이다. 예④ ㄷ)의 '別'은 부정의 의미를 나타내는 부사로서 '休'에 비해 현대 한어에서 사용하는 용법과 일치하며 '罷'는 구어체에서 권유를 나타내는 어조사이다. 「老新」과 「重老」의 언어를 비교하여 보면 가장 뚜렷한 차이로 「老新」에서 구어체에 사용하는 어조사를 훨씬 많이 사용한 것을 꼽을 수 있다. 그 예를 들어보기로 한다.

①　了: 你都能懂得了懂不得呢?(「老新」2右)

　　　你都能懂得懂不得?(「重老」2右)

②　着: 中國人根前學書來着。(「老新」1左)

　　　中國人根前學書來。(「重老」1左)

③　阿: 你的師傅是甚麽人? 是漢人阿。(「老新」2右)

　　　你的師傅是甚麽人? 是漢人。(「重老」2右)

④　呢: 怎么纔到這裏來呢?(「老新」1右)

怎么纏到這裏?(「重老」 1右)

　　이상 예문에서 보이는 어조사들은 현대 한어에서도 그대로 사용하는
것들인데 「老新」에서 대량으로 사용된 데 비해 「重老」에서는 부분적으
로 사용되었거나 더 많은 경우에는 생략된 양상을 보이고 있다. 이 외에
도 「老新」에서는 현대 한어에서 그대로 사용되는 표현 형태들이 다양하
게 사용되었으나 「重老」에서는 생략되거나 다른 형태로 바뀌었다. 그
예들을 조금만 더 들어보기로 한다.

　　① 往: 你如今往那裏去?(「老新」 3右)
　　　　　你如今那裏去?(「重老」 3右)

　　② 向: 向師傅稟了。(「老新」 3右)
　　　　　稟了師傅。(「重老」 3右)

　　③ 要: 我要將這幾箇馬賣去。(「老新」 3右)
　　　　　我將這幾箇馬賣去。(「重老」 3右)

　　④ 得: 賣得十五兩以上。(「老新」 3左)
　　　　　賣十五兩以上。(「重老」 3左)

　　예①의 '往'은 방향을 나타내는 전치사로서 '-로/으로'의 의미를 나타
내며 예②의 '向'은 여격을 나타내는 전치사로 '-에/에게'의 의미를 나타
낸다. 이것은 현대 한어의 용법과 일치한다. 예③의 '要'는 의도를 나타
내는 조동사로서 '-려 하다'의 의미를 나타내며 현대 한어에서도 그대로
사용된다. 예④의 '得'은 가능을 나타내는 조동사로 동사 뒤에서 '-ㄹ
수 있다'의 의미를 나타낸다. 그런데 「重老」에서는 이러한 용법들이 모
두 생략되었다. 이 외에도 兩書의 차이를 보여 주고 있는 것들로 다음과

같은 것들을 들 수 있다.

⑤ 大槩兒(「老新」 4左) 〉 大槩(「重老」 4右)
⑥ 吃(「老新」 4左) 〉 喫(「重老」 4右)
⑦ 說(「老新」 12右) 〉 道(「重老」 11左)

예⑤는 부사 '대개'인데 「老新」에서는 구어체에 많이 사용되는 접미사 '－兒'이 첨부되었고 예⑥은 동사 '먹다'인데 「老新」에서는 약자 '吃'을 사용하였으나 「重老」에서는 正字 '喫'을 사용한 것이 인상적이다. 그리고 예⑦에서는 동사 '말하다'의 의미로 「老新」에서는 현대어와 일치한 '說'을 사용하고 「重老」에서는 고어체인 '道'를 사용하였다.

이상의 분석들을 요약하면, 시간적으로 먼저 편찬된 「老新」은 「重老」에 비해 구어체의 특징이 더욱 두드러지며 현대어와 일치한 양상을 보인다. 반대로 후에 편찬된 「重老」는 오히려 명대 한어문과 더욱 가까운 양상을 보여 주고 있다. 이러한 차이의 정확한 원인은 밝힐 수 없으나, 兩書의 편찬 시간이 그리 멀지 않은 간격을 두고 있어 언어의 변화에 의한 것이라기보다는 편찬자들의 어떤 의도나 취향에 의한 것으로 추정이 된다. 따라서 「老新」에서 사용된 구어체가 지나치게 속된 표현이라 인정되어 적당히 수정을 가한 것이 아닌가 하는 느낌이 들기도 한다. 현재도 회화 교과서에서 지나치게 속된 구어체를 삼가고 서면어 형식을 적당히 섞어 쓰는 것을 고급스런 회화어로 간주하는 경향을 발견할 수 있기 때문이다.

6 맺음말

이상으로 『老乞大』의 편찬 연대에 대한 추정과 『老乞大』 諸刊本의 한어문 성격에 대하여 살펴보았다. 본 고찰에 의하면『老乞大』는 元代의 작품이 확실하며 구체적인 편찬 연대를 원대 말기인 서기 1352～1368년경으로 추정할 수 있다. 한편『老乞大』의 한어문은 여러 종류가 전해지나 종합하여 정리하면 초기 간본인 元代 漢語文과 그 후 수정본인 明代 漢語文・淸代 漢語文으로 나뉜다. 원대 한어문은 초간본으로 추정되는「原老」한 권만 전해지는데『老朴集覽』에 근거하면 원대 한어의 특징을 잘 반영하고 있는 것으로 분석된다. 조선 성종조에 수정을 거친 것으로 추정되는 명대 한어문은 여러 간본이 있으나 한어문에는 별 차이가 없으며 다만 한자의 사용에서 이체자・통용자・약자 등의 차이가 있고 그 외의 것은 오자로 인한 차이가 있을 뿐이다. 그리고 명대의 수정본으로서 원대 한어문과 큰 차이가 있으나 아직 원대 한어의 흔적이 적지 않게 남아 있는 것으로 보인다. 청대 한어문에는 두 종류가 있는데 명대 한어문과 많은 차이를 보인다. 한편 시간적으로 먼저 편찬된「老新」이 구어체의 특징을 더 많이 반영하고 있고 어휘 사용이 현대 한어와 거의 일치하다. 그리고 그보다 30여년 후에 편찬된「重老」는「老新」의 중간본이 아니고 새롭게 수정을 거친 간본인데 오히려 명대 한어본의 언어 표현과 더 가까운 양상을 보이고 있는 것이 흥미로운 의문을 남기고 있다.

※ 이 논문은「老乞大』諸刊本의 漢語文」이란 제목으로『21세기 국어학의 과제』(솔미[松山] 정광 선생 화갑 기념 논문집・도서출판 月印: 2000;395～422)에 실린 것을 수정한 것이다.

『朴通事』諸刊本과 언어

1 서론

　『朴通事』는 역사적으로 『老乞大』와 함께 漢語 學習書로 널리 애용되어 왔고, 특히 「飜老朴」은 司譯院 譯官들의 科試를 위한 교과서로 잘 알려진 譯學書 자료이다. 이 자료는 訓民正音으로 漢語 原文에 대한 表音 및 諺解가 이루어졌고 또한 그것이 수차례 거쳐 수정됨으로써 한국어의 역사적인 변화를 보여 준다는 점에서 국어사 연구의 귀중한 자료로 인정되고 있다. 한편 한어 원문에 대한 표음 및 언해는 漢語의 音韻·語彙, 그리고 文法的 변화 등을 보여 주는 중요한 참고 자료로 學界의 관심을 끌고 있다.

　본고에서는 『朴通事』 제간본에 대하여 書誌學的 측면에서 살펴보고 漢語 原文에 대한 고찰을 통하여 본 자료가 漢語史의 연구에 지니는 학술적 가치를 짚어 보고자 한다.

2 『朴通事』의 내용 구성

　『朴通事』는 대부분 매 절마다 중국을 무대로 하는 한 장면의 독립된 대화 형태로 구성되었는데 중국의 사회적 풍속과 생활 문화를 골고루 반영하고 있다. 한편 『朴通事』에서는 대부분 화자의 신분이 밝혀져 있지 않으나 대화 내용으로 보아 주인공이 거의 中國人인 것으로 짐작이 된다. 그런데 간혹 高麗와 高麗人에 관한 내용들이 등장하고 그중 어떤 대목은 화자의 한 사람이 高麗人임을 보여 주는 장면들도 있어 흥미를 돋우어준다. 현존본 중 「朴諺」을 근거로 그 구성을 살펴보면 上中下 3권에 106개 文段으로 이루어졌는데 장절의 순서에 따라 그 내용을 정리하면 다음과 같다.

上卷:

1) 賞花筵席	2) 開詔差使	3) 雨後築墻	4) 挑脚關米
5) 太醫治瘡	6) 買段子1	7) 打刀子	8) 放空中
9) 廂金帶	10) 儅錢鋪	11) 洗馬喂馬	12) 下賭碁
13) 仲秋翫月	14) 觀操馬	15) 買獤皮	16) 李小兒賴債
17) 和尙偷媳婦	18) 灸治痢疾	19) 猜謎語	20) 獸醫治馬
21) 剃頭	22) 官人娶娘子	23) 護膝荷包	24) 學裏讀書
25) 捎來家信	26) 混堂洗澡	27) 商量去京	28) 敎場射箭
29) 養孩兒難	30) 留拜貼	31) 相公打弓	32) 借錢文書
33) 牙家買馬	34) 上墳借帽	35) 補生日	36) 西湖景致
37) 對換信物	38) 買段子2	39) 高麗僧說法	40) 觀看雜技
41) 木匠做櫃	42) 染房裏	43) 使臣到站	

中卷:

44) 買人文契	45) 修理車輛	46) 豊年水賊廣	47) 相公請太醫
48) 送高麗特産	49) 看上姐姐	50) 驅使賊漢	51) 參見觀音像
52) 吩咐看家	53) 定做帽兒	54) 謀財殺人	55) 鐵匠家喫飯
56) 貌隨福轉	57) 禪頂山景致	58) 後園種菜	59) 提防入賊
60) 買段子3	61) 書寫房契	62) 房上漏雨	63) 問寫字
64) 村莊之樂	65) 收拾客位	66) 滿期離職	67) 灌酒報復
68) 看守孩兒	69) 下鼈碁	70) 摔挍	71) 雨後出門
72) 見牢子走	73) 做新衣裳	74) 河裏洗澡	75) 買猫
76) 防蚊避蚤			

下卷:

77) 官司受錢	78) 虫蛀衣裳	79) 躧死蛕蜒	80) 江南布施
81) 整治炕壁	82) 治療疥瘡	83) 高麗師父說經	84) 托人寫家書
85) 盖書房	86) 跟官人受苦	87) 妄告官司	88) 唐三藏西遊記
89) 買珠兒珊瑚	90) 茶房喫茶	91) 打立罷兒	92) 聖節日看捽挍
93) 食店喫飯	94) 打毬兒	95) 老安監禁	96) 送哥赴任
97) 請畫匠	98) 老曹葬禮	99) 敎春奴做飯	100) 看打春
101) 北京城門	102) 打魚兒	103) 申竊盜狀	104) 寫告狀書
105) 尋馬告子	106) 談高麗建國		

3 『朴通事』의 諸刊本

3.1 『朴通事』原刊本

『朴通事』의 原刊本은 현재 전해지지 않고 있고 著者와 저술 年代도 밝혀지지 않고 있다. 다만 책이름으로 보아 姓이 朴氏이고 通事職을 맡은 사람이 저술한 것이 아닐까 하는 추측이 있기도 하나, 『朴通事』란 高麗人의 고유 성씨인 '朴'자를 붙여서 高麗人을 지칭하는 말이었을 것이라는 주장도 있다.[1] 이 외에도 저자가 당시 중국 遼東 지역의 瀋陽 혹은 遼陽에 거주하던 高麗人 僑民 출신이 아니었는가 하는 추측(閔泳珪:1966)과 高麗에 귀화한 中國人이었을 것이라는 추측 등이 있다.[2]

『朴通事』의 著述 年代를 정확히 밝힐 수는 없지만 추정할 만한 자료

---

1) 서울대 宋基中 교수는 『老乞大』을 高麗人이 中國人을 지칭하는 말이라 한다면 『朴通事』는 中國人이 高麗人을 가리키는 뜻으로 씌었을 가능성이 있다고 주장하였다.

2) 此書中多有高麗及中國西北之物名, 故此書蓋高麗中期, 或歸化於高麗之中國北方人, 假託而成書者也。由於譯學制度及政策, 不如朝鮮之完善, 故從事於譯學之一位歸化人, 不著其姓, 只假託於姓朴之通事, 爲敎習中國語, 作此書。(林東錫:1983;339)

로는 漢語 原文에 나오는 일부 내용들을 근거로 살펴볼 수 있다.

> 南城3)永寧寺裏 聽說佛法去來 一箇見性得道的高麗和尙 法名喚步虛 到
> 江南地面石屋法名的和尙根底 作與頌字……南城 永寧寺에 佛法니르는
> 양 드르라가쟈 흔 見性得道흔 高麗ㅅ즁 法名을 步虛 라브르는이 江南짜
> 石屋이라 法名흔 즁의 손듸 가니 頌字를 지어주매……(「朴諺」上65右)

이상 예문에서 說法한다는 '步虛 和尙'이란 곧 高麗 시기의 太古 和尙
普愚(1301~1382)를 가리키는데, 그가 元나라 大都(지금의 北京)에 체류
했던 것은 至正 6年(1346)에서 至正 8年(1348)으로 추정된다. 이에 대한
『老朴集覽』 '步虛'條의 해석을 보면 다음과 같다.

> 步虛, 俗姓洪氏, 高麗洪州人, 法名普愚, 初名普虛, 號太古和尙, 有求法於
> 天下之志。至正丙戌春, 入燕都……時適丁太子令辰十二月二十四日, 奉
> 傳聖旨, 住持永寧禪寺, 開堂演法。(「朴集」上15左)
> ─步虛: 俗姓은 洪氏이고 高麗 洪州人이다. 法名은 普愚이고 初名은 普虛
> 이며 號는 太古和尙이다. 天下를 다니며 法道를 구하려는 뜻을 품고 至正
> 연간의 丙戌년 봄에 燕都에 들어갔다……마침 丁太子의 誕辰日인 12월
> 24일이라 聖旨를 받고 永寧禪寺의 住持로서 법당을 열고 설법을 하였다─

이상 예문에서 步虛 和尙이 聖旨를 받들어 永寧禪寺에서 演法을 하
였다고 하였는데, 문헌 기록에 의하면 步虛和尙(普愚)이 燕都에 들어간
것은 丙戌年(1346) 봄이고 남행을 하였다가 다시 燕都에 가서 元 順帝의
特命으로 永寧禪寺에서 설법을 한 것은 至正 7年(1347)의 일로 알려진
다.(민영규:1966)4) 따라서 『朴通事』는 그 후로부터 그리 멀지 않은 시기

---

3) '南城'은 元나라 수도인 '大都'의 속칭이다. 이에 대한『老朴集覽』의 해석을 보면
   다음과 같다.
   大元以燕京爲大都, 俗號南城。以開平府爲上都, 俗號北城。(「朴集」上15左)

에 편찬되었을 것으로 추정할 수 있다.

『朴通事』의 원문에는 또 '老曹'라는 人物의 葬禮式에 관한 대목에서 陰陽家를 청하여 썼다는 '殃榜'의 내용이 주목된다.

> 寫着壬辰年二月朔丙午十二日丁卯 丙辰年生人 三十七歲 艮時身故 二十四日丁時殯出順城門 임진년 二月朔 丙午 十二日 丁卯에 丙辰年에 난 사름 三十七歲 艮時예 身故ᄒ여 二十四日 丁時예 殯이 順城門으로 나가니 (「朴諺」 下41左)

앞에서 언급한 步虛 和尙이 說法을 하였다는 1347년을 기준으로 한다면 가장 가까운 壬辰年은 1352년이 될 것이다. 그리고 丙辰年(1316)生인 '老曹'가 '三十七歲'에 사망하였다는 것과도 부합된다.

> 今年雨水十分大 水淹浄過蘆溝橋獅子頭 把水門都衝壞了 澇了田禾沒一根兒 看那人家墻壁都倒了 올히 雨水ㅣ ᄀ장 만ᄒ여 믈이 蘆溝橋獅子ㅅ머리를 줌가너며 水門을 다가다딜러 해야ᄇ리고 田禾에 믈씌여 흔불회도 업고 뎌 人家墻壁을 보니 다 믄히뎌시니(「朴諺」 上9左)

이상 예문에 나오는 蘆溝橋는 北京 서남쪽 郊外의 永定河(金朝 때는 蘆溝河라 하였음)에 있는 石橋이다.[5] 이 지역은 기후가 건조하여 홍수가 드문 곳이라 할 수 있는데 예문에서는 蘆溝橋의 獅子頭가 물에 잠기고 수문이 터져 곡식이 몽땅 잠기었으며 담장이 다 무너질 정도로 큰물이

<hr/>

4) 閔泳珪(1966)에서는 『太古和尙語錄』(和尙의 侍者 雪棲 編)·『太古和尙行狀』(和尙 會下 維昌 撰)·『太古和尙寶月昇空塔碑銘』(李穡, 三角山 太古寺) 등을 근거로 이를 증명하고 있다.
5) 이 다리는 金 大定 20年(1189)부터 明昌 3年(1192)에 건설되었으며 길이는 265m, 폭은 약 8m가 된다. 다리에는 11개의 孔石拱이 있고 난간에는 정교하게 조각한 돌사자가 485개 있다. 이 돌사자들은 모양이 각기 다르고 웅장하며 생동하는 모습을 보인다. 현재 重要文化財로 지정되어 있다.

났다고 기술하고 있다. 따라서 地方誌나 기타 역사 문헌에서 좀 더 구체적인 근거를 찾아 볼 수 있지 않을까 한다.

『朴通事』의 한어 원문에서 집필 연대와 연결시켜 생각해 볼 수 있는 내용은 이상의 것이 전부라고 말할 수 있다. 물론 이러한 연대들이 곧 『朴通事』의 집필 시간이라 단언할 수는 없겠지만 대략적인 집필 시간을 추정하는 근거로는 의미가 있을 것이다.

한편『朴通事』의 刊行에 관하여는 본서 제1장 제2절에서 살펴본『世宗實錄』(卷20, 5年[1423] 6月 壬申條)에 禮曹에서 司譯院의 첩문에 의하여 당시 「老朴」의 인쇄본이 없으므로 頒鑄字에 명하여 印出할 것을 청하였다는 기록이 있다. 이와 관련된『世宗實錄』의 또 다른 기록을 찾아 보면 다음과 같다.

> 頒鑄字所印『老乞大』、『朴通事』于承文院、司譯院,　此二書譯中國語之書也。(『世宗實錄』卷64, 世宗 16年[1434] 6月丙寅條)
> －鑄字所에서 印行한 老乞大 · 朴通事를 承文院과 司譯院에 나누어 주었다. 이 두 책은 중국어를 번역한 책이다－

이상 기록은 頒鑄字에서 실제로 이 두 책을 인출하여 承文院과 司譯院에 나누어 준 시간을 말해 주고 있다.

3.2 『飜譯朴通事』

이 간본은 司譯院 譯科 科試에 사용하던『朴通事』를 訓民正音으로 注音과 解釋을 붙인 것으로 그 최초의 飜譯者는 조선 中宗朝의 崔世珍으로 알려져 있다. 이에 대한 기록은『四聲通解』序文 ·『朴通事諺解』序文 ·『通文館志』(卷7, 人物條) 등에서 찾아볼 수 있다.

「飜朴」의 확실한 저술 연대는 밝혀지지 않고 있으나 최세진이 中宗 12年(1517)에 간행한 『四聲通解』의 말미에 이미 '飜譯 老乞大·朴通事 凡例'가 첨부되어 있는 것으로 보아 그 전 시기에 이루어진 것으로 추정할 수 있다. 「飜朴」의 저술 연대와 관련하여 주목되는 것은 「朴諺」과 비교하면 誤譯 내지는 誤譯에 가까운 표현들이 많다는 것이다. 그 예를 일부 들어 보기로 한다.

① 如今却早有賣的拳杏麼? 黃杏未有裏, 大水杏半黃半生的有。
　　飜朴: 이제 불셔 拳杏 풀리 잇거니와 黃杏 업고 大水杏 반만 닉고 반만 서니 잇다(「飜朴」上5左)
　　朴諺: 이제 불셔 拳杏 풀리 인느냐 黃杏은 업고 굴고 믈한 슬고ㅣ 半黃半生흔 이 잇더라(「朴諺」上6右)

② 百歲日[6]又做筵席。
　　飜朴: 첫돌시어든 쏘 이바디홀제(「飜朴」上57右)
　　朴諺: 百歲日에 쏘 이바디ᄒ면(「朴諺」上51右)

③ 將錢來贖將契去。
　　飜朴: 쳔 가져다가 글월 쓴 갑 드리고 믈러가라(「飜朴」上62右)
　　朴諺: 돈 가져와 갑고 글월 가져 가라(「朴諺」上55右)

④ 那廝那裏肯饒。
　　飜朴: 그 노미 언제 즐겨 날 주리오(「飜朴」上65左)
　　朴諺: 뎌 놈이 어듸 즐겨 주리오(「朴諺」上58右)

이러한 현상은 최세진이 당대 中國語와 吏文에 정통한 第一人者로

---

6) '百歲日'은 어린애가 태어나서 100일 되는 날을 가리킨다. 『老朴集覽』에서 이에 대한 해석을 정확히 하고 있다. 즉 "子生一七日謂之一臘, 一歲謂之百晬. 質問云: 初生孩兒以百日爲百歲日, 六親皆以禮賀之, 主人設席館待。"(「朴集」上13左)

꼽히는 것과는 거리가 있는 것으로 보인다. 따라서 『朴通事』初刊本의 飜譯 年代는 가급적 이른 시기의 것으로 추정하여 최세진이 비교적 젊은 나이에 집필한 것으로 추측할 수 있다. 즉 그가 30세 전후인 16세기 초에 번역한 것이라 볼 수 있을 것이다.(유창돈:1960)

「飜朴」은 上·中·下로 되었는데 初刊本으로 보이는 上卷 一冊만이 1959년 慶北 상주군 趙誠穆氏의 藏書 중에 발견되었다. 이 책은 최세진이 번역한 『老乞大』·『朴通事』 중에서 오늘날 남아 있는 유일한 活字本(乙亥字)이다. 金完鎭(1976:11)에 의하면 조선 시기에 部數가 많을 때는 목판본을, 적을 때는 鑄字本을 내는 경향이 있었는데 「飜老」가 목판본으로 廣布된 것은 일상의 기본 회화를 중심으로 한 교재였던 까닭이고, 고급 회화라 할 수 있는 「飜朴」은 그 수요가 한정되어 목판본의 간행이 없었을 것이라고 주장하였다. 그리고 鄭光(1989:106)에서는 譯學書의 간행에 있어서 鑄字本은 보존용이고 실제로 譯生들이 사용하는 교재는 鑄字本을 교정하여 修整版을 내거나 이를 복각한 木版本이라고 하였다. 그리고 주자본을 복각하여 간판한 목판본은 한 번에 쇄출하여 책으로 만드는 것이 아니라 목판을 두고 필요할 때마다 쇄출하는데 실제로 사역원의 역생들은 값비싼 주자본보다는 그 후쇄된 목판본을 교재로 하였을 것이라고 주장하였다.

이 간본은 表紙書名과 版心書名이 『朴通事』上'이라 되어 있고 크기가 24.9cm×17.6cm이며 76장에 每張이 9행으로 나뉘고 매 행에 19字 정도 들어 있다. 그리고 한어 原文의 한 구절이 끝나면 한글로 번역을 하였고, 每字의 左右에 이중으로 한어 발음을 기록하였으며 傍點으로 漢語와 國語의 聲調를 표시하였다.

이 간본은 본래 趙誠穆씨가 소장하고 있었는데 현재는 國會圖書館에 소장되어 있다. 그리고 1959년에 慶北大學校 大學院에서 영인본으로 간행되었고 그 후 1974년에 大提閣에서 다시 출간되었다.

3.3 『朴通事諺解』

이 간본은 朝鮮 肅宗 3年(1677)에 邊暹·朴世華 등이 최세진의 「飜朴」을 수정하여 간행한 것이다. 이 간본은 서문이 있고 卷末에 「老集」上下와 '單字解'가 첨부되어 있다.[7] 通訓大夫 李聃命[8]의 서문에는 다음과 같이 기록하고 있다.

其在世宗朝(中宗朝의 오류임 - 필자)有崔世珍者, 取『朴通事』一冊諺以釋之, 俾象鞮肄業者皆得以易知而易學, 其於譯學實有指南之功. 龍蛇之變書籍盡灰, 而崔氏之釋沒而失其傳, 學譯者多病之. 近有宜川譯學周仲者, 於閭閻舊藏偶得一卷書, 曰老朴輯覽, 其下又有單字解, 亦世珍所撰也......左議政臣權大運實提調, 以譯學之未明, 華語之未熟爲慨然, 使舌官邊暹、朴世華等十二人, 就輯覽考較證訂, 作『朴通事諺解』, 辛勤致志, 過一年始成......歲丁巳十月, 通訓大夫、行吏曹正郎、知製教兼校書館校理、漢學教授、東學教授臣李聃命拜手稽首謹序. (『朴通事諺解』序) ─중종조 때 崔世珍이란 사람이 朴通事 한 책을 언해하여 역학도들이 모두 쉽게 이해하고 쉽게 배울 수 있게 하였으니 역학에 있어 실로 指南의 공로가 있다. 龍蛇之變 때에 서적이 모두 재가 되었으며 따라서 崔氏의 언해도 失傳되어 역학을 공부하는 자들이 많이 어려워하였다. 근래에 宜川의 譯學인 周仲이란 사람이 여염집의 소장한 고서 가운데 우연히 책 한 권을 얻었는

---

7) 金完鎭(1976:14)에서는 「老諺」의 편찬은 『老朴集覽』이 발견되기 전에 이루어졌으므로 그 후에 이루어진 「朴諺」 뒤에 「老集」이 附載하게 되었으며 「朴集」은 夾註 형식으로 「朴諺」 속에 흡수하게 되었으므로 오히려 附載하지 않은 것이라고 주장하였다.

8) 李聃命(1646~1701)은 朝鮮 肅宗朝의 文臣으로 字는 耳老, 號는 靜齋이다. 1666년(현종 7년) 生員試에 합격하고 1670년 文科에 급제하였다. 성균관학유·승정원 주서·대사간·병조참의·홍주목사를 지낸 후 1680년(숙종 6년) 庚申換局으로 남인이 축출될 때 파직되었다가 그 후 복관되어 大司憲·吏曹參判 등을 지냈다. 주요작품으로 『靜齋文集』이 있다.

데 서명이 '老朴輯覽'이라 하였고 또 뒤에 '單字解'가 있으니 역시 崔世珍이 편찬한 것이다……左議政 權大運이 사역원 提調로서 譯學이 분명하지 않고 중국어가 미숙한 것을 慨然하게 여기어 舌官인 邊暹과 朴世華 등 12人으로 하여금 輯覽에 근거하여 고증하고 대조하여 朴通事諺解를 만들도록 하였다. 부지런히 노력하여 1년이 지나서 언해가 완성되었다……丁巳年 10月에 通訓大夫・行吏曺正郎・知製敎兼校書館校理・漢學敎授・東學敎授인 臣 李聃命이 삼가 머리 숙여 序를 쓰노라ㅡ

이 서문에 의하면, 崔世珍이 처음『朴通事』를 언해하였는데 '龍蛇之變'(壬亂) 때 모두 불타서 失傳하게 되었고 그 후 우연히 최세진이 편찬한『老朴集覽』을 얻게 되어 그것에 근거하여 邊暹・朴世華 등 12人이 1년 남짓한 동안의 노력 끝에 「朴諺」을 이룩하게 되었음을 알 수 있다. 그리고 丁巳年은 朝鮮 肅宗 3年으로 서기 1677년에 해당된다. 언해본 끝부분에 기록된 讐正官과 書寫官의 명단에 邊暹・朴世華 등의 이름을 찾아 볼 수 있다.

이 간본은 上中下 3卷으로 되었는데 상권 67장, 중권 61장, 하권 62장이며 廂庫 印이 찍혀 있다. 목판본으로서 版心書名은『朴通事諺解』上・中・下이고 크기는 37.8cm×24.2cm이다. 四周雙邊에 有界로 11행이고 매 행 21자이며 半葉匡郭은 26.2cm×18.6cm이고 版心은 上下花紋魚尾로 되어 있다.

이 간본은 昭和 18年(1943)에 京城帝國大學 法文學部에서『奎章閣叢書』第八號로 영인본을 내었고 1973년에 서울 亞細亞文化社에서, 그리고 1978년에 臺北聯經出版社에서 출판하였다. 원본은 현재 奎章閣(奎 1810)에 소장되어 있다.

이 간본은 「老諺」이 「飜老」를 앞에 놓고 편찬한 것과는 달리 「飜朴」의 참조가 전혀 없이『老朴集覽』에만 의거하여 똑 같은 한어문에 대한 번역 작업을 진행하였다는 것이 특징적이며 이런 점에서 「老諺」과는

또 다른 귀중한 언어학적 자료를 제공하여 주고 있다.[9)]

「朴諺」과 「飜朴」 사이에는 시간적으로 약 170년이라는 세월이 흘렀으며 더욱이 壬辰倭亂이라는 큰 재난을 겪은 뒤이라서 國語의 語音·語彙·文法 등이 적지 않은 변화가 생겼는데, 「朴諺」은 바로 이러한 변화 양상을 여실히 보여 줌으로써 國語史 연구에 귀중한 자료를 제공하고 있다.

한편 飜譯本과 諺解本은 飜譯 文體에 있어서도 뚜렷한 차이를 보이고 있는데 그 예를 일부 들어 보기로 한다.

(1) 飜譯本에서는 원문을 세분하여 短文體로 하였는데 諺解本에서는 연결하여 長文體로 처리하였다.

原文: 當今聖主
飜朴: 當今 이제/ 聖主 셩쥬(「飜朴」上1右)
朴諺: 當今聖主 當今에 聖主ㅣ(「朴諺」上1右)

原文: 叫將唱的根前來, 着他唱。
飜朴: 叫將唱的根前來 놀애브리란 블러 앏픠 나아오라 ㅎ야/ 着他唱 저희 ㅎ야 브르게 ㅎ라(「飜朴」上6右)
朴諺: 叫將唱的根前來 着他唱 노래브르ᄂᆞ니를 블러 앏히와 멀로 ㅎ야 브르게 ㅎ라(「朴諺」上5左)

(2) 飜譯本에서는 敬語法을 半尊稱體로 하였는데 諺解本에서는 下待體로 하였다.

....

9) 金完鎭(1976:5)에서는 유사한 성격의 두 책이 한쪽은 第一의 번역을 숨긴 채 第二의 번역을 강요하고 한쪽은 第一의 번역을 제공해 주고서 第二의 번역을 하게 하는 이른바 統制 實驗과 마찬가지라고 하면서, 不變의 繼續 狀態를 『朴通事』 쪽에서 확인하고 變化 狀態를 『老乞大』에서 찾을 수 있다고 주장하였다.

原文: 好院判哥, 到那裏?
　　　小人到禮部裏.
飜朴: 好院判哥 ᄆᆞ숨됴ᄒᆞ신 원판형님하 到那裏?　어듸 가시ᄂᆞᆫ고
　　　小人到禮部裏 쇼신이 례부에 가노이다(「飜朴」上7左)
朴諺: 好院判哥, 到那裏? ᄆᆞ움됴흔 院判형아 어듸 가ᄂᆞ다
　　　小人到禮部裏 小人이 禮部에 가노라(「朴諺」上8右)

(3) 어휘 사용에 있어서 飜譯本에서는 가급적 固有語를 썼는데 諺解本에서는 漢字語로 바꾸거나 漢文을 그대로 사용하였다.

原文: 風調雨順, 國泰民安。
飜朴: ᄇᆞ룸도 고르며 비도 슌ᄒᆞ야 나라히 대평ᄒᆞ고 빅셩이 편안ᄒᆞ저긔(「飜
　　　朴」上1右)
朴諺: 風調雨順하고 國泰民安ᄒᆞ듸(「朴諺」上1右)

(4) 총체적으로 보아 飜譯本은 意譯體이고 諺解本은 直譯體의 양상을 보인다.

3.4 『朴通事新釋』

이 간본은 英祖 41年(1765)에 邊憲·李湛(李洙) 등이 平壤(箕營)에서 간행한 것으로, 현존본 『朴通事』 중에서 유일한 純漢語本으로 알려지고 있다.

이 간본은 序文이 있고 卷末에 檢察官 邊憲·李湛 등의 명단이 수록되어 있으나 기타 문헌 기록에 의하면 여러 가지 의문점들이 남아있다. 그 예를 들어보면 다음과 같다.

『通文館志』 卷8 '什物續篇':
新釋『朴通事』板、諺解板, 訓長金昌祚等修整, 乾隆乙酉(1765)箕營刊
板。
 ─신석박통사판·언해판은 訓長 金昌祚 등이 修整하고, 乾隆 을유년
(1765)에 箕營에서 板을 간행하였다─

『老乞大新釋』 洪啓禧 序文:
旣又以『朴通事』新釋分屬金昌祚之意, 筵稟蒙允。 自此, 諸書並有新釋,
可以無礙於通話也。
 ─이미 또한 朴通事의 新釋을 金昌祚에게 나누어 맡기자는 뜻을 직접 임금
님께 아뢰어 허락을 얻었다. 이로부터 諸書들에 모두 新釋이 있어 말을 통
역하는 데 막힘이 없게 되었다─

이상 기록들에 의하면 실제 편찬자가 金昌祚인 것으로 보이나 이 책
의 卷末에 기록된 檢察官에는 邊憲과 李湛의 이름만 보이고 金昌祚의
이름은 어디에도 찾아 볼 수 없다. 또한 英祖 37年(1761)에 출간된 「老新」
의 서문에 英祖 41年(1765)에 간행된 「朴新」을 언급한 것도 의문을 남기
고 있다.

이 간본은 1권 1책, 66장으로 이루어졌는데 表紙 書名이 '朴通事'이고
크기가 36.2cm×24.6cm이고 半葉匡郭이 21.4cm×15.4cm이다. 四周雙
邊에 有界로 10행이고 매 행 20자이며 版心은 上下花紋魚尾로 되었고
版心書名은 '朴通事新釋'이다.

이 간본은 그 이전의 「朴諺」 한어문과 비교하여 보면 106개의 절로
이루어진 기본 줄거리는 차이가 없다. 그러나 「老新」과는 달리 한어문
의 많은 구절을 삭제 또는 보충·수정하였으므로 기존 『朴通事』의 한어
문에 대응되는 구절이 없는 경우가 많다. 이것은 『老乞大』의 내용이
초급 단계의 회화 내용인데 비해 『朴通事』는 보다 고급 단계의 회화
내용으로서 다방면의 사회적 내용을 반영하고 있는데다가 그 동안 사회

생활 자체에 많은 변화가 생겼으므로 상대적으로 수정의 폭이 큰 것으로 보인다.(康寔鎭:1985;35) 그리고 다른 한 면으로는 『老乞大』와 『朴通事』의 수정 작업이 한 사람에 의해 진행된 것이 아니므로 개인적인 문체상의 차이에서 비롯된 것일 가능성도 배제할 수 없을 것이다. 이 간본은 현재 서울대학교 奎章閣에 소장되어 있다.

3.5 『朴通事新釋諺解』

이 간본은 3권 3책이며 卷一이 59장, 卷二가 60장, 卷三이 59장으로 모두 178장으로 되었다. 이 간본은 木版本으로서 序文이나 跋文이 없어 刊記가 밝혀져 있지 않다. 앞에서 살펴본 『通文館志』(卷8, 什物續篇)의 기록에 근거하면 金昌祚 등이 본래의 『朴通事』를 대폭 수정하여 「朴新」을 만들고 이를 諺解하여 淸 乾隆 乙酉年(1765)에 箕營(平壤)에서 간행한 것으로 추정할 수 있다.10)

이 간본의 언해문 注音을 살펴보면 聲母와 韻母가 현대 北京語에 매우 가깝다. 예를 들면 疑母・微母의 消失, 兒化音의 출현, 日母의 분화, 舌葉音의 유지, 牙喉音系의 口蓋音化 등을 발견할 수 있다.(林東錫:1983/강신항:1974)

이 간본은 그 크기가 31.2cm×20.7cm이고 半葉匡郭이 22.1cm×15.7cm이다. 四周雙邊에 有界로 10行이고 매 행 20자이며 版心은 內向二葉花紋魚尾로 되어 있고 版心書名은 『朴通事新釋諺解』이다. 그리고 表紙書名이 卷一은 「朴解」單, 卷二는 「朴解」地, 卷三은 「朴解」人으로

---

10) 『通文館志』 卷8 '什物續篇'과 「老新」序文의 기록에 근거하여 金昌祚 등이 편찬한 것으로 추정되기도 하나 「朴新」의 卷末에 檢察官 邊憲・李湛 등의 명단이 수록되어 있어 의문이 남기도 한다. 혹시 작업을 분담하여 진행하지 않았을까 하는 느낌이 들기도 한다.

되었다. 이 간본은 현재 서울대 一簣文庫·藏書閣 등에 소장되어 있다.

4 『朴通事』原文의 특징

『朴通事』의 原文은 현존본 중 「朴諺」을 기준으로 살펴보기로 한다. 이 책에 의하면 『朴通事』는 106개 절로 이루어졌는데 대부분 중국을 무대로 하는 독립된 대화 장면으로 구성되어 있다. 그 내용을 보면 風俗·世態·娛樂·婚喪·宗敎·賣買·文書 등 중국의 사회적 풍속과 생활 문화를 골고루 반영하고 있어 언어학적 가치 외에도 元末明初 중국의 사회적 특징과 생활 문화에 대한 연구에 필요한 자료들을 제공하여 주며, 또한 文學的인 면에서도 귀중한 자료들을 반영하고 있어 학계의 관심을 끌고 있다. 본고에서는 주로 문학적인 측면과 어학적인 측면에서 그 가치를 짚어보기로 한다.

4.1 문학적 측면

『朴通事』原文에는 精美한 散文과 騈文, 그리고 흥미로운 諺語(俗談) 등이 담겨 있어 문학적인 측면에서 귀중한 자료를 제공하고 있다. 그 예를 일부 들어 보기로 한다.

4.1.1 散文의 형식

『朴通事』下卷의 고기잡이(打魚兒)에 관한 節은 아름다운 散文의 형식으로 되어 있다. 비록 두 사람의 대화 형식으로 이루어졌지만 주고받는 대화는 한마디뿐이고 나머지는 고기잡이 정경에 대한 아름다운 묘사가 펼쳐진다.

甲: 秀才哥, 咱們打魚兒去來!

乙: 我不去.

甲: 如何不去? 你這般金榜掛名的書生, 那裏想我這漁翁之味. 我棄了這名利家筵, 將一葉小漁艇, 裝載這酒琴漁網, 彈一曲流水高山, 挽我這錦心繡腹, 潛入這水國魚邦, 披着這箬笠蓑衣, 一任交斜風細雨. 我援琴一張、酒一壺, 自飮自歌. 對着這水聲山色淡烟, 閑居兩岸靑蒲紅蓼灘邊, 纜船下網, 或撑開入這荷國花城, 忽生得淸歌細舞之心, 尋着這蘆葦密處巖頭石崖, 慢慢的將鉤兒垂下水裡去時, 銀絲鉤破波紋, 瞬眼鉤出箇老大的金色鯉魚. 漁翁之味萬無迭, 也不想李白摸月, 也不學屈原投江. 便是小太公, 也不願遇文王, 我待學范蠡歸湖. (「朴諺」下50右)

　　이상 두 사람이 대화를 나누는 예문 중에서 화자 乙인 秀才哥에게 낚시를 하러 가자고 설득하는 화자 甲의 일장 연설이 일반 대화체와는 전혀 다른 풍격을 보이고 있다. 즉 연꽃이 만발하고 갈대숲이 우거진 호수에서 가는 비가 안개처럼 촉촉이 내리는데 一葉片舟에 몸을 실은 漁翁이 酒興이 도도하여 거문고를 타며 노래를 부르는 장면을 생생하게 묘사하고 있다. 따라서 한 폭의 산수화 같은 경치를 만끽하면서 잉어낚시의 묘미를 즐기는 漁翁(화자 자신)의 그야말로 신선도 부럽지 않은 心境을 화려한 필치로 그려내고 있다. 이러한 문장은 대화문이라기보다는 오히려 아름다운 한편의 散文 作品이라는 느낌이 들게 한다. 羅錦堂(1978)에서는 이처럼 우아한 문장은 회화문 단계를 벗어나서 이미 문장 감상의 경지에 이르렀으며 읽어가노라면 마치 『桃花源記』나 『醉翁亭記』를 읽는 듯한 느낌이 들어 저도 모르게 속념을 깡그리 잊어버리고 정신이 한껏 상쾌해진다고 높이 평가하였다.[11]

11) 我們讀起來, 旣似讀桃花源記, 又像讀歐陽修的醉翁亭記, 令人塵慮盡消, 精神爲之一振. (羅錦堂:1978;15)

4.1.2 駢文의 형식

'駢文'은 漢・魏 시기에 기원이 되어 南北朝 때 형성된 특수한 文體로서, 전편의 글이 정제된 對句와 조화된 韻律로 이루어진다. 『朴通事』에서는 이러한 문체도 적지 않게 찾아볼 수 있다. 그중 한 대목만 예를 들어 보기로 한다.

這菩薩眞乃奇哉!	이 菩薩이 진실로 긔특하니라
理圓四德, 智滿十身;	理는 四德에 ᄀᆞ잣고 智는 十身에 찻도다
灑悲雨於遐方,	悲雨를 遐方에 쓰리고
扇慈風於刹土。	慈風을 刹土에 붓ᄂᆞᆫ또다
座飾芙蓉, 湛南海澄淸之水;	안즌 되는 芙蓉으로 ᄭᅮ며시니 南海澄淸ᄒᆞᆫ 水에 ᄌᆞᆷ겻고
身嚴瓔珞, 居普陁空翠之山。	몸에 瓔珞으로 장엄ᄒᆞ여시니 普陀空翠의 山에 居ᄒᆞ엿도다
或作童男, 或作童女;	혹 童男이 되며 혹 童女ㅣ 되며
或現質梵王帝釋,	或 梵王帝釋에 現質ᄒᆞ며
或分身居士宰官。	或 居士宰官에 分身ᄒᆞ고
以聲察聲, 拯悲酸於六道;	소리로뻐 소리를 ᄉᆞᆯ펴 悲酸을 六道에 건디고
隨相現相, 救苦惱於三塗。	샹을 조차 샹을 뵈야 苦惱를 三塗에 救ᄒᆞᄂᆞᆫ또다
起浮屠於泗水之間,	浮屠를 泗水ㅅ ᄉᆞ이에 니ᄅᆞ혀고
結草盧於香山之上。	草盧를 香山 우회 지엇또다
執楊柳於掌內, 拂病體於輕安。	楊柳를 손에 잡아 病體를 輕安ᄒᆞᄃᆡ 떨티고
傾甘露於瓶中, 濟險途於饑渴。	甘露를 瓶中에 기우려 險途를 饑渴에 구제ᄒᆞ놋다
面圓璧月, 身瑩瓊瓔;	ᄂᆞᆺ츤 璧月 ᄀᆞ티 두렷ᄒᆞ고 몸은 瓊瓔ㅣ ᄀᆞ티 묽고
齒排柯雪,	니는 柯雪이 버럿ᄂᆞᆫ 듯ᄒᆞ고
眉秀垂楊。	눈섭은 垂楊이 싸여난 듯ᄒᆞ도다

由是威神莫測,	일로 말미암아 威神을 혜아리디 못ᄒ고
聖德難思;	聖德을 싱각기 어려온디라
故得人天之喜躍,	이러모로 人天의 喜躍과
鬼神之歡欣。	鬼神의 歡欣을 어더
萬民無搔擾之憂,	萬民이 搔擾ᄒᄂᆞᆫ 근심이 업고
百姓有安祥之慶。	百姓이 安祥ᄒᆫ 慶이 잇도다
若人有難,	만일 사름이 어려옴이 잇거든
念菩薩名,	菩薩의 일홈을 念ᄒ면
速詣其處, 救衆生難。	샐리 그곳에 나아가 衆生의 難을 救ᄒ야
尋聲救苦, 應念除災。	尋聲救苦ᄒ며 應念除災ᄒᄂ니
如是菩薩, 不可不參。	이런 菩薩을 可히 참견티 아니티 못홀 거시라(「朴諺」中20左)

　이상의 예문은 路資를 마련하여 南海普陀落伽山에 있다는 觀音菩薩
眞像을 참배하러 가자고 대화를 나누는 장면에서 觀音菩薩에 대한 묘사
인데 전형적인 騈文의 문체로 씌어졌다. 보다시피 매우 세련된 對句 형
식과 아름다운 필치로 觀音菩薩의 大慈大悲한 형상을 섬세하게 그려내
었는데 일반 대화체와는 풍격이 전혀 다른 문체임을 짐작할 수 있다.

4.1.3 '平話'와 '說書'의 형식

　'平話'는 宋代 시기부터 발전하기 시작한 口頭文學의 일종으로 일반
적으로 一人 배역의 '說' 형식으로 역사 이야기를 전개하여 나가는 민간
문예 형태이다. 說話者는 '醒木'이라는 나무토막을 소품으로 삼아 때로
는 책상을 두드리면서 이야기의 분위기를 돋우기도 한다. 후세에 이르러
는 '評話' 또는 '評書'로 일컬어지고 '北方評書'・'四川評書'・'湖北評
書'・'揚州評話'・'蘇州評話' 등 지방 특징에 따라 분류되기도 한다. '說
書' 역시 宋代 때부터 민간에서 발전된 口頭文學으로서 주로 장편 소설

같은 것을 이야기 형식으로 전개하는 민간 문예 형태의 일종이다. 廣義
的으로는 '說'과 '唱'을 겸한 '彈詞', '蒙語說書' 등을 포함하여 지칭하기도
한다.

『朴通事』에는 소설 『西遊記』의 祖本으로 추정되는 『西遊記平話』의
한 장면이 수록되어 학계의 관심을 모으고 있다. 소설 『西遊記』는 明代
때 吳承恩(약 1500~1582)의 장편 소설로서 널리 알려져 있다. 그런데
그가 祖本으로 삼았던 『西遊記平話』는 그보다 훨씬 오래 전부터 전해
져 내려오던 것으로서 失傳된 상태이다. 그런데 『朴通事』에는 두 사람
이 文書를 구입하려고 의논하면서 대화를 나누는 장면에서 『西遊記』의
흥미로운 이야기가 주목된다.

甲: 我兩箇部前買文書去來。
乙: 買甚麼文書去?
甲: 買趙太祖飛龍記、唐三藏西遊記去。
乙: 買時買四書六經也好, 旣讀孔聖之書, 必達周公之理, 要怎麼那一等平
　　話?
甲: 西遊記熱鬧, 悶時節好看有。唐三藏引孫行者到車遲國, 和伯眼大仙
　　鬪聖的, 你知道麼?
乙: 你說我聽。
甲: 唐僧往西天取經去時節, 到一箇城子, 喚做車遲國。那國王好善, 恭敬
　　佛法。國中有一箇先生, 喚伯眼, 外名喚燒金子道人, 見國王敬佛法,
　　便使黑心, 要滅佛教……先生對唐僧道: 咱兩箇寃讐不小可裏。三藏
　　道: 貧僧是東土人, 不曾認的, 你有何寃讐? 大仙睜開雙眼道: 你教徒
　　弟壞了我羅天大醮, 更打了我兩鐵棒, 這的不是大讐? 咱兩箇對君王
　　面前鬪聖, 那一箇輸了時, 强的上拜爲師父。唐僧道: 那般着。伯眼
　　道: 起頭坐靜, 第二櫃中猜物, 第三滾油洗澡, 第四割頭再接。說罷,
　　打一聲鍾響, 各上禪床坐定, 分毫不動, 但動的便筭輸。大仙徒弟名
　　鹿皮, 拔下一根頭髮, 變做狗蚤, 唐僧耳門後咬, 要動禪。孫行者是箇
　　胡孫, 見那狗蚤, 便拿下來磕死了, 他却拔下一根毛衣, 變做假行者,

靠師傅立的。他走到金水河裏，和將一塊靑泥來，大仙鼻凹裏放了，
變做靑母蝎，脊背上咬一口。大仙叫一聲，跳下床来了。王道: 唐僧
得勝了……(「朴諺」下16左)

　이상 예문에서 甲이 乙에게 『唐三藏西遊記』에 나오는 '車遲國鬪聖'
이라는 장면을 들려주고 있다. 즉 孫行者가 唐三藏을 모시고 車遲國이
라는 곳을 지나는데 佛敎를 숭상하는 국왕의 환대를 받는다. 그러나 佛
敎를 적대시하는 伯眼大仙이 시비를 걸면서 대결을 벌이는 장면이 흥미
진진하게 묘사되고 있다. 이 대목에서는 伯眼大仙이 제안한 '坐靜'(정좌
하기), '櫃中猜物'(궤 속의 물건 알아맞히기), '滾油洗澡'(끓는 기름에서 목욕
하기), '割頭再接'(잘라진 머리를 다시 붙이기) 등 네 번의 겨루기에서 孫行
者가 뛰어난 재능과 지혜로써 통쾌하게 승리를 거두는 장면이 생동감
있게 그려져 있는데 무려 1,045자나 된다.
　현존하는 『西遊記平話』의 초기 자료로서 가장 긴 기록으로 알려져
있는 明 『永樂大典』에 수록된 『西遊記平話』 '魏徵夢斬涇河龍'도 1,200
자에 불과하므로 『朴通事』에 나오는 『西遊記平話』의 내용이 귀중한
자료임에 틀림이 없다.(羅錦堂:1978;12)
　『朴通事』에는 이 밖에도 一人이 이야기를 구수하게 엮어가는 '說書'
의 형식도 찾아 볼 수 있다.

一箇放債財主，小名喚李大舍，開着一座解儅庫，但是直錢物件來儅時，便
奪了那物，却打死那人。正房背後，掘開一箇老大深淺地坑，颩在那裏
頭。有一日，賣布絹的過去，那大舍叫將屋裏去，把那布絹來都奪了，也打
殺撤在坑裏。又一日，一箇婦人，將豆子來大的明眞珠一百顆來儅，又奪
了，也打殺，撤在那坑裏，用板盖在上頭。頻頻的這般做歹勾當。他有兩
箇渾家，小媳婦與大妻商量說，我男兒做這般迷天大罪的事，假如明日事
發起來時，帶累一家人都死也，怎的好? 大妻見那般說，對他男兒說勸，常

言道: 若作非理, 必受其殃。你做這般不合理的勾當, 若官司知道時, 把咱
們不償命那甚麼? 你再來休做。說罷, 老李聽了, 惱懆起來, 便要打殺那媳
婦, 那婦人便走了, 走到官司告了。官人們引着幾箇皂隷, 將棍繩到那家
裏, 把老李拿着背綁了, 家後坑裏, 都搜出三四十箇血瀝瀝的尸首, 和那珠
子、布絹, 將老李打了一百七, 木椿上剮了。一箇官人就便娶了那媳婦。
那媳婦道: 妻賢夫省事, 官淸民自安。(「朴諺」中27右)

이 장면은 값진 물건을 전당잡히러 오는 손님의 재물을 가로채고 목숨
까지 해치는 악덕 典當鋪 주인에 대한 이야기이다. 이 전당포 주인은,
상습적인 그의 악행을 보다 못하여 나서서 말리는 아내의 권고를 듣지
않고 오히려 아내까지 살해하려 한다. 그러자 그의 아내는 드디어 남편
을 관가에 신고하게 되고 주인은 결국 처벌을 받게 되며 그 후 그의 아내
는 한 官人과 결혼을 하여 잘살게 되었다는 勸善懲惡적인 이야기를 흥
미진진하게 엮어가고 있다. 이 대목은 話者와 聽者의 설정이 없이 350여
자에 달하는 잘 엮어진 한 토막의 이야기로서 說書의 특징을 그대로
지니고 있다.

4.1.4 俗談과 格言의 형식

『朴通事』에서는 구어체에서 흔히 쓰이는 俗談과 格言 등 熟語의 형
식들이 다양하게 사용되었는데 그중 일부는 지금의 現代 漢語에서도
애용되고 있는 것들이다. 『朴通事』 전편에는 무려 65개의 속담과 격언
이 사용되었는데 그 앞부분에는 '常言道(常言에 닐오되)', '古人道(古人
니르되)', '易經云(易經에 닐오딕)', '古人有言(古人이 말을 두되)' 등 다양한
형태가 등장한다. 그리고 적지 않은 경우에는 한 단락의 내용을 요약하
는 형식으로 사용되어 교훈적인 의미를 강조하고 있다. 그것들을 정리하
면 다음과 같다.

上卷:

　1)　人生一世, 草生一秋

　2)　古人道: 有酒有花, 以爲眼前之樂; 無子無孫, 盡是他人之物

　3)　千零不如一頓

　4)　常言道: 話不說不知, 木不鑽不透

　5)　好物不賤, 賤物不好

　6)　人不得橫財不富, 馬不得夜草不肥

　7)　常言道: 高碁輸頭盤

　8)　君子一言, 快馬一鞭

　9)　易經云: 積善之家, 必有餘慶

　10)　十箇指頭也有長的短的

　11)　覓得高麗錢, 大快三十年

　12)　常言道: 人貧只爲慳, 少債快說謊

　13)　常言道: 一年經蛇咬, 三年怕井繩

　14)　貴人難見

　15)　常言道: 狗有濕草之恩, 馬有垂繮之報

　16)　常言道: 一夜夫妻百夜恩

　17)　家貧不是貧, 路貧愁殺人

　18)　張弓有別力, 飲酒有別腸

　19)　古人道: 養子方知父母恩

　20)　萬事不由人計較

　21)　常言道: 有心拜節, 寒食不遲

　22)　說道: 人生七十古來稀

　23)　常言道: 今日脫靴上炕, 明日難保得穿

中卷:

　24)　古人道: 因風吹火, 用力不多

　25)　大人不見小人過

　26)　遠行知馬力, 日久見人心

　27)　故人誠信病中知

　28)　人離鄉賤, 物離鄉貴

　29)　常言道: 男兒無婦財無主, 婦人無夫身無主

　30)　古人道: 隔簾聽笑語, 燈下看佳人

31) 有緣千里能相會, 無緣對面不相逢

32 一針投海底, 尚有可得日; 一失人身後, 萬劫再逢難

33) 常言道: 常防賊心, 莫偸他物

34) 常言道: 若作非理, 必受其殃

35) 妻賢夫省事, 官清民自安

36) 貌隨福轉

37) 常言道: 逢山開路, 遇水迭橋

38) 古人道: 無功食祿, 寢食不安

39) 常言道: 小心必勝

40) 古人道: 家富小兒嬌

41) 古人道: 家齊而後國治

42) 常言道: 命來鐵也爭光, 運去黃金失色

43) 老實常在, 脫空常敗

44) 死不在老少

45) 先小人後君子

46) 常言道: 矮子呵欠, 氣兒不長

47) 福不至, 萬事難

48) 仰面唾天

49) 常言道: 風不來, 樹不搖; 雨不來, 河不漲

50) 常言道: 衙門處處向南開, 有理無錢休入來

下卷:

51) 古人道: 休道黃金貴, 安樂直錢多

52) 拙匠人, 巧主人

53) 休尋海上方, 自有神仙藥

54) 常言道: 能盖萬間房, 夜眠一厦間

55) 古人道: 苦盡甘來

56) 禍不單行

57) 閉門屋裏坐, 禍從天上來

58) 古人道: 殺人一萬, 自損三千

59) 寸心不昧, 萬法皆明

60) 常言道: 一箇去, 百箇來

61) 人不可貌相, 海不可斗量

62) 常言道: 寸鐵入木, 九牛之力

63) 常言道: 管山喫山, 管水喫水

64) 接客不送客

65) 古人道: 送君千里, 終有一別

66) 常言道: 畵虎畵皮難畵骨, 知人知面不知心

67) 三寸氣在千般有, 一日無常萬事休

68) 古人道: 夜飯少一口, 活到九十九

69) 常言道: 好兒不看春, 好女不看燈

70) 常言道: 捉賊見贓, 厮打驗傷

71) 古人道: 君子不出戶而知天下

72) 古人有言: 賣劍賣與烈士, 臙粉贈與佳人

熟語의 표현은 해당 민족의 역사·사회·문화적 배경이 반영된 특수한 표현으로 숙어의 습득은 고급단계의 언어를 구사하기 위한 필수적 요구라 할 수 있다. 그러므로 본 교재에 이처럼 많은 숙어가 수록한 것은 편찬자들이 실용적인 회화 교재의 편찬을 위하여 기울인 노력을 엿보게 한다.

4.2 언어학적 측면

4.2.1 音韻

『朴通事』는 16세기 전후의 중국 漢字音을 반영한 자료로서 중국의 音韻史 연구에 있어서 중요한 의미를 갖는다. 이를테면 '左側音'은『洪武正韻譯訓』의 俗音으로서 15세기 朝鮮 시대의 語學大師 申叔舟 등이 기록한 中國 北方音[12]이고 '右側音'은 최세진이 당시에 접한 16세기의

---

12) 洪武正韻序稱, 其審音"壹以中原雅音爲定", 但書中韻部雖有異於唐宋韻書, 而保留入聲, 全濁聲母, 有折衷古今南北音的趨向......刊行後流傳不廣, 但在朝鮮頗有影響, 成爲當時漢字審音的重要參考. (『中國語言學大辭典』, 江西敎育出版

中國 北方音으로서 이른바 '今俗音'이다. 今俗音의 音系는 明나라 蘭茂의 『韻略易通』(1442)과 매우 비슷하다. 즉 聲母가 '早梅詩'[13]와 같이 20개뿐이고 入聲 韻尾가 소실되었으며 陽聲韻의 'm' 韻尾가 이미 'n'으로 변화되었다.[14] 따라서 본 교재가 우리의 표음문자로 당시의 중국 현실음을 기록한 것은 귀중한 음운학적 자료를 반영하고 있음을 말해 준다.

4.2.2 語彙

『老乞大』와 『朴通事』에는 한어의 語源 분석과 語義 변화를 연구하는 데 있어서 참고가 되는 어휘들이 대량으로 등장한다. 따라서 語學界의 각별한 관심을 끌고 있다. 그중 몇 개만 예를 들어보기로 한다.

(1) 毛施布

貴眷稍的十箇白毛施布 貴眷이 브틴 열 필 흰 모시뵈(「朴諺」上46右)
〉宅上還托我, 稍得十疋白布。(「朴新諺」一49左)

'毛施布'는 원산지가 고려인 織物의 명칭으로서 중국으로 수출하던 주요 물품 중의 하나이다. 그런데 그 명칭에 대해서는 여러 가지 설이 전해진다. 우선 '毛施布'에 대한 「朴集」의 해석을 보면 다음과 같다.

社, 1991:927)
13) 『韻略易通』에서는 "早梅詩"라는 五言律詩로 聲母 체계를 표시하였다. 20자로 된 이 詩는 每字가 하나의 聲母 체계를 대표하고 있다. 즉 "東風破早梅, 向暖一枝開. 氷雪無人見, 春從天上來。"
14) 左側音是『洪武正韻譯訓』的俗音, 也就是十五世紀韓國語學大師申叔舟等所記的中國北方音; 右側音是崔世珍當時接觸到的十六世紀的中國北方音, 也就是所謂'今俗音'……'今俗音'的音系和明蘭茂『韻略易通』(1442)的音系很接近. 聲母和"早梅詩"一樣只有二十個; 入聲韻尾消失; 陽聲韻的'm'韻尾已經變爲'n'。(丁邦新:1978;3)

毛施布, 此卽本國人呼‘苧麻布’之稱, 漢人皆呼曰‘苧麻布’, 亦曰‘麻布’, 曰
‘木絲布’, 或書作‘沒絲布’, 又曰‘漂白布’, 又曰‘白布’。今言‘毛施布’, 卽‘沒絲’
之訛也, 而漢人因麗人之稱, 見麗布則直稱此名而呼之。記書者因其相稱
而遂以爲名也。(「朴集」上13右)
－毛施布: 이것은 우리나라 사람이 ‘苧麻布’라고 부르는 것이다. 漢人들은
모두 ‘苧麻布’라고 하고 또한 ‘麻布’・‘木絲布’라고도 한다. 또는 ‘沒絲布’라
고도 기술하며 ‘漂白布’・‘白布’라고도 부른다. 지금 ‘毛施布’라고 하는 것은
곧 ‘沒絲’가 와전된 것이다. 漢人들은 高麗人들이 부르는 대로 高麗布를
보면 직접 이렇게 불렀는데 책을 기술하는 사람이 그 이름을 따름으로 하여
명칭이 된 것이다－

이상의 해석에 의하면 ‘毛施布’는 곧 우리나라의 ‘苧麻布’이며 漢人들
은 ‘苧麻布’・‘麻布’・‘木絲布’・‘漂白布’・‘白布’ 등으로 부르고 또 ‘沒
絲布’라고 적기도 하는데 그것이 訛傳되어 지금은 ‘毛施布’라 하게 된
것이라고 하였다. 이에 대한 참고로 元曲의 예를 들어 볼 수 있다.

你將來波, 有甚麼大綾大羅, 洗白復生高麗毲絲布……(元曲『漁樵記』第
二節 旦白)

이상의 元曲 臺詞에서 나오는 ‘高麗毲絲布’가 곧 ‘毛施布’임을 추정할
수 있다. 따라서 ‘毛施布’는 중국이 高麗로부터 逆輸入한 한자어라 할
수 있을 것이다. 한편 ‘白毲絲’가 ‘white muslin’에서 유래됐다는 것을
근거로 ‘毛施布’는 곧 ‘muslin’(모슬린－엷은 무명)의 音借라는 주장도 있
다.(楊聯陞:1957;11)

(2) 腦兒酒

支與竹葉淸酒十五甁, 腦兒酒五桶 竹葉淸酒 十五甁과 腦兒酒 五桶을 支

與 학더라(「朴諺」 上3左)
> 「新釋」 해당 구절 없음

'腦兒酒'는 술 이름인데 우선 「集覽」의 해석을 살펴보기로 한다.

腦兒酒,『質問』云: 做酒用麵麴藥料爲蘗, 久封不動, 其色紅而味最純厚。
又云: 以米需米爲之, 酒之帶糟者。又云: 好麴好米作酒, 成熟粘稠有味,
不用參和。(「朴集」 上2右)
－腦兒酒: 質問에 의하면 밀가루와 누룩으로 담근 술인데 오랫동안 봉해
두면 붉은 색깔이 나며 맛이 아주 순수하고 진하다고 한다. 또는 찹쌀로
빚은 것으로서 지게미가 있는 술이라고 한다. 또는 좋은 누룩과 좋은 쌀로
빚은 술로서 숙성되면 걸쭉하고 맛이 좋으며 한데 섞을 필요가 없다고 한다－

이상의 해석을 보면 '腦兒酒'는 찹쌀을 누룩으로 발효시켜 만든 술이
다. 한편 예문에서 보다시피 筵席을 준비하면서 시장에서 사온 술은 좋
지 않으니 관청에서 공급하는 좋은 술을 구해 온다는 장면인데 여기에
나오는 '竹葉淸酒'는 지금도 중국에서 유명한 전통술로 전해져 오고 있
다. 그러므로 '腦兒酒' 역시 당시로서는 꽤 고급술임이 틀림없는 것으로
보인다.
현대 한어에서는 '腦兒酒'라는 용어를 사용하지 않고 있으나 그 명칭
의 유래에 대해서는 다음과 같은 자료를 참고로 할 수 있을 것이다.

『水滸傳』七十回本 第五十回:
自出外面趕碗頭腦去了。
－頭腦 한 그릇을 사 먹으러 혼자 밖으로 나갔다－

『金甁梅詞話』第七十回:
且喫箇頭腦兒罷。

-그럼 頭腦兒나 좀 먹기로 하자-

明 朱國楨의 『湧幢小品』:

凡冬月客到, 以肉及雜味置大碗中, 注熱酒遞客, 名曰頭腦酒. 蓋以避寒風
也。

-무릇 겨울에 손님이 찾아오면 큰 사발에 고기와 내장을 담고 따끈히 데운
술어 부어 대접을 하는데 이것을 頭腦酒라고 한다. 아마 추위를 막는 음식
일 것이다-

이상 예문과 같이 '頭腦'·'頭腦兒'·'頭腦酒' 등의 음식 이름이 등장
하는데 『湧幢小品』의 해석에 의하면 '頭腦酒'란 "大碗에 肉類를 담고
그 위에 뜨거운 술을 부어 먹음으로써 寒氣를 막는" 음식을 지칭하고
있다. 한편 중국의 서북 지역에서는 찹쌀로 빚은 '話酒'를 '醪糟兒'라고
하는데 그 내용과 발음상의 유사성으로 보아 관련이 없지 않을 것으로
보인다. 『說文』의 해석을 보면 "醪, 汁滓酒也。"라 하였고 "糟, 酒滓
也。"라 하였다. 즉 중국에서 찹쌀로 담근 술로서 거르지 않은 것은 '濁
酒'라 하고 거른 것은 '淸酒'라 한다. 지금은 '老糟兒'라고 표기하기도
한다.(楊聯陞:1957;13)

(3) 人事

1) 我回來時 多多的與你人事 내 도라 오면 만히 네게 人事ᄒ마(「朴諺」
   上44右)
   〉 我回來時候, 多多的帶些人事與你還禮罷。(「朴新諺」一47右)
2) 眼花的不辨東西 不省人事 눈이 밤의여 동셔를 분변티 못ᄒ고 인ᄉ를
   아디 못ᄒ여(「朴諺」中47右)
   〉 他便眼花, 不辨東西, 不省人事。(「朴新諺」二52右)

『朴通事』에서는 '人事'라는 단어가 이상 예문과 같이 두 곳밖에 사용

되지 않았는데 그 의미가 현대 한어와 달리 사용된 것이 주목된다. 예문 2)의 경우에는 한국어의 '人事不省'과 같이 '의식'을 의미하며 현대 한어에서도 똑같은 의미로 사용되고 있다. 그런데 예문 1)에서는 다른 의미로 사용된 것으로 나타난다. 즉 예문 1)의 '人事'는 동사 '與'(주다)의 목적어로 쓰이었고 「新釋」에서는 동사 '帶'(가져오다)의 목적어로 쓰였으므로 명사임이 분명하나 언해에서는 '人事ᄒ마'와 같이 동사형으로 쓰이었다. 그리고 그 의미에 있어서도 일정한 차이를 나타내고 있다. '人事'에 대한 「集覽」의 해석을 보면, 「朴集」(上12左)에서 "人事, 土産, 俗도산, 舊本作撒花."라고 하였고, 「朴集」(下5左)에서는 "撒花, 元語, 猶本國語曰土産也."라고 하였다.

이상의 해석을 종합해 보면 '人事'는 곧 '土産物'이라는 뜻이다. 현대 한어에서는 이러한 용법이 사용되지 않고 있지만 방언에서는 "給老人送點人事"(노인에게 선물을 좀 보내 드리다)와 같이 '膳物'의 뜻으로 사용하는 경우가 있다. 따라서 「朴新諺」에서 "내 도라 올 째에 만히 人事를 가져 네게 還禮ᄒ마"(내가 돌아 올 때 토산물을 많이 가져 와서 네게 답례하마)라고 수정한 것이 原義를 잘 살려 쓴 것으로 보인다. 현대 한국어에서 '남에게 공경하는 뜻으로 하는 예의', 또는 '서로 안면이 없던 사람끼리 성명을 통함'의 뜻으로 사용되는 '人事'와는 의미적으로 상당한 거리가 있는 것으로 보이나 '물건으로 답례를 하다'는 의미로 사용하는 경우에는 오히려 漢語의 原義를 더 잘 보존하고 있는 것으로 보인다.

(4) 女

1) 我要這女花猫兒 내 이 암어롱괴를 사려 ᄒ노라(「朴諺」 中56左)
   〉我要這有花兒的母猫。(「朴新諺」 三2左)
2) 女的價錢大 암은 갑시 만흐니라(「朴諺」 中57右)

　　〉「新釋」해당 구절 없음
　3) <u>女</u>的一百箇錢賣與你 암은 일백낫돈에 ᄑ라 너를 주마(「朴諺」中57右)
　　〉要一百箇錢。(「朴新諺」三2左)

　性別을 나타내는 '女'는 현대 한어에서 사람에게만 사용되고 동물한테
는 '母' 또는 '雌'가 사용되지만『朴通事』에서는 동물한테도 사용되었다.
이와 같은 용례는 이상 예문 외에 「老朴」에서 더 이상 찾아 볼 수 없는데
사실 이러한 용법은 「老朴」이 편찬되기 이전부터 사용된 것으로 보인다.
기타 문헌의 예를 들면 다음과 같다.

　　唐 牛僧儒『玄怪錄』:
　　畜一<u>女</u>猫, 常往來紹家捕鼠。
　　－암코양이 한 마리를 키웠는데 紹家네 집에 자주 들락거리면서 쥐를 잡았
　　다－

　한편 이러한 용법은 일부 방언과도 관련이 있는 것으로 보인다.

　　清 顧炎武『日知錄』卷33:
　　山東河北人謂牝猫爲<u>女</u>猫。 15)
　　－山東의 河北 사람들은 암코양이를 '女猫'라고 한다－

　(5) 們(접미사)

　1) 馬<u>們</u>怎麽來的遲 ᄆᆞᆯ들히 엇디 옴이 더듸뇨(朴諺 中7右)
　　〉驛馬怎麽還不見來呢?(「朴新諺」二28右)
　2) 把那驢騾<u>們</u>喂的好着 뎌 나귀 노새들을 먹이기를 잘 ᄒᆞ야(「朴諺」中19
　　左)

----

15) 이상 예문은『漢語大字典』(1993, 湖北辭書出版社)을 참조한 것이다.

〉 把那驢騾喂好了。(「朴新諺」 二.28右)

이상 예문에서 인칭 명사의 복수 형태인 '們'이 동물 명사 뒤에 사용되었는데, 현대 漢語에서는 '們'이 동물이나 사물을 나타내는 명사 뒤에 사용되는 것은 문학 작품 같은 데서 의인화의 수법으로 사용하는 경우에만 가능하다. 복수를 나타내는 접미사 '們'은 北宋 시기에는 '懑'을 사용하였고 南宋 시기에는 '們'으로 쓰다가 元朝 시기에는 주로 '每'를 사용하였다. 하지만 사람 외에 사용되는 예는 찾아보기 어렵다. 「老朴」에서 '們'이 동물에게 쓰인 경우가 발견되고 그것도 주로 말과 같은 가축에게만 많이 사용된 것은 흥미로운 현상이다. 元朝의 지배 민족이 유목 민족이었으므로 가축과의 특수한 관계에서 비롯된 것이 아닐까 하는 추측이 되기도 하지만 그것보다도 蒙漢言語의 對譯 과정에서 비롯된 것이라고 보는 것이 바람직할 것이다. 이에 대해서는 『元朝秘史』에서 '們'의 의미로 쓰인 '每'의 對譯이 좋은 증거가 될 것이다.[16]

呂叔湘(1985:67)에 의하면 '們'은 본래 '門'으로 표시하다가 후에 사람 '亻' 변이 첨가되었는데 이는 '們'이 주로 사람에 한해서만 사용됨을 말해 준다고 하였다. 그리고 「老朴」에서는 예외로 동물 명사 뒤에 '們'이 사용된 것은 곧 元末明初의 北京 口語를 반영하는지는 기타 자료에 의한 고증이 필요하다고 주장하였다. 한편 太田辰夫(1991:177)에서는 말(馬)

---

16) 『元朝秘史』의 원문은 蒙古文인데 한자에 의한 몽고음 대역, 몽고어 단어에 대한 한어 대역, 문장에 대한 한어문 번역으로 이루어졌다. 따라서 한어 번역문에 몽고어 특징의 문법 형태들이 많이 나타나 있는바 사람을 지칭하는 명사의 복수 형태인 '們(每)'이 사람 외의 대상들에게 사용된 예를 『元朝秘史』에서 쉽게 찾아 볼 수 있다.(孫錫信:1992:298)

蒙古音 대역:		漢語 대역:
那谿惕	〉	鴨每(오리들)
谿惕	〉	星每(별들)
谿只兀剌思土屯	〉	枯樹每(고목들)
洪只兀列思土屯	〉	乾樹每(마른 나무들)

에 '們'이 사용된 예는 元朝 시기 다른 곳에서도 찾아 볼 수 있음을 지적하고 '們'이 적어도 방언으로서의 '말의 복수 형태'임을 고려하여야 한다고 주장하였다. 『朴通事』에는 이 외에도 '們'이 事物에 사용된 예도 발견할 수 있다.

> 各處橋上角頭們帖去　各處 ᄃ리 모롱이들헤 브티고(「朴諺」下55左)
> 〉 好到各處橋上墙角頭帖去。(「朴新諺」三53左)

(6) 廣

1) 街上放空中的小廝們好生廣 거리에서 박핑이 틸 아히들 ᄀ장 흔터라(「朴諺」上16左)
   〉「新釋」해당 구절 없음
2) 東角頭牙家去處廣 동녁 모롱이에 즈름가ᄂ 듸 만ᄒ니(「朴諺」上55右)
   〉「新釋」해당 구절 없음
3) 聽的今年水賊廣 드르니 올히 水賊이 흔타 ᄒ니(「朴諺」中13右)
   〉 聽的今年水賊多。(「朴新諺」二22右)
4) 怎麼這般蠅子廣? 엇디 이리 ᄑ리 흔ᄒ뇨(「朴諺」中55左)
   〉 怎麼這蠅子這麼多?(「朴新諺」三1右)
5) 我家裏老鼠好生廣 내 집의 쥐 ᄀ장 흔ᄒ니(「朴諺」中56左)
   〉 我家裡老鼠多得很。(「朴新諺」三2右)

'廣'은 이상 예문과 같이 「朴諺」에서는 '多'(많다)의 의미로 사용되었고 「朴新」에서는 모두 '多'로 바꾸어 표현하였다. '廣'에 대한 『老朴集覽』의 해석을 보면 "廣, 多也, 흔ᄒ다." (「單字解」7右)라고 하였다. '廣'은 본래 '넓다'의 뜻을 나타내는데 「朴諺」에서 '흔하다' 또는 '많다'의 의미로 사용된 것은 本義의 확대된 의미로 해석이 된다. 주목되는 것은 「朴諺」에서 '多'의 의미로 '廣'이 9곳이나 사용된 데 비해 「老諺」에서는 그 용례를 하나도 찾아 볼 수 없다는 것이다. '廣'의 용례는 元曲『貨郎旦』第一折의 '鈔廣銀多'(돈이 많다)에서도 볼 수 있으며, 현대 한어에서는 '兵多將廣'(병졸과 장군이 많다)과 같이 成句의 형태로 극히 드물게 사용되는 것 외에 단독으로 '많다'의 의미로는 사용되지 않는다.(楊聯陞:1957)

(7) 快

1) 快打刀子的匠人那裏有 칼 잘 믿ᄃᆞᆫ 匠人이 어듸 인ᄂᆞᆫ뇨(「朴諺」上15右)
   〉不知那一家打的刀子最好。(「朴新諺」一17左)
2) 人貧只爲慳, 少債快說謊 사ᄅᆞᆷ이 가난ᄒᆞ면 그저 다랍고 빗지면 거즛말 니ᄅᆞ기 잘흔다 ᄒᆞ니라(「朴諺」上32右)
   〉人貧只爲慳, 少債慣說謊。(「朴新諺」一35右)
3) 他快醫頭口 데 즘싱 고티기 잘 ᄒᆞ느니라(「朴諺」上38左)
   〉他慣醫頭口。(「朴新諺」一41右)
4) 我不想這新來的莊家快打 내 이 새로 온 향암이 잘 틸 줄을 싱각디 못호롸(「朴諺」下36右)
   〉我不想你這莊家漢, 倒慣會打毬哩。(「朴新諺」三37左)

이상 예문에서는 언해에서 볼 수 있듯이 '快'가 '잘하다'의 뜻으로 사용되었다. 이러한 용법은 현대 한어에서 사용되지 않고 있으며 「新釋」에서도 '好'나 '慣'과 같은 표현을 사용한 것으로 나타난다. '快'에 대한 『老朴集覽』의 해석은 다음과 같다.

快, 急也。走的快, 疾快。又樂也。快活, 大快。又快手 잘ᄃᆞᆫᄂᆞᆫ놈。又呼筯曰快子。(「單字解」5右)
－快: '급하다'이다. 走的快－빨리 달리다. 疾快－급히. 또는 '즐겁다'이다. 快活－유쾌하다. 大快－크게 즐겁다. 또는 '快手' 잘 닫는 놈. 또는 젓가락을 '快子'라고 한다－

「老朴」에서 '빠르다'의 의미로는 주로 '疾' 또는 '疾快'를 사용하였는데 이것은 元朝 시기 口語의 사용과 동일하다.[17]

4.2.3 文法

(1) 後置詞의 사용

현대 한어에서는 前置詞에 해당되는 介詞의 사용이 활발한 데 비하여 後置詞는 그러한 문법적 개념이 존재하지 않을 만큼 거의 사용되지 않고 있다. 그런데 『朴通事』의 한어문을 살펴보면 後置詞에 해당되는 성분들이 눈에 띄게 많이 찾아 볼 수 있다.

1) 一上

方位를 나타내는 단어 '上'은 元朝 시기 이전부터 '下'와 대칭을 이루면서 사물을 가리키는 명사 뒤에 첨가되어 사용되었다. 『朴通事』의 한어문에서 '上'은 方位를 나타내는 경우 외에 사람을 지칭하는 명사나 대명사 뒤에 첨가되어 사용된 것이 특징적이다. 따라서 이런 경우에는 方位를 나타내는 것이 아니라 현대 한어의 '一那裏'·'一那兒'의 뜻으로, 즉 한국어에서는 '一에게'·'一에게서'와 같은 뜻으로 사용된 것이다.

① 錢是你上有 갑슨 네게 잇고(「朴諺」 中57左)
  〉錢是你的。(「朴新諺」 三3右)
② 三停裡 官人上納與二停外 세 분에셔 官人의게 두 분을 바틴 밧긔(「朴

---

17) 楊聯陞(1957)에 의하면 元朝 시기의 口語에서는 '빠르다'는 의미의 '快'를 일반적으로 '疾' 또는 '疾快'·'疾忙'으로 표현하였다고 주장하였다. 「老朴」에서도 이러한 용례를 찾아 볼 수 있다.
  ① 疾快取將咱們的拄杖來攪料。(「老諺」 上59)
  ② 疾快將好馬來。(「朴諺」 中7左)
  ③ 疾忙做飯。(「朴諺」 中6左)

諺」下37右)
〉 三停裡該分與主人二停纔是。(「朴新諺」三38左)

　　이상 예문에서 보여주다시피 사람을 지칭하는 명사 뒤에 쓰인 '上'이
언해에서는 '여격' 또는 '탈격'으로 풀이되었고, 「新釋」에서는 모두 다른
형태로 바뀌었다. 이러한 용법은 그 후 전해지지 않고 있는데 현대 한어
에서 '組織上'(조직에서)·'領導上'(상부에서)·'部隊上'(부대에서)과 같이
사람을 지칭하는 집단 명사 뒤에 오는 '上'이 사물에도 사용되어 '桌上'·
'牆上'과 같이 확대 사용된 표현으로 볼 수도 있겠으나[18] 오히려 蒙古語
의 '여격' 또는 '탈격'의 영향으로 보는 것이 더욱 설득력이 있는 것으로
보인다. 이와 같은 용법으로 元代의 기타 문헌들에는 '－行'이 사용되
었다.

『元朝秘史』5－7卷:
若如今他行那般歹想阿, 天必不愛護咱。
－만일 지금 그에게 그런 나쁜 마음을 품는다면 필히 하늘이 우리를 아껴
주지 않을 것이다－

『元朝秘史』5－7卷:
若不預先除了, 您行如何肯服?
－만일 미리 제거하지 않는다면 당신에게 어찌 승복하리오－

　　이상 예문에서 '他行'은 '그에게'의 뜻이고 '您行'은 '당신에게'의 뜻으
로서 여격의 의미로 사용되었다. 이러한 용법은 元代 이후의 한어에서는
더 이상 사용되지 않고 있다.

18) 孫錫信(1992:303)에서는 이러한 용법이 「老朴」의 '漢兒人上' 등의 용법과 연관 관
　계가 있는지는 좀 더 고찰해봐야 할 것이라고 주장하였다.

2) ―上頭

咱弟兄們和順的<u>上頭</u> 皇帝的大福陰裏 酒也醉了 茶飯也飽了 우리 弟兄들히 和順흔 젼ᄎ로 皇帝 큰 福陰에 술도 醉ᄒ엿고 茶飯도 빈브르다(「朴諺」上7左)

〉「新釋」해당 구절 없음

'上頭'는 본래 '위쪽'을 나타내는 方位詞이며 현대 한어에서는 확대된 의미로 '상급', 또는 '상부'를 지칭하기도 한다. 그런데 이상 예문에서 '上頭'는 원인을 나타내는 단어 '―까닭'(젼ᄎ)의 뜻으로 사용되었다. '上頭'가 원인을 나타내는 후치사로 사용된 것은 元朝 시기의 다른 자료들에서 그 용례를 많이 찾아 볼 수 있다.(太田辰夫:1991;179)

『元朝秘史』卷一:
不得打捕的<u>上頭</u>煩惱了。
―포획하지 못한 까닭으로 고민하고 있다―

『元朝秘史』續二:
我兄察阿歹謹愼的<u>上頭</u>……
―나의 형님 察阿歹은 신중한 까닭으로……―

그러나 이러한 용법은 그 후로 전승되지 않았으며 『老朴集覽』 당시에도 이미 사용되지 않은 것으로 알려진다. 즉 『老朴集覽』(「累字解」2右)에서 "上頭, 젼차로, 今不用。"이라고 밝히고 있다. 이러한 형태는 기타 문헌에서 개사와 결합하여 '爲……上頭·'因……上頭'의 형태로 사용되기도 하였다. 한편 『元朝秘史』의 자료를 살펴보면 對譯文의 '禿剌'(tula)와 대칭되는 것으로서 元代語의 흔적임을 짐작할 수 있다.

3) －根底

① 官人們文書分付管酒的署官<u>根底</u> 官人들이 文書를 술 ㄱ음아ᄂᆞᆫ 署官의
게 分付ᄒᆞ여(「朴諺」上3左)
〉 這牌票上寫得明白, 可拿去吩咐管酒的人。(「朴新諺」一3左)
② 到江南地面石屋法名的和尙<u>根底</u> 作與頌字 江南 짜 石屋이라 法名ᄒᆞᆫ
즁의손듸 가니 頌字를 지어주매(「朴諺」上65左)
〉 他曾到江南地方受過名師, 他師傳法名石屋, 傳與他衣鉢。(「朴新諺」
二9左)
③ 物在我<u>根底</u> 物은 내손듸 이시니(「朴諺」中57左)
〉 物是我的。(「朴新諺」三3右)

이상 예문에 사용된 '根底'는 언해 부분에서 볼 수 있다시피 '－손듸'
또는 '－의게'의 의미를 나타내는데 元代 문헌의 몽고어 對譯文을 살펴
보면 몽고어의 여격, 또는 탈격에 해당됨을 짐작할 수 있다.

(2) 語順

한어에서는 일반적으로 동사 뒤에 목적어가 오는 것이 문법적 특징
중의 하나로 인정되고 있다. 즉 한어는 주어(S)·동사(V)·목적어(O)형
언어로서 강조와 같은 특수한 표현적 효과를 나타내는 경우에만 목적어
가 동사의 앞에 놓인다. 그런데 『朴通事』에서는 '목적어+동사'와 같이
전도된 어순의 형태가 눈에 띄게 많이 사용되고 있다.

1) 如今張黑子家裏/去來 이제 張黑子의 집의 가쟈(「朴諺」上16右)
〉 我且同你到/張黑子家去。(「朴新諺」一19右)
2) 這兩件東西/做時 使的六箇獺皮 이 두 가짓 거슬 민들려 ᄒᆞ면(「朴諺」
上29右)
〉 這兩件東西要做, 買六箇獺皮纔勾使哩。(「朴新諺」一31左)
3) 燒酒和黃酒/多喫了, 生果子也多喫了 燒酒와 黃酒를 만히 먹고 싱과실

　　도 만히 먹고(「朴諺」中15左)
　　〉 多飲了/些燒酒黃酒, 生果子也多吃了。(「朴新諺」二24右)

　이상의 예문과 같이 목적어가 동사 앞에 놓이는 형태의 빈번한 사용은
목적어의 내용을 강조하기 위한 것으로 해석할 수도 있겠으나 그리 자연
스런 표현으로는 보이지 않으며 예문의 「新釋」에서는 대부분 한어의
정상 어순인 '동사+목적어'의 형태로 바뀌었음을 발견할 수 있다. 따라서
이러한 어순의 전도는 SOV형 언어인 蒙古語 또는 우리말의 어순과 같다
는 데 주목하지 않을 수 없을 것이다.

5 맺음말

　『朴通事』는 『老乞大』에 비해 風俗 · 世態 · 娛樂 · 婚喪 · 宗敎 ·
賣買 · 文書 등 중국을 대상으로 사회적 풍속과 생활 문화를 골고루 습
득할 수 있는 高級會話書이다. 따라서 이 자료는 언어학적 측면 외에도
元末明初 중국의 사회 및 문화적 특징에 관한 귀중한 史料들을 제공하
고 있다. 그 동안 『朴通事』에 대하여 많은 연구 성과들이 이루어졌지만
아직도 해결되지 않은 과제들이 적지 않게 남아 있다. 특히 漢語 原文에
대한 연구가 별로 이루어지지 않고 있으며 방대하고 풍부한 내용에 비해
다방면의 연구가 아직 미흡한 상태이다. 앞으로 언어학 분야뿐만 아니라
다양한 문화사적 접근이 이루어짐으로써 이 자료의 문헌적 가치를 충분
히 발휘하도록 하여야 할 것이다. 아울러 『老乞大』와 같은 『朴通事』의
초기 刊本이 귀한 모습을 드러내는 그 날을 간절히 기대하는 바이다.

※ 이 논문은 「朴通事 編纂 小考 - 漢語 原文을 中心으로 -」라는 제목으로 〈한국
　어학〉(한국어학연구회) 제2집(1995:247~264)에 실린 것을 수정한 것이다.

『原本老乞大』의 언어

1 서론

『老乞大』는 高麗 후기에 편찬되어 通文館과 그 후신인 司譯院에서 오랜 세월 사용되던 漢語 회화교재이다. 이 교재는『朴通事』와 함께 가장 중요한 한어 교과서로서 朝鮮 후기까지 널리 사용되었다. 그러나 이 책의 초기 간본은 장기간 失傳된 것으로 인정되어 원 저자와 편찬 연대, 그리고 書名의 정확한 의미 등이 밝혀지지 않고 있다. 다행히 지난 1998年 초에 발굴된『老乞大』(「原老」)는 元代 漢語의 특징을 고스란히 반영하고 있어 학계의 주목을 받았다. 이 간본의 漢語는 최세진이 「翻老朴」를 편찬할 당시 참고한 이른바 '舊本'과 매우 유사하며 따라서『老乞大』초기 간본의 漢語를 반영하고 있는 것으로 보인다. 본고에서는 이 자료에 반영된 漢語의 어휘 및 문법적 특징을 분석함으로써 당시 사용하던 한어의 성격을 살펴보고자 한다.

2 『原本老乞大』의 어휘적 특징

漢語史의 시대적 구분에 의하면 元代의 漢語는 近代漢語에 속한다고 할 수 있다. 그런데 元代 漢語는 近代漢語의 일반적인 특징1)을 지니

---

1) 近代漢語의 일반적인 특징에 대하여 胡明揚(1992:9)에서는 다음과 같이 제시하고 있다. 즉 (1) 語音 상에서 陰陽入聲의 엄격한 대응 관계의 동요, 入聲 韻尾인 '－p,

는 외에도 당시 지배민족인 蒙古族 언어의 영향으로 나름대로 독특한 특징을 지니고 있다. 즉 어휘와 문법 형태면에서 알타이어계통인 蒙古語를 直譯한 흔적을 지니고 있다. 그 동안 元代 漢語에 대한 연구는 그 자료가 매우 제한되어 있었는바 주로『元典章』의 대화 부분,『孝經直解』의 白話文 해석,『元朝秘史』등에 의존하였다. 그러나「原老」는 당시의 實用 會話 敎材로 편찬된 것이므로 元代의 구어체 한어의 특징을 잘 반영하고 있을 것으로 추정되며, 따라서 元代 漢語의 연구에 더없이 귀중한 자료를 제공하게 될 것이다. 본 연구에서는 수정본인「翻老」와의 비교를 통하여 이 자료의 언어적 특징을 자세히 살펴보기로 한다.

2.1 名詞

「原老」와「飜老」은 우선 명사의 사용에서 많은 차이가 나타나는데 그중 일부 지명과 일반 명사의 예를 들어보기로 한다.

(1) 大都 〉 北京/京/京城/京都

「原老」에서 사용된 지명 '大都'는 「飜老」에서 '北京・京・京城・京都' 등으로 교체되었다. 그 예를 일부만 들어 보기로 한다.

1) 大都 〉 北京

您這月盡頭到的<u>大都</u>那?(「原老」 1右)

....

─t, ─k'의 혼용 내지는 소실, 全濁 聲母의 淸音化, '─m' 韻尾의 소실, (2) 文法상에서 '的, 了, 哩/呢'의 출현과 이에 의한 종래의 助詞 체계의 전면 대체, 대명사 '這, 那'에 의한 '彼, 此'의 대체, '將'과 '把'를 사용한 문형의 출현 및 발전, '동사+將+방향어' 문형의 출현, 발전 및 소실, (3) 기본 어휘에서 '我・你・他'와 '們'의 출현과 이에 의한 종래의 인칭 대명사 '吾・爾・其'의 대체 등이다.

> 你這月盡頭 到的北京麼 네 이둜 그믐의 北京의 갈가(「飜老」上2右)

2) 大都 〉 京城

憑大都管牙人羊市角頭街北住坐馬二作牙人。(「原老」24左)
> 憑京城牙家羊市角頭街北住坐張三作中人 셔울 즈름ᄒᆞᄂᆞᆫ 羊市 져젯
거릿 북녁의셔 사ᄂᆞᆫ 張三을 의빙ᄒᆞ야(「飜老」下16右)

「原老」에서 사용된 元代의 수도 이름 '大都'가 「飜老」에서 明代의
이름인 '北京' 또는 '京城'으로 교체되었음을 알 수 있다.

(2) 東京城/遼陽城 〉 遼東城
「原老」에 보이는 '東京城'과 '遼陽城'은 「翻老」에서 모두 '遼東城'으
로 바뀐 것으로 나타난다.

1) 東京城 〉 遼東城

小人姓王, 在東京城裏閣北街東住。(「原老」13右)
> 小人姓王 在遼東城裏住 小人의 셩은 王개로니 遼東 잣 안해셔 사노라
(「飜老」上44左)

2) 遼陽城 〉 遼東城

我在遼陽城裏住。(「原老」24右)
> 我在遼東城裏住 내 遼東 잣 안해셔 사노라(「飜老」下15左)

이상의 예문에 나오는 지명은 모두 현재 중국 遼寧省에 있는 遼陽市
일대를 지칭하는 것으로 보인다. 이 지역은 역사적으로 燕 나라 때는

'遼東郡'이었고 西晉 시기에는 '遼東國'이었으며 契丹의 天顯 13年(938)
에는 이곳에 '遼陽府'를 설치하였다. 遼代에는 이를 '東京道'라 하였으며
金代에는 '東京路'로 바꾸었으며 元代에는 '遼陽路'로 개명하였다. 明代
洪武 4年(1371)에 '定遼都衛'를 설치하였고 洪武 8年(1375)에 이를 '遼東
都司'로 고치었다. 따라서 '東京'과 '遼陽'은 元代의 지명이고 遼東은 明
代의 지명임을 알 수 있으며 이에 대하여 『老朴集覽』에서도 다음과 같
이 기술하고 있다.

> 遼陽, 遼志云: 舜分冀東北爲幽州, 卽今广宁以西之地。靑東北爲營州, 卽
> 今广宁以東之地, 周武王封箕子于朝鮮是其地也, 卽古肅愼氏地。遼置遼
> 陽路, 元改爲東京路尋夏遼陽路, 今置遼東都指揮使司。(「朴集」上4右)
> －遼陽: 遼誌에 의하면 舜 나라 때 冀州의 東北部을 갈라서 幽州를 설치하
> 였는데 바로 지금의 廣寧 서쪽 지역이다. 그리고 靑州 東北 지역에 營州을
> 설치하였는데 곧 지금의 廣寧 동쪽 지역이다. 周武王이 箕子를 朝鮮에 봉
> 한 곳이 바로 이곳으로서 古代 肅愼氏의 지역이다. 遼 나라 때 遼陽路를
> 설치하였고 元 나라 때 東京路로 고치었다가 다시 遼陽路로 회복하였다.
> 현재는 遼東都指揮使司를 설치하였다－

이 외에도 「原老」에는 '直東'과 '直南'이라는 지명도 나타나는데 「飜
老」에서는 각기 '遼東'과 '山東'으로 수정되었다.

(3) 伴當 〉 大哥/火伴

'伴當'은 '옆에 데리고 다니는 하인' 또는 '동료'를 가리키던 말로서 현
대 한어에서는 사용되지 않는다. '大哥'는 본래 '맏형'이라는 뜻으로서
동년배의 남자에 대한 존칭으로 지금도 두루 사용되고 있다. 이 용어는
『老乞大』의 첫 구절에 나오는 말로서 현존본 『老乞大』의 제간본 중에
서는 淸代 北京語로 수정된 「老新」에서 '阿哥'로 고쳐진 것 외에 모두

'大哥'로 시작이 되었다. 그러나 「原老」에서는 '伴當'으로 되어 있어 사람들의 주목을 끌고 있다.

'伴當'에 대하여 『老朴集覽』에 다음과 같은 해석이 있다.

> 伴當, 『質問』云: 軍職官跟隨儀從人謂之伴當, 三日一換。當去聲。(「朴集」上14左)
> —伴當: 質問에 의하면 軍職官으로서 儀從을 수행하는 사람을 '伴當'이라 하는데 3일에 한번 씩 교체한다고 한다. '當'은 去聲이다—

「原老」와 「飜老」에서 그 예문을 찾아보면 다음과 같다.

1) 伴當 〉 大哥

> 伴當, 您從那裏來?(「原老」1右)
> 〉大哥 你從那裏來 큰형님 네 어드러로셔브터 온다(「飜老」上1右)

2) 伴當〉火伴

'火伴'은 '伙伴'이라고도 하는데 옛 兵制에서 열 명이 한 조를 이루어 취사를 한 데서 생겨난 말로서, '동료'의 뜻으로 지금도 사용되고 있다. 이 예를 「原老」와 「飜老」에서 찾아보면 다음과 같다.

> 俺有一箇伴當落後了來。(「原老」1右)
> 〉我有一箇火伴 落後了來 내 흔 버디 뻐디여 올시(「飜老」上1左)

3) 僕奴 〉 伴當

흥미로운 것은 「飜老」에서도 '伴當'의 용례를 찾아 볼 수 있는데 앞에서 든 예문과는 달리 「原老」에서는 '僕奴'의 의미로 사용되었다.

騎著鞍馬, 引著僕奴。(「原老」 34左)
〉 騎着鞍馬 引着伴當 를 트고 번당 드리고(「飜老」 下53左)

이상과 같은 현상은 「飜老」 당시 '伴當'이 '하인'의 의미 외에 '동료'(벗)의 의미로는 이미 사용되지 않고 있었음을 짐작할 수 있다. 「原老」에서 '伴當'을 동년배 남자에 대한 존칭으로 사용된 것은 '伙伴'이나 '大哥'보다 더 이른 시기의 용법일 것으로 추정된다.

(4) 帖落 〉 洒子
'帖落'은 元代에 사용되던 蒙古語 'torho'의 차용어로서 明代에는 '洒子'로 교체되었는데 이에 대한 언급을 『老朴集覽』(「老集」 上2右)에서 찾아볼 수 있다.(본서 제2장 제1절/제3절 참조)
그리고 실제로 「原老」와 「飜老」에서 다음과 같이 교체된 것으로 나타난다.

你收拾帖落、井繩出來。(「原老」 9左)
〉 你收拾洒子井繩出來 네 드레와 줄 서러 내여 오교려(「飜老」 上31左)

(5) -每 〉 -們
명사의 복수접미사로 「原老」에서는 '每'를 사용하였으나 「飜老」 등 후대의 한학서에서는 모두 '們'으로 교체되었다.

敎別人將咱每做甚麼人看?(「原老」 2右)
〉 別人將咱們做甚麼人看 다른 사루미 우리를다가 므슴 사루믈 사마 보리오(「飜老」 上5左)

'每'에 대한 『老朴集覽』의 해석을 보면 다음과 같다.

> 每, 本音上聲, 頻也. 每年, 每一箇. 又平聲, 等輩也. 我每、咱每、俺每
> 우리, 恁每、你每 너희. 今俗喜用們字.(「單字解」1右)
> ─ 每: 본음은 上聲이고 '빈번하다'이다. '每年─해마다', '每一箇─하나씩'.
> 또는 平聲으로 읽으면 '等輩─같은 무리'라는 의미이다. '我每'·'咱每'·'俺
> 每─우리들', '恁每'·'你每─너희들', 지금은 일반적으로 '們' 자를 즐겨 쓴
> 다[2] ─

이상 해석에 의하면 '每'가 복수접미사로 쓰였음을 말하고 있으며 당
시 『老乞大』 수정본인 新本에서는 이미 '們'으로 교체되었음을 증명하
고 있다. 한편 『老乞大』에서는 동물한테도 이러한 형태가 사용된 것이
주목된다.

> 俺這馬每不曾飮水裏(「原老」9右)
> 〉我這馬們不曾飮水裏 우리 이 물들히 믈 아니 머것더니(「飜老」上31右)

한어에서 복수접미사 형태가 사용되기 시작한 것은 宋代부터였으며
宋·元·明 시기를 거치면서 '們 〉 每 〉 們의 형태로 반복되는 양상을
보인다.(본서 제3장 제3절 참조)

2.1 인칭대명사

「原老」에서는 1인칭으로 '俺'이 많이 사용되었고 2인칭으로는 '恁·

---

2) 1인칭 복수를 나타내는 '我每'(우리)는 청자를 포함하지 않고 '咱每'(우리)는 청자를
   포함하며, '俺每'(우리)는 청자를 포함하지 않는 방언적 표현이다. 그리고 '恁'은 존
   대를 나타내는 2인칭 용어이다.

你'가 쓰였다. 이들은 대체로 元代 북경어에서 사용되던 인칭대명사를 반영하는 것으로 보인다. 인칭 대명사는 『元曲選』에서 무려 32종이나 사용되었고 『元朝秘史』에서 12종(我·我每·俺·俺每·咱·咱每·你·你每·恁·恁每·他·他每)이 사용되었으며, 기존 「老朴」에서는 8종(我·我們·咱·咱們·你·你們·他·他們)만 사용되었다.(太田辰夫: 1991;173) 그런데 「原老」에서는 「老朴」에 없는 '俺'과 '恁'이 사용되었고 또 복수를 나타내는 접미사 '每'가 '們' 대신 사용되는 등 『元朝秘史』의 용법과 거의 일치한 것으로 보인다.

(1) 俺 〉 我/我一們/我們

「原老」에서 사용된 1인칭 '俺'은 「飜老」에서는 '我', 또는 그 복수형인 '我一們·我們'으로 나타난다. 그 예문들을 살펴보기로 한다.

1) 俺 〉 我

俺從高麗王京來。(「原老」1右)
　〉 我從高麗王京來 내 高麗 王京으로셔브터 오라(「飜老」上1右)

2) 俺 〉 我一們

俺高麗體例, 親弟兄也不隔話。(「原老」5右)
　〉 我一們不會體例的人 親弟兄也不隔話 우리 흔가짓 스톄 모르는 사름들히 친동싱 형뎨도 말솜 스슴 아니 ᄒᆞᄂᆞ니(「飜老」上16左)

3) 俺 〉 我們

俺喫了時, 與他將些去。(「原老」12右)
　〉 我們喫了時 與他將些去 우리 먹고 뎌 위ᄒᆞ야 져기 가져 가져(「飜老」

上42右)

(2) 恁 〉 你

「原老」에서 사용된 제2인칭 대명사 '恁'은 「翻老」에서 '你'로 교체되었다.

伴當, 恁從那裏來?(「原老」1右)
　〉大哥 你從那裏來 큰형님 네 어드리로셔브터 온다(「飜老」上1右)

한편 「原老」에서는 '恁'과 '你'를 자주 섞어 사용한 것으로 보아 그 구분이 그리 엄하지 않았던 것으로 보인다.

恰待尋恁去來, 你却來了。(「原老」19左)
　〉待要尋你去來 你却來了 ᄒ마 너희 ᄎᄌ라 가려 ᄒ다니 네 ᄯᅩ 오ᄂᆞ다
(「飜老」上68左)

「原老」에서는 복수를 나타내는 경우 '每'가 빈번히 사용되었지만 '俺每'와 '恁每'의 형태는 발견되지 않는다.

2.3 지시대명사

「原老」의 본문이 원대 한어를 반영하는 유력한 증거를 지시대명사의 사용에서도 찾아볼 수 있다. 기존 「老朴」에서는 지시대명사로서 '這'(이)와 '那'(그/저)를 기본으로 하여 여러 가지 형태의 지시 대명사(這的·那的·這些·那些·這裏·那裏·這邊·那邊·這般·那般·這等·那等·這樣·那樣·這們·那們·這早晚)들이 사용되었다. 그러나 「原老」에서는 '兀那·兀的·阿的'과 같은 그 동안 전해지는 「老朴」에서 볼 수 없

는 형태의 지시대명사가 사용되었는데 이들은 그 전 시기에 사용되던
형태임이 분명하다. 그 예를 들어 보기로 한다.

(1) 兀那 〉 那

우선 「原老」에 쓰인 '兀那'는 「飜老」 이후의 「老朴」에서 '那'로 바뀌
었다. 예를 들면 다음과 같다.

  兀那店子便是瓦店。(「原老」5左)
  〉 那店子便是瓦店 뎌 뎜이 곧 瓦店이니(「飜老」上7右)

'兀那'는 지시대명사 '那' 앞에 '兀'이 첨부된 형태로 「原老」에서 그
용례를 많이 찾아볼 수 있다. 이것의 의미는 「飜老」의 예문이 보여주는
것과 같이 '那(그/저)의 의미와 다름이 없는 것으로 보인다. 그런데 이러
한 형태는 기타 문헌에서 찾아보기 어렵고 呂叔湘(1985)에서도 다루지
않고 있는 것으로 보아 극히 드문 용례일 것으로 추측이 된다. 呂叔湘
(1985:105;248)에서는 의문을 나타내는 인칭 대명사 '誰'(누구) 앞에 '兀'이
첨부된 용어에 대한 분석에서 '誰'가 唐代에는 '阿誰'의 형태로 사용되다
가 宋元 시기에는 '兀誰'로 사용되었고 元代 이후에는 다시 '誰' 형태로
변하였다고 지적하였다. 한편 '阿那'의 형태가 있는데 이 경우에는 의문
을 나타내는 대명사 '哪'(어디)의 의미로 사용된 것이고 지시 대명사의
경우에는 '阿'가 첨부되지 않는다고 지적하였다. 그러나 이것도 몽고어
의 영향을 받은 것으로 추정된다. Poppe(1954:51)에 의하면 몽고문어에
서 지시대명사로서 近稱은 "ene(this), 'ede(these), edeger(these), ele(this),
önö or önüge(this)" 등이 있다. '兀那'는 그중 가장 일반적인 근칭인
'ene(this)'를 音借하였을 가능성이 있는 것으로 보인다.

(2) 兀的 〉 這的 〉 這

「原老」에서 사용된 '兀的'이「飜老」에서는 '這的'으로, 그리고「老新」
에서는 '這'로 수정되었다.

兀的三箇蒿薦與恁鋪。(「原老」7左)

　〉這的三箇藁薦與你鋪 이 세 지즑을 너 주어든 싣라스라(「飜老」上25
左)

　〉這三領草薦與你們鋪罷。(「老新」8左)

漢語의 지시대명사는 일반적으로 두 가지 형태, 즉 '彼·此' 또는 '這
·那'를 사용하나 몽고어에서는 상술한 近指(近稱을 말함)의 "ene, ede,
edeger, ele"와 遠指(遠稱을 말함)의 "tere, tede, tedeger" 외에도 또 "eyimü
(如此), edüi̯(如此), edün(如此)"과 "teyimü(如彼), tedüi̯(如彼), tedün(如
彼)" 등의 형태가 있다. '兀的'은 몽고문어의 'erde'의 음차로서 역시 몽고
어의 지시대명사가 한어에 혼입된 예가 아닐까 한다. 반면에「飜老」의
'這的'은 몽고문어 'tede or tere'의 영향으로 보이며「老新」에 이르러서
비로소 중국어의 지시대명사 '這'로 돌아간 것으로 추측된다.3)

(3) 阿的 〉 這的

「原老」에서 사용된 '阿的'이「翻老」에서는 '這的'으로 수정되었다. 예
를 들면 다음과 같다.

阿的涯十年也壞不得。(「原老」11左)

----

3) 梅祖麟(1984:122)에서는 한어의 지시대명사에는 일반적으로 '彼·此, 또는 '這·
那와 같은 두 가지 형태가 있는 것과는 달리 元代 漢語에서는 '這的'·'那的'·'兀
的' 등 세 가지 형태를 사용하게 된 것은 알타이어 계통의 영향을 받았을 가능성이
있다고 주장하였다.

〉 這的捱十年也壞不得 이거시 십년을 디나도 히야디디 아니 ᄒ리로다
(「飜老」上39右)

이상의 변천은 晉宋 시대에 지시대명사의 近稱으로 사용되던 '阿堵'
가 宋元시대에는 '阿的(底)'・'兀的(底)'으로 변화되었고(呂叔湘:1985;241)
그것이 다시 '這的'의 형태로 사용되다가 현대어에서는 「老新」에서 본
예와 같이 '這'의 형태로 변화된 것으로 보인다. 『老朴集覽』(「單字解」
2右)에서도 '阿的'이 元代語임을 지적하고 있는데 아마도 'ede'의 음차표
기로 볼 수 있을 것이다.(鄭光 외:1999)

2.4 의문대명사

「原老」에서 사용된 의문사 '怎生'은 「飜老」에서 '怎的' 또는 '怎么'로
바뀌었다.

(1) 怎生 〉 怎的

怎生是免帖?(「原老」1左)
〉 怎的是免帖? 엇디 훌시 免帖인고(「飜老」上3左)

(2) 怎生 〉 怎么

一客不犯二主, 怎生可憐見, 糶與俺一頓飯的米和馬草料如何?(「原老」15
右)
〉 一客不犯二主 怎麼可憐見 糶與我一頓飯的米和馬草料如何(ᄒ 나그
내 두 쥬인 저치디 몯홀거시니 엇디 ᄒ려뇨……(「飜老」上52左)

현대 한어에서 사용되고 있는 의문사 '怎么'는 唐代에는 '爭'으로 표시

되었고 宋代에 이르러서야 ‘怎’으로 표시되기 시작하였다. 그 후 ‘怎生’·
‘怎么’·‘怎的’ 등의 형식들이 생겨났는데 그중 ‘怎生’이 가장 먼저 사용
되었으나 元代 이후에는 별로 사용되지 않았다. ‘怎的’은 더 늦게 나타났
는데 ‘怎生’이 점차 사라지기 시작할 무렵 사용되기 시작하였다. 이러한
형식들은 현대 北京語와 北方官話區의 대다수 方言들에서도 사용되지
않고 다만 下江官話區의 일부 方言에서 지금도 사용하고 있다.(呂叔
湘:1985;305)

　「原老」에서는 ‘怎生’과 ‘怎么’ 두 형태가 모두 사용되었고 「飜老」에서
는 그 외에도 ‘怎的’을 사용한 용례가 발견된다.

2.5 동사

　동사의 사용에 있어서 「原老」와 「飜老」는 현저한 차이를 발견할 수
있다. 그 용례들을 살펴보면 「飜老」의 것은 現代 北京語와 거의 일치하
나 「原老」의 것은 현재 文語(書面語 등)나 古語體에서만 일부 사용되는
것을 제외하고는 전혀 사용되지 않는 것들이 많이 발견된다. 그 예를
들어 보기로 한다.

　(1) 過(썰다) 〉 切

　　這伴當, 你過的草忒粗。(「原老」6右)
　　　〉 這火伴 你切的草忒粗 이 버다 네 사ᄒᆞ 논 딥피 너므 굵다(「飜老」上19
　　左)

　(2) 覰(보다) 〉 看
　　覰那射著的弓手。(「原老」9右)

〉看那射着的弓手 그 살마즌 弓手를 보니(「飜老」上30左)

(3) 索(-하려고 하다)⁴⁾ 〉 要

咱每又無甚麼忙勾當, 索甚麼早行?(「原老」 9右)
〉咱們又沒甚麼忙勾當 要甚麼早行 우리 아ᄆ란 밧븐 일 업거니 므스므
려 일 녀리오(「飜老」上30左)

(4) 儘敎(그리 하자/내버려 두다)⁵⁾ 〉 罷罷

客人每, 熱喫那凉喫? 儘敎, 休旋去, 俺則凉喫。(「原老」18右)
〉客人們 熱喫那凉喫 罷罷 休旋去 我只凉喫 나그내네 더위 머글다 ᄎ니
머글다 두워 두워 데우라 가디 말라 우리 ᄎ니 머구리라(「飜老」上63左)

(5) 將(가지다) 〉 拿

敎小孩兒將些箇燈來。(「原老」 16右)
〉敎小孩兒 拿箇燈來 아히 ᄒᆞ야 등잔쓸 가져 오게 ᄒᆞ고라(「飜老」上56
右)

(6) 戰張(귀찮게 하다) 〉 纏張⁶⁾

....

4) '索'에 대한 『老朴集覽』의 해석은 다음과 같다.
索, 求也。索價錢 갑 받다; 又鄕習傳解曰 빈 쇠오다 亦通。又須也。不索, 今皆
罕用。(「單字解」4左)
－索: '요구하다'이다. 索價錢－값을 받다. 또한 우리나라에서 傳習되는 해석에
의하면 '빈 쇠오다(값을 내리 깎다)'라고 해도 통한다. 또는 '須－～해야 한다'라는
의미이다. 不索－～해서는 안 된다. 지금은 모두 잘 쓰지 않는다－
5) '儘敎'에 대한 『老朴集覽』의 해석은 다음과 같다.
儘, 讓也, 任也。儘他 제게 다와드라, 儘讓 더긔미다。又縱令也。儘敎 므던타。
又儘一儘 지긔우다。又儘船 빗ᄀ장。(「單字解」 5右)
－儘: '양보하다', '맡기다'이다. 儘他는 '그에게 맡기다', 儘讓은 '양보하다'. 또는
'방임하다'이다. 儘敎－'무던하다'. 또는 '儘一儘－지겹게 하다'이다. 또는 '儘船－
배 가장자리'이다－

休則管的戰張。(「原老」15右)

   〉休只管的纏張 슬이여 힐후디 말라(「飜老」上52右)

(7) 褒彈(흠잡다) 〉 包彈

織的又鬆, 哏不好有。買的人多少褒彈。(「原老」36左)

   〉織的又鬆 却不好 買的人 多少包彈 뿜도 또 얼믜오 또 됴티 아니타 살 사룸이사 그믄더믄 흐나므라려(「飜老」下62右)

이 외에도 「原老」와 「飜老」에서 교체 사용된 동사로 "(8) 道(말하다) 〉 說, (9) 淴踐(폐를 끼치다) 〉 攪扰, (10) 邀(몰다) 〉 趕, (11) 爨(볶다) 〉 炒, (12) 供(걷다) 〉 走, (13) 評(계산하다) 〉 算, (14) 有(기다리다) 〉 等候" 등의 용례들을 찾아 볼 수 있다.

2.6 형용사

형용사의 사용에 있어서도 「飜老」의 것은 현대어와 거의 일치하나 「原老」에서는 현대중국어에서 전혀 사용되지 않는 표현들을 사용하고 있음을 발견할 수 있다. 그 예들을 들어 보기로 한다.

(1) 爭(좋다) 〉 好

高麗小厮每較爭些箇。(「原老」2左)

   〉高麗小厮們較好些 高麗ㅅ 아히들흔 져기 어디니라(「飜老」上7左)

---

6) '纏張'에 대한 『老朴集覽』(「老集」上2左)의 해석은 본서 제2장 제3절을 참조하기 바란다.

(2) 生受(어렵다/수고하다) 〉 艱難/辛苦

1) 生受 〉 艱難

其實來今年生受。(「原老」15左)
　〉 其實今年艱難 진실로 올히 간난ᄒ얘라(「飜老」上54右)

2) 生受 〉 辛苦

敎恁盡一日生受。(「原老」30右)
　〉 敎你一日辛苦 너를 ᄒ야 홀롤 내내 슈고ᄒ게 ᄒ과이다(「飜老」下35右)

(3) 細/小(적다) 〉 少

1) 細 〉 少

這箇馬喫水細。(「原老」10左)
　〉 這箇馬喫水少 이 ᄆ론 믈 머기 쟉다(「飜老」上35右)

2) 小 〉 少

這水小, 再打上一帖落者。(「原老」10左)
　〉 這水少 再打上一洒子着 이 므리 쟉다 또 ᄒᆞᆫ 드레만 기르라(「飜老」
上35右)

(4) 乖(사납다) 〉 利害

更恁這狗每乖。(「原老」15左)
　〉 又你這狗子利害 또 네 이 가히 모디니(「飜老」上55右)

2.7 부사

부사의 사용에 있어서도 「原老」와 「翻老」는 큰 차이를 보인다. 「翻老」의 부사는 현대 한어에서의 사용과 거의 비슷하나 「原老」의 것들은 현대 한어에서 대체로 사용되지 않고 있다.

(1) 哏(가장)[7] 〉 十分/忒

1) 哏 〉 十分

漢兒小厮每哏頑。(「原老」 2右)
　〉 漢兒小厮們 十分頑 漢兒 아희들히 ᄀ장 글외거니와(「飜老」 上7右)

2) 哏 〉 忒

這橋梁、橋柱比在前哏牢壯。(「原老」 11左)
　〉 這橋梁橋柱 比在前忒牢壯 이 ᄃ릿보와 기동들히 아ᄅ릐 치와 건조면 너므 굳다(「飜老」 上39右)

(2) 把似(어쨌든) 〉 好歹

你把似拖帶俺做伴當去不好那?(「原老」 2左)
　〉 你好歹拖帶我 做火伴去 네 모로매 나를 ᄃ려 벋지서 가고려(「飜老」 上7左)

---

7) '哏'에 대한 『老朴集覽』의 해석은 다음과 같다.
　哏, 極也。哏好, ᄀ장 됴타. 今不用。音흔, 匣母。(單字解 5 뒤)
　−'哏'은 '가장'이라는 뜻이다. 哏好−가장 좋다. 지금은 사용하지 않는다. 音은 '흔'이고 匣母이다−

(3) 底似(가장/너무) 〉 十分

休要底似肥的。(「原老」 6左)
　〉 休要十分肥的 ㄱ장 술지니란 말오(「飜老」 上21右)

(4) 索(진실로) 〉 委實

我是索不要。(「原老」 25右)
　〉 我委實不要 내 진실로 아니 호리라(「飜老」 下19右)

(5) 厮(서로) 〉 相

若這般厮覷當呵, 便有十分病也減了五分。(「原老」 32左)
　〉 若這般相看時 便有十分病也減了五分 이러트시 서르 간슈ᄒ면 곧 열 분 만흔 병이라도 닷 분이나 덜리라 (「飜老」 下47右)

이 밖에도 부사 "(6) 更(또) 〉 又/還/再, (7) 演里(아직) 〉 還, (8) 則(그 저) 〉 只, (9) 犹自(역시) 〉 還" 등이 「原老」와 「飜老」에서 교체되어 사용 된 용례를 찾아 볼 수 있다.

2.8 前置詞

「原老」에서 사용된 전치사도 「飜老」변화된 양상을 발견할 수 있다.

(1) 投-(-로 향하여) 〉 往-

也不索你將投市上去。(「原老」 19左)
　〉 也不須你將往市上去 쏘 굿 네 가져 져제 가디 말오(「飜老」 上69左)

(2) 投-(-로부터) 〉 從-

　缸投水裏出來, 旱地裏行不得, 車子載著有。(「原老」31左)
　　〉船是從水裏出 旱地裏行不得 須要車子載著 빈는 므레셔조차 니고 무
　틔는 둔니디 몯ᄒ야 모로매 술위로 시르며(「飜老」下43左)

　이상 「原老」에서 사용된 전치사 '投'는 「飜老」에서 방향을 표시하는
'往'과 출발점을 나타내는 '從'으로 교체되었는데 이는 현대 한어의 용법
과 일치하다.

2.9 조사

　「原老」에서 사용된 일부 조사들도 「飜老」에서 변화된 양상을 보인
다. 어말에 사용된 조사의 예들을 들어 보기로 한다.

(1) -也 〉 -了

　燒動火, 暫霎兒熟也。(「原老」6左)
　　〉燒動火 一霎兒熟了 블 디더두면 아니 한 ᄉᆡ예 닉ᄂᆞ니라(「飜老」上22
右)

(2) -了也 〉 -了

　早修起了也。(「原老」8右)
　　〉早修起了 볼셔 고텨 잇나니(「飜老」上26右)

(3) -來 〉 ○

　我夜來錯記了來。(「原老」17右)

> 我夜來錯記了 내 어제 그르 싱각ᄒᄃᆞᆺ더라(「飜老」上59左)

都忘了那裏記得來。(「原老」17右)
> 都忘了那裏記得 다 니즈니 어듸 싱각ᄒᆞ야 이시리오(「飜老」上60左)

「原老」의 어말에 사용된 '來'는 「翻老」에서 모두 사라졌다. 이 외에도 "(5) 也者 〉 了/也/着, (6) 那 〉 了/么/阿" 등 조사가 교체된 용례들을 찾아 볼 수 있다.

2.10 量詞

「原老」에서 사용된 일부 양사들이 「翻老」에서 변화된 양상을 보인다. 그 예들을 들어보기로 한다.

(1) 盞(잔) 〉 杯

咱每聊且喫一盞酒。(「原老」21左)
> 咱們聊且喫一杯酒 우리 잠ᄌᆞ간 흔 잔 먹져(「飜老」下6左)

(2) 裹(쌈) 〉 帖

大針一百裹, 小針一百裹。(「原老」38右)
> 大針一百帖 小針一百帖 큰 바늘 일빅 쏨 세침 일빅 쏨(「飜老」下67左)

(3) 帖(첩) 〉 匣

香搽粉一百貼。(「原老」38左)
> 面粉一百匣 분 일빅 하슈(「飜老」下67左)

(4) 行(번) 〉 次

喫了時便動臟腑, 動一兩<u>行</u>時, 便思量飯吃。(「原老」30左)
　〉喫了時 便動臟腑 動一兩<u>次</u>時 便思量飯吃 머그면 쟝부 동ᄒ야 ᄒᆞᆫ두번 동ᄒ면 곧 밥 목고겨 ᄒᆞ야 ᄉᆞ랑ᄒᆞ리라(「飜老」下40左)

3 『原本老乞大』의 문법적 특징

3.1 後置詞

후치사가 대량으로 사용된 것이 元代 漢語의 문법적 특징의 하나로 인정되는데 적지 않은 후치사들은 蒙古語 對譯文에서 그 근거를 찾을 수 있다. 「原老」에서 사용된 후치사들이 「飜老」에서는 적지 않게 변화된 모습을 보인다. 그 예들을 들어 보기로 한다.

(1) －行(－에게/－에게서/－앞에) 〉 －上/－前

1) －行 〉 －上

到學裏, 師傅<u>行</u>受了生文書。(「原老」1左)
　〉到學裏 師傅<u>上</u>受了文書 학당의 가 스승님씌 글 듣줍고(「飜老」上2左)

2) －行 〉 －前

吟詩罷師傅<u>行</u>講書。(「原老」1左)
　〉吟詩罷師傅<u>前</u>講書 글 잎퓌 믓고 스승님 앏픠 글 강ᄒ노라(「飜老」上3右)

「原老」에는 「老朴」의 기타 간본에서 찾아 볼 수 없는 후치사 형태인 '行'이 사용된 것을 발견할 수 있다. '行'이 『元朝秘史』에서는 빈번하게 사용되었는데 몽고어의 각종 格 형태와 엄격한 대응관계를 가진다. 즉 『元朝秘史』의 대역문에서는 '行'이 대격 (−yi/−i), 여격 (−a), 위격 (−dür/−dur), 탈격 (−ača/−eče), 속격 (−yin, −un/−ün) 등 여러 형태의 용례를 찾아 볼 수 있다.(余志鴻:1992;4) 그리고 이러한 형태는 현대 한어의 일부 방언에서 그 흔적을 찾아 볼 수 있다. 그 예를 余志鴻 (1988a;60)에서 들면 다음과 같다.

定襄話(山西):
他行你別想討上便意。
(你別想從他那兒討上便意 − 그에게서 너는 이익을 챙기려 하지 말라−)
你行我可不敢說謊。
(我可不敢對你說謊 − 너에게 나는 감히 거짓말을 할 수 없다−)

(2) −根底(−에게/−에게서) 〉 −上/−根前

1) −根底 〉 −上

明日病疴了時, 大醫根底, 重重的酬謝也。(「原老」30左)
  〉明日病痊疴了時 太醫上重重的酬謝 릭실 병이 다 됴커든 의원끠 만히 은혜 갑고 샤례호리이다(「飜老」下41右)

2) −根底 〉 −根前

俺一等不慣的人根底, 多有過瞞有。(「原老」37左)
  〉我一等不慣的人根前 多有欺瞞 우리 흔가짓 닉디 몯흔 사룸의게 만히 소기느니(「飜老」下65右)

이상 예문에서 「原老」에서 사용된 '根底'가 「飜老」에서는 '根前'과
'上'으로 교체되었는데 이들은 모두 격의 의미를 나타내는 후치사의 형태
이다. '根底'에 대한 『老朴集覽』의 해석은 다음과 같다.

根前, 앏픠. 根底, 앏픠, 比根前稍卑之稱.(「累字解」 2右)
－根前, '앞에'라는 의미이다. '根底'는 '앞에'이며 '根前'보다 약간 속된 표현
이다－

이상 해석에 의하면 '根底'는 '根前'과 같은 의미로 사용되었고 「飜老」
편찬 당시에 '根底'가 이미 俗語化되고 있음을 증명하고 있다.
몽고어에서는 후치사가 與格과 奪格의 역할을 하는데 『元朝秘史』의
몽고어 대역문에서는 '阿察'(－ača/－eče)을 '處'로, '迭/突兒'(－dur/－
dür)를 '行'으로 표기하고 飜譯文에서는 '根前' 또는 '根底'로 표현하였는
데 이를 余志鴻(1992:7)에서 옮겨보면 다음과 같다.

注　音: 貼列　額篏巴撒　勃端察儿 <u>阿察</u>　你刊可溫　脫列兀勒畢。(『元
朝秘史』41－37)
對譯文: 那　　婦人再　　(人名)　<u>處</u>　一个儿子　　生　了
意譯文: 那婦人勃端察儿<u>根前</u>, 再生一个儿子。(『元朝秘史』41－923)

注　音: Ciledü qośiun qucili－s qariju tergen－<u>dür</u>－iyen ire－küy－lüe
(『元朝秘史』55－55)
對譯文: (人名)　山嘴　　里過　回着 車子 自的<u>行</u>　　來 了　呵
意譯文: (人名) 轉過一个山嘴, 回來到他妻車子<u>根前</u>。(『元朝秘史』55－
928)

'根底'가 「翻老」에서 그대로 사용된 용례도 발견된다.

你誰根底學文書來。(「原老」 1右)
　〉你誰根底學文書來 네 뉘손듸 글 비혼다(「飜老」 上2左)

(3) －上頭(－까닭에) 〉 因此上(접속사)

「原老」에서 사용된 '上頭'가 「翻老」에서는 '因此上'으로 바뀌었다.

底似的漢兒言語說不得的上頭, 不敢言語。(「原老」 15右)
　〉他漢兒言語說不得的 因此上不敢說語 제 漢語를 니르디 몯홀시 이런
견츠로 말 니르디 몯ᄒᆞᄂᆞ니라(「飜老」 上51左)

이에 대한 『老朴集覽』의 해석을 들어 보면 다음과 같다.

上頭, 견츠로, 今不用。(「累字解」 2右)
－上頭: '까닭으로'라는 의미이다. 현재는 사용하지 않는다－

因此上, 猶言上頭。(「累字解」 2左)
－因此上: '上頭'(까닭으로)와 같은 의미이다－

　이상 해석은 '上頭'와 '因此上'이 같은 의미를 나타내며 전자는 「飜老」
당시에 이미 사용되지 않고 있음을 말해주고 있다. '上頭'는 방위사 '上'
에 접미사 '頭'가 첨가된 형태로서 원인을 나타내며 모두 몽고어의 영향
을 받은 후치사 형태로 보이는데 '因此上'은 원인을 나타내는 접속사의
형태로 분석된다.

3.2 어기사 －呵

身已安樂呵, 也到。(「原老」 1右)

〉身已安樂時 也到 모미 편안ᄒᆞ면 가리라(「飜老」上2右)

旣恁賣馬去呵, 咱每恰好做伴當去。(「原老」3右)
〉你旣賣馬去時 咱們恰好做火伴去 네 ᄒᆞ마 ᄆᆞᆯᄑᆞ라 가거니 우리 번지서 가미 마치 됴토다(「飜老」上8右)

「原老」에서 사용된 후치사 '呵'는 「飜老」에서 '時'로 교체되었다. '呵' 에 대한 『老朴集覽』(「單字解」5右)의 해석을 보면 『老乞大』古本에서 사용된 '呵'가 今本에서는 '時'로 교체되었음을 밝히고 있다.(본서 제2장 제3절 참조)[8]

'呵'의 이러한 용법은 몽고어의 영향으로 추정되는데 이와 대응되는 몽고어 원문을 살펴보면 다음과 같다.

t'emečelduk'un　　üeles　　bö·esu......
有　　相　爭的　　勾當　　呵......(『重陽萬壽宮聖旨碑』, 田中謙二: 1962;64)

üeledu·esu　bidana　　öč'idk'ün
做　　呵　咱每根底　　奏者(同上:66)

이상 예문에서 '−呵'는 몽고어 '−esu'와 대응되며 가정이나 조건의

---

8) 『老朴集覽』에는 「老集」과 「朴集」사이에 『音義』에 관한 내용이 한 곳 있는데 '呵' 를 비롯한 일부 용어에 대하여 해석한 내용이 흥미롭다.
音義云: 舊本內說的[呵]字不是常談, 如今秀才和朝官是有說的。那箇[俺]字是山 西人說的, [恁]字也是官話, 不是常談, 都塗(弗)了改寫的。這們助語的[那][也] [了][阿]等字, 都輕輕兒微微的說, 順帶過去了罷, 若緊說了時不好聽。南方人是 蠻子, 山西人是豹子, 北京人是태子, 入聲的字音是都說的不同。
−音義에 의하면 舊本에서 사용한 '呵'자는 일상용어가 아니다. 현재는 秀才나 조 정의 관리 중에 그 말을 사용하는 사람들이 있다. 그 '俺'자는 山西人이 사용하는 말이며 '恁'字 역시 官話로서 일상용어가 아니므로 모두 지워버리고 고쳐서 쓴 것이 다. 어조사인 '那'·'也'·'了'·'阿' 등 문자들은 가볍게 발음하여 지나가야지 만일 발음을 분명히 하면 듣기가 좋지 않다. 南方人은 '蠻子', 山西人은 '豹子', 北京人은 '태子'라고 하는데 이들은 入聲字의 發音을 각기 다르게 한다−

어기를 나타내고 있다. 『元朝秘史』에 의하면 '阿速'(－blasu/esü)의 대역문으로 '呵'가 사용되었고 가정의 의미를 나타내며 'b」'는 모음 뒤에서만 사용되는 것으로 나타난다.(余志鴻:1992;3)

3.3 어기사 －者

　　這水小, 再打上一帖落耆。(「原老」10左)
　　　〉這水少 再打上一洒子着 이 므리 쟉다 또 흔 드레만 기르라(「飜老」上35右)

　　어말에 사용된 '耆'에 대해 『老朴集覽』(「單字解」6左)에서는 『老乞大』 舊本에 보이는 '耆'를 新本에서는 '着'으로 교체하였는데 이는 전자가 元代語였기 때문이라고 설명하였다.(본서 제2장 제3절 참조) 실제로 「原老」에는 문장의 끝에 '耆'가 대량으로 사용되었는데 이것이 「飜老」에서는 모두 '着'으로 바뀌었다. 그리고 「原老」에서는 '着'의 의미로 '著'도 사용되었는데 어중에서만 사용된 것이 '耆'와 구별되며 「飜老」에서는 이 모두가 '着'으로 교체되었다.

　　你疾快做著五箇人的飯耆。(「原老」6右)
　　　〉你疾快做着五箇人的飯着 네 셜리 다섯 사ᄅᆞ미 밥 지스라(「飜老」上20右)

3.4 종결어미 －有

　　「原老」에서는 문장의 종결어미 형태로 쓰인 '有'가 많이 발견되는데 이것이 「飜老」에서는 모두 삭제된 형태로 나타난다.

您是高麗人, 却怎麽漢兒言語說的好有?(「原老」1右)
　〉你是高麗人 却怎麽漢兒言語說的好 너ᄂᆞᆫ 高麗ㅅ 사ᄅᆞᆷ미어시니 ᄯᅩ 엇디 漢語 닐오미 잘ᄒᆞᄂᆞ뇨 (「飜老」上2右)

我也心裏那般想著有。(「原老」3左)
　〉我也心裏這般想着 나도 ᄆᆞᅀᆞᆷ매 이리 너기노라(「飜老」上11右)

어말에 사용하는 '有'에 대하여 『老朴集覽』(「老集」上1右)에서는 元代語의 어미에 語助辭처럼 사용되는 '有'가 있었으나 당시에는 더 이상 사용되지 않고 있다고 설명하였다.(제2장 제3절 참조) 실제로 「飜老」에서는 "你的師傅是甚麽人? 是漢兒人有。(上6左)"라는 한 곳에만 '有'가 사용되었고, 이것도 「老新」에서는 "你的師傅是甚麽人? 是漢人阿。(「老新」2左)"와 같이 사라진 것으로 확인된다.

'有'의 이러한 용법이 『朴通事』의 제간본에서 「朴諺」에만 한 곳 남아 있는데 아마도 최세진이 번역할 당시에 누락된 것이 「飜朴」에 남아있었고 또한 그것이 「朴諺」으로 이어진 것으로 추정된다. 그러나 이것도 영조조의 新釋에서는 다른 형태로 수정된 것으로 나타난다.

西遊記熱鬧 悶時節好看有 西遊記ᄂᆞᆫ 워전즈런ᄒᆞ니 답답ᄒᆞᆫ 제 보기 됴ᄒᆞ니라(「朴諺」下17右)
　〉你不知這西遊記熱鬧得狠哩 悶時節看看眞好解悶 네 아지 못ᄒᆞᆫ다 이 西遊記 ᄀᆞ장 웨전즈런ᄒᆞ니 힘힘ᄒᆞᆫ 제 보면 진실로 解悶ᄒᆞ기 됴ᄒᆞ니라(「朴新諺」三21右)

이처럼 문장의 종결 형태로 사용된 '有'는 몽고어의 "bui, bolai, bülüge, a-, bayi-, bol-" 등 형태의 영향을 받은 元代 北京語의 특징이라고 할 수 있다. 즉 교착적 문법구조를 갖고 있는 몽고문어에서는

繫辭로서 문장을 종결시켰던 것이다. 따라서 『元典章』과 『孝經直解』와 같은 元代의 기타 文獻들에서도 '有'가 사용된 용례를 많이 찾아 볼 수 있다.

那達魯花是甚么人有？ 姓崔的漢儿人有。(『元典章』 "倚勢抹死縣尹")
祭奠呵, 不忘了父母有 ; 小心行呵, 不辱末了祖上有。(「孝直」感應章 第十六)

志村良治(1995;384)에서는 入矢義高의 주장에 따라 元代 초기부터 사용되기 시작한 '有'가 확정적인 의미를 나타내는 데 쓰였다고 주장하였다. 다만 그 용례를 「老朴」에서 거의 찾아 볼 수 없었던 것은 아마 이 두 문헌이 元代 후기에 편찬되었기 때문일 것으로 보았다. 한편 太田辰夫(1991:179)에서는 '有'자의 이러한 용법은 元代에서 明初에 걸친 자료들에서 많이 찾아 볼 수 있는데 실제 口語體에서 사용되었던 것임에 틀림이 없다고 하였다. 그리고 元曲에 이르러서는 더 이상 사용되지 않았으나 '一壁有者'(한 쪽에서 기다리고 있다)와 같은 관용어적 용법은 元曲에서도 찾아 볼 수 있으며 따라서 '有'는 어휘적 의미가 없는 文章末 終結語尾였을 것으로 추정이 된다고 하였다.

余志鴻(1988a:32)에 의하면 元代語에서 항상 문장 말에 사용되고 문장의 주요 동사와 관련이 되는 '有'는 시제를 나타내는 助詞라고 주장하였다. 즉 『元朝秘史』의 경우를 살펴보면 '有'는 몽고어 '－UmU'에 대응되는데 다음과 같은 예문에서 보여 주다시피 과거에서 현재까지(미래까지 지속 가능한) 지속되는 시제를 나타낸다고 하였다.

貼額周 阿木(載着有)(『元朝秘史』 101, 948)
迭兒別魯 梅(顚動有)(『元朝秘史』 98, 947)

莎那思塔 木(聽得有)(『元朝秘史』 101, 948)

「原老」에 보이는 예문들은 모두 대화 부분의 文章 말에 '有'가 사용된 용례들이며 敍法에 관계없이 두루 사용된 것으로 보인다. 한편 '有'를 語助辭 외에 다른 성분으로 분석하기가 어려운 듯하며 이러한 용법은 몽고어의 직역체와 관련이 있는 것으로 짐작이 된다. 그리고 「飜老」에 한 곳 남아있는 '有'는 수정하는 과정에서 누락된 것으로 보아야 할 것이다.

3.5 어순의 도치

「原老」는 어순에 있어서도 「飜老」와 많은 차이를 보인다. 즉 수식어의 위치가 바뀌거나 동사와 목적어의 위치가 도치된 형태가 많이 발견된다. 먼저 수식어의 위치가 바뀐 예를 들면 다음과 같다.(부호 '/'는 앞뒤 순서가 바뀐 부분을 표시함)

(1) 수식어의 도치
「飜老」에 비해 「原老」에서는 수식어가 중심어와 도치된 용례들을 많이 발견할 수 있다. 그 예를 들면 다음과 같다.

爲那上, 遲了/來。(「原老」 1右)
 〉 因此上 來的/遲了 이러 젼ᄎ로 오미 더듸요라(「飜老」 上1左)

你底似的/休早行。(「原老」 8右)
 〉 你們不要/十分早行。(「老新」9a2)

수식어가 중심어의 앞에 놓이는 것이 한어의 정상 어순인데 이상 예문에서 볼 수 있다시피 「原老」에서는 그것이 도치되어 몽고어의 어순과 유사한 형태를 발견할 수 있다. 게다가 그 후의 간본에서는 다시 정상 어순으로 회복된 것이 주목된다.

(2) 목적어의 도치
「原老」에서는 서술어와 목적어의 위치가 바뀐 것들이 눈에 띄게 많이 나타나는데 예를 들면 다음과 같다.

俺家裏書信/有那沒? 書信/有。(「原老」 21右)
　〉 我家裏有/書信麼 有/書信 우리 지븨 유뮈 잇ᄂᆞ녀 유뮈 잇다(「飜老」 下3左)

賣的好弓/有麼?(「原老」 27左)
　〉 有/賣的好弓麼 풀 됴흔 활 잇ᄂᆞ녀(「飜老」 下30左)

俺自穿的/不是, 要將投鄕外轉賣。(「原老」 26左)
　〉 不是/我自穿的 要拿去別處轉賣 내 니부려 ᄒᆞᄂᆞᆫ 주리 아니라 다ᄅᆞᆫ ᄃᆡ 가져가 옴겨 ᄑᆞ라(「飜老」 下27右)

咱每爲父母心/盡了, 不曾落後。(「原老」 31右)
　〉 咱們盡了/爲父母的心 不曾落後 우리ᄂᆞᆫ 부모 도의여 잇ᄂᆞᆫ ᄆᆞᅀᆞᆷ을 다 ᄒᆞ야 ᄂᆞᆷ의게 ᄲᅥ디디 말 거시라 (「飜老」 下42左)

서술어가 목적어 앞에 놓이는 것이 漢語 문법의 주요 특징 중 하나이다. 그러나 이상 용례들에서 볼 수 있다시피 「原老」에서는 그 위치가 도치된 현상을 쉽게 발견할 수 있다. 따라서 이것은 문법 구조상 SVO 형태인 漢語가 SOV 형태인 蒙古語 문법의 영향을 받은 결과임이 분명한 것으로 보인다.

元代 漢語는 元나라 때에 大都를 중심으로 하여 사용되던 구어체(白話) 漢語로서 몽고어의 성분이 다분히 섞여 있는 直譯體 한어이며 中原을 중심으로 사용되던 정통 한어와는 많은 차이가 있는 것으로 보인다. 따라서 이러한 한어는 이른바 'Pidgin English'(洋涇浜英語)식 漢語라고 할 수 있으며 그 특징이 「原老」에 잘 반영되어 있는 것으로 보인다.

4 맺음말

이상의 고찰을 통하여 새로 발견된 「原老」는 조선 성종 시기에 수정되기 그 이전의 漢語를 반영하고 있으며, 최세진이 『老朴集覽』에서 '舊本'이라고 지칭한 것과 같은 판본임을 확인할 수 있다.

「原老」에는 시대적으로 元代 漢語에서만 사용 가능한 특정 어휘들이 대량으로 사용되었으며 또한 문법적 특징으로 보아도 지금까지 전해지고 있는 여러 판본 가운데 가장 오래된 한어의 특징을 보존하고 있는 것이 틀림없다. 뿐만 아니라 일부 간본에서 어휘의 사용이 통일되지 않는 등 수정된 흔적이 눈에 띄게 드러나는 것에 비해 「原老」는 어휘의 사용이나 문장 형태에 있어서 통일이 잘 이루어져 있는 점 등을 미루어 보아 이 자료가 『老乞大』의 초기 刊本일 가능성이 높은 것으로 추정된다.

「原老」의 발굴은 학자들에게 元·明·淸 시기의 언어로 편찬된 『老乞大』諸版本을 동시에 살펴볼 수 있는 소중한 자료를 제공해줌으로써 그 진가를 발휘하게 될 것이다.

※ 이 논문은 「論元代漢語『老乞大』的語言特點」이란 제목으로 〈中國言語研究〉 (韓國中國言語學會) 第10輯(2000:145~178)에 실린 것을 번역·수정한 것이다.

『老乞大』・『朴通事』의 문화사적 가치

1 서론

　『老乞大』・『朴通事』는 中國의 通用語 습득을 위하여 편찬된 교재이므로 당시의 언어적 특징을 잘 반영하고 있다고 말할 수 있으며 따라서 귀중한 언어학적 史料임에 틀림이 없다. 이러한 원인으로 언어학계에서는 이 두 자료에 대한 관심이 각별히 높으며 그 동안 언어학 방면의 연구 성과도 적지 않게 이루어졌다. 그런데 그 내용들을 살펴보면 당시의 생생한 생활상과 풍속세태를 보여주는 풍부한 文化史적 내용들이 담겨져 있음을 쉽게 발견할 수 있다. 아쉽게도 그 동안 이 두 자료에 대한 연구는 줄곧 언어학적 범위에만 국한되어 있었고 기타 내용들에 대해서는 별로 관심을 갖지 못하였다. 본 연구에서는 이 두 자료에 담긴 문화사적 내용을 고찰함으로써 본 자료에 대한 연구 영역을 넓혀나가기 위한 기초를 마련하고자 한다.

2 高麗人의 중국어 학습 실태

　역사적으로 우리나라는 장기간 事大交鄰의 외교정책을 실시하여 왔으므로 이에 필요한 외국어 인재를 양성하여 온 유구한 역사를 지니고 있다. 그러나 구체적으로 외국어 교육을 어떻게 실시하였는가를 기록한 문헌은 찾아보기 어렵다. 비록 문헌기록에 고려시기부터 '通文館・吏

學都監'·'漢文都監'과 '司譯院'과 같은 전문 외국어 교육 기관을 설치한
것으로 되어있으나 구체적으로 어떠한 교육방식을 사용하였는지에 대해
서는 자세한 기록을 찾아 볼 수 없다. 조선시기에 이르러『經國大典』과
『通文館志』등 문헌에서 당시 譯官의 선발방식과 取才 방식에 대한
기록을 통하여 외국어 학습에 대한 실태를 일부 짐작을 할 수는 있으나
그 이상 구체적인 교육 실태를 살펴보기는 어렵다. 그런데 「老朴」에서
는 중국어 교육에 관한 구체적이고도 생생한 내용을 담고 있어 다른 史
料에서 찾아볼 수 없는 귀중한 자료를 제공하고 있다. 그 내용들을 정리
하면 다음과 같다.

2.1 학습 장소

> 중국인: 恁是高麗人, 却怎麽漢兒言語說的好有?
> 고려인: 俺漢兒人上學文書來的上頭, 些少漢兒言語省的有。
> 중국인: 你誰根底學文書來?
> 고려인: 我在漢兒學堂裏學文書來。(「原老」1右)

이상 예문에서는 중국 상인이 고려 상인에게 누구한테서 중국어를 배
웠느냐고 묻자 고려 상인은 중국인 學堂(漢兒學堂)에서 배웠다고 대답
한다.

2.2 학습 교재

> 중국인: 你學什麼文書來?
> 고려인: 讀『論語』、『孟子』、『小學』。(「原老」1左)

이상 예문에서는 중국 상인이 고려 상인에게 중국어 공부를 할 때 어

떤 교재(文書)를 배웠느냐고 묻자 『論語』・『孟子』・『小學』을 배웠다
고 대답한다.

2.3 학습 과목

중국인: 恁每日做甚麼工課?

고려인: 每日清早晨起來到學裏, 師傅行受了生文書。下學到家喫飯罷,
却到學裏寫倣書, 寫倣書罷對句, 對句罷吟詩, 吟詩罷師傅行講
書。

중국인: 講甚麼文書?

고려인: 講『小學』、『論語』、『孟子』。

중국인: 說書罷, 更做甚麼工課?

고려인: 到晚, 師傅行撒簽背念書。背過的, 師傅與免帖一箇, 若背不過
時, 敎當直學生背起打三下。 (「原老」 1左)

이상 예문에서는 중국 상인이 고려 상인에게 어떤 과목들을 공부하느
냐고 묻자 고려 상인은 매일 아침 일찍 學堂에 가서 스승에게 새로운
내용에 대한 강의를 받고, 글자를 模寫하며, 집에 가서 밥(점심)을 먹은
후에 다시 학당에 가서 글귀를 맞추고, 시를 읊고, 『小學』・『論語』・『孟
子』를 강독하며, 저녁에는 스승 앞에서 제비를 뽑아 背講(책을 보지 않고
글을 외움)을 한다고 대답한다.

2.4 賞罰 방식

중국인: 怎生是撒簽背念書? 怎生是免帖?

고려인: 每一箇竹簽上寫著一箇學生的姓名, 衆學生的姓名都這般寫著,
一箇簽筒兒裏盛著。敎當直學生將簽筒來搖撼動, 內中撒一箇。
撒著誰的, 便著那人背書。背念過的, 師傅與免帖一箇。那免帖
上寫著"免決三下", 師傅上頭畫著押字。若再撒簽試不過, 將出

免帖來毀了, 便將功折過免了打。若無免帖, 定然喫三下。(「原
老」2右)

이상 예문은 글 외우기 시간에 실시하는 賞罰 방식을 자세히 서술한
것으로서 흥미로운 대목이다. 즉 학생들이 제비를 뽑아서 글 외우기를
하는데 먼저 當直 학생이 학생들의 이름이 적혀 있는 대쪽이 담긴 제비
통을 흔들어서 그중 하나를 뽑는다. 그리고 뽑은 대쪽에 이름이 적혀
있는 학생이 나서서 글을 외우는데 잘 외우면 스승이 "매 석 대를 면함"이
라고 적은 免帖 하나를 賞으로 내준다. 만일 다음번에 그 학생이 다시
뽑히었는데 제대로 외우지 못하였을 경우 이 免帖을 내주면 매 맞는
것을 면하고 내줄 免帖이 없으면 매 석 대를 맞는다는 내용이다. 이것은
지금 시각으로 보아도 꽤 합리적인 체벌 방식인 것 같다. 오래 전부터
학교의 체벌 제도를 완전히 폐지한 中國과 요즘에도 학교의 체벌 제도의
합법성 여부를 놓고 논란을 벌이는 우리나라의 실정에 비추어 보면 음미
해 볼 만한 가치가 없지 않은 듯하다.

2.5 교원 상황

중국인: 你的師傅是甚麼人?
고려인: 是漢兒人有。
중국인: 多少年紀?
고려인: 三十五歲也。
중국인: 耐繁敎那不耐繁敎?
고려인: 俺師傅性兒溫克, 好生耐繁敎。(「原老」2左)

이상 예문에서는 중국 상인이 고려 상인에게 스승이 어떤 분이냐고
묻자 고려 상인은 스승이 중국인이며 나이가 서른다섯 살이고 성격이

부드러우며 인내심 있게 잘 가르치는 분이라고 대답한다.

2.6 학생 상황

중국인: 恁那衆學生, 內中多少漢兒人? 多少高麗人?
고려인: 漢兒、高麗中半。
중국인: 裏頭也有頑的麼?
고려인: 可知有頑的……漢兒小厮每恨頑, 高麗小厮每較爭些箇。(「原老」2左)

이상 예문에서는 중국 상인이 고려 상인에게 학생 상황을 묻자 고려 상인은 중국인 학생과 고려인 학생이 각각 절반씩 차지하며 고려인 학생에 비해 중국인 학생이 더 말썽을 부린다고 대답한다.

이상의 내용들은 당시 고려인들이 중국어를 학습하던 실태를 엿볼 수 있는데, 한편으로는 고려시기도 王京에 중국인이 운영하는 지금의 華僑學校와 같은 漢兒學堂이 있었던 것이 아닌가 하는 느낌이 들기도 한다.

또한 『朴通事』에도 學堂에서 공부하는 내용의 대화 장면이 있는데 그 내용이 『老乞大』와 비슷하면서도 다른 점이 있어 흥미롭다.

甲: 你幾箇學生?
乙: 咱學長爲頭兒四十五箇學生。
甲: 多少學課錢?
乙: 一箇月五錢家。
甲: 你師傅是什麼人?
乙: 是秀才。
甲: 你如今學甚麼文?
乙: 讀『毛詩』、『尙書』。
……

甲: 你每日做甚麼功課?

乙: 每日打罷明鐘起來, 洗臉, 到學裏, 師傅上唱喏, 試文書的之後, 回家喫
飯, 却到學裏上書念一會, 做七言四句詩。到晌午, 寫倣書。寫差字
的, 手心上打三戒方。(「朴諺」上44右)

이상 예문에 의하면 學堂의 학생 수는 45명이고 한 달 학비가 5錢이며
스승은 秀才 출신이고 『毛詩』와 『尙書』를 배운다. 매일 明鐘이 울리면
일어나서 세수하고 학당에서 가서 스승에게 인사를 드리고 글을 바친
후에 집에 돌아와 밥을 먹고 다시 학당에 가서 글을 읽고 七言四句詩를
짓는다. 한낮이 되면 글자를 模寫하는데 글자를 잘못 쓰면 목판으로 세
번 손바닥을 맞는다고 한다.

3 高麗에 유입된 中國 書籍

「原老」에는 고려 상인이 귀국하기 전 중국 서적을 구입하는 장면이
나오는데 비록 부분적이기는 하나 당시 고려에 유입된 중국 서적의 일면
을 엿볼 수 있다.

고려인: 更買些文書。一部四書、都是晦庵集註。又買一部『毛詩』、『尙
書』、『周易』、『禮記』、『五子書』、『韓文』、『柳文』、『東坡詩』、『淵
源詩學押韻』、『君臣故事』、『資治通鑑』、『翰院(苑)新書』、『標題小
學』、『貞觀政要』、『三國志評話』, 這些行貨都買了也。(「原老」39右)

이상 예문에 근거하면 四書(『大學』・『中庸』・『論語』・『孟子』)와 같은
儒敎 經典에서부터 韓愈・柳宗元・蘇東坡 등 역대 명문가들의 저서,
押韻과 같은 운서, 『資治通鑑』・『貞觀政要』 등 역사서, 『三國志評話』
등 구두문학 형태의 작품 등 다양한 종류의 중국 서적들이 상인들에 의

하여 고려에 유입되었음을 짐작할 수 있다.

4 兩國의 생활풍속

『老乞大』에는 양국 상인들의 대화 내용을 통해 당시 양국 간 생활
풍속의 차이를 살펴볼 수 있는 내용들이 많이 담겨져 있다. 그 내용들을
정리하면 다음과 같다.

4.1 중국인과 고려인의 요리 솜씨

중국인: 主人家迭不得時, 咱每伴當裏頭敎一箇自爨肉。
고려인: 俺是高麗人, 都不會爨肉。
중국인: 有甚麼難處? 刷了鍋著, 燒的鍋熱時, 著上半盞清油。將油熱過,
　　　　下上肉, 著些鹽, 著箸子攪動。炒的半熟時, 調上些醬水、生
　　　　葱、料物打拌了。鍋子上蓋覆了, 休著出氣, 燒動火, 暫囂兒熟
　　　　也。(「原老」6右)

이상 예문에서는 상인 일행이 瓦店이라는 여관에서 투숙하면서 자체
로 저녁 식사를 준비할 때, 고려 상인이 고기볶음 요리를 할 줄 모른다고
하자 중국 상인은 그게 뭐가 그리 어렵냐고 하면서 고기볶음 요리를 만
드는 방법을 자세히 설명하고 있다. 이것은 당시에 고려에서는 고기볶음
요리를 별로 먹지 않으며 또한 남정네들이 좀처럼 요리를 만들지 않았던
것으로 보인다. 따라서 이러한 풍속은 지금과도 별 차이가 없는 듯하다.

4.2 우물 모양과 물 긷는 습관

고려인: 這帖落是不喫水, 怎生得倒?

중국인: 我教與你。將帖落提起來、離水面擺動、倒撞入水去、便喫水也……

중국인: 你高麗田地裏無井那怎麼?

고려인: 俺那裏井不似這般井。這井是磚甃的井, 至少有二丈深。俺那裏井都是石頭壘的, 最深殺的沒一丈, 都是七八尺來深有。俺那裏男子漢不打水, 則是婦人打水。著箇銅盔, 頭上頂水, 各自將著箇打水的瓢兒, 瓢兒上絟著一條細繩子, 却和這裏井繩、帖落一般取水有。(「原老」10左)

이상 예문에 의하면 중국의 우물은 깊이가 두 丈이나 되고 두레박으로 물을 퍼 올리지만 고려의 우물은 깊이가 훨씬 얕고 바가지로 물을 푸며, 그것도 남정네들은 물을 긷지 않고 여성들이 물동이로 물을 이어 나른다는 사실을 알 수 있다. 이러한 우물과 풍속은 상수도가 설치되기 이전 兩國의 시골에서 흔히 볼 수 있는 모습들이다.

4.3 고려인은 국수(濕面)를 좋아하지 않음

중국인: 店子待到也。咱每喫些甚麼茶飯好?

고려인: 俺高麗人不慣喫濕面, 咱每則喫乾物事如何?

중국인: 那般者, 咱每買些燒餅, 爨些肉, 喫了過去。(「原老」17右)

이상 예문에서는 고려 상인이 夏店에서 식사를 주문할 때 국수(濕面)를 먹는 것이 익숙하지 않으므로 마른 음식을 먹자고 제안한다. 이것은 당시에도 밥을 주식으로 하는 고려인이 면을 즐겨 먹는 북방의 중국인들과 식습관이 많이 다름을 보여 준다.

4.4 까치와 재채기에 관한 풍속

李씨: 好麼、好麼? 幾時來? 家裏都好麼?
고려인: 都安樂好有。
李씨: 今日早起喜鵲兒噪, 更有噴噴來, 果然有親眷來。更有書信……
        (「原老」21右)

이상 예문에 의하면 고려 상인 중 한 사람이 그들보다 먼저 大都에
와서 장사를 하고 있는 친척 李씨에게 가족의 편지와 안부를 전해 주자
李씨는 아침에 까치가 울고 재채기가 나더니 과연 친척이 오고 편지가
왔다면서 기뻐하고 있다. 흥미로운 것은 우리나라에서 지금도 전해지고
있는 이러한 풍속은 그 출처를 따져 보면 중국과 깊은 관계가 있음을
알 수 있다. "까치가 울면 손님이 온다"는 속담은 중국의 晉나라 때 작품
인 『西京雜記』에 출처를 두고 있으며 『居家必用事類全集』(1560) 丙集
卷六에도 수록이 되어있고 元曲에서도 그 예를 많이 찾아 볼 수 있다.[1]
그리고 현재는 양국에서 "남이 뒤에서 자신의 험담을 하면 재채기가 난
다"는 뜻으로 전해지는 풍속은 『詩經』[邶風·終風]에 대한 漢 鄭玄注에
서 출처를 찾아 볼 수 있으며(鄭光·金文京 외:2002;190), "재채기를 하면
손님이 온다"(有客至)거나 "구설수에 오른다"(主口舌)는 풍속도 중국 문
헌에서 그 출처를 찾아 볼 수 있다.[2]

....

1) 晉 『西京雜記』(葛洪)의 기록: "樊將軍問陸賈曰: '自古人君皆云, 受命上天必有瑞
    應, 其有是乎?' 賈曰: '有之。夫目瞤, 得酒食; 燈花, 得錢財; 鵲噪, 而行人至; 蜘
    蛛集, 而百事喜。小旣有徵, 人亦宜然。故目瞤, 則祝之; 燈花, 則拜之; 鵲噪, 則
    餧之; 蜘蛛集, 則護之。況天下大寶、人君重位, 非天命何以得之?'"(『居家必用
    事類』 丙集 卷6, 55)
    敦煌曲子詞 『鵲踏枝』에는 "叵耐靈鵲多謾語, 送喜何曾有凭据。"라는 구절이 있
    다.(鄭傳寅·張建主編 『中國民俗辭典』[1987:410])
2) "占噴嚏: 子日有酒食, 丑日主憂疑, 寅日有外事, 卯日主大吉, 辰日婚會吉, 巳日
    主口舌, 午日有喜事, 未日主尋常, 申日只平平, 酉日有客至, 戌日女思念, 亥日有

4.5 眞品보다 '짝퉁'을 선호함

고려인: 俺行貨都賣了也。正待買廻去的行貨, 尋思不定, 恰好你來到。
중국인: 你待買甚麼行貨?
고려인: 俺知他甚麼中將去? 哥哥你與俺排布者。
중국인: 我曾打聽得高麗田地裏賣的行貨, 底似十分好的倒賣不得, 則宜
　　　　豹子行貨倒著主兒快。
고려인: 可知哥哥你說的哏是有。俺那裏好的歹的不識, 則揀賤的買。
중국인: 正是"宜假不宜眞"。(「原老」38右)

　　이상 예문에 의하면 고려에서는 사람들이 중국 상품을 잘 알아보지
못하여 眞品보다 오히려 값이 싼 가짜 물건(짝퉁)이 더 잘 팔리며 따라서
고려 상인들은 이런 관습에 맞추어 값 싼 중국 물건들을 수입하여 이익
을 챙겼음을 짐작할 수 있다. 한편 '진짜보다 가짜를 선호하는'(宜假不宜
眞) 풍속은 오늘날에 와서도 그 유사한 현상을 발견할 수 있어 씁쓸한
느낌이 들기도 한다.

4.6 占卦로 吉日을 택하는 풍속

고려인: 俺揀箇好日頭迴去。我一就待算一卦去。
중국인: 這裏有五虎先生最算的好有。咱每那裏算去來。
고려인: 我是屬牛兒的, 今年四十也。七月十七日寅時生。
점쟁이: 你這八字哏好。一世不小衣祿, 不受貧。官分呵沒, 宜做賣買, 出
　　　　入通達。今年交大運丙戌, 已後財帛大聚……我與你選箇好日
　　　　頭……建除滿平定執破危成收開閉, 你則這二十五日起去, 寅時
　　　　往東迎喜神去, 大吉利。二兩半卦錢留下者。(「原老」39右)

人思。"(『居家必用事類全集』丙集 卷6, 55)

이상 예문에서는 고려 상인이 귀국 날짜를 잡기 위해 점을 보겠다고 하자 중국 상인이 점을 제일 잘 본다는 점쟁이(五虎先生)한테 안내를 한다. 그리고 점쟁이가 運數도 보고 吉日도 잡아 주는 등 생동한 대화 내용을 보아 양국 모두 당시에 점보는 풍토가 성행하였던 것으로 짐작이 된다.

4.7 중국인의 의상

「原老」에는 하인 신분의 한 話者가 이야기의 전반 줄거리와 어울리지 않게 혼자서 處世에 관한 일장 연설을 하는 이례적인 대목이 있다. 여기에서는 방탕한 생활을 하면서 가산을 탕진하는 한 '貴公子'의 형상을 묘사하고 있는데 사치를 부리는 귀공자가 사계절에 입는다는 의상들을 자세히 서술하고 있다.

의복:
穿衣服呵, 按四時穿衣服, 每日出套換套有。春間好紫羅繡搭胡, 白羅紅腰線襖子, 梅花羅搭搭五兒, 白羅衫兒。到夏間好極細毛施布布衫, 上頭繡荊褐紗搭胡, 白紗搭搭五兒。到秋間是羅衣裳。到冬間, 斜紋紵絲襖子、斜紋絲紬襖子、纏身金龍襖子……這般按四季穿衣裳。

허리띠:
繫腰呵, 也按四季。春裏繫金繫腰。夏裏繫玉繫腰, 最低的是茱玉, 最高的是羊脂玉。秋裏繫鍼鐵, 尋常的不是, 有玲瓏花樣的。冬裏繫犀繫腰, 有綜眼的, 更毛犀不要。

모자:
頭上戴的帽子, 好水獺毛氈兒、貂鼠皮簷兒、琥珀珠兒、西番蓮金頂子……又有裁帛暗花紵絲帽兒、雲南氈海青帽兒……貂鼠簷兒皮帽上,

頭都有金頂子……

장화:
穿靴呵, 春間穿雲南狨皮靴, 上頭更縫上花樣。 夏間穿紫斜皮四乖頭刻子
鞋、夾金線黑斜皮靴。 到冬間穿白斜皮靴、眞皮靴……(「原老」33右)

이상 예문에서 알 수 있다시피 비록 어휘 습득의 목적으로 설정된 과
장된 묘사로 보이기는 하나 당시 중국인의 옷차림을 살펴볼 수 있는 좋
은 자료임에 틀림이 없다. 특히 주목되는 것은 '胡衣'로 불리는 '搭胡'로
부터 허리띠・모자・가죽장화 등에 대한 묘사는 일반 漢人의 의상이
아니라 유목 민족인 達達人의 옷차림임을 짐작할 수 있다. 따라서 이러
한 내용은 당시 지배 민족인 蒙古人의 服飾 문화를 연구하는 데 참고가
될 것이다.

4.8 중국인의 식사 양상

하인: 喫飯呵, 揀口兒喫。 淸早晨起來, 梳頭洗面了, 先喫些箇醒酒湯, 或
是些點心, 然後打餠熬羊肉, 或白煮著羊腰節胸子。 喫了時, 喫些酪
解粥。 (「原老」34右)

이상 예문에 의하면 '귀공자'의 아침 식사로는 해장국(醒酒湯)이나 가
벼운 식사를 한 후에 밀가루 떡에 羊고기국이나 羊내장탕을 먹으며 또
乳酪을 넣어 끓인 죽을 먹는다고 하였다. 이러한 식생활은 역시 중국
북방 유목 민족의 음식 습관을 반영하고 있는 것으로 보인다.
이 밖에 활쏘기 시합을 하여 술내기를 하는 대목에서 漢人의 음식(漢
兒茶飯)으로 술상을 차리는 장면이 자세히 묘사되고 있다.

甲: 咱每做漢兒茶飯者。頭一道細粉, 第二道魚湯, 第三道鷄兒湯, 第四道
　　三下鍋, 第五道乾按酒3), 第六道灌肺、 蒸餅, 第七道粉羹、 饅頭, 臨
　　了割肉水飯打散。

乙: 咱每點視這果子荣蔬, 看整齊那不整齊?

甲: 這藕荣、 黃瓜、 茄子、 生葱、 韭、 蒜、 蘿蔔、 冬瓜、 葫蘆、 芥子、
　　蔓菁、 赤根、 海帶。 這按酒,　煎魚兒、 肝、 雙腸、 頭、 蹄、 肚兒、
　　腦子、 眼睛、 脆骨、 耳朵。 這果子, 棗兒、 乾柿、 核桃、 乾葡萄、
　　龍眼......(「原老」 29 左)

乙: 這肉都煮熟也。 脖項骨、 背臂、 脇扇、 前膊、 後腿、 胸子, 却怎麽不
　　見一箇後腿?

甲: 饅頭餡兒裏使了也。 (「原老」 30右)

　이상 예문에서 漢人 음식으로 술상을 차리는데 술안주로 일곱 가지
요리가 차례로 나온 후에 主食이 나오는 것이 지금의 중국음식점에서
나오는 코스요리를 연상시킨다. 이어서 채소와 과일 명칭들을 자세히
나열하였는데 이런 음식들은 당시에 중국에서 널리 애용되던 것들로 짐
작할 수 있을 것이다.

　특히 '饅頭'라는 용어가 현재 중국어에서는 소(餡兒)가 없는 '찐빵'을
지칭하는데 이 예문에서는 고기소를 넣었다고 한 것으로 보아 오히려
현재 우리말에서 사용하는 '만두'(饅頭)와 의미가 같은 것이 흥미롭다.4)

---

3) '按酒'는 현재 한국어에서 예문과 또 같은 의미로 사용되고 있으나 현대 중국어에서
　는 오히려 생소한 단어로 되었고 그 대신 "酒肴 · 酒荣 · 下酒荣" 등 표현들을 사용
　하고 있다.
4) 現代 中國語에서는 麵을 발효시켜 소를 넣은 것은 '包子'라고 하고, 麵을 발효시키
　지 않고 소를 넣은 것은 '餃子'라고 한다. 그리고 麵을 발효시켜 소를 넣지 않은
　'찐빵'을 '饅頭'라고 한다. 본 자료에 근거하면 現代 韓國語에서 사용하는 借用語
　'饅頭'가 이 용어의 본래 의미를 보존하고 있음을 알 수 있다.

4.9 旅路에서 본 중국의 인정세태

「原老」에는 상인 일행이 여로에서 투숙도 하고 식사도 해결하는 장면
들이 여러 차례 나오는데 그들이 여로에서 만나는 사람들과 나누는 대화
내용을 보면 당시 중국의 인정세태를 엿볼 수 있을 것이다. 그 예를 몇
개 들어 보기로 한다.

(1) 瓦店5)에서의 투숙

　중국인: 街北這箇店子是俺舊主人家, 咱每則這裏下去來。拜揖主人家
　　　　哥。
　여관주인: 噯, 却是王大哥! 多時不見, 好麽? 好麽? 你這幾箇伴當從那裏廝
　　　　合將來?
　중국인: 俺沿路相合著, 做伴當大都去。你這店裏草料都有那沒?
　……
　중국인: 俺草、料、麵都是你家裏買來的, 你減了些箇如何?
　여관주인: 儘教。去了那三兩七錢半零的者, 只將三十兩來。(「原老」 5左)

　瓦店은 고려 상인과 중국 상인이 해후하여 동행하면서 처음 들린 여관
인데 여관 주인은 중국 상인과 꽤 익숙한 사이이지만 말 사료 등에 대한
흥정만은 확실히 하고 있다. 그러나 중국 상인이 사료며 밀가루 등을
모두 한집에서 샀으니 가격을 좀 깎아 달라고 요구하자 여관 주인은 흔
쾌히 우수리를 깎아 주는 여유를 보이기도 한다.

---

5) 본문에 의하면 '瓦店'은 大都에서 약 300키로 떨어진 곳인데 史料에는 이 지명을
　찾아 볼 수 없다.

(2) 민가에서의 점심 식사

> 중국인: 主人家哥, 俺幾箇行路的人這早晩不曾喫早飯……俺特的來, 怎
> 　　　　生糶與些米做飯喫?
> 집주인: 索甚麼糴米? 俺的飯熟也, 客人每喫了過去。
> ……
> 집주인: 恁外頭更有伴當麼?……他喫的飯却怎生?
> 중국인: 儘敎。俺喫了時, 與他將些去。有椀與一箇, 這般裏盛出一椀飯,
> 　　　　與那箇伴當。
> 집주인: 由他, 恁都喫了者。家裏更有飯裏, 喫了時將去。(「原老」11左)

이상 예문에서는 상인 일행이 쌀을 사서 점심을 지어먹으려고 한 人家
에 들렀는데 마음씨 후한 집주인은 자신들이 먹으려고 지어 놓은 점심밥
을 선뜻 내놓으며 그들을 대접한다. 게다가 말을 지키고 있는 일행한테
까지 일부러 심부름꾼을 시켜 점심밥을 보내 주는 등 후한 인심을 보여
준다.

(3) 민가에서의 투숙

> 중국인: 拜揖, 主人家哥。俺是客人, 今日晩也, 恁房子裏覓箇宿處。
> 집주인: 俺房子窄, 無處安下, 恁別處尋宿處去。
> ……
> 중국인: 這早晩黑夜, 俺其實飢也, 又有幾箇馬……怎生可憐見, 糶與俺一
> 　　　　頓飯的米和馬草料如何?
> 집주인: 俺這裏今年夏裏天旱了, 秋裏水湯了, 田禾不收的上頭, 俺也旋糴
> 　　　　旋喫裏, 那裏將糴的米來?(「原老」13左)

이 예문은 상인 일행이 날이 저물어 한 민가에 들러 투숙을 부탁하는
장면이다. 그런데 인심이 까다로운 집주인은 처음에는 그들이 낯선 사람

이라는 이유로 한사코 받아 주지 않으려고 하다가 너무도 끈질기게 부탁을 하자 마지못해 車庫를 잠자리로 내준다. 그리고 저녁 식사를 지을 쌀을 좀 팔아 달라고 하자 처음에는 절대 팔지 않겠다고 딱 잘라 말하다가 한참 홍정을 벌인 후에야 비싼 가격으로 쌀을 팔아 준다. 그러나 이어서 말 사료를 팔라는 부탁에는 다소 미안했던지 집 근처의 풀밭에 말을 방목하면 된다면서 약간의 인심을 베풀기도 한다.

(4) 順承門 關店에서의 투숙

중국인: 店主人家哥, 後頭更有幾箇伴當赶著幾箇馬來也。你這店裏下的俺麼?

여관주인: 這般的時, 下的恁。兀的東壁上有箇稍房子空者裏, 你看去........俺忙沒功夫去, 你則看去者。

......

중국인: 這房兒也下的俺, 茶飯如何?

여관주인: 茶飯呵, 俺店裏小主人家新近出去了, 委實無人打火。你客人每自做飯喫。(「原老」19右)

이상 예문은 그들 일행이 드디어 여행 목적지인 大都에 도착하여 여관(關店)에 투숙하는 장면이다. 그런데 여관 주인은 바쁘다는 이유로 손님에게 방 안내도 하지 않고 식사도 손님들이 알아서 해먹으라고 그릇만 빌려 준다. 당시에도 도회지(首都)의 인심이 지방이나 시골보다 많이 각박하다는 느낌이 들게 하는 대목이다.[6] 「原老」에는 이외에도 또 당시 기황이 들어 인심이 흉흉하고 路上 강도가 성행한다는 등 구체적인 사회

6) '關店'을 「飜老」에서는 '官店'이라 수정하였는데 이것을 문자 그대로 官에서 경영하는 여관으로 이해한다면 당시에도 官營과 民營 사이에 서비스의 차이가 있었던 것이 아닌가 하는 느낌이 든다.

상을 반영하는 대목들도 찾아 볼 수 있다.

4.10 中國의 민속놀이

『朴通事』에는 중국의 민속놀이를 보여주는 장면이 많이 등장을 한다. 예를 들면 8) 放空中, 13) 仲秋翫月, 14) 觀操馬, 40) 看雜技, 72) 觀牢子走, 73) 新年衣裳, 92) 聖節日, 100) 看打春 등이 있는데 그중 봄놀이인 '看打春'의 예를 들어 보기로 한다.

> 甲: 宋舍, 看打春去來。
>
> 乙: ……你自聽我說, 强如親自看。那牛廠裏, 塑一箇象一般大的春牛, 粧點顔色。一托來長的兩箇機角, 當間裏按一箇木頭做的明珠, 簸箕來大一對耳朶, 十尺來長尾子, 橡子盝的四條繩絟在牛車上, 衆人拖牽。前面彩亭裏頭, 一箇塑的小童子, 叫做芒兒, 牌上寫着"勾芒神", 手拿結線鞭, 頭戴耳掩, 或提在手裡, 立地趕牛。順天府官、司天臺官、衆官人們, 街上兩行擺着行, 前面動細樂、大樂、吹角……這般擺隊行, 到鼓樓前面, 朝東放着土牛。芒兒立在背後, "甚時幾刻立春"。司天臺家這般揀定時辰。相着地脉, 放一堆灰。具服的官人們燒香等候的其間, 地氣正旺上的時節, 那灰忽然飛將起來後頭, 纔只那箇太師家的、太保家的、丞相家的、公侯家的, 各自一火家, 睁着眼, 捨着性命, 各拿棍棒, 又是擔杖, 厮打着, 爭那明珠。其中那一火兒强的, 把別的打的四分五落裡東走西散。這般趕退了, 忽跳上牛去, 撮下那明珠, 各飯店酒肆裡繞着走。底盤鬧起來, 打的打, 躧的躧, 這般戰場裡, 乾無來由做甚麽去? 常言道: "好兒不看春, 好女不看燈。"（「朴諺」下45右）

이상 예문에 의하면 화자 乙이 立春節에 봄놀이하는 장면을 자세히 묘사하고 있다. 그중 '春牛'를 만들어 채찍으로 때리는 풍속은 그 유래가 오래되었는데 宋代 陳元靚의『歲時廣記』에『皇朝歲時雜記』에서 인용한 "立春鞭牛訖, 庶民雜還如堵。"라는 기록이 있다. 이 風俗은 中國의 東北 지역 등에서 지금도 전해지는 것으로 알려진다.

이 풍속에 의하면 立春節이 되면 마을마다 수숫대와 색종이로 소의 모형을 만드는데 이것을 '春牛'라고 한다. 날이 밝기 전에 동네에서 가장 웃어른의 인솔 하에 남정네들은 春牛를 들고 아낙네들은 비단 꽃으로 머리를 곱게 단장하고 아이들은 각종 모양의 연을 가지고 들녘으로 나간다. 날이 밝으면 인솔자가 채찍으로 春牛를 때리면서 그 해의 풍년과 평안을 기원하는 축문을 외운다. 그런 다음 春牛를 들고 밭이랑을 따라 천천히 걷다가 땅에 내려놓고 農祥星이 있다는 남쪽 방향을 향하여 곡괭이로 땅을 힘껏 내려 파는 것으로 한 해의 농사일이 시작됨을 알린다. 그리고는 春牛에 불을 질러 태워버리는 것으로 마무리를 한다.(鄭傳寅 외:1987;230) '打春' 풍속에 관해서는『老朴集覽』(「朴集」下9左)에서도 자세히 설명하고 있다.[7]

5 兩國의 경제 교류

『老乞大』에서 고려 상인들이 중국에 가서 물건을 팔고 사는 내용을 통하여 당시 양국 간에 실지로 어떤 물품들이 교류되었는지를 살펴볼 수 있다.

---

7)『音義』云: 如今北京迎春時, 有牛芒而已。在前只有府縣官員幷師生耆老引赴順天府, 候春至之時。此節皆杭州所行, 非京都之事。今按,『月令』曰: 季東出土牛, 以示農之早晩。『東京夢華錄』云: 立春前五日, 造土牛耕夫犁具, 前一日順天府進農牛入禁中鞭春。府縣官吏士庶耆社, 具鼓樂出東郊迎春, 牛芒神至府前, 各安方位……(「朴集」下9左)

5.1 중국에 유입된 고려 물품

고려인: 恁大都爲甚麼勾當去?

중국인: 我將這幾箇馬賣去。

고려인: ……俺也待賣這幾箇馬去, 更這馬上駝著的些小毛施、帖裏布, 一就待賣去。(「原老」3右)

여관주인: 恁高麗田地裏將甚麼行貨來?

고려 상인: ……別沒甚麼, 有些人蔘、毛施、帖裏布[8]。(「原老」20左)

이상 예문에 의하면 고려 상인이 중국에 가져다 파는 품목은 주로 말과 모시, 그리고 인삼 등이다. 이 외에『朴通事』에서도 중국에 유입된 고려 특산물을 언급한 내용이 등장한다.

甲: 我奶奶使的我說將來。大娘身子好麼? 這幾日高麗地面裏來的這海菜、乾魚、脯肉, 饋婆婆口到些箇。

乙: 好意思, 好意思。女兒, 說與你奶奶, 這般稀罕的好物, 重意的多與將來, 我這裏好生多喫了。(「朴諺」中16左)

이상 예문에 의하면 당시 中國에서 귀한 선물용으로 高麗에서 유입된 미역(海菜)・乾魚・肉脯 등이 있었음을 알 수 있다.『朴通事』의 예를 더 들어 보기로 한다.

高麗秀才: 請麼, 沈先生。小人門前有客是誰?

沈進中敎授: 葛敎授探先生來裡。

---

8) 元 王禎의『農書』[農器圖譜集之二十・布機]에 '毛施布法'과 '鐵勒布法'이 상세히 기록되어 있는데, 본 예문의 '帖裏布'는 곧 '鐵勒布'로서 '毛施布'보다 질이 좀 낮은 종류의 포목인 것으로 추정된다.(鄭光・金文京 외:2002:41)「飜老」에서는 이 용어가 거의 생략되었고 남은 것도 '黃布'로 수정이 되었다.

高麗: 咳, 惶恐, 惶恐! 請麼, 先生。

葛敬之敎授: 不敢!

高麗: 何必如此?

葛: 主人先行客從之。

高麗: 請坐。

……

葛: 你這東國歷代幾年? 當初怎生建國來?

高麗: 咱本國是太祖姓王諱建, 表德若天。年二十歲是分, 唐昭宗乾寧三年, 上泰封王弓裔手下做了鐵原京太守, 每番有大功勞, 陞做水軍將軍、波珍餐侍中……

……

葛: 咳, 美哉! 張編修有此好文官。古人道: "君子不出戶而知天下", 信然。安置韓先生, 咱去也。

高麗: 何須謙讓? 不當家, 喫些淡茶去不妨。先生且坐一坐。保童, 疾快將茶來。小子沒甚麼鄉産與先生, 這的高麗筆墨和二十張大紙將去, 人事與相識弟兄。

葛: 多謝! 正是難得之物。咱秀才家正是所用之物。這的便是古人有言: "賣劍賣與烈士, 臙粉贈與佳人"。(「朴諺」下58右)

이상 대화 장면을 통하여 우선 당시 선비들이 상견례를 하는 예의범절과 우아하고 품위 있는 인사법을 엿볼 수 있다. 아울러 高麗秀才가 高麗의 筆墨과 종이를 선물로 주자 이를 받은 중국선비의 반응을 통하여 고려의 紙筆墨이 당시 중국에서 귀한 선물용으로 유통되었음을 짐작할 수 있다.

5.2 고려 상인이 구입한 중국 물품

『老乞大』의 앞부분 내용에 의하면 고려 상인들은 고려에서 갖고 간 물건들을 大都에 가서 판매하고, 주로 濟寧府 등지에 가서 비단을 구입

하여 王京에 가져다 판매한다고 한다. 그런데 뒷부분에 가서 고려 상인
들이 물건들을 다 처분하고 나서 고려에 갖고 갈 물건들을 구입하는 장
면에서는 중국의 생필품과 장식품, 그리고 서적에 이르기까지 자세한
품목들이 나열된다. 이것은 당시 중국의 어떤 물품들이 고려에서 많이
유통되고 있었는지를 짐작하게 하는데 그 품목들을 살펴보면 다음과
같다.

(1) 綿과 비단류

중국인: 你這馬和布子到大都賣了時, 却買些甚麼行貨廻還高麗田地裏賣
去?
고려인: 俺往直南濟寧府、東昌、高唐, 收買些絹子、綾子、綿子, 廻還
王京賣去。(「原老」 4右)

고려인: 更買些粗木綿一百匹, 渾金和素段子一百匹, 草金段子一百匹, 更
有小孩兒每小鈴兒一百箇, 馬纓頦一百顆……(「原老」 39右)

이상 첫 예문에서는 고려 상인들이 고려로 돌아 갈 때 濟寧府(현 山東
省 濟寧市 일대), 東昌(현 山東省 聊城縣과 濟寧市 북부 지역), 高唐(현 山東
省 高唐縣 일대) 등지에 가서 주로 비단 종류인 깁과 능, 그리고 솜 등을
구입하여 王京에 가져다 판다고 하였고, 둘째 예문에서는 고려 상인들이
귀국할 무렵 大都에서 굵은 무명과 금실을 섞어 짠 비단, 무늬 없는 비단
등을 구입한다고 하였다.

(2) 잡화류

중국인: 我引著恁買些零碎行貨。
고려인: 紅纓一百顆、燒珠兒五百串、瑪瑙珠兒一百串、琥珀珠兒一百

串……大針一百裹、小針一百裹、靑頂牌兒一百副、鑷兒一百
箇、蘇木一百斤、氈帽兒一百箇、桃尖楼帽兒一百箇……香揉
粉一百貼、綿臙脂一百斤、蠟臙脂一百斤、粉一百斤……棗木
梳子一百箇、黃楊木梳子一百箇、大笓子一百箇、蠟笓子一百
箇……大小刀子一百副、雙鞘刀子一十把、雜使刀子一十
把……象棊十副、大碁十副……剃頭刀子一百箇、剪子一百
把、錐兒一百箇、秤三十連……(「原老」38右)

이상 예문은 고려 상인들이 잡화를 구입하는 장면에 나오는 내용인데,
마노 갓끈·호박 갓끈 등 裝飾品, 바늘·족집게·얼레빗·참빗·칼·
머리 깎는 칼·가위·송곳·저울 등 日用品, 분·연지 등 化粧品, 장
기·바둑 등 娛樂用品을 망라하여 무려 50종에 달하는 물품들을 구입하
고 있다. 이상 나열된 품목들은 어휘 습득을 위한 데 일차적 목적이 있겠
지만 당시 중국으로부터 유입된 生必品의 일면을 엿볼 수 있다. 한편
고려 상인이 중국에 반출한 품목에 비해 중국으로부터 구입하는 물품은
그 종류가 훨씬 다양하여 양국 간 상품경제 수준의 차이를 실감하게 한다.

5.3 거래물품의 가격

『老乞大』는 상인들의 무역 활동을 줄거리로 대화가 엮어진 만큼 물건
을 팔고 사면서 흥정을 벌이는 장면과 함께 구체적인 물건 가격들이 제
시되고 있다. 따라서 이러한 가격은 편찬 당시의 물건 시세를 반영할
것이므로 양국의 經濟交流史 연구에 참고 자료가 될 것이다. 그리고
수차례에 걸쳐 이루어진 각 수정본들을 통하여 매시기마다 변화된 가격
실태를 짐작할 수 있을 것이다.
본 논문에서는 「原老」에서 제시된 가격들을 살펴보기로 한다. 이를
위해서는 우선 본 자료에서 제시된 가격이 어떤 화폐 단위에 의한 것인

가 하는 것이 문제인데 「原老」에서는 기타 판본에서는 찾아 볼 수 없는 화폐인 '中統鈔'가 등장한다. 이것이 「飜老」에서는 모두 '白銀'이나 '官銀'으로 바뀌었고 따라서 화폐단위도 변화되었음을 발견할 수 있다. 예를 들면 다음과 같다.

　　兩言議定價錢, 中統鈔七定。(「原老」 24左)
　　　〉兩言議定 時值價錢白銀十二兩 두 녁 말로 의뎡ᄒ야 시딕갑스로 시푼은 열두 량애 ᄒ야 (「飜老」 下16左)

　　如先悔的, 罰中統鈔一十兩。(「原老」 24左)
　　　〉如先悔的 罰官銀五兩 ᄒ다가 몬져 므르리란 구의나깃 은 닷 량을 벌로 내여(「飜老」 下17右)

　본고의 앞부분에서 언급한 바와 같이 '中統鈔'는 元세조 中統元年(1260)에 제조된 화폐 이름이다. 『元史·食貨志』에는 '中統鈔'의 화폐단위에 대하여 다음과 같이 기술하고 있다.

　　世祖中統元年始造交鈔……其文以十計者四, 曰一十文、二十文、三十文、五十文。以百計者三, 曰一百文、二百文、五百文。以貫計者二, 曰一貫文、二貫文。每一貫同交鈔一兩, 兩貫同白銀一兩。

　이상 기록에 의하면 中統 元年에 발행된 '中統鈔'는 액면 단위가 10文·20文·30文·50文·100文·200文·300文·500文·1貫(=1000文=1兩)·2貫 등 10종이었다. 그러나 실지로 사용할 때는 銀의 중량에 근거하여 1錠(定)=50兩=500錢으로 표시하였다. 銀과 中統鈔와의 공식 환율은 銀 1兩=中統鈔 2兩이었다. 至元 24年(1287)에 至元鈔가 발행되면서 中統鈔는 가치가 5분의 1로 하락하여 銀 1兩=至元鈔 2兩=中統鈔

10兩으로 되었다. 그리고 또 至大 2年(1309)에 至大鈔가 발행되면서 至
元鈔의 가치가 5분의 1로 하락되어 銀 1兩=至大鈔 1兩=至元鈔 5兩=中
統鈔 25兩으로 되었다.(船田善之:2001;128) 따라서 이를 근거로 당시 양
국 상품의 시세를 추정할 수 있을 것이다.

(1) 말 값

고려인: 哥哥曾知得大都馬價如何?
중국인: 近有相識人來說, 馬的價錢這其間也好, 似這一等的馬賣五定之
　　　上, 這一等的馬賣四定之上。(「原老」3右)

고려인: 這五箇好馬, 俺評五十定; 這十箇歹馬, 俺評七十定……
중개인: 這五箇好馬, 每一箇評七定, 計三十五定; 這十箇歹馬, 每一箇評
　　　五定, 計五十定, 通做八十五定, 成了去。(「原老」23右)
① 좋은 말 1필: 五定/七定, ② 나쁜 말 1필: 四定/五定

이상 내용은 당시 大都의 말 값을 짐작할 수 있는 근거가 될 것이다.
우선 중국 상인이 근간에 아는 사람에게 전해 들었다는 大都의 당시
말 값은 좋은 말 한 필에 五定이고 나쁜 말 한 필에 四定이다. 그런데
그들이 정작 大都에 도착하여 흥정할 때 제시한 말 값은 좋은 말 한
필에 十定이고 나쁜 말 한 필에 七定이다. 그리고 나중에 중개인에 의해
결정된 가격은 좋은 말 한 필에 七定이고 나쁜 말 한 필에 五定이다.

(2) 식료품과 말 사료 가격

다음은 상인 일행이 旅路에서 식사를 지어먹을 때 구입한 식료품 가격
들이다. 같은 품목이지만 지역에 따라 가격의 차이를 보이기도 한다.

1) 大都

고려인: 大都喫食貴賤?
중국인: 他來時, 六兩一斗粳米, 五兩一斗小米, 十兩十三斤麵, 二兩半一
斤羊肉。(「原老」3右)
① 멥쌀 1말(斗): 6냥, ② 좁쌀 1말: 5냥, ③ 양고기 1근: 2냥 반, ④ 밀가루
13근: 10냥

2) 瓦店

여관주인: 你買下飯去時, 這間壁肉案上買猪肉去, 是今日殺來的好猪肉。
중국인: 多少一斤?
여관주인: 一兩半一斤。(「原老」6左)
⑤ 돼지고기 1근: 1냥 반

중국인: 俺這一宿人馬, 盤纏通該多少?
여관주인: 恁稱了三斤麵, 每斤七錢半, 計二兩二錢半……(「原老」7右)
⑥ 밀가루 1근: 7돈(錢) 반

중국인: 黑豆多少一斗? 草多少一束?
여관주인: 黑豆二兩半一斗, 草一兩一束。(「原老」5左)
⑦ 검정콩 1말: 2냥 반
⑧ 꼴 1단: 1냥

3) 夏店 전의 민가

민가주인: 二兩半鈔, 與恁多少阿是?
중국인: 由你, 但與的是數。
민가주인: 今年爲旱澇不收, 十兩鈔糴的一斗米。(「原老」15左)
⑨ 쌀 1말(斗): 10냥

(3) 비단·솜과 염색 가격

다음 예문에서는 고려 상인이 중국 大都에서 비단을 구입할 때의 가격과 고려 王京에 가서 비단을 베와 물물교환 형식으로 판매할 때의 가격을 일일이 나열하고 얼마만큼의 이익을 남긴다는 것까지 구체적으로 밝히고 있다.

1) 大都에서의 가격

중국인: 恁那綾絹綿子, 就地頭多少價錢買來? 到王京多少價錢賣?
고려인: 俺買的價錢, 薄絹一疋十七兩, 打染做小紅裏絹, 綾子每疋二十五兩, 染做鴉靑和小紅絹子, 每疋染錢三兩, 綾子每疋染錢鴉靑的五兩, 小紅的三兩, 更綿子每兩價錢一兩二錢半。(「原老」 4左)
① 깁(絹) 1필: 17냥, 염색 값 3냥
② 능(綾) 1필: 25냥, 염색 값: 검푸른 색 5냥, 분홍색 3냥
③ 솜 1냥: 1냥 2돈 반

비단장수: 這金胸背三定, 和織九十兩, 和素五十兩。
중국인: 你休這般胡索, 倒隔了你賣買。俺不是利家, 這段子價錢俺都知道……
비단장수: 你旣知道價錢, 你與多少價錢?
중국인: 這金胸背兩定, 和織七十兩, 和素四十兩, 是實實的價錢。(「原老」 27右)
④ 금흉배(金胸背) 1필: 2定
⑤ 화직(和織) 1필: 70냥
⑥ 화소(和素) 1필: 40냥

비단장수: 這段子外路的, 不是服地段子有。你仔細看, 沒些箇粉飾好淸水段子。
중국인: 索多少價錢?
비단장수: 這段子價錢誰不識? 索甚麼索價錢? 若索呵, 索六定, 老實價錢

　　　　五定。(「原老」 27左)
　⑦ 청수단자 1필: 5定

2) 王京에서의 가격:

고려인: 到王京, 絹子一疋賣五綜麻布三疋, 折鈔三十兩; 綾子一疋, 鴉靑
　　　　的賣布六疋, 折鈔六十兩; 小紅的賣布五疋, 折鈔五十兩; 綿子每
　　　　四兩賣布一疋, 折鈔十兩; 通滾算著, 除了牙稅繳計外, 也覓了加
　　　　五利錢。(「原老」 4左)
⑧ 깁 1필: 30냥(가는 베 3필)
⑨ 능 1필: 검푸른 색 60냥(베 6필), 분홍색 50냥(베 5필)
⑩ 솜 4냥: 10냥(베 1필)

(4) 인삼 값

여관주인: 人蔘正闕著, 哏好價錢。
고려인: 如今賣的多少?
여관주인: 往年時, 則是一斤十五兩, 如今爲沒賣的, 半定也沒處尋裏。
　　　　(「原老」 20左)
① 인삼 1근: 15냥(지난 해)

고려인: 這參是新羅參有。
구매자: 也著中。
고려인: 你說甚麼話? 這參絶高有, 怎麼做的著中?
중개인: 索甚恁兩家折辨高低? 如今時價二十五兩一斤, 有甚商量?(「原老」
　　　　35右)
② 신라 인삼 1근: 25냥

(5) 모시의 가격

구매자: 恁這毛施布十一綜的價錢, 九綜的價錢, 索多少?

고려인: 十一綜的是上等好布, 三定半, 沒商量。九綜的是中等的, 兩定
　　　 半。

구매자: 這帖裏布好的多少價錢? 低的多少價錢?

고려인: 帖裏布這一等好的兩錠, 這一等較低的六十兩。(「原老」36右)

① 가는 모시 1필: 3定 半

② 굵은 모시 1필: 2錠 半

③ 帖裏布 1필: 좋은 것 2錠, 나쁜 것 60냥

(6) 세금과 중개료

중개인: 體例裏, 買主管稅, 賣主管牙。你各自算將牙稅錢來。

중국인: 俺這八十五定價錢裏, 該多少牙稅錢?

중개인: 你自算。一兩三分, 十兩三錢, 一百兩該三兩。

고려인: 八十五定鈔計四千二百五十兩, 牙稅錢各該著一百二十六兩五
　　　 錢。(「原老」24左)

　이상의 예문에 의하면 당시의 관습에는 물건을 거래할 때 구매자가
세금을 부담하고 판매자가 중개료를 부담하며 중개료의 비율은 판매액
의 백분의 3을 차지함을 알 수 있다. 그리고 돈의 단위가 1定(錠)은 50냥
이고 1냥은 10돈(錢)이며 1돈은 10푼으로 계산하였음을 알 수 있다. 따라
서 위 예문에서는 중개료를 126냥 5돈이라 하였는데 127냥 5돈으로 되어
야 정확한 계산일 것이다.

　이상 내용들이 明代 한어본에서는 모두 수정된 것으로 나타나는데
이것은 元代와 明代의 화폐 교체에 따른 가격 단위의 변화를 반영하고
있는 것으로 보인다.9)

----

9) 船田善之(2001:17)에서는 「原老」와 「飜老」의 물품 가격을 자세히 대조하여 物價
　比較表를 작성하였고 換算比率까지 첨부하였다. 아울러 「原老」의 물품 가격이
　元代 중기 이후, 즉 14세기 전반기의 실제 물가를 반영하고 있음을 고증하였다.

(7) 길이의 단위

　중국인: 這箇紫絟絲段子, 到多少尺頭? 句做一箇襖子麼?
　비단장수: 你說甚麼話? 滿七托有。官尺裏二丈八, 裁衣尺裏二丈五。
　중국인: 你打開, 我試托。那裏滿七托? 剛剛的七托有。
　비단장수: 你身材大的人, 一托比別人爭多。(「原老」 27右)

　이상의 예문은 중국 상인이 비단을 구입할 때 비단의 길이를 놓고 비
단장수와 흥정을 벌이는 장면이다. 예문에 의하면 당시에는 관청에서
인정한 官尺과 민간에서 사용되는 바느질 자(裁衣尺) 두 가지가 통용되
었고 이 두 자의 길이는 약간의 차이가 있으며[10] 또 흔히는 발(托)로
비단의 길이를 가늠하였음을 알 수 있다. 여기에서 '托'은 '庹'의 통용자
로 보이는데 '庹'은 두 팔을 벌린 길이로서 약 다섯 자에 해당된다.

6 佛敎 文化의 交流

6.1 金剛山 降香

　甲: 好院判哥[11], 到那裏?
　乙: 小人到禮部, 我有箇差使堂上稟去裏。
　……
　甲: 開詔後頭高麗地面裏去?

---

10) 元代의 度量衡 제도는 宋代의 것을 이어 받은 것으로서 사료에 근거하면 官尺의
　 실제 길이는 31.2cm에 해당된다. 한편 明 朱載堉의 『樂律全書』卷33 [審度編]에
　 의하면 明代의 官尺은 裁衣尺(鈔尺)·營造尺(曲尺)·量地尺(銅尺) 등 3종류가
　 있었는데 裁衣尺의 실제 길이는 34.5cm인 것으로 나타난다. 따라서 본 예문에 나
　 오는 "官尺裏二丈八, 裁衣尺裏二丈五"라고 한 것과 그 비율이 거의 일치하다. 이
　 것은 元 당시에는 宋代에서 이어 받은 官尺과 明代까지 계승된 裁衣尺이 민간에
　 서 병용되었음을 말해 준다.(鄭光·金文京 외:2002;246)
11) 太醫院에 院使 一員과 院判 一員이 있다.(「朴集」上4右)

乙: 我也往金剛山禪院松廣等處降香去。

……

甲: 聖旨領了麼?

乙: 領了。我是愚魯之人, 不理會那裏的法度, 到本國好生照覷我。(「朴諺」上8右)

이상 예문은 『朴通事』에서 '院判哥'라는 화자 甲이 聖旨를 받고 高麗의 金剛山에 있는 禪院과 松廣寺 등 사찰에 가서 참배(降香)하려고 하는데, 高麗의 法度를 잘 몰라 화자 乙에서 本國에 가면 잘 보살펴 달라고 부탁하는 내용이다.

6.2 大都에서 高麗僧의 說法

甲: 南城永寧寺裏聽說佛法去來。一箇見性得道的高麗和尚, 法名喚步虛, 到江南地面石屋法名的和尚根底, 作與松字, 廻光反照, 大發明得悟, 拜他爲師傅, 得傳衣鉢, 廻來到這永寧寺裏, 皇帝聖旨裏開場說法裏。

乙: 說幾箇日頭?

甲: 說三日三宿。從今日起後日罷散。諸國人民一切善男善女不知其數, 發大慈心, 都往那裏聽佛法去。(「朴諺」上65右)

이상 예문은 『朴通事』에서 高麗僧인 步虛가 聖旨를 받고 南城(現北京)의 永寧寺에서 설법을 한다는 대화 내용이다. 이것은 高麗의 名僧인 普愚(1301~1382)가 至正 7年(1347)에 元 順帝의 命을 받고 大都의 永寧禪寺에 가서 설법을 했다는 문헌기록과 일치하는 것이다.(閔泳珪:1966;6) 이에 대해서는 『老朴集覽』(「朴集」上15左)에서도 자세히 설명하고 있다.(본서 제4장 제2절 참조) 『朴通事』에는 이 외에도 高麗僧이 說

法을 하는 장면을 생동하게 묘사한 대목이 있다.

> 這七月十五日是諸佛解夏之日, 慶壽寺裏爲諸亡靈做盂蘭盆齋, 我也隨喜
> 去來. 那壇主是高麗師傅, 靑旋旋圓頂, 白淨淨顔面, 聰明智慧過人, 唱念
> 聲音壓衆, 經律論皆通, 眞是一箇有德行的和尙. 說目連尊者救母經, 僧
> 尼道俗善男信女不知其數, 人人盡盤雙足, 箇箇擎拳合掌, 側耳聽聲. 內
> 中一箇達達只管呵欠, 衆人看他的中間, 一會兒倚着欄干頓睡, 不知怎生
> 滾在底下, 喫了一跌, 把鼻子跌破了……(『朴諺』下7右)

이상 예문은 慶壽寺라는 사찰에서 盂蘭盆齊를 지내는 장면을 묘사한
대목인데 당시 佛事를 주관한 壇主는 德行에 높은 高麗僧이었고 聽說
을 듣는 信徒가 부지기수로 성황을 이루었다고 한다. 흥미로운 것은 佛
心이 부족한 한 達達人이 欄干에 기대어 졸고 있다가 갑자기 쓰러져
코가 깨졌다는 사실을 생동하게 묘사하고 있다.

이처럼 中國의 朝廷에서 사람을 파견하여 高麗의 사찰에 가서 참배를
하거나 高麗僧이 중국의 서울인 大都에 가서 설법을 했다는 내용은 그
당시 양국 간에 佛敎文化의 교류가 빈번히 이루어졌음을 짐작할 수 있다.

7 맺음말

이상 고찰을 통하여 알 수 있다시피 「老朴」은 비록 중국어 습득을
위하여 편찬된 會話 敎科書이지만 그 내용으로 보아 당시의 일상생활·
사회풍속·역사·종교·경제 및 양국 간의 문화 교류 등에 관한 귀중한
자료들을 제공하고 있다. 외국어 교재를 편찬함에 있어서 우선은 당시
통용되는 표준어를 반영해야 하며 다음은 실용적이고 실감나는 환경 설
정이 필요한바 「老朴」은 이 면에서의 성과가 뛰어나다고 말할 수 있다.

한편 오늘날의 외국어 교육에 있어서 문화 지식의 습득을 날로 중요시하고 있는데 이러한 시각으로 보아도 「老朴」은 훌륭한 교재임에 틀림이 없다. 또한 이 두 자료가 한중 양국의 문화교류사 연구에 제공하는 사료적 가치는 여느 역사문헌에 비하여 손색이 없는 것으로 보인다. 따라서 이처럼 귀중한 자료를 언어학적 연구에만 국한시킨다는 것은 실로 아쉬운 일이라 하지 않을 수 없다. 앞으로 이 자료의 활용에 언어학계 뿐만 아니라 기타 분야의 연구자들도 동참하여 이른바 '老朴學'의 연구가 활성화되기를 기대하는 바이다.

※ 이 논문은 「試論『老乞大』・『朴通事』的文化史價値」라는 제목으로 〈中國語文論叢〉(中國語文研究會) 第28輯(2005:1~26)에 실린 것을 번역・수정한 것이다.

제5장 直解類 漢學書

漢　學　書　研　究

直解類 漢學書의 종류와 언어

제1절

1 서론

　우리나라에서는 역대로 사용되어 오던 漢學書에는 『老乞大』·『朴通事』와 같이 會話體 형태의 한어 교재가 있고 『譯語類解』·『老朴集覽』·『語錄解』와 같이 어휘습득을 위한 辭典類가 있으며 이 외에도 또 『魯齋大學』·『孝經直解』·『直解小學』·『訓世評話』와 같이 正統 漢文(文言文)을 白話文으로 번역 또는 해석한 直解類 교재들이 있다. 그 동안 학계에서는 한학서에 대한 연구가 적지 않게 이루어져왔지만, 直解類 漢學書에 대한 연구는 별로 이루어지지 않고 있는 실정이다. 그 원인으로는 이러한 자료들이 국내에서는 대부분 失傳된 것으로 인정되어 왔기 때문인 것으로 추정된다. 그런데 그 일부가 해외에 소장되어 있고 또한 뒤늦게 국내에 소개되고 있는데, 이러한 교재들이 우리나라의 中國語 敎育史에 차지하는 위치를 고려하면 앞으로 보다 많은 연구가 이루어져야 할 것이다. 본 연구에서는 문헌기록과 현존 자료들을 근거로 하여 朝鮮時代 사용되던 주요 直解類 漢學書들의 종류와 언어적 특징을 살펴보기로 한다.

2 直解類 漢學書의 종류

2.1 『魯齋大學』

『魯齋大學』은 일명『大學直解』라고도 하는데 국내에서는 장기간 失傳된 것으로 인정되어 왔다. 그리고『経國大典』註解의 '魯齋'條에 "魯齋, 許衡, 元人。"이라는 기록이 있어 元 나라 사람인 許衡이 편찬한 것으로만 추정하고 있다. 따라서 지금까지 우리학계에서는 이 자료에 대한 연구가 거의 이루어지지 않고 있는 실정이다. 그러나 중국에서 출간된 元代 漢語 문헌집『近代漢語語法資料彙編』(元代明代卷)에 이 자료가 수록되어 있어 그나마 이 자료의 실제 양상을 살펴볼 수 있게 되었다. 이 자료의 출처는 臺灣 文淵閣 四庫全書影印本에 근거한 것으로 밝히고 있다.

『魯齋大學』이 조선시대 漢學書로 사용된 사실은 앞에서 살펴본『世宗實錄』(卷33, 8年 8月條)와『經國大典』(禮典 奬勸條) 등 문헌들에서 찾아볼 수 있다. 이상 기록들에 의하면 司譯院과 承文院에서 取才시에 사용된 한학서는 분류별로 經書・史書・吏文・會話書 나뉘는데, 그중 會話書에『老乞大』・『朴通事』・『魯齋大學』・『直解小學』・『成齋孝經』 등이 사용되었음을 알 수 있다.

『魯齋大學』의 저자 許衡(1209~1281)은 宋末 元初의 유학자이다. 河內(현 河南省 沁陽) 사람으로 字는 仲平이고 號는 魯齋이며 程朱理學에 정통한 학자로 벼슬이 集賢大學士 겸 國子祭酒에 이르렀고『魯齋遺書』 등 저서를 남기었다.『元史』(卷158, 列傳 第45)와『蒙兀兒史記』(卷86, 列傳 第68)에 그의 傳記가 있다.

『魯齋大學』은 許衡이 정통 한문인『大學』을 당시의 백화문으로 풀

이한 것으로 書名은 그의 號 '魯齋'에서 유래된 것이며 『魯齋遺書』 卷3
에 수록되어 있다. 『魯齋大學』의 정확한 간행 연대는 알 수 없으나 저자
의 생전인 1281년 이전 시기에 간행된 것으로 추정할 수 있을 것이다.
이 자료는 조선시대 사용된 直解類 漢學書 중 시기적으로 가장 오래
된 것으로서 『孝經直解』 등 그 후의 直解類 한학서를 편찬하는 데 직접
적인 영향을 준 것으로 나타난다.

2.2 『孝經直解』

『孝經直解』는 '成齋孝經' 또는 '直解孝經'이라고도 하는데 元나라 중
기에 중국에서 편찬된 책으로 『魯齋大學』과 함께 우리나라에서 초기
漢學書로 사용된 사실은 앞에서 예를 든 문헌기록들을 통하여 알 수
있다. 이 책의 原題는 『新刊全相成齋孝經直解』이며 元代 말기 유명한
문장가인 貫雲石(1286~1324)이 元代 漢語로 『孝經』을 풀이한 것이다.
문헌기록들에서 볼 수 있다시피 『孝經直解』는 조선시대 司譯院과 承文
院에서 중국어 습득을 위한 주요 교재로 사용되어 왔지만 우리 학계에서
는 장기간 이 책이 失傳된 것으로 인정되어 주목을 받지 못하였다. 그러
나 유일한 元刊本이 1933년 일본의 林秀一氏에 의해 발굴된 후 1938년
에 北京 來薰閣에서 영인본을 출간하였으며, 지난 1996년 일본 汲古書
院에서 다시 영인본을 출간하여 세간에 전해지고 있다.

이 책의 序文에서 저자는 본서의 편찬 취지와 魯齋 선생의 『大學直解』
에서 영향을 받아 편찬하게 되었다는 집필 경위와 元 至大 元年에 저술
하였음을 밝히고 있다. 序文에 이어 본문이 시작되는데 '開宗明義章第
一'로부터 '喪親章第十八'에 이르기까지 註釋과 直解가 이어진다.

이 책의 저자는 당시의 유명한 문장가로 꼽히는 인물인 만큼 그가 구

사한 文語와 口語가 곧 당시에 사용되던 언어의 典範으로 간주하는 데
는 무리가 없을 것으로 보인다. 『孝經直解』의 구체적인 서지 사항과
언어적 특징은 본서 제5장 제2절을 참조하기 바란다.

2.3 『直解小學』

『直解小學』은 현재 실전되어 정확한 편찬 연대 및 자세한 실태를 파
악하기는 어려우나, 高麗 말 1359년에 중국에서 귀화한 司譯院 提調
偰長壽(1340~1399)에 의하여 편찬된 것으로 알려진다. 그리고 書名으로
보아 『小學』의 원문을 白話文으로 풀이한 直解類 漢學書임을 알 수
있으며 편찬 및 간행 연대는 偰長壽가 사망한 1399년 이전으로 추정할
수 있다.

『直解小學』은 조선시대 司譯院과 承文院에서 사용하던 주요 교재이
다. 이 교재가 당시 漢學書로서 차지하는 위치는 앞에서 살펴본 『世宗
實錄』(1426)과 『經國大典』의 기록을 통해서 짐작할 수 있다. 『朝鮮王朝
實錄』에는 『直解小學』의 書名이 무려 20회나 등장하는데, 최초의 것은
定宗 元年(1399)에 偰長壽의 사망 기록에 나타난다. 實錄의 기록을 일부
들어 보기로 한다.

『定宗實錄』(1399):
判三司事偰長壽卒, 諱長壽, 字天民。其先回鶻高昌人, 至正己亥, 父伯遼
遜挈家避地于我國, 恭愍王以舊知賜田宅封富原君……十月以疾卒, 年五
十九……公天資精敏剛强, 善爲說辭, 爲世所稱。自事皇明朝京師者八,
屢蒙嘉賞。所撰『直解小學』行于世, 且有詩藁數帙。(『定宗實錄』卷2, 元
年 10月 19日 乙卯條)
－判三司事 설장수가 졸하였다. 휘는 長壽요, 자는 天民이었다. 그 선조는

회골 高昌 사람이었다. 至正 기해년(1359)에 아비 伯遼遜이 가족을 이끌고 우리나라로 피난하여 오니, 공민왕이 옛 지우라 하여 田宅을 주고 富原君으로 봉하였다......10월에 병으로 죽으니, 나이 59세였다......公은 타고난 바탕이 精하고 민첩하며, 剛하고 굳세며, 말을 잘하여, 세상에서 칭송을 받았다. 皇明을 섬기면서부터 명나라 서울(京師)에 입조한 것이 여덟 번인데, 여러 번 嘉賞을 입었다. 찬술한 直解小學이 세상에 간행되었고, 또 詩藁 몇 帙이 있다―

『世宗實錄』(1434):

僉知司譯院事李邊, 吏曹正郎金何, 回自遼東, 引見于思政殿。初邊何之往遼東也, 進儒林謁權印千戶許福及鄔望、劉進, 願質『直解小學』言語, 仍出示之, 福等看讀稱讚。進曰: ......看此解說偰宰相不是等閒人, 比於『魯齋大學』『成齋孝經』此語尤好......遼東人等見『小學直解』嘆美, 欲以他書換之者多矣.....望曰: ......若將此書教訓子弟卽與華音無異。(『世宗實錄』 卷64, 16年 4月 2日 己酉條)

―첨지사역원사 李邊과 이조정랑 金何가 遼東으로부터 돌아오니, 사정전에서 인견하였다. 처음에 이변과 김하가 요동에 갔을 때 유림에 나아가서 권인천호 許福 및 鄔望과 劉進 등을 만나보니 그들이 直解小學의 언어를 질문하기를 바라기에, 곧 꺼내서 보이니, 許福 등이 읽어 보고 칭찬하였다. 劉進이 말하기를 “......이 해설을 보니 偰 재상은 등한한 사람이 아니옵니다. 魯齋大學과 成齋孝經에 비교해 볼 때, 이 말이 더욱 좋습니다.”라고 하였다.......요동인들이 小學直解를 보고 탄미하여 다른 서적과 바꾸자고 하는 사람이 많았다......鄔望은 말하기를 “......만일 이 책을 가지고 子弟를 가르친다면 곧 중국의 어음과 다름이 없을 것입니다―

『成宗實錄』(1487):

御經筵, 講訖, 領事尹弼商啓曰: 『小學直解』實學漢語之捷徑, 今抄文臣等常仕承文院讀習此書, 粗解漢訓可與唐人相語, 然後入送如何? 上曰: 今年姑停入送, 令讀『小學直解』。(『成宗實錄』 卷200, 18年 2月 7日 丁丑條)

―임금께서 經筵에 나아갔다. 講하기를 마치자, 領事 尹弼商이 아뢰기를, “直解小學은 진실로 漢語를 배우는 捷徑인데, 이번에 선발한 문신들을 승문원에 항상 出仕하게 하여 이 책을 읽고 익혀서 漢訓을 대강 알도록 하여

중국 사람과 서로 이야기할 수 있게 된 뒤에 들여보내는 것이 어떠하겠습니까?'하니, 임금이 말하기를, "금년은 아직 들여보내는 것을 정지하고 直解小學을 읽도록 하라." 하였다—

이상 기록들에 의하면 『直解小學』은 고려 말 공민왕 때(중국 至正 己亥年:1359) 우리나라로 피난 온 중국인 출신의 偰長壽에 의해 편찬되었고 저자가 사망한 1399년(定宗 元年) 이전에 편찬된 것임을 알 수 있다. 그리고 세종조 때 첨지 司譯院事 李邊과 吏曹 정랑 金何가 중국 遼東에 갔을 때 中國 儒林들이 『直解小學』을 읽어보고 『魯齋大學』과 『成齋孝經』(『孝經直解』)보다 그 언어가 더욱 좋다고 칭찬하였으며 遼東 사람들 중 『小學直解』를 보고 탄미하여 다른 서적과 바꾸자고 하는 사람이 많았다고 한다. 또한 이 책으로 子弟들을 가르친다면 중국의 어음과 다름이 없을 것이라고 높이 평가하였음을 알 수 있다.

『直解小學』은 편찬된 이래 줄곧 司譯院과 承文院에서 중국어 습득을 위한 주요 교재로 삼았으나 세월이 흐름에 따라 중국어 자체에 변화가 생겼으므로 당시의 언어와 일정한 거리가 생겼음을 지적한 기록도 있다. 『成宗實錄』(卷158, 14年 9月 29日 己未條)의 기록에 의하면 중국에서 온 使臣의 頭目인 葛貴가 『直解小學』을 보고 번역이 매우 좋으나 간혹 古語가 있어서 현실 언어와 맞지 않고, 또 官話가 아니므로 알아듣는 사람이 없을 것이라고 지적하면서 燕京에 갖고 가서 개정할 것을 건의하고 있다.

비록 그렇다 할지라도 이 책은 그 후 『五倫全備』로 교체될 때까지 오랜 세월 한학서로서의 위치를 확고히 지키고 있었던 것으로 나타난다. 『伍倫全備諺解』의 序文에 의하면 한학서로서 초기에는 『老乞大』·『朴通事』와 『直解小學』을 사용하였으나 中古 시기에 이르러는 "『小學』

은 漢語가 아니므로 『伍倫全備』로 바꾸었다"라고 하였다. 그리고 『五倫全備』가 『直解小學』을 대신하게 된 시기에 관하여는 『通文館志』(卷 2, 勸獎 第2 科擧條)의 기록을 참조할 수 있다. 한편 구체적인 교체 시기에 대해서 小倉進平(1940:594)에서는 『通文館志』 시대(숙종 46년:1720)로 보았으나[1] 姜信沆(2000:104)에서는 『光海君日記』 12년(1620)에 이미 『五倫全備』를 漢學의 교재로 사용하였음을 기록하고 있다고 주장하였다.[2]

2.4 『訓世評話』

『訓世評話』는 조선조 초기 우리나라의 유명한 漢學者인 李邊이 편찬한 중국어 교재이다. 따라서 당시 사용하던 漢學書 중에서 중국인 출신의 偰長壽가 편찬한 『直解小學』이나, 중국 본토에서 편찬한 『魯齋大學』・『孝經直解』와는 달리 특별한 의미를 지닌다고 말할 수 있다. 저자는 본 교재의 편찬 동기를 序文에서 다음과 같이 밝히고 있다.

　『訓世評話』(1473) 序文:
　我國家設承文司譯院, 講肄習讀官常習漢音, 其爲慮至深切矣。但所習者

---

1) 『通文館志』(二卷)科擧のには、背講用として『老乞大』、『朴通事』、『五倫全備』の三種を擧げ、其の下註に"初用『直解小學』、中間代以『五倫全備』"とある。本書の用語が成宗の頃から漸次時用に遠ざかって來たといふことは、既に前にも述べた通りであるが、『通文館志』の時代に至り、終に『五倫全備』を以て之に代用することとなったのである。(小倉進平:1940;594)

2) 承文院啓曰: 祖宗朝以來, 設文官漢語肄習之規, 極嚴且重, 漢語則通慣『老乞大』、『朴通事』、『五倫全備』, 然后, 始訓官者僅一二人。(『光海君日記』 卷158, 5b, 12年(1620) 11月 戊子條)
　－승문원이 아뢰기를, "조종조 이래로 문관에게 漢語와 吏文을 익히도록 한 규정을 두었고 또 그 규정이 매우 엄중했습니다. 한어의 경우 老乞大・朴通事・五倫全備를 줄줄 관통해야만 비로소 訓官을 시켰기 때문에 훈관이 겨우 한두 명 밖에 되지 않았습니다."－

不過『直解小學』、『老乞大』『朴通事』、『前後漢書』。然『直解小學』逐節
解說, 非常用漢語也。『老乞大』、『朴通事』多帶蒙古之言, 非純漢語, 又
有商賈庸談, 學者病之......臣今年踰八秩, 日迫西山, 朝暮奄辭聖代, 無以
報答列聖之鴻恩。思效一得之, 愚以補涓埃, 迺採勸善陰騭諸書中可爲勸
戒者數十條, 與平昔所聞古事數十, 總六十五條, 俱以譯語飜說, 欲令學漢
語者, 並加時習。(『訓世評話』序文)

－우리나라에서는 승문원과 사역원을 두고 강이관, 습독관으로 하여금 늘
중국어를 익히게 하는 등 사려가 매우 깊었습니다. 그러나 배우는 것이 直解
小學이나 老乞大·朴通事·前後漢書 등 몇 책에 지나지 않았습니다. 게다
가 直解小學은 逐節的인 해설이어서 상용 중국어가 아닙니다. 老乞大·朴
通事는 蒙古語를 많이 내포하고 있어 순수한 중국어가 아닌 장사치의 천박
한 말이어서 배우는 자들이 꺼리는 말입니다......신의 나이 어느덧 팔순을
넘어 해가 서산에 지듯 머지않아 성대를 하직하려 함에 列聖의 크나큰 은혜
를 보답할 길이 없습니다. 그저 한 가지라도 보답하여 일조를 하고자 하여
이에 권선음즐서 가운데 권계할 만한 이야기 수십 가지와 평소 들었던 옛
이야기 수십 가지 도합 65가지를 골라 중국어 구어체로 번역하니 중국어를
배우고자 하는 사람에게 때때로 익히게 하려 합니다－

저자 李邊(1391～1473)은 조선조 초기에 활약한 文臣 출신의 뛰어난
漢語 譯學者이다. 이상 서문에 의하면 우선 당시 사용하던 중국어 교재
는 『直解小學』·『老乞大』·『朴通事』·『前後漢書』 등 몇 책에 지나
지 않았는데, 저자는 그중 『直解小學』은 『小學』의 원문을 한 구절 씩
白話文으로 해석한 것으로 일상적으로 사용하는 中國語와 다르고, 『老
乞大』와 『朴通事』는 蒙古語式 漢語가 많이 섞여있고 상인들이 사용하
는 천박한 비속어가 많이 들어있음을 지적하고 있다. 따라서 기존 漢學
書들의 부족점을 극복하기 위하여 八旬의 고령에 文言文으로 된 권선음
즐서(勸善陰騭書) 가운데서 勸戒할 만한 이야기 65개를 골라 구어체 漢
語(譯語)로 번역하게 되었다고 밝히고 있다.

이 책의 現存本은 上下 2권 1책으로 되었는데, 상권은 李邊의 외증손
인 尹希仁의 跋文 2葉, 본문 51葉에 이야기 37편이 수록되었고, 하권은
52葉에 이야기 28편, 그리고 李邊의 초간본 序文 2葉으로 이루어졌다.
版心은 黑魚尾로 되었고 原文(文言文)을 앞에 제시하고 이어서 白話文
으로 된 번역문을 달았는데, 원문은 10行 17字이고 번역문은 10行 16字
로 되었다.(朴在淵:1998;16)

문헌 기록에 의하면 이 책은 1473년(성종 4년)에 편찬되었고[3] 1480년
에 간행되었으며 1518년에 李邊의 外曾孫인 尹希仁에 의하여 목판본이
간행된 것으로 알려진다.

이 책은 장기간 국내에서 失傳된 것으로 인정되어 왔는데 1971년 姜
信沆 교수가 日本 名古屋 蓬左文庫所藏本을 발굴하여 『成大文學』第
17輯에 소개한 바 있고, 그 후 1998년 朴在淵 교수 등이 다시 일본 소장
본에 번역문을 첨부한 영인본을 출간하여 연구자들이 쉽게 찾아볼 수
있게 되었다.

『訓世評話』의 原典 출처를 살펴보면 중국의 역대 正史와 野史·筆
記 등에서 60편, 우리나라의 古籍이나 傳說에서 5편을 선택한 것으로
나타난다. 그중 출처가 확인된 中國 書名을 들어보면 『史記』·『後漢書』
·『三國志』·『搜神記』·『晉書』·『南雍州記』·『烈女傳』·『涑水
紀聞』·『幽冥錄』·『廣異記』·『河東記』·『笑林』·『剪燈新話』·
『儆戒錄』·『列子』·『鶴林玉露』·『搜神後記』·『孟子』·『還冤記』

<hr>

3) 領中樞府使李邊集古今名賢節婦事實, 譯以漢語, 名曰訓世評話, 以進, 傳曰: 今
見所撰書, 嘉賞不已, 賜油席一張, 簑衣一件, 仍命饋酒, 令典校署印行。(『成宗
實錄』卷31, 4年 6月 壬申條)
－영중추부사 李邊이 고금의 名賢과 節婦의 사실을 纂集하여 漢語로 번역하고서
이름을 '訓世評話'라 하여 올리니 傳旨하기를, "이제 撰述한 책을 보니, 嘉尙하기
그지없다."하고, 油席 1장과 簑衣 1건을 내려 주고, 이어 술을 대접하게 하였으며
典校署로 하여금 印行하게 하였다－

등이다.(劉德隆:1998;76～99) 그리고 우리나라의 것으로는『太宗大王實錄』·『三國史節要』·『三國史記』·『高麗史』 등인 것으로 나타난다.

이 책에 수록된 이야기의 내용을 살펴보면 대부분 전통적인 儒家 사상을 반영한 것으로서, '忠'(5편)·'孝'(10편)·'仁'(26편)·'義'(14편) 등 사상을 담은 이야기로 분류되며, 그 외 기타(7편) 유형에는 동물 寓話와 해학적인 이야기가 수록된 것으로 나타난다.(劉德隆:1998;76～99)

한편 저자가 많은 심혈을 기울여 편찬한 이 책이 司譯院과 承文院에서 어떤 위치에서 중용되었는지는 문헌기록상 찾아볼 수가 없다. 다만 저자가 逐節的 해설을 한 것이고 常用 中國語가 아니라고 지적한『直解小學』이『訓世評話』가 간행된 1480년 이후에도 여전히 주요한 漢學書의 위치를 차지하고 있었을 뿐만 아니라 훨씬 후인 적어도 光海君 12年([1620])에 이르러서야『五倫全備記』에 의해 교체된 사실이 흥미로운 의문을 남기기도 한다.

3 直解類 漢學書의 체재

이상 주요 直解類 漢學書들 중에서『直解小學』은 실전되어 그 실태를 직접 살펴 볼 수가 없다. 그러나 世宗 16年(1434)의 기록에서 첨지 司譯院事 李邊과 吏曹 정랑 金何가 중국 遼東에 갔을 때 儒林 등이『直解小學』을 읽어보고『魯齋大學』과『孝經直解』보다 그 언어가 더욱 좋다고 칭찬하였다는 점으로 미루어 보아 이 두 책과 비슷한 형태로 이루어진 것으로 추정할 수 있다.

다음은『魯齋大學』과『孝經直解』의 편찬 체재를 살펴보기로 한다. 먼저『魯齋大學』의 예문을 들어 보면 다음과 같다.

원문: 大學之道在明明德。(17)⁴⁾

직해: '大學之道', 是大學教人爲學的方法, '明'是用工夫, 明之'明德'是人心
　　　本來元有的光明之德。夫子說 古時大學教人的方法, 當先用工夫
　　　明那自己光明之德, 不可使昏昧了。

원문: 在親民。(18)

직해: '親'字本是'新'字, '民'是指天下百姓。說大人爲學, 旣明了自己明德,
　　　又當推此心使那百姓每各去其舊染之汚, 以明其明德, 也都一般不
　　　昏昧。

원문: 在止於至善(18)

직해: '止'是必到這裏, 不改移的意思。'至善'是說極好的去處。大人之學,
　　　明自己的明德, 新百姓每的明德, 都要到那極好的去處, 不可些改移
　　　方是成功。這三句是『大學』一部書的綱領, 所以叫做三綱領。

　　이상 예문은 『大學』의 첫 머리에 나오는 구절인데 먼저 원문 한 구절
을 제시하고 이어서 白話文으로 그 뜻을 자세히 풀이한 註釋 형식을
취하였는데 원문에 비해 저자의 견해가 많이 첨가되었음을 알 수 있다.
다음은 『孝經直解』의 예를 들어 보기로 한다.

원문: 仲尼居。(49)

직해: 仲尼是孔夫子的表德, 居是孔子閑住的時分。

원문: 曾子侍。

직해: 孔子徒弟姓曾名參, 根前奉侍來。

원문: 子曰

직해: 孔子說

원문: 先王有至德要道。

---

4) 이하 『魯齋大學』과 『孝經直解』의 숫자는 『近代漢語語法資料彙編』(元代明代卷)
　　의 쪽수이다.

직해: 在先的聖人有至好的德, 緊要的道理。
원문: 以順天下。
직해: 以這箇勾當順治天下有。
원문: 民用和睦。
직해: 百姓每自順和順有。
원문: 上下無怨。
직해: 上下全都無怨心有。
원문: 汝知之呼?
직해: 你省得麼?

　이상 『孝經直解』는 비록 저자가 서문에서 『魯齋大學』을 모방하여 편찬하였다고 밝히고 있으나 실제로는 그와 달리 원문의 구절을 백화문으로 直譯하는 형식을 취하였다. 즉 『魯齋大學』처럼 백화문 해석에 저자의 견해를 추가하는 형식을 취하지 않고 있는 것이다.
　다음은 『訓世評話』의 예를 들어보기로 한다.

　원문: 虞舜, 父頑母嚚, 象傲常欲殺舜克, 諧以孝不格姦。後爲天子, 不殺
　　　　象, 封之有庳。 (1)5)
　직해: 古時, 虞舜他的父親瞽叟, 心裏無有德行。後娘也口裏無些兒好言
　　　　語。後娘生的象呵越暴虐, 一心兒只要殺舜麼。舜呵十分孝順, 感
　　　　動他回心, 不到姦惡。後頭做了皇帝, 不殺象, 顚倒封他有庳地
　　　　面。這個是天下的大孝。

　원문: 姜詩孝母, 汲江數里。舍側湧泉, 日有雙鯉。 (3)
　직해: 古時, 姜詩孝養母親。他母親愛喫江水和鯉魚, 姜詩分付他娘子, 每
　　　　日到四五里地挑將水來。有一日, 家邊忽然湧出一眼井水和江水一
　　　　般滋味。又每日家一雙鯉魚兒出來, 這般有孝感。

----

5) 괄호 안의 숫자는 『訓世評話』에 수록된 이야기의 순서이다.

이상 『訓世評話』의 예문에는 원문에 없는 내용이 백화문 해석 부분에 많이 추가된 것으로 나타난다. 즉 序文에서 저자는 『直解小學』이 逐節的 해설을 한 것이고 常用 中國語가 아니라고 지적하였는바, 이 책에서는 의도적으로 축절식 對譯 형태를 취하지 않고 이야기의 완성도와 중국어 습득이라는 두 가지 면을 고려하여 원문에 보이지 않는 내용들을 적지 않게 보충한 것으로 짐작된다. 지금 시각으로 보면 일종의 編譯 형식을 취한 것이라 할 수 있을 것이다. 따라서 실전된 『直解小學』은 『訓世評話』의 서문에 '逐節解說' 형식으로 되었다고 지적한 것으로 보아 『孝經直解』와 유사한 형태로 편찬되었을 것으로 추정된다.

4 直解類 漢學書의 언어적 특징

4.1 『魯齋大學』과 『孝經直解』의 언어

근년에 이르러 중국 학계에서는 '近代漢語'에 대한 연구가 활발히 전개되면서 이 용어를 흔히 白話文과 같은 개념으로 사용하고 있다. 한편 近代漢語의 시대적 구분에 대한 주장이 다양하게 펼쳐지고 있는데 그중 胡明揚(1992:8)의 주장을 들어보면 대체로 다음과 같은 세 단계로 나뉜다.

1) 早期 近代漢語(隋末 唐初 시기부터 五代 北宋 시기까지: 7～11세기)
2) 中期 近代漢語(宋元 시기: 10/11～14세기)
3) 晩期 近代漢語(元明 시기부터 淸初 시기까지: 14～17세기)

이러한 주장에 근거하면 『魯齋大學』(1281년 이전)의 언어는 시기적으로 中期 近代漢語에 속하는데 실제로 이 자료의 문법과 어휘를 살펴보면 近代漢語의 언어적 특징을 그대로 지니고 있음을 알 수 있다.(본서

제4장 제3절 참조) 그 예를 일부 들어보기로 한다.

원문: 曾子曰: 十目所視, 十手所指, 其嚴乎?(30)
직해: 這是門人引曾子平日的言語發明上文的意思。說那小人在幽獨處
幹了不好的事, 只說人不得知, 不知被人將他肺肝都看見了, 便與那
十目同視着, 十手同指着一般, 這幽獨處豈不甚是可畏?

원문: 外本內末, 爭民施奪。(39)
직해: ‘爭民’是使百姓每爭鬪, ‘施奪’是教百姓每劫奪。爲人君者以德爲外,
不去自明其德; 以財爲內, 專去聚斂那材, 百姓每見在上的人如此,
也都爭鬪劫奪起來, 便是爲人君的教他一般。所以說‘外本內末, 爭
民施奪’。

원문: 是故言悖而出者亦悖而入, 貨悖而入者亦悖而出。(40)
직해: ‘言’是言語, ‘悖’是違悖不順利, ‘貨’是財貨。曾子承上文說, 人若有不
順理的言語出自於我, 加於他人, 他人也把那不順理的言語加到於
我。正似那財貨一般, 若有不順理取將進來的, 終也不順理散將出
去, 此是必然之理。

　이상 예문을 통하여 알 수 있다시피『魯齋大學』의 직해문에는 胡明
揚(1992)에서 제시한 近代漢語의 특징들이 거의 그대로 나타나고 있다.
즉 조사 ‘的·了’, 복수를 나타내는 접사 ‘們(每), 그리고 지시대사 ‘這·
那’, 인칭대사 ‘我·他’, 전치사 ‘將’과 ‘把’를 사용한 문형, ‘동사+將+방향
어’(O 取將進來 / O 散將出去)의 문형 등을 쉽게 찾아 볼 수 있다. 다만
어기조사 ‘哩/呢’와 인칭대사 ‘你’의 용례가 발견되지 않을 뿐이다.
　한편『孝經直解』는 시기적으로『魯齋大學』보다 수십 년 후인 1308
년에 출간되었는데 저자가 모방하였다고 하는『魯齋大學』의 언어와 적
지 않은 차이를 보이며, 앞에서 제시한 近代漢語의 일반 특징 외에도

또 다른 특수한 표현 형태들이 많이 사용되고 있음을 발견할 수 있다. 즉 1) 후치사 '根底'와 '上頭'의 사용, 2) 어기조사 '呵'의 사용, 3) 지시대 명사 '阿的'의 사용, 4) 특수한 표현 형태로 '不……那甚麼', '……麼道', 종결어미 '有'의 사용, 그 외에도 목적어의 도치 현상 등이 눈에 띄게 많이 사용된 것 등이다.

4.2 『訓世評話』의 언어

『訓世評話』는 편찬된 시기(1473년)가 중국 明代의 成化 年間이므로 晩期 近代漢語를 반영하고 있을 것으로 보인다. 실제로 이 자료에는 대부분 오늘날의 現代 漢語와 거의 비슷한 언어가 사용되었음을 알 수 있다. 한편『訓世評話』에는 이 시기 漢語의 일반 특징을 반영하고 있는 것 외에도 元代 漢語의 흔적과 기타 문헌에서 찾아 볼 수 없는 특수한 표현들이 발견되기도 한다. 그 예를 일부 들어보기로 한다.

1) －道的

원문: 孟宗, 性至孝。(4)
직해: 古時, 孟宗道的人, 本性孝順。

원문: 忽見舟至, 乘到泉城島。(17)
직해: 忽然小船風浪里到來, 這婦人連忙上船, 漂到一箇泉城道的海島。

이 자료에서 '……道的' 형태는 총 35번 사용되었는데 地名 뒤에 2번 사용된 것 외에 모두 人名 뒤에 사용되었다. 이 용법은 元代 漢語의 영향을 받았을 것으로 추정되기도 하나, 元明 시대의 기타 문헌에서 이 와 같은 표현을 찾아 볼 수 없다. 그러나 元代 漢語에서 몽골어의 영향으

로 인용문 뒤에 오는 "......라고 말하다"를 '......麼道'의 형태로 표현한
것으로 보아, '......라고 부르는'의 의미를 동사 '道'(말하다)와 관형어를
나타내는 구조조사 '的'을 결합시켜 표현한 것이 아닐까 하는 추측이 들
기도 한다.

2) －根前

원문: 其子失禮於祖母。(34)
직해: 他的兒子祖孃根前無禮。
원문: 此是魯哀公問政於孔子時鋪坐之席也。(51)
직해: 這箇是魯國襄公孔夫子根前問政時鋪的席子。

원문: 一日, 若水詣知州, 屛人告曰……(21)
직해: 一日, 若水到知州跟前, 辟人告說……

기타 문헌들에서 찾아볼 수 있는 바와 같이 '根前'은 '根底'와 함께
몽고어 格 형태의 영향을 받은 것으로서 이 자료에 元代 漢語의 흔적이
남아있는 것으로 보인다.

3) －上

원문: 賜妻縑帛以從葬之。(15)
직해: 却那死的婦人上多賞他錢糧, 盡禮埋葬。
원문: 家人答以失禮御祖母。(34)
직해: 家下人說道: "老奶奶上無禮, 奶奶惱他, 這般做來。"

'上' 역시 몽고어 후치사의 영향을 받은 표현 형태로 추정된다. 「原老」
에서 사용된 '根底'가 「飜老」에서 '上'으로 바뀐 것이 이를 증명하고 있다.

4) 一呵

원문: 主曰: "爲我織絹三百匹, 卽放爾。"(5)
직해: 那主人說: "你織出三百匹絹子呵, 放你去。"

원문: 盜曰: "釋汝刀從我可全, 不從我則殺汝姑。"(15)
직해: 那强盜說道: "媳婦你颩了刀兒從我呵, 保你身子, 不從我呵, 便殺你
　　　婆婆。"

'呵'는 기타 문헌들에서 가정이나 조건 등 다양한 어기를 나타내는 몽
고어의 영향을 받은 것으로 분석된다.

5) 阿的/這的(지시대사)

원문: 此所謂事親不在於酒肉, 在於養志也。 (34)
직해: 阿的便是孝親不在酒肉, 只在養志。

원문: 三綱絶矣。 (20)
직해: 這的是三綱五常都減絶了。

「原老」에서 사용된 '阿的'이 「飜老」에서는 '這的'로 교체되었고, 「老
新」에서는 '這'로 변화되었다. 본 자료에서는 대부분 '這'로 사용되었는
데 간혹 '這的'과 '阿的'으로 사용된 용례가 발견되기도 한다.

6) 一有/一有來

원문: 到後三年, "廳前枯數花開, 當有遷改北歸矣"。(31)
직해: 三年後, "官廳前面枯樹上開花呵, 便盡命分", 這般寫者有。

　　원문: 凡見古器皆買之, 多積家中。
　　직해: 但見古器呵, 便是破壞東西也不問價錢多少, 都買趲積<u>有來</u>。

　'有' 또는 '有來'는 元代 漢語에서 몽고어의 영향으로 어말에 사용되던 어조사 형태가 그대로 사용된 것으로 추정된다.
　이처럼 『訓世評話』는 기존 漢學書들의 부족점을 미봉하기 위하여 새롭게 편찬된 것이기는 하나 그 영향을 완전히 벗어나기에는 한계가 있었던 것으로 보인다.

5 맺음말

　이상 고찰을 통하여 直解類 漢學書가 조선시대 중국어 습득을 위한 중요한 교재로 사용되었음을 알 수 있다. 한편 이러한 直解類 漢學書들은 모두 正統 漢文(文言文)을 白話文으로 번역하는 형식을 취하였지만 각기 나름대로의 특징들을 지니고 있는 것으로 나타난다.
　우선 『魯齋大學』과 『孝經直解』은 모두 元代의 작품이기는 하나 사용된 漢語는 적지 않은 차이가 있음을 발견할 수 있다. 『魯齋大學』은 시기적으로 당연히 『孝經直解』보다 앞선 시대의 한어를 반영하고 있을 것이나 지금과 가까운 『孝經直解』의 언어가 오히려 더 난해한 표현을 많이 사용하고 있는 것으로 나타난다. 이것은 『魯齋大學』의 저자가 宋末 元初의 사람이고 또한 中原 지대(河內) 출신으로 그가 구사한 한어는 정통 백화문(宋代 漢語)을 반영하고 있을 것으로 추정된다. 이에 비해 『孝經直解』의 저자는 위그루족 출신이고 시기적으로 元나라 중기에 편찬되었는데 이 책의 언어는 지배민족인 몽고족 언어의 영향을 많이 받은 이른바 蒙文直譯體 漢語의 특징을 반영하고 있기 때문인 것으로 추정된다.

『訓世評話』는 비록 저자가 우리나라 사람이고 『直解小學』의 逐節式 해석의 부족점을 극복하기 위하여 편찬한 것이라고는 하나 그 체재로 보아 기존 直解類 한학서들의 영향을 받지 않을 수 없었던 것으로 보인다. 즉 文言文 원문에 대한 白話文 해석이 비록 逐節式 번역이 아닌 解說式 번역의 형태를 취하였는데 그 원형을 『魯齋大學』과 같은 기존 直解類 漢學書에서 찾아 볼 수 있다. 한편 저자는 『老乞大』와 『朴通事』에 몽고어가 많이 섞여있음을 지적하였으나 『訓世評話』에도 몽고어의 영향을 받은 흔적과 순수한 한어 표현으로 보기 어려운 표현 형태들이 발견된다. 아마도 이러한 원인으로 이 책이 간행된 이후 司譯院이나 承文院에서 중요한 한어 교재로 사용되었다는 기록을 찾아 볼 수 없는지도 모른다. 반면 『直解小學』은 『訓世評話』가 간행된 이후에도 여전히 주요 한학서로 오래 동안 사용되다가 훨씬 후에야 비로소 『五倫全備記』에 의하여 교체된 것은 우연한 현상이 아닌 것으로 보인다.

※ 이 논문은 「朝鮮時代 直解類 漢學書에 대하여」라는 제목으로 〈中國語文論叢〉 (中國語文硏究會) 第35輯(2007:21~47)에 실린 것을 수정한 것이다.

『孝經直解』의 간본과 언어

1 서론

『孝經直解』는 조선 시기 역사 문헌에 자주 등장할 정도로 중요한 譯學書임에도 불구하고 우리나라 학계에서는 그 동안 이에 대한 연구가 전혀 이루어지지 않고 있다. 그 원인을 살펴보면 첫째는 우리나라에서는 이 책이 失傳된 것으로 인정하고 있기 때문이고, 둘째는 『經國大典註解』에 "成齋, 陳璵, 大明人。"[1]으로 되어 있어 이 책을 흔히 明代의 작품으로 誤認하기 때문이며, 셋째는 문헌 기록에서 역학서와 관련된 서명에 '孝經'·'直解孝經'·'成齋孝經' 등 다양한 이름으로 나오므로 자료의 고증에 어려움을 주기 때문인 것으로 추정된다.

본고에서는 문헌 자료에 대한 고증을 통하여 조선 시기 역학서로 사용된 『孝經』의 實體를 파악하고, 『老朴集覽』과 『原本老乞大』·『大元通制條格』(이하 「通制條格」)·『元典章』 등 元代의 구어체 한어 자료를 근거로 본 자료가 반영하고 있는 언어적 특징을 고찰하고자 한다.

---

1) 『經國大典註解』의 獎勸條에는 "魯齋, 許衡, 元人。成齋, 陳璵, 大明人。前後漢: 前漢書, 班固撰; 後漢書, 范曄撰。至正, 元年號。少微, 江鎔, 宋人。御製大誥, 高皇帝所製。"라고 기록하고 있다.

2 『孝經直解』의 저자와 구성

2.1 서명과 저자에 대하여

「孝直」이 초기 漢學書로 사용된 기록은 앞에서 살펴본『世宗實錄』
(卷20, 5年 6月 壬申條),『世宗實錄』(卷33, 8年 8月條),『世宗實錄』(卷47,
12年 3月 戊午條),『經國大典』(卷3, 禮典 獎勸條) 등 문헌들에서 찾아 볼
수 있다. 이 기록들에 의하면 한학서에 '直解孝經'·'孝經'·'成齋孝經'
등 다양한 서명들이 등장하는데 이것들은 모두 같은 책을 지칭하는 것으
로 보인다. 「孝直」이 문헌 기록에 자주 등장할 정도로 역사적으로 중요
한 역학서이지만 학계에서는 그 동안 이 자료가 失傳된 것으로 인정되어
연구가 전혀 이루어지지 않고 있다.(林東錫:1983;403) 그러나 중국에서 발
간된 近代漢語 資料集에 이 자료가 수록되었는데 宋紹年의 「孝直」 校
記(1995)에 의하면 이 책은 原題가『新刊全相成齋孝經直解』이고 元代
말기 貫雲石(1285~1324)이『孝經』을 元代 漢語로 풀이한 것으로 알려
진다.2) '全相'은 '全像'의 의미로 책의 각 면마다 상단에 삽화가 실려 있
음을 가리킨다. '成齋'에 대한『經國大典註解』의 기록이 의문을 남기고
있는데 明나라 사람인 陳璚(1440~1506)이 '成齋'라는 號를 사용한 것은
사실이나 「孝直」의 저자로는 시대적으로 불가능하다.3) 「孝直」의 저자
에 대해서는 그 서문(自序)을 살펴보면 보다 확실한 근거를 발견할 수
있다.

---

2) 『孝經直解』, 原題『新刊全相成齋孝經直解』。作者元貫雲石(1285~1324)原名小
   雲石海涯。(『孝經直解』校記,『近代漢語語法資料彙編』元代明代卷, 商務印書
   館: 1995;59)
3) 陳璚(1440~1506), 明蘇州府長洲人, 字玉汝, 號成齋, 成化十四年進士, 授庶吉士,
   出爲給事中, 官至南京左副都御史。有『成齋集』。(『中國歷代人名大辭典』:1357)

嘗觀魯齋先生取世俗之言直說『大學』, 至於耘夫蕘子皆可以明之……愚末學輒不自持, 僭效直說『孝經』, 使匹夫匹婦皆可曉達, 明於孝悌之道……時至大改元孟春旣望, 宣武將軍·兩淮萬戶府達魯花赤·小雲石海涯·北庭成齋自敍. (「孝直」序文)

－일찍이 魯齋 先生이 세속에서 사용하는 말로 大學을 직접 풀이하여 농부와 초부들까지 모두 알아 볼 수 있도록 하였다……소인은 淺學하지만 감히 선생을 모방하여 孝經을 직접 풀이함으로써 서민들이 모두 알아보고 孝悌의 이치를 깨닫도록 하고자 한다……至大 元年에 즈음하여 정월 십육일 宣武將軍·兩淮萬戶府達魯花赤 小雲石海涯 北庭 成齋가 스스로 적다－

이 기록에 의하면 저자인 小雲石海涯가 魯齋 선생이 세속에서 쓰는 말로 『大學』을 풀이한 것을 본받아 『孝經』을 直解하였으며 구체적인 집필 시간은 至大 元年(1308) 孟春(正月) 旣望(음력 16일)임을 알 수 있다. '北庭'(현 新疆 吉木薩爾縣)은 그의 본적지이고 '成齋'는 號인 것으로 보인다. 그리고 魯齋 先生은 宋元 시기 학자인 許衡을 가리키며 '直說大學'이라 한 것은 『魯齋遺書』에 수록된 『大學直解』를 지칭하는 것으로 추정된다. 小雲石海涯에 관한 자세한 기록은 『元史』의 "小雲石海涯傳"에서 찾아 볼 수 있다.[4] 이 기록에 의하면 貫雲石은 본명이 小雲石海涯인데 부친의 이름인 貫只哥에서 貫자를 따서 貫雲石이라는 漢名을 지었다. 그리고 스스로 '酸齋'라는 호를 달았으며 文集이 여러 권 있는데 그 중 『直解孝經』이 세간에 전해진다고 하였다. 貫雲石의 신상에 대한 기록은 중국에서 발간된 『辭海』(1979)에서도 찾아 볼 수 있다.[5] 이 기록에

---

4) 小雲石海涯, 家世見其祖阿里海涯傳. 其父楚國忠惠公, 名貫只哥, 小雲石海涯遂以貫爲氏, 復以酸齋自號……泰定元年五月八日卒, 年三十九, 贈集賢學士, 中奉大夫, 護軍. 追封京兆郡公, 諡文靖. 有文集若干卷, 直解孝經一卷行于世. (『元史』 卷143, 列傳 第30, "小雲石海涯傳")

5) 貫雲石(1286～1324) 元文學家. 號酸齋. 維吾爾族人. 阿里海涯之孫. 曾任元朝兩淮萬戶達魯花赤及翰林學士知制誥同修國史. 後退隱江南, 又號蘆花道人. 精通漢文. 所作散曲, 風格比較豪放, 亦有偏於清麗者, 內容則多寫逸樂生

의하면 貫雲石은 元代의 문학가로서 號는 酸齋이고 위그루족이며 阿里海涯(1227~1286)의 손자이다. 그는 元 나라 때 兩淮萬戶達魯花赤와 翰林學士知制誥의 벼슬을 하였고[6] 國史를 편찬할 정도로 漢文에 정통하였으며 풍격이 호방하였다. 또한 청려한 散曲을 많이 지어 徐再思(元 散曲家, 號 甛齋)와 같이 명성이 높았으므로 후세 사람들이 이 두 문장가의 작품을 한데 엮어 『酸甛樂府』라고 칭하였음을 알 수 있다.

이상의 내용에 의하면 '成齋孝經' 또는 '直解孝經'이라는 書名은 이 책의 原題인 『新刊全相成齋孝經直解』에 근거를 두는 것으로 보인다. 한편 貫雲石의 號는 '成齋' · '疏仙', 또는 '蘆花道人' · '石屏' 등 다양하게 사용한 것으로 알려진다.[7]

현재 이 책의 유일한 元刊本이 日本에서 개인 소장으로 전해지는데[8] 梅祖麟(1984:116)에서는 "이 책이 지금까지 알려진, 이 시기의 문헌들 가운데서 집필 시기가 분명하고 언어 '법칙'(規律)에 완전히 부합되는 가장 이른 시기의 문헌"이라고 주장하였다. 그런데 梅氏가 저자 貫雲石을 宋나라가 멸망한 후 杭州에 와서 정착한 '蒙古人'이라고 한 것은 문헌 기록과 어긋나는 것으로 보인다.[9] 貫雲石의 祖父인 阿里海涯에 관한 『元史』의 기록을 보면 다음과 같다.

活和男女之情。與徐再思(號甛齋)齊名, 後人合輯兩人作品, 稱爲『酸甛樂府』。(『辭海』上海辭書出版社:1979; 1808)

6) 元代의 官制에 의하면 達魯花赤은 주로 몽고족이 담당하는 관직으로 萬戶府 達魯花赤은 正三品의 벼슬이다. 그리고 知制誥는 詔令을 작성하는 요직이다.

7) 楊鎌(1984)에 의하면 貫雲石은 본명인 貫小雲石海涯의 약칭이며 그의 字는 '浮岑'이고 別號는 '成齋' · '疏仙', 또는 '蘆花道人' · '石屏' 등이 있다고 주장하였다.

8) 目前僅存元刊本, 爲日本林秀一氏所藏, 原書附有揷図。(「孝直」校記, 『近代漢語語法資料彙編』元代明代卷, 商務印書館)

9) 貫雲石是宋亡以後定居杭州的蒙古人, 以散曲聞名于世, 他的『孝經直解』(1308)有元刊本, 是目前所知所有作期明確而完全合乎'規律'的最早的文獻。(梅祖麟:1984;116)

阿里海涯, 畏吾兒人也……至元二年, 立諸路行中書省, 進僉河南行省
事……子忽失海牙, 湖廣行中書省左丞。貫知哥, 江西行中書省平章政
事。(『元史』 卷128, 列傳 第15)

이상 기록들에 의하면 貫雲石은 위그루족(畏吾兒人) 혈통이 분명하다.
그리고 『蒙兀兒史記』의 "阿里海涯傳"에도 이와 동일한 내용을 기록하
고 있다.[10]

2.2 간본과 구성 체재

이 책은 현존하는 유일한 元刊本이 1933년 일본의 林秀一氏에 의해
발굴된 후 1938년에 北京 來薫閣에서 영인본으로 출간되었고,[11] 지난
1996년 일본 汲古書院에서 다시 영인본이 출간되었다.

이 책의 서지적 특징은 林秀一(1933)과 阿部隆一(1993)을 참고하면 다
음과 같다. 즉 茶褐色表紙에 크기는 23.7cm×15.8cm이고 서문이 있다.
서문은 一葉에 四周雙邊이고 본문은 十五葉에 左右雙邊(약 19.5cm×
15.5cm)이다. 卷首에 '新刊全相成齋孝經直解'라는 표제가 있고 권말에
'北庭成齋直說孝經終'이라고 되어 있다. 체재는 상하단으로 나뉘는데
상단이 판심제 없이 그림으로 되어 있고 하단은 판심이 小黑口雙黑魚尾
이고 그 아래에 '成孝經'이라는 판심제가 있다. 每半葉 10행이고 매 행
13자이며 注文은 쌍행이다.

서문은 저자의 自序로서 文語體로 되었는데 본서의 편찬 취지와 집필

---

10) 阿里海涯, 畏兀兒種人……子三人……貫知哥, 湖廣行省參知政事, 累官江西行
中書省平章政事, 追封楚國公, 謚忠惠……孫小雲石海涯最知名。(『蒙兀兒史記』
卷92, 列傳 第72)
11) 佐藤晴彦(1996)에 의하면 당시 北京 來薫閣의 주인인 陳杭氏가 吉川行次郎 博士
의 건의를 받아 들여 영인본을 출간하였다.

경위, 그리고 구체적인 저술 시간 등을 밝히고 있다. 서문에 이은 본문은 '開宗明義章第一'에서부터 '喪親章第十八'까지 註釋과 直解로 구성되었다. 文語體로 된 서문은 앞에서 이미 예를 든 바 있으나 여기서 서두 부분을 좀 더 살펴보기로 한다.

> 子曰: 人之行莫大於孝。又曰: 移風易俗, 莫善於樂; 安上治民, 莫善於
> 禮……是故, 『孝經』一書實聖門大訓。學者往往得之於口, 失之於
> 心, 而況愚民蒙昧, 安可以文字曉之。古之孝者, 父母愛之, 喜而不
> 忘; 父母惡之, 勞而不怨, 猶常禮之孝也。立身行道, 揚名於後世者,
> 其猶遠哉!(「孝直」序文)

이상 예문에서 볼 수 있다시피 저자가 서문에서 구사한 文體는 전형적인 문어체(文言文)이다. 다음은 본문인 直解文을 예를 들어 살펴보기로 한다.

원문: 開宗明義章第一
직해: 開發本宗顯明義理的一章

원문: 仲尼居, 曾子侍。
직해: 仲尼是孔夫子的表德, 居是孔子閑住的時分。孔子徒弟姓曾名參,
　　　根前奉侍來。

원문: 子曰: 先王有至德要道, 以順天下。民用和睦, 上下無怨。汝知之
　　　呼?
직해: 孔子說: 在先的聖人有至好的德、緊要的道理, 以這箇勾當順治天
　　　下有。百(姓)每自(然)和順有。上下全都無怨心有。你省得麽?

원문: 曾子避席曰: 參不敏, 何足以知之?
직해: 曾子起來說道: 是, 我不省得, 怎能知道着。

원문: 子曰: 夫孝, 德之本也, 敎之所由生也。復坐, 吾語汝。身體髮膚, 受
之父母, 不敢毁傷, 孝之始也。

직해: 孔子說: 孝道的勾當是德行的根本有。敎人的勾當先從這孝道裏生
出來。你再坐地, 我說與你。身體、頭髮、皮膚從父母生的, 好生
愛惜者, 休敎傷損者, 應道。阿的是孝道的爲頭兒, 合行的勾當
有。(「孝直」開宗明義章第一)

이상 예문은 『孝經』제1장에 나오는 내용인데 이를 통하여 이 책이
文言文 형태인 『孝經』의 原文을 元代의 구어체로 풀이한 것임을 알
수 있으며, 해석문은 전형적인 元代의 直譯體 한어로 이루어졌음을 짐
작할 수 있다.[12]

3 『孝經直解』의 언어적 특징

「孝直」은 14세기 초에 편찬된 것이므로 시대적으로 近代漢語에 속하
며, 그것도 後期 近代漢語에 속한다고 말할 수 있다. 따라서 이 자료의
한어문에 대한 고찰은 近代漢語에서 인정되는 일반적인 특징을 근거로
삼을 수 있을 것이다. 그러나 근대한어 중에서도 일명 '元大都話'라고도
일컫는 元代 漢語는 근대한어의 일반 특징 외에 또한 나름대로의 특수
한 양상을 지니고 있다. 즉 당시 유통되던 官話가 지배계급인 몽고족
언어의 영향을 받게 된 것이다.

역사적으로 중국의 東北 지역(현 內蒙古自治區의 동부 지역 포함)에서부
터 北京 지역에 이르는 광활한 북방 지역이 이른바 北京官話區를 형성

하는데(林燾:1987;161) 이 지역은 장기간 북방 소수민족의 지배하에 있었
다. 이를테면 일찍 기원 10세기 초에 契丹族이 세운 遼나라에 이어 女眞
族의 金나라가 세워졌고 그 뒤를 이어 蒙古族에 의한 元나라가 세워졌
다. 그리고 漢族이 세운 明나라에 이어 다시 滿族에 의한 淸나라가 세워
졌다. 따라서 이들 북방 소수민족이 사용하는 알타이어 계통의 언어가
漢語와의 접촉이 잦아지면서 이 지역의 한어는 자연히 中原을 중심으로
한 正統 漢語와 점차 소원된 양상을 보이게 된 것이 특징적이며 원대
한어가 바로 그러한 증거를 보여 주고 있다. 다음은 「孝直」이 반영하고
있는 언어적 특징을 살펴보기로 한다.

3.1 어휘의 사용

3.1.1 후치사의 사용
(1) －根底와 －根前

원문: 故母取其愛而君取其敬, 兼之者父也。
직해: 母親根底愛的心, 官裏根底敬的心, 這兩件兒父親根底都有着。
(「孝直」士章第五)

이상 예문과 같이「孝直」에는 원대 한어의 특징인 후치사 '根底'가 많
이 사용되었다. '根底'에 대한『老朴集覽』(「累字解」2右)의 해석에 의하
면 '根底'는 '根前'과 같은 의미로 사용되었고 「飜老」당시에 '根底'가 이
미 俗語化되고 있음을 증명하고 있다. 그런데 「孝直」에서는 '根底'가
자주 사용된 데 비해 '根前'은 단 한번밖에 등장하지 않았는데 그것도
후치사의 용법이 아니고 명사 '옆'의 의미로 사용되었다.

원문: 仲尼居, 曾子侍。
직해: 孔子徒弟姓曾名參, <u>根前</u>奉侍來。(「孝直」開宗明義章第一)

이상 예문은 "공자의 제자인 曾參이 곁에서 시중을 들고 있었다"의 의미로 해석된다. '根底'과 '根前'은 모두 格(-에게)의 의미를 나타내는 후치사의 형태로서 몽고어의 영향을 받은 것으로 분석된다. 한편 太田辰夫(1996:6)에서는 '根底'는 '跟底'라고도 표기되는데 宋代 때부터 사용되던 형태로서 본래는 '앞' 또는 '옆'을 나타내는 명사이며 사람을 지칭하는 謙讓語로 사용됨으로 하여 격조사와 같은 느낌을 주게 된 것이라고 주장하였다. 즉 몽고어의 어조사가 명사로 진화된 것이 아니라 본래는 장소를 나타내던 實辭가 虛辭 또는 助詞로 퇴화된 것이라고 하였다.

(2) -上頭

원문: 是故非法不言, 非道不行。
직해: 爲這般<u>上頭</u>呵, 無法度的言語休說。(「孝直」卿大夫章第四)

「孝直」에는 원인을 나타내는 후치사 형태인 '上頭'가 자주 사용되었다. '上頭'의 이런 용법은 기타 문헌에서도 많이 찾아 볼 수 있다. 「原老」에서 사용된 후치사 '上頭'가 「飜老」에서는 '因此上'으로 바뀌었다. '上頭'의 이러한 용법은 몽고어의 영향을 받은 것으로 『元朝秘史』의 대역문에는 '禿剌'(tula)와 대응되는 것으로 나타난다.

3.1.2 조사의 사용

(1) 구조조사 將(동사+將+방향보어)

　　　원문: 孝悌之至, 通於神明, 光於四海, 無所不通。
　　　직해: ……好的名聽神明知道, 四海都知道, 那一處行不將去。(「孝直」感
　　　　　　應章第十六)

　　근대 한어에서는 '將'이 주요 동사 뒤에 첨부되어 뒤에 오는 방향보어
를 이어주는 구조조사 역할을 하는데 이러한 용법이 「孝直」에서도 한
곳 발견된다. 이상 예문에는 본래 '行去'의 사이에 부정사 '不'와 조사
'將'이 삽입된 형태로 분석되며 "那一處行不將去"는 "어느 곳이나 통하
지 않는 데가 없다"라는 의미로 사용되었다. '將'의 이러한 용법(동사+將+
방향보어)은 원대의 기타 자료에서도 많이 찾아 볼 수 있다.

　　　不付能哀告借將來。(「原老」6右)
　　　咱每赶將馬去來。(「原老」16左)

　　(2) －有

　　　원문: 敬其親者, 不敢慢於人。
　　　직해: 存着自家敬父母的心呵, 也不肯將別人來欺負有。(「孝直」天子章
　　　　　　第二)

　　　원문: 宗廟致敬, 不忘親也。修身愼行, 恐辱先也。
　　　직해: 祭奠呵, 不忘了父母有。小心行呵, 不辱了祖上有。(「孝直」感應章
　　　　　　第十六)

　　「孝直」에서는 문장의 종결에 '有'를 사용한 용례가 대량으로 나타나는
데 이것은 元代 漢語의 특징을 잘 반영하고 있음을 알 수 있다. 「孝直」
에서는 '有' 뒤에 다른 어미조사가 첨부되어 사용된 예도 찾아 볼 수 있다.

원문: 詩云: 戰戰兢兢, 如臨深淵, 如履薄冰。
직해: ……便似在深水薄氷上行, 則怕有失錯的一般<u>有着</u>。(「孝直」諸侯
章第三)

원문: ……是以四海之內各以其職來祭。
직해: ……天下諸侯都來添氣力祭奠<u>有來</u>。(「孝直」聖治章第九)

이상 예문에서는 어말에 '有着' 또는 '有來'의 형식이 사용되었는데 太
田辰夫(1996:18)에 의하면 이 경우의 '有'는 의미가 없는 zero助詞이고
'着'은 確認助詞이며 '來'는 과거 시제를 나타내는 助詞라고 주장하였다.

(3) －者

원문: ……將順其美, 匡救其惡, 故上下能相親也。
직해: ……好處將就行<u>者</u>, 歹處當着整理<u>者</u>, 這般呵, 上下都一心有。(「孝
直」事君第十七)

이상 예문에 의하면 '者'는 권유나 명령을 나타내는 종결어미로 사용
되었다. 『老朴集覽』(「單字解」6左)의 해석에 의하면 『老乞大』舊本에
보이는 '者'를 新本에서는 '着'으로 교체하였는데 이는 전자가 元代語였
기 때문이라고 하였다. 한편 「孝直」에는 '者'와 '着'이 구별 없이 두루
사용된 것도 발견할 수 있다.

원문: 制節謹度, 滿而不溢。
직해: 大使錢的勾當休做<u>着</u>, 小心依着法度行<u>者</u>。(「孝直」諸侯章第三)

원문: 容止可觀, 進退可度。
직해: 好體面着人看<u>者</u>, 好行止着人依<u>着</u>。(「孝直」聖治章第九)

(4) 一呵

원문: 謹身節用, 以養父母。
직해: 自家的身起勤愼少使用了呵, 孝養父母着。(「孝直」庶人章第六)

원문: 資於事父以事君而敬同。
직해: 將那孝順父的來孝順官裏呵, 心裏一般敬有着。(「孝直」士章第五)

「孝直」에서는 어기조사 '呵'가 대량으로 사용되었음을 발견할 수 있다. 『老朴集覽』(「單字解」5右)에서는 『老乞大』古本에서 사용된 '呵'가 今本에서 '時'로 교체되었음을 밝히고 있다. '呵'는 가정, 조건, 휴지 등 다양한 어기를 나타내고 있는데 원대 한어에서 많이 사용되던 표현으로 역시 몽고어의 영향을 받은 것으로 추정된다.(본서 제4장 제3절 참조)

3.1.3 一每

원문: 蓋諸侯之孝也。
직해: 阿的是諸侯大官人每, 行孝道的勾當有。(「孝直」諸侯章第三)

「孝直」에서는 복수 접미사 형태인 '每'를 대량으로 사용하였음을 볼 수 있다. 한어에서 복수접미사는 宋·元·明 시기를 거쳐 '們〉每〉們'의 형태로 반복되는 양상을 보이는데 '每'는 주로 元代 때 많이 사용된 것으로 나타난다.(본서 제3장 제3절 참조)

3.1.4 대명사의 사용
(1) 지시대명사 阿的

원문: 蓋天子之孝也。

직해: <u>阿的是天子行孝的勾當有</u>。(「孝直」天子章第二)

「孝直」에서는 지시대명사 '阿的'이 대량으로 사용되었다. 근대 한어에서 '阿的'은 '兀的'·'兀底'·'兀得'·'窩的' 등 다양한 형태로 표현되기도 한다. 『老朴集覽』(「單字解」2右)의 해석에 의하면 '阿的'은 '이것'의 의미로 사용되었으며 元代語임을 알 수 있다.(본서 제2장 제3절 참조)

(2) 지시대명사 恁地

원문: 三者不除, 雖日用三牲之養, 猶爲不孝也。
직해: 這三件兒歹勾當不去了呵, 每日家<u>怎生</u>般飮食奉養, 雖<u>恁地</u>呵, 也是不孝順的一般。(「孝直」紀孝行章第十)

'恁地'는 '恁的'·'恁得'·'恁迭' 등 형태로 표기하기도 하는데 '這樣'(이러하다) 또는 '那樣(그러하다)의 의미로 元代 때 많이 사용되던 표현이다. 이상 예문에서는 '那樣'의 의미로 사용되었다. '恁地'에 대한 『老朴集覽』의 해석을 참조하면 다음과 같다.

恁, 汝也。亦作您。又恁地, 猶言如此也。(「單字解」5右)
－恁: '너'이다. '您'으로 표시하기도 한다. '恁地'라고도 하는데 '如此－이러하다'와 같은 의미이다－

(3) 의문대명사 怎生

원문: 故當不義則爭之, 從父之令, 又焉得爲孝乎?
직해: ..這般不諫, 則管順着錯處行呵, 便是孩兒陷了父母也, <u>怎生</u>是孝有?(「孝直」諫諍章第十五)

'怎生'은 현대 한어 '怎麼'에 해당되는 용어로서 元代 때 많이 사용되었다. 이 용어는 본래 唐代에는 '爭'으로 표기되던 것이 宋代에 이르러 '怎'으로 변화되었는데 '怎生' 외에 '怎地'·'怎樣' 등으로 표기되기도 한다. 그중 '怎生'이 가장 이른 것으로 元代 이후에는 점차 사라진 것으로 나타난다.

3.1.5 능원동사 索

원문: 故當不義則子不可以不爭於父, 臣不可以不爭於君.
직역: 這般的但有差錯處, 孩兒每便索勸諫父母, 臣寮每便索勸諫官裏. (「孝直」諫諍章第十五)

원문: 口無擇言, 身無擇行.
직역: ……但是口裏說的、身上行的, 不索揀擇, 却都是好有. (「孝直」卿大夫章第四)

「孝直」에서는 당위성을 나타내는 능원동사 '索'이 사용되었는데 이에 대하여 『老朴集覽』(「單字解」4左)에서는 '索'이 동사 '求'로 사용되기도 하고 능원동사 '須'로 사용되기도 하며 「飜老」 당시에 이미 잘 쓰이지 않았다고 설명하고 있다. 그리고 실제로 「原老」의 '索'이 「飜老」에서는 '要'로 바뀐 예를 찾아 볼 수 있다.(본서 제4장 제3절 참조)

3.1.6 부사 眼의 사용

원문: 先之以敬讓, 而民不爭.
직해: 在上的人大模樣的勾當不行, 眼和順, 敎得百姓每都無厮爭的勾當有. (「孝直」三才章第七)

「孝直」에서는 부사 '哏'이 한 곳에서만 사용되었다. 『老朴集覽』(「單字解」5左)의 설명에 의하면 '哏'은 '가장'의 의미를 나타내며 당시에 이미 사용되지 않고 있음을 알 수 있다. 「原老」에서 사용된 부사 '哏'은 「飜老」에서 '十分' 또는 '忒'으로 교체되었다.(본서 제4장 제3절 참조)

太田辰夫(1991:211)에 의하면 '哏'은 정도 부사로서 '매우'의 뜻을 나타내며 元代 때 몽고인과 접촉이 많은 북방인들 사이에 사용되던 俗語라고 주장하였다. 원대의 자료에서 이 형태가 많이 사용된 것을 발견할 수 있는데 후에는 '狠'으로 표기되다가 또 '很'으로 표기되어 지금까지 사용되고 있다.

3.1.7 기타 어휘의 사용

「孝直」에는 이상에서 살펴 본 것 외에도 元代 때 사용되던 특징적인 어휘들을 많이 찾아 볼 수 있다. 이러한 어휘들은 元代의 기타 구어체 자료에서 찾아 볼 수 있는 것들인데 元代 이후에는 점차 사라진 것으로 나타난다. 그 용례들을 좀 더 들어 보기로 한다.(부호 ')' 뒤의 것은 필자가 현대 한어로 바꾸어 본 것임)

1) 把心 〉 小心
   在人頭上行呵, 常常的把心行着. (「孝直」諸侯章第三)
2) 伴當 〉 朋友
   好的人有肯勸諫的伴當呵, 身己上長有好的名聽有. (「孝直」諫諍第十五)
3) 表德 〉 字
   仲尼是孔子的表德. (「孝直」開宗明義章第一)
4) 不揀 〉 不論
   旣是心裏有呵, 不揀幾時忘不了. (「孝直」事君第十七)
5) 抵死 〉 拼命地
   疼痛心休敎抵死過當着. (「孝直」喪親第十八)

6) 放黨 〉 放肆

不依本分放黨在上的人呵, 便似沒上下的一般有。(「孝直」五刑章第十一)

7) 根脚裏 〉 本來

是他根脚裏元有那個孝順的心來。(「孝直」聖治章第九)

8) 勾當 〉 事情/做

這兩件兒勾當的呵, 富貴常常的有着。(「孝直」諸侯章第三)

9) 官裏 〉 皇帝

這一章說官裏合行的勾當。(「孝直」天子章第二)

10) 過當 〉 過分

疼痛心休教抵死過當着。(「孝直」喪親第十八)

11) 好生 〉 非常

身體頭髮皮膚從父母生的, 好生愛惜者。(「孝直」開宗明義章第一)

12) 合 〉 應該

阿的是孝道的爲頭兒、合行的勾當有。(「孝直」開宗明義章第一)

13) 盡處 〉 頂點

孝順父母、敬重哥哥的勾當都行到盡處呵。(「孝直」感應第十六)

14) 肯 〉 應該

也不肯將別人來小看有。(「孝直」天子章第二)

15) 苦 〉 極力

父母有苦勸諫的孩兒呵, 身己不落在歹名聽裏。(「孝直」諫諍第十五)

16) 禮數 〉 禮節

教得有禮數。(「孝直」庶人章第六)

17) 落後 〉 丟掉

自家的大名分也不落後了也。(「孝直」諸侯章第三)

18) 名聽 〉 名聲

這般上頭顯得咱每父母名聽有。(「孝直」開宗明義章第一)

19) 身己 〉 身體

卓立身己, 行的好勾當, 留得好名聽。(「孝直」開宗明義章第一)

20) 厮 〉 互相

教得百姓每都無厮爭的勾當有。(「孝直」三才章第七)

21) 体例 〉 規範

四海百姓把我的這德行教道做体例的一般行有。(「孝直」天子章第二)

22) 爲頭兒 〉 首先
　阿的是孝道的爲頭兒、合行的勾當有。(「孝直」開宗明義章第一)

23) 行止 〉 擧止
　好行止着人依着。(「孝直」聖治章第九)

24) 省得 〉 知道
　曾子起來說道: 是, 我不省得。(「孝直」開宗明義章第一)

25) 在意 〉 用心
　在起初時, 在意扶侍父母。(「孝直」開宗明義章第一)

26) 中 〉 可以
　父母有不是處不諫呵, 中那不中?(「孝直」諫諍章第十五)

3.2 특수한 표현 형식

「孝直」에는 이상과 같이 어휘의 사용에서 주목되는 것들이 많이 나타날 뿐만 아니라 또한 문장의 표현 형식에 있어서도 특징적인 것들이 많이 발견된다. 그 일부를 살펴보기로 한다.

3.2.1 不……那甚麼

원문: 故不愛其親而愛他人者, 謂之悖德; 不敬其親而敬他人者, 謂之悖禮。
직해: 這般呵, 把自家父母落後了, 敬重別人呵, 阿的不是別了孝道的勾當那甚麼?(『直孝』聖治章第九)

원문: 五者備矣, 然後能事親。
직해: 這五件若都完備了呵, 孝順的勾當不有那甚麼?(「孝直」紀孝行章第十)

「孝直」에는 반어 의문문 형태인 '不……那甚麼'의 형식이 이상 예문과 같이 두 곳 발견되는데 "……아니고 무엇이겠는가"의 의미로서 긍정을 강조하는 형태로 사용되었다. 여기서 주목되는 것은 어기조사 '那'의 용법인데 『老朴集覽』(「單字解」2右)에서도 '那'를 語助辭로 보고 '有那沒'(잇ᄂ녀 업스녀)의 예를 들고 있다. 이러한 선택의문문의 용례가 「孝直」에서도 한 곳 발견된다.

　　원문: 敢問子從父之令可謂孝乎?
　　직해: 父母有不是處不諫呵, 中那不中?(「孝直」諫諍章第十五)

　이 외에도 어조사 '那'가 원대 한어 자료에서 다양한 의문문의 형태로 사용된 것을 찾아 볼 수 있다.

　　你把似拖帶俺做伴當去不好那?(「原老」2左)
　　那伴當如今赶上來那不曾?(「原老」1右)
　　秀才麽道影占來呵, 他每不怕那, 無罪過那甚麽?(『通制條格』卷3, 儒人被虜條)

3.2.2 ……的一般

　　원문: 雖日用三牲之養, 猶爲不孝也。
　　직해: 每日家怎生般飮食奉養, 雖恁地呵, 也是不孝順的一般。(「孝直」紀孝行章第十)

　'……的一般'의 형태는 현대 한어에서 전치사 '跟'을 사용한 '跟……一樣(……것과 같다)과 같은 의미로 사용되었다. 이러한 용법은 원대의 기타 자료에서도 많이 찾아 볼 수 있는데, 전치사 없이 '……的一般'의 형태로 사용된 것이 한어 습관에는 어긋나는 것으로 보이나 蒙文直譯體에서 그 근거를 찾아 볼 수 있다.

3.2.3 ......的+명사

원문: 夫孝, 德之本也。
직해: <u>孝道的勾當</u>, 是德行的根本有。(「孝直」開宗明義章第一)

원문: 君子之敎以孝也, 非家至而日見之也。
직해: <u>君子的人</u>敎百姓行孝道呵, 不索每一家裏到, 每日家裏說有。(「孝
直」廣至德章第十三)

원문: 嚴父莫大於配天, 則周公其人也。
직해: 敬父親的勾當便似敬天一般, 在先聖人有个<u>周公的名字</u>, 曾這般行
來。(「孝直」聖治章第九)

'的'은 현대 한어에서 관형어와 명사구를 이어주는 구조조사로 사용된
다. 그런데 「孝直」에서는 현대 한어의 용법처럼 사용된 것 외에도 특이
한 표현들을 발견할 수 있다. 이상 예문들에서는 '的'이 비록 명사 앞의
관형어를 이어주고는 있지만 '이른바' 또는 '......이라는'의 의미로 사용
되었다. 즉 이상 예문은 "효도라는 것"(孝道的勾當), "군자라는 사람"(君子
的人), "주공이라는 이름"(周公的名字)으로 해석된다.

3.2.4 一麼道

원문: 身體髮膚, 受之父母, 不敢毁傷, 孝之始也。
직해: 身体、頭髮、皮膚從父母生的, 好生愛惜者, 休敎傷損者, <u>麼道</u>。阿
的是孝道的爲頭兒、合行的勾当有。(「孝直」開宗明義章第一)

원문: 故得人之懽心, 以事其親。

직해: 因這般上頭得一家人懽喜, 奉侍父母呵, 不枉了有, <u>麼道</u>。(「孝直」
孝治章第八)

동사 '<u>麼道</u>'는 「孝直」에서 세 번 사용된 것을 찾아 볼 수 있는데, 이
용어에 대한 『老朴集覽』(「單字解」 4左)의 해석을 보면 元代語 '麼道'는
'니르ᄂᆞ다'(이르다)의 의미를 나타내며 최세진 당시에 이미 사용되지 않고
있음 알 수 있다.(본서 제2장 제3절 참조)

元代의 기타 문헌에서 이 용법의 사용을 많이 찾아 볼 수 있는데 인용
문을 사용하는 경우에 '……라고 하다'의 의미로 사용되었다.

那般好百姓根底做拜見要的, 無體例有, <u>麼道</u>。
(『通制條格』 卷3, 被虜平民條)
奏呵, 那般者, <u>麼道</u>。 聖旨了也。(『元典章』 朝綱一)
他的女子到俺家呵, 正面向南坐, <u>麼道</u>。(『元朝秘史』, 「資料彙集」213)[13]

3.2.5 —家

원문: 雖日用三牲之養, 猶爲不孝也。
직해: 每日<u>家</u>怎生般飲食奉養, 雖恁地呵, 也是不孝順的一般。(「孝直」紀
孝行章第十)

원문: ……非家至而日見之也。
직해: ……不索每一<u>家</u>裏到, 每日<u>家</u>裏說有。(「孝直」 廣至德章第十三)

접미사 형태인 '……家'는 역사적으로 '際' · '價' · '假' 등으로 표현되
기도 하였는데 宋代 때부터 구어체에서 사용되기 시작한 것으로 추정된

---

13) 이상 『元朝秘史』의 예문은 『近代漢語語法資料彙集』(1995)에서 인용한 것으로
숫자는 이 책의 쪽수이다.

다.(香坂順一[中譯本]:1997;254). 이상 예문에서는 명사 ‘每日’ 뒤에 ‘家’가 첨부되어 부사형인 ‘날마다’의 의미로 사용되었다. 이 형태는 명사·대명사·부사·수량사의 뒤에 첨부되어 사용되기도 한다. 다른 자료에서 사용된 예를 들어 보기로 한다.

    一總寫那, 一箇家分開著寫?(「原老」24右)
    這蔘做了五分兒分了, 一箇人二十斤家。(「原老」35左)

  이상 예문에서는 접미사 ‘－씩’의 의미로 사용되었다. 이러한 용법에 대해서는 『老朴集覽』의 다음과 같은 해석을 참조할 수 있다.

    家, 止指一數之稱。一箇家 흔낫식, 幾箇家 몃낫식, 又 현낫식。幾年家 현히식。又檗也。大家 대개。又擧姓呼人之稱, 李家, 張家。又呼皇帝曰官家。又語助, 沒有家 업다。(「單字解」5左)
    －‘家’는 하나씩의 숫자를 가리킨다. 一箇家: 하나씩, 幾箇家: 몇 개씩, 幾年家: 몇 해씩. 또는 ‘대개’의 의미이다. 大家: 대개. 또는 姓에 첨부하여 사람을 호칭하기도 한다. 李家－이씨, 張家－장씨. 또는 皇帝를 ‘官家’라고 부르기도 한다. 또는 어조사로 사용된다. 沒有家－없다－

3.3 어순의 문제

3.3.1 수식어의 도치

  한어에서는 수식어가 중심어의 앞에 오는 것이 정상적인 어순이다. 그런데 「孝直」에서는 그 위치가 바뀌어 사용된 것이 눈에 띄게 많이 나타난다.(이하 부호 ‘〉’ 뒤의 것은 필자가 정상 어순으로 바꾸어 본 것임)

  1) 這般小心〉常常怕的一般呵。(「孝直」諸侯章第三)

〉 這般常常怕的一般/小心呵。

2) 常常敬重/祖先的神靈有的一般。(「孝直」感應章第十六)
    〉 有/祖先神靈的一般/常常敬重。

어순의 도치가 어떤 표현적 효과를 위한 것이라면 별개의 문제지만 그것이 아닐 경우 역시 특징적인 것이라 할 수 있다. 특히 원대 한어의 경우 언어 계통이 다른 몽고어의 영향을 주목하지 않을 수 없을 것이다. 「孝直」에 나타난 어순의 도치는 동사와 목적어의 관계에서 더 많이 찾아 볼 수 있다.

3.3.2 목적어의 도치

동사가 목적어 앞에 오는 것은 한어의 일반 특징이다. 그런데 「孝直」에는 동사 앞에 목적어가 온 형태가 눈에 띄게 많이 나타난다. 그 예를 들어 보기로 한다.

1) 這般呵, 是一生的孝道/了也。(「孝直」開宗明義章第一)
    〉 這般呵, 是了/一生的孝道也。

2) 富貴/常常的有著。(「孝直」諸侯章第三)
    〉 常常的有/富貴著。

3) 侍養呵, 歡喜的心/有着。父母在病呵, 煩惱的心/有着。(「孝直」紀孝行章第十)
    〉 侍養呵, 有/歡喜的心着。父母在病呵, 有/煩惱的心着。

4) 敎百姓情性不邪, 常常的和氣/有着。(「孝直」廣要道章第十二)
    〉 敎百姓情性不邪, 常常的有/和氣着。

5) 官裏根底敬愛, 遠田地裏/去呵, 心裏也有。(「孝直」事君章第十七)
　〉 官裏根底敬愛, 去/遠田地裏呵, 心裏也有。

6) 這般爲人報答父母的心/了畢也。(「孝直」喪親章第十八)
　〉 這般了畢/爲人報答父母的心也。

「孝直」에서 동사와 목적어의 도치 형태가 이처럼 눈에 띄게 많이 사용된 것은 결코 우연한 현상이 아니며 SVO형 언어인 漢語가 SOV형인 蒙古語의 영향을 받은 것과 직접 관련이 있는 것으로 추정된다.

4 맺음말

이상의 고찰을 통하여 우선 본고에서 다룬 「孝直」이 바로 조선 시대 우리나라에서 사용되던 중요한 譯學書와 동일한 자료임을 확인할 수 있다. 비록 조선 시대의 간본이 아직 발견되지 않고 있어 구체적인 양상을 살펴볼 수 없는 아쉬움을 남기고는 있으나 그 元刊本과 影印本이 일본과 중국에 전해지고 있어 그나마 다행이라 하지 않을 수 없다. 한편 『經國大典註解』에서 저자에 대한 기록은 확실한 오류임을 지적하여야 할 것이다.

「孝直」의 저자는 당시의 유명한 문장가로 꼽히었던 만큼 그가 구사한 언어가 곧 당시의 표준어일 것으로 추정되며 특히 북경표준어(元大都話)를 반영한다고 해도 과언이 아닐 것이다. 본고의 고찰을 통하여 알 수 있다시피 「孝直」에서 나타난 언어 특징은 대부분 元代의 기타 구어체 자료에서도 그 용례를 찾아 볼 수 있다. 특히 元代 漢語本인 「原老」의 언어와 거의 유사한 특징을 지니고 있음을 짐작할 수 있다. 따라서 이 자료는 元代 漢語의 특징을 고찰하고 우리나라 초기 漢學書의 언어를 파악할 수 있는 중요한 자료가 될 것이다.

※ 이 논문은 「『孝經直解』의 언어 연구」라는 제목으로 〈中語中文學〉(韓國中語中文學會) 第29輯(2001:165~194)에 실린 것을 수정한 것이다.

제6장 辭典類 漢學書

漢　　學　　書　　研　　究

中國語辭典類

1 서론

　　역사적으로 우리나라에서 漢字로 기술되어 전해지는 문헌들은 우선
서면어인 正統 漢文(文言文)과 구어체인 漢語로 구분할 수 있으며, 그것
의 讀音을 韓國式 漢字音으로 읽는가 아니면 中國語 발음으로 읽는가
에 따라 다시 구분할 수 있다. 즉 제1부류는 漢文으로 기술되고 韓國式
漢字音으로 읽힌 책들로서 四書五經을 비롯한 經・史・論・集 등이
이에 속한다. 제2부류는 구어체 한어, 즉 白話體로 씌어지고 韓國式 漢
字音으로 읽힌 책들로서『西廂記』・『西遊記』・『程朱語類』1) 등이다.
제3부류는 漢文으로 기술되고 中國音으로 읽혀진 儒敎經典들로서『經
書正音』2)이라는 통합명칭으로 불리는데 四書三經의 매자에 한글로 正
音과 俗音을 달아 놓은 책들이다. 제4부류는 구어체 漢語로 씌어지고
中國音으로 읽은 會話書로서『老乞大』・『朴通事』등이 이에 속한다.
(宋基中:1985;118)

---

1)『程朱語類』는 宋代의 儒學徒들이 程朱理學의 창시자인 程顥・程頤와 朱熹가
　講學한 내용을 口語體 그대로 기록한 語錄集이다.
2)『經書正音』은 儒敎 經典의 매자 아래 正音과 俗音 2가지 中國語 발음을 한글로
　표시하여 놓은 책으로서, 朝鮮時代 中國語 通譯官들에게 당시의 北京 지방 中國
　音으로 經書를 읽고 인용할 수 있는 능력을 갖추게 하기 위하여 간행된 譯學書이
　다. 현전하는『經書正音』은 18세기 후반에 중간된 것으로서 모두 16책으로 구성되
　어 있는데 제1~3책은『周易正音』, 제4・5책은『書傳正音』, 제6~8책은『詩傳正
　音』, 제9・10책은『春秋正音』, 제11책은『大學正音』・『中庸正音』, 제12・13책
　은『論語正音』, 제14~16책은『孟子正音』으로 되어 있다.

당시의 지식인들에게 있어서 正統 漢文은 基本文語와 같이 인식되었으므로 그것을 이해하는 데는 별 문제가 없었겠지만 제2부류에 속하는 白話文을 이해하기 위해서는 별도로 어휘습득이 필요하였다. 이에 부응하여 특별한 語彙 解釋集들이 편찬되었는데 각종『語錄解』가 그것으로서 이른바 中國語辭典(韓中・中韓)의 초기 형태에 해당되는 것들이다. 이러한 책들에는 中國語音이 거의 표시되지 않고 주로 어휘의 의미만 제시되어 있다. 이와 마찬가지로 제4부류에 속하는 구어체 漢語를 이해하기 위해서는 中國語 發音과 어휘의 의미에 대한 습득이 필요하였는데 이에 부응하기 위하여 편찬된 책들이『老朴集覽』과『譯語類解』같은 것들이다. 즉 中國音과 어휘의 어미를 동시에 표기한 어휘집들이다.

학계에서는 이러한 자료들에 대하여 단편적인 연구는 적지 않게 이루어졌으나 체계적인 연구는 아직 매우 미흡한 상태라 할 수 있다. 본고에서는 역사적으로 白話文 또는 구어체 漢語의 습득을 위하여 편찬된 여러 語彙集, 즉 초기에 편찬된 中國語辭典類들을 시간 순서대로 살펴보고 그 특징에 대하여 고찰하고자 한다.

2 초기 中國語辭典의 종류

2.1『譯語指南』

『譯語指南』은 현재 失傳되어 그 실태를 파악할 수 없으나 기록에 남겨진 최초의 中國語辭典類인 것으로 추정된다. 이에 관해서는 조선시대 학자인 徐居正(1420~1488)의 문집『四佳集』卷4에 수록된『譯語指南』序文을 통하여 그 개략적인 내용을 살펴볼 수 있다.(정승혜:2000;134)

(전략)欽惟皇明馭宇, 文軌攸同。我國家聖聖相承, 至誠事大, 設承文院司
譯院講肄官, 專習華音,其所習則曰『直解小學』、曰『前後漢書』、曰『老
乞大』、曰『朴通事』、曰『童子習』等書。然皆譯其言語文字而已、如天
文、地理、草木、禽獸, 名物之類未嘗有譯, 學者病之。

―(전략)공손히 생각건대 명나라가 천하를 통일하여 문물제도가 같아졌다.
우리나라는 성군으로 이어지고 지성으로 사대함에 承文院과 司譯院에 강
이관을 두어 오로지 中國語를 익히게 하였으니, 그 익히는 책은 直解小學·
老乞大·朴通事·童子習 등이다. 그러나 이들이 번역한 것은 언어와 문자
에만 그치고 天文·地理·草木·禽獸·名物과 같은 것들은 일찍이 번역
한 적이 없으니 배우는 이들이 고생을 하고 있다―

我聖上留意譯學, 命判中樞府事臣李克培、吏曹參議臣金自貞、行司果
臣張有誠、黃中等, 集中國名物等語, 譯以本國諺字。於是與承文院官臣
李幹、臣池達河、譯官臣金許義、臣閔墻、臣唐孝良、臣金渚、臣韓
顯、臣權寬等, 博採廣議, 分門類聚, 袞爲六十一條, 編成以進, 賜名曰『譯
語指南』。許令繡梓, 命臣居正序之。

―우리 성상께서 譯學에 뜻을 두시어 판중추부사 李克培, 이조참의 金自
貞, 행사과 張有誠과 黃中 등에게 명하시어 중국의 名物들의 언어를 모아
우리나라의 諺文으로 번역하도록 하셨다. 이에 승문원관원 李幹·池達河
와 역관 金許義·閔墻·唐孝良·金渚·韓顯·權寬 등과 함께(어휘들을)
널리 채집하고 폭넓게 의논하여 종류별로 모아 61조항으로 만들어 올리니,
임금께서 '譯語指南'이라 命名하시었다. 그리고 이를 출판케 하시고 신 居
正에게 명하여 序文을 쓰게 하셨다―

(중략)恭惟世宗神思叡智高出百王。始製諺文譯華語, 千變萬化無所拘
礙, 此『譯語指南』所以得成也。嗚呼, 前聖述之於前, 而後聖繼之於後, 皆
爲尊中國, 謹侯度而設, 非直爲語文字之間耳。因此而求之, 則韻書所謂
七音四聲之淸濁經緯, 皆極其蘊奧, 而天下萬國之聲音, 亦可觸類而皆通
矣。猗歟盛哉。戊戌。

―(중략)공손히 생각건대 세종대왕께서는 신령스런 생각과 슬기로운 지혜
로 역대 임금 중에 특출났다. 처음으로 한글을 만들어 中國語를 번역함에
천변만화로 구애되는 바가 없었으니, 이를 통하여 譯語指南이 이루어지게

되었다. 아! (이는) 앞의 성군(세종)이 앞에서 조술하고 뒤의 성군(성종)이 뒤에서 이어받았으니, 다 중국을 높이고 제후의 법도를 삼가 지키고자 만든 것이라, 단지 언어 문자에 관련된 것만은 아니다. 이를 바탕으로 유추하면 운서의 이른바 칠음과 사성의 청탁경위를 다 오묘한 경지까지 알 수 있고 천하 만국의 성음도 또한 유추해 다 통할 수 있을 것이니, 아! 성대한 일이로 다. 무술년—

이상 序文과 같은 해인 戊戌年의 『成宗實錄』(成宗 9年)과 그 후 成宗 24年의 實錄을 통해서도 『譯語指南』의 일면을 엿볼 수 있다.

御經筵, 講訖, 領事尹弼商啓曰: (중략)『譯語指南』多有錯誤處, 又未詳悉, 請令赴京者質正添入。(중략)上曰可。(『成宗實錄』卷98, 9年 11月 壬戌 條[1478])

— 임금께서 經筵에 참석하셨다. 講筵이 끝나자 領事 윤필상이 아뢰기를 "(중략) 譯語指南은 착오된 곳이 많으며 또 상세하지도 못하니, 청컨대 北京 에 가는 자로 하여금 質正하여 첨가하게 하소서."(중략) 임금께서 이에 허락 하셨다—

禮曹判書成俔書啓曰: (중략)『譯語指南』只錄名物, 未盡其詳, 其日用常 語, 亦皆分類添入。倭女眞之語亦依漢語作指南, 令初學之士習之。(『成 宗實錄』卷282, 壬辰條, 成宗 24年[1493])

— 예조 판서 成俔이 글로 아뢰기를 "(중략) 譯語指南은 다만 名物만 기록하 고 그 자세한 것은 다 기록하지 아니하였으니, 일상용어들도 또한 다 분류해 서 첨가 기입해야 할 것입니다. 倭語와 女眞語도 또한 한어와 같이 指南을 만들어서 처음 배우는 사람으로 하여금 익히게 해야 합니다."—

이상 기록들을 종합하여 보면 우선 『譯語指南』은 朝鮮朝의 成宗 임 금이 직접 명하여 1478년(戊戌年)에 편찬한 최초의 中國語辭典인 것으 로 보인다. 편찬 작업에는 李克培[3] 등 여러 文臣들과 譯官들이 참여하 였고 徐居正이 序文을 썼으며 書名은 成宗 임금이 직접 名하였음을 알 수 있다. 이 책의 편찬 체재는 天文·地理·草木·禽獸 등 사물 명칭들을 61개 部類로 나눈 다음 한글로 七音과 四聲의 淸濁經緯를 알 수 있도록 中國語 發音을 표시하고 어휘 해석을 한 것으로 추정된다. 이 책보다 훨씬 후에 출간된 것이지만 현전하는 『譯語類解』(1670)가 이와 유사한 체재로 편찬되었는데, 이 책에는 62개 部類로 분류되어 있어 『譯語指南』과 밀접한 연관 관계가 있을 것으로 짐작이 된다.

한편 상기 『成宗實錄』의 기록들을 보면 『譯語指南』이 비록 王命으로 편찬되었고 당대의 유명한 학자들이 대거 참여하였지만 中國語辭典으로서 미흡한 점도 적지 않았던 것으로 보인다. 즉 본서가 출간된 그 해 11월 尹弼商(1427~1504)의 계문에 의하면 이 책에 오류가 많고 상세하지도 않아 北京에 가는 자에게 부탁하여 質正을 받을 것을 청한 것과, 그 후 15년 뒤인 成俔(1439~1504)의 계문에서 본서가 사물 명칭만 수록하고 상세한 해석이 부족한 점을 지적하고 일상용어를 첨가할 것을 건의한 내용 등이 이를 설명해 주고 있다.

2.2 『老朴集覽』

『老朴集覽』은 崔世珍이 『老乞大』와 『朴通事』의 학습을 위하여 편찬한 어휘 해석집이다. 이 책의 편찬 체재는 한글에 의한 注音法·直音法·反切法 등 다양한 표기법을 사용하여 일부 中國語 발음을 표기하였고 漢文과 한글을 섞어서 뜻풀이를 하였는데 漢文에 의한 해석이 대부분을 차지한다. 구성 내용을 보면 凡例(3장 3면), 單字解(151개 7장 14

---

3) 李克培(1442~1495), 字는 謙甫, 號는 牛峯 또는 梅月堂이며, 본관은 廣州이다. 三道巡察使, 右議政,領議政 등을 역임하였다. 諡號는 翼平이다.(林東錫:1983; 417)

면), 累字解(94개 3장 5면), 老乞大集覽 上(44개 3장 5면), 老乞大集覽 下(64개 4장 8면), [音義](1장 1면), 朴通事集覽 上(204개 15장 30면), 朴通事集覽 中(107개 9장 17면), 朴通事集覽 下(130개 13장 25면)로 되어 있어, 총 표제어 794개, 57장, 108면(落張 不計)으로 이루어졌다.

『老朴集覽』의 편찬 특징은 凡例의 다음과 같은 기술을 통하여 자세히 살펴볼 수 있다.

一. 諺音及字旁之點, 皆從鄕語、鄕音。詳見反譯凡例。
－諺音 및 諺文의 방점은 모두 우리말과 우리말 발음의 것을 따르기로 한다. 자세한 것은 '反譯凡例'를 참조하라－

一. 單字、累字之解, 只取『老乞大』、『朴通事』中所載者爲解。
－單字解와 累字解는 老乞大・朴通事에 수록된 것에만 한한다－

一. 凡俗用言語諸字, 有於本義之外別借爲義者, 今除本義只擧俗用之義爲解。
－무릇 속되게 사용된 말과 제 문자들에서 본뜻 외의 다른 뜻으로 차용된 것들에 대해서는 본서에서 본뜻을 제외한 속된 의미만을 해석하기로 한다－

一. 凡常用言語之義, 難以文字形容者, 直用諺文說解, 使人易曉, 庶不失眞。
－무릇 상용 언어에서 사용되고 漢字로 그 뜻을 표현하기 어려운 것은 직접 諺文으로 해석함으로써 사람들이 쉽게 이해하고 대체로 본뜻이 그대로 전달되도록 하였다－

一.『音義』者, 卽原本所著『音義』也。所釋或與『譯語指南』不同, 今從『音義』之釋, 『音義』有誤者, 今亦正之。
－音義라고 한 것은 즉 原本의 音義를 가리킨다. 그 해석이 혹시 譯語指南과 다른 것은 본서에서 音義의 것을 따르고 音義의 해석에 오류가 있는 것은 또한 수정을 하였다－

一.『質問』者, 入中朝質問而來者也。兩書皆元朝言語, 其沿舊未改者, 今難曉解。前後質問亦有抵捂, 姑幷收, 以祛初學之碍。間有未及質問, 大有疑碍者, 不敢强解, 宜竢更質。

一質問이라고 한 것은 중국에 들어가서 質問하여 온 것이다. 兩書는 모두 元朝 시기의 언어이므로 옛 것을 그대로 따르고 수정되지 않은 것들은 오늘날 이해하기가 어렵다. 선후하여 質問한 것이 서로 어긋나는 것은 잠시 함께 수록하여 초학자들의 난해함을 덜어 주기로 하였다. 그리고 미처 質問을 하지 못한 것 중에서 크게 난해한 것은 감히 억지로 해석을 가하지 않고 사후의 정정에 맡기기로 한다一

一. 凡漢人用字, 或取音同, 或取省文以書, 兩本多有誤字, 今皆去僞從眞, 以便初學之習。

一무릇 漢人들이 글자를 사용함에 있어서 同音字를 취하거나 略字를 사용한 것들이 兩書에는 誤字로 표기된 것이 많으므로 본서에서는 이를 모두 바로잡음으로써 처음 배우는 데 편리하도록 하였다一

一. 兩書諺解簡帙重大, 故『朴通事』分爲上、中、下,『老乞大』分爲上、下, 以便繙閱。

一兩書의 언해는 書帙이 지나치게 무겁고 크므로 朴通事는 上·中·下로 나누고 老乞大는 上·下로 나눔으로써 열람에 편리하도록 하였다一

『老朴集覽』의 자세한 서지 사항과 언어적 특징은 본서 제2장 제3절을 참조하기 바란다.

2.3 『語錄解』

중국에서는 唐宋 이래로 書面語(文言文)와 口語의 차이가 점차 커지면서 각종 語錄集들이 성행하게 되었다. 즉 唐代의 僧侶들이 師僧의 講論을 기록한 이른바 '禪家語錄'은 일반 佛教經典과 文體가 많이 다르

다. 그리고 宋代의 儒學徒들이 스승의 講學을 구어체 그대로 기록한
이른바 '程朱語錄'과 같은 것도 전통적인 儒教經典의 언어와 크게 구별
된다. 白話文의 기초가 되는 이러한 문헌이 우리나라에 전해지면서 語
錄에 대한 별도의 이해가 필요하였고 이에 부응하여 각종『語錄解』가
편찬되었다. 우리나라에서『語錄解』의 편찬은 우선 儒學者들 사이에서
시작되었다. 程朱學의 연구가 성행하던 16세기에 들어서면서 당대의 名
儒인 退溪 李滉[4]과 眉巖 柳希春[5] 등은 각자 語錄들을 수집·주석하여
제자들을 가르쳤다. 그러나 '語錄解'라는 이름으로 語錄의 解釋集을 처
음 편찬 출간한 것은 조선조의 孝宗 8年(1657)에 文臣인 鄭瀁[6]에 의해
이루어진 것으로 기록된다. 여기에서는 '語錄'이란 용어가 文章이나 말
마디가 아니라 주로 특수한 어휘를 지칭한 것으로 보이며 그것도 中國語
의 俗語 또는 俚言 정도로 이해하고 있었던 것임을 알 수 있다. 그 후
顯宗 10年(1669)에 王命으로 弘文館에서 南二星[7]이 주관하여 상기 鄭

---

4) 李滉(1501~1570)은 조선 중기 문신·학자이다. 자는 景浩, 호는 退溪·退陶·陶
翁이고 본관은 眞寶이다. 그의 사상은 程頤와 朱熹의 철학을 바탕으로 하고 있으
며, 다른 학문을 비판·배척하였다. 뒤에 퇴계학파·栗谷學派, 주리파·주기파,
嶺南學派·畿湖學派라는 학파가 형성되었다. 死後에 領議政에 추증되었고 諡號
는 文純이다.
5) 柳希春(1513~1577)은 조선 중기 문신이다. 자는 仁中, 호는 眉巖이며 본관은 善山
이다. 1538년 별시문과에 급제하여 벼슬이 직강·응교를 거쳐 대사성·부제학·
이조참판 등에 이르렀다. 經史에 밝았고 朱子學에 조예가 깊었다. 좌찬성에 追贈
되었다. 저서로『眉巖日記』·『역대요록』·『續蒙求』·『新增類合』등이 있고,
편서로『國朝儒先錄』이 있다. 諡號는 文節이다.
6) 鄭瀁(1600~1668)은 松江 鄭澈의 손자로, 조선 중기 문신이다. 자는 晏淑, 호는
孚翼子抱翁, 본관은 延日이다. 1618년(光海君 10年)에 진사가 되었고, 1636년(仁
祖 14年) 병자호란 때 난을 피하여 江華에 피신하였다가 성이 함락되자 자살을
기도하였으나 뜻을 이루지 못하였다. 그 뒤 은거생활로 일관하다가 의금부도사·
水運判官·龍安縣監 등을 역임하면서 선정을 베풀었다. 이후 比安縣監·鎭川縣
監·사헌부지평 등을 지냈다. 諡號는 文節이다.
7) 南二星(1625~1683)은 宜寧 사람으로 자는 中輝, 호는 宜拙이며, 顯宗 3年(1662)
에 文科 급제, 벼슬이 禮曹判書에 이르렀다.

瀁本『語錄解』를 수정하여 출간하였다. 다음은 鄭瀁本과 南二星本의 『語錄解』를 차례로 살펴보기로 한다.

2.3.1 鄭瀁本『語錄解』

鄭瀁本『語錄解』는 저자명과 序文이 없고 跋文도 무기명으로 되어 있다. 그러므로 跋文의 내용에 근거하여 저자와 출간 연대 및 간행 경위 등을 살펴보기로 한다.

> 右『語錄解』者本出退溪李先生門。先生嘗曰: 古無語錄, 至程朱始有之。是蓋當時訓誨門人之俗語, 而至於書尺亦迭迭用此。則本欲人之易曉, 而我東顧以語音之不同, 反成難曉, 可慨也已。
> －위 語錄解는 본래 이퇴계 선생의 문중에서 나온 것이다. 선생께서는 일찍이 예전에는 '語錄'이라는 것이 없었는데 程朱에 이르러 비롯되었다고 말씀하시었다. 이는 아마 당시에는 門人들을 訓誨하던 俗語였는데 書尺에까지 자주 사용하기에 이른 것이다. 본래는 사람들로 하여금 쉽게 이해하도록 한 것인데 우리나라는 語音이 달라서 오히려 이해하기 어렵게 된 것이 실로 안타까운 일이다－
>
> 幸而今有此解, 復使難曉者易曉, 而郢書燕說之患, 終可以免焉, 則先生之功可謂大矣。第其中有所謂溪訓之目, 以別衆說, 而又參以柳眉巖希春之訓, 則知此解不盡出於先生, 而又諸本各出異同相半, 苟非具眼者殆難卞識矣。
> －다행히도 오늘날 이 해석이 있어서 다시 난해한 것을 쉽게 이해할 수 있고 견강부회하는 오류를 드디어 면할 수 있게 되었느니, 이는 선생의 공적이 지대하다고 말하지 않을 수 없다. 다만 그중 이른바 '溪訓'이라 밝힌 조목은 衆說과 구별하기 위한 것이며 또한 眉巖 柳希春의 訓이 섞여 있는 것은 이 해석이 모두 선생의 것만이 아님을 알 수 있다. 또한 諸本의 異同이 相半하므로 가령 식견이 있는 자가 아니면 대개 식별하기가 어렵다－
>
> 今之謹就其緊語而拈出之, 併漢語解聯爲小編, 旣又以其所得於傳紀諸家

者若干條而附錄焉, 將以爲巾笥之藏. 適有語類分刊之役, 而幸有零板, 故仍刊于縣之龍興寺, 以爲欲看語類者尤不可以無此也. 皇明紀元之丁酉三月下澣志于屛山之縣齋.

－이제 그중 긴요한 것들만 신중히 선택하고 일부 '漢語解'를 첨부하였으며 또한 諸家의 傳記에서 채록한 약간의 조목을 '附錄'으로 덧붙여 책으로 만들었다. 마침 朱子語類를 각 고을에서 나누어 간행할 때 다행히 쓰고 남은 板材가 있어서 역시 本縣의 龍興寺에서 이 책을 간행하도록 하였으니 특히 朱子語類를 읽고자 하는 자들에게 있어서 이 책은 없어서는 아니 될 것이라 생각하는 바이다. 明 年間 丁酉年 3월 하순 屛山 縣齋에서 적노라－

이상 跋文에 근거하면 屛山은 현재 義城에 편입된 比安(또는 庇安)縣의 별칭이며 縣齋에서 跋文을 쓸 수 있는 사람은 縣監이므로 당시 縣監으로 있던 鄭瀁이 1657년(丁酉年)에 본서를 출간한 것으로 추정된다.(安秉禧:1992b;474) 이 鄭瀁本『語錄解』는 서울대 奎章閣의 가람문고본, 小倉進平의 舊藏本, 고려대 도서관 만송문고본, 성균관대 도서관 소장본 등이 전해지고 있다.

가람문고본을 중심으로 서지사항을 살펴보면 다음과 같다. 책의 분량은 跋文을 포함하여 총 29장이다. 판식은 四周雙邊에 無界이고 매면 9행에 3단으로 標題語를 배열하였으며 주석은 쌍행으로 달아놓았다. 半匡郭은 21cm×16.7cm이며 版心에는 上下內向 二文魚尾가 있고 그 사이에 版心書名이 없이 張次만 표시되어 있다. 내용 구성은 '語錄解' 22장, '漢語集覽字解'와 '附錄' 6장과 跋文 약 2면으로 되어 있다. 편찬 체재를 살펴보면 標題語는 字類로 나뉘어져 있는데, 이러한 분류는『老朴集覽』의 字解를 본뜬 것으로 추정된다. '語錄解' 부분은 一字類에서 六字類까지 분류되어 있고 '漢語集覽字解'는 2음절 어휘만 수록하였으며 '附錄' 부분은 二字類(字類 표시 없음)와 三字類, 四字類로 나누어 수록하였다. 語錄에 대한 주석은 漢文 또는 한글로 되어 있고 간혹 차자

표기도 사용되었다. 그리고 극히 일부분이지만 때로는 漢字의 中國語 발음에 대한 표기도 하였다.

이 책에 수록된 語錄의 출처를 살펴보면 '語錄解' 부분에서 溪訓이라 한 것은 李滉의 『朱子書節要記疑』, 『庸學釋疑』 등의 語錄釋을 지칭하는 것으로 보인다.(大谷森繁:1981;283) 그리고 眉訓은 柳希春이 『朱子語類』에서 語錄들을 뽑아 주석한 『語錄字義』의 것으로 추정된다. '漢語集覽字解'는 『老朴集覽』의 字解로서, 『老朴集覽』의 累字解 중 二字類에 속하는 것에서 가려 뽑은 것이다. '附錄'은 저자가 傳記諸家에서 얻은 것이라 하는데 실제로 수록된 語錄을 보면 중국과 우리나라의 외교문서인 이른바 吏文, 특히 比部(刑部)招議[8] 등에 나타나는 吏文 어휘에 대한 해석으로 추정된다.(安秉禧:1992b;476~488)

2.3.2 南二星本 『語錄解』

鄭瀁本 『語錄解』가 출간된 지 10여년 만에 王命에 의해 수정본이 간행되었다. 즉 顯宗 10年(1669)에 南二星이 수정 작업을 주관하고 宋浚吉[9]이 跋文을 붙여 출간되었다. 이 南二星本 『語錄解』는 현재 木版本 외에도 여러 筆寫本들이 전해지고 있다. 서울대 奎章閣 소장본(규1535)을 중심으로 서지사항과 편찬 체재를 살펴보기로 한다.

이 책은 凡例와 跋文을 포함하여 모두 45장으로 된 木版本이다. 板式은 四周雙邊, 有界에, 매면 8행, 2단으로 標題語를 배열하고 쌍행으로

----

8) 吏文 학습서인 『比部招議』는 현재 전하지 않으나 書名으로 보아 中國의 比部 곧 刑部에서의 陳述書를 수록한 책으로 추정된다. 본서의 語彙解釋集인 편자 미상의 『比部招議輯覽』(上・中・下)이 전해지고 있다.

9) 宋浚吉(1606~1672)은 조선 후기 문신・학자이다. 자는 明甫, 호는 同春堂이며 본관은 恩津이다. 어려서 李珥의 문하에서 공부하고 20세 때 金長生의 문하생이 되었다. 1624년(인조 2) 進士가 된 뒤 洗馬에 임명되었으나 사퇴하고 학업을 닦았다. 뒤에 벼슬이 右參贊을 거쳐 吏曹判書, 左參贊 겸 좨주(祭酒) 贊善에 이르렀다. 諡號는 文正이다.

주석을 달았다. 半匡郭은 19.4cm×15.3cm이고 版心은 上下內向 二文魚
尾가 있고 그 사이에 版心 서명인 '語錄解'와 張次가 있다. 내용은 凡例
2장, 본문 40장, 跋文 3장으로 되었는데 鄭瀁本에 비하여 '語錄解' 중심
으로 개편되었고 標題語와 주석에서도 적지 않은 수정이 이루어졌다.
이 수정본의 구체적인 편찬 방침은 다음과 같은 凡例를 통해 살펴볼
수 있다.

一. 語錄字數多寡不同, 故舊本從其字數分編之。自一字二字至五六字而
止, 以便考閱, 今從之。
－語錄의 자수는 많고 적음이 있어 舊本은 자수에 따라 나누어 편찬하였는
바 1～2자에서부터 5～6자에까지 이른다. 考閱의 편의를 위하여 여기서도
이를 따랐다－

一. 舊釋或有未備, 且未分曉處, 則未免僭附新註, 而加圈以別之。
－舊本 해석에서 미비한 곳이나 난해한 곳은 새로운 주석을 달게 되었는데
圈點을 붙여 구별하였다－

一. 註下所謂溪訓者卽退溪所訓, 退溪卽先生臣李滉號也。眉訓者卽眉巖
所訓, 眉巖卽故儒臣柳希春號也。其無標識者, 則李滉門人所記, 或後人
所增云。
－주석 아래에 溪訓이라 한 것은 退溪의 해석이며 退溪는 儒臣 李滉 선생
의 號이다. 眉訓이라 한 것은 眉巖의 해석이며 眉巖은 儒臣 柳希春의 號이
다. 표시가 없는 것은 李滉 門人들의 기록이거나 後人들이 增補한 것이다－

一. 語錄中或有字義字音之可考者, 則亦加訂定。如便字要字之類是也。
－語錄 중에 字義나 字音을 상고해야 할 것이 있을 때는 訂定을 가하였다.
예하면 '便'자, '要'자와 같은 것이 그러하다－

一. 舊本所載雖不屬於語錄, 而其意義關重或難深難曉者, 則幷收錄而註
解之。如形而上, 形而下及色裁目整之類是也。

－舊本에 실려진 것으로 語錄에 속하는 것은 아니나 그 뜻이 중요하거나 난해한 것은 아울러 수록하고 주해하였다. 예컨대 ‘形而上’, ‘形而下’ 및 ‘色裁’, ‘目整’과 같은 것이 그러하다－

이 수정본의 출간 경위는 宋浚吉의 跋文에서 다음과 같이 자세히 밝히고 있다.

我殿下臨筵, 方講『心經』, 討論忘倦。一日敎曰: 語錄實多未分曉處, 玉堂官可取所謂『語錄解』者, 詳加攷校, 以便繙閱。玆役也, 應敎臣南二星實尸之, 臣亦猥聞一二, 刪其繁蕪, 訂其訛謬, 摠合前後, 所錄務在明白簡易, 去取次序, 略有權衡。書成繕寫投進, 上令臣浚吉撰進跋文。(후략)。
－우리 임금께서 經筵에 임하시어 心經 강론을 들으시고 토론에 지친 줄을 모르셨다. 어느 날 임금께서는 語錄에 깨치기 어려운 곳이 실로 많으니 玉堂官[10]이 이른바 語錄解를 수집하여, 詳考 校訂하여 보기에 편하게 하라고 말씀하셨다. 이 일은 應敎 南二星이 실제로 주관하였는데 小臣도 한두 가지 전해 들은바 語錄解의 조잡한 것을 삭제하고 오류를 정정하였으며 전후를 통합하였다. 주석은 명백하고 간이하게 기록하는 데 주력하였으며 순서는 취사·선택하여 약간 균형이 잡히도록 하였다. 책이 만들어진 후 정리 필사하여 임금께 올리니 임금께서는 신 浚吉에게 跋文을 짓도록 하셨다－

이상 凡例와 跋文의 내용에 의하면 『語錄解』 수정본은 顯宗의 王命으로 弘文館에서 南二星이 주관하여 이루어진 것으로서[11] 鄭瀁 개인이 편찬한 原刊本의 미비한 점을 수정·보완하는 데 주력하였다. 수정 내

---

10) ‘玉堂’은 弘文館을 달리 일컫던 말이다.
11) 『承政院日記』에 의하면 본래는 顯宗이 南二星을 시켜 判中樞府事인 宋時烈에게 물어서 수정하도록 하였으나 그 해 宋時烈이 낙향을 하였으므로 결국은 南二星이 주관하게 되었다고 한다.(安秉禧:1992b:479)
　　宋時烈(1607~1689)은 조선 중기 문신·학자이다. 자는 英甫, 호는 尤庵이며 본관은 恩津이다. 朱子學의 대가로서 벼슬이 우의정, 좌의정에 이르렀다. 諡號는 文正이다.

용을 보면 우선 체재 상에서 標題語를 字類에 근거하여 분류한 것은 原刊本(鄭瀁本)의 것을 그대로 따랐으나 본래 '語錄解'·'漢語集覽字解'·'附錄' 등 3부로 되어 있는 내용을 '語錄解' 중심으로 통합을 하였다. 그리고 儒敎書를 읽는 데 별로 필요하지 않거나 중복되는 것, 또는 뜻이 자명하거나 주해가 없는 標題語들을 삭제하였다. 즉 原刊本에서는 標題語가 총 1,050항이었는데 수정본에서는 133항이 생략되었고 1항이 새로 추가되었다. 그리고 字義와 字音의 상고가 필요한 것에는 자세한 주석을 새로 추가하였다.(朴甲洙:1983;172)

2.4 『譯語類解』

이 책은 康熙 壬戌年(1682)에 司譯院에서 愼以行 등 譯官들에 의하여 편찬된 한어 어휘해석집인데 康熙 庚午年(1690)에 木板本으로 간행되었다. '類解'란 어휘를 天文·時令·氣候·地理 등 부문별로 分類하고 그것을 解說한 것이라는 뜻이다.(李基文:1974;5) 현존본에는 序文·跋文·刊記가 없어 자세한 편찬 경위와 출간 연대 등을 알 수 없지만 다행히 『通文館志』의 기록이 있어 그 개략적인 내용을 살펴볼 수 있다.

> 『通文館志』 卷8, 什物, 譯語類解板條:
> 康熙壬戌老峯閔相國令院官愼以行、金敬俊、金指南質問於漢人文可尙、鄭先甲修正。至庚午令院官鄭昌周、尹之興、趙得賢捐財刊板。
> -강희 임술년에 老峯 閔相國이 司譯院 院官 愼以行·金敬俊·金指南으로 하여금 漢人 文可尙·鄭先甲에게 질문하여 수정하게 하였고 庚午年에 院官 鄭昌周·尹之興·趙得賢으로 하여금 재물을 내어 제판 간행하게 하였다-

이상 기사에 의하면 康熙 壬戌年(1682)에 당시 左議政으로서 司譯院

의 都提調를 맡고 있던 老峰 閔鼎重[12]의 命으로 司譯院 관원인 愼以行 · 金敬俊 · 金指南(1654~1718) 등이 『譯語類解』를 편찬하였고, 중국인 文可尙과 鄭先甲 등에게 질문하여 수정한 것을 康熙 庚午年(1690)에 관원 鄭昌俊 등에게 재물을 내여 간행하도록 한 것임을 알 수 있다. 현재 그 초간본과 후쇄본으로 보이는 여러 간본이 서울대 도서관(古圖書 · 일사문고 · 가람문고 등)과 奎章閣 · 국립중앙도서관 · 일본 東洋文庫 · 파리 동양어학교 도서관 등 국내외에 전해지고 있다. 여러 현존본의 체재가 거의 일치하므로 서울대 古圖書本을 중심으로 서지사항과 구성체재를 살펴보면 다음과 같다.

이 책은 木板本이며 五針眼訂法으로 제본을 하였다. 상하권이 2권 2책으로, 四周雙邊에 有界 10行이고 版心은 白口 上下內向花紋魚尾이며 上魚尾 아래에 版心題 '譯語類解'와 卷次가 있고, 下魚尾 위에 張次가 표시되어 있다. 板匡은 18.5cm×22.5cm이다. 이 책의 편찬 체재는 상하 2단으로 나누어 漢語 標題語가 있고 漢字마다 左右 양편에 正音과 俗音이 한글로 적혀 있다.[13] 그리고 바로 그 밑에 주로 한글을 사용한 뜻풀이가 달려 있고 간혹 漢字를 사용한 것도 발견할 수 있다. 본문은 어휘를 각 항목별로 분류하여 上卷에는 天文 · 時令 · 氣候 · 地理 · 宮闕 등 43部類에 2,624개의 어휘를 수록하였고, 下卷에는 珍寶 · 蠶桑 · 織造 · 裁縫 등 19部類에 2,066개의 어휘가 실려 있어, 모두 62개의 部類에 4,690개의 어휘가 수록되어 있다.(李基文:1974;6) 각 문항에는

---

12) 閔鼎重(1628~1692)은 조선 중기 문신이다. 자는 大受, 호는 老峰이며 본관은 驪興이다. 宋時烈의 문인으로서, 1649년(인조 27) 庭試文科에 급제, 吏曹 · 工曹 · 戶曹 · 刑曹의 각 判書와 참찬 · 의정부사 등을 역임하였으며 벼슬이 左議政에 이르렀다.

13) 이것은 崔世珍이 『老乞大』 · 『朴通事』를 번역하면서 채택한 二元的 표음 방법을 답습한 것이다. 즉 왼쪽 주음은 『洪武正韻譯訓』과 『四聲通解』의 正音으로 표준음에 해당되며 바른쪽 주음은 실제 발음에 의거한 俗音인 것이다.(『국어사자료선집』, 한국어학연구회:1994;507)

一字以上 四字以下 漢語 단어가 의미에 따라 나열되고 下卷 말미에
二字類·三字類, 그리고 四字類에는 관용구·속담·격언·상용되는
문장이 해석되어 있다.(鄭光:1978;170)

『譯語類解』는 그 후 85년 만에 金弘喆[14]에 의하여 補篇이 출간되었
는데『通文館志』卷8 什物條의 '譯語類解補板' 註에 그 기록이 남아
있다.[15] 이 기사에 의하면 英祖 51年(1775:乾隆乙未)에 司譯院에서 訓上
金弘喆의 수정을 거쳐 출간된 것임을 알 수 있다. 그리고 이『譯語類解
補』에는 金弘喆의 跋文이 있어 편찬 경위를 좀 더 자세히 살펴볼 수
있다.

> 物類有萬, 方言不一, 以我人而習華語者, 苟未能周知而徧解, 宜有所齟齬
> 而扞格, 此『譯語類解』之所由作也。而先大父實編成之, 其爲書始數千
> 言, 分門彙類纖悉精博, 寔華言之莊嶽也。但是書行且將百年, 不無古今
> 之殊時用之闕。蘇山金相國涖院時, 命不佞補其遺, 不佞非敢曰述先, 唯
> 承命是圖, 採撫蒐輯, 按放舊例, 另爲一卷, 又凡若干言, 名曰『譯語類解
> 補』。書旣成, 今都提擧金相國仍命刊行。(중략) 乙未夏岑城金弘喆識。
> ─사물의 종류는 만 가지가 되고 방언마다 표현이 다르므로 우리나라 사람
> 들이 中國語를 배움에 있어서 이해가 정확하지 못하고 한 쪽으로 치우치며
> 뜻이 서로 엇갈리는 경우가 있는데 이를 위하여 譯語類解가 지어졌다. 이
> 책은 작고하신 祖父께서 직접 편찬한 것으로서 대체로 수천개의 어휘를 수
> 록하였는바 섬세한 것과 중요한 것들을 널리 포함하여 부문별로 분류하였으
> 니 실로 中國語의 집대성이라 할 수 있다. 그러나 이 책은 백년 가까이 지났
> 으므로 고금의 차이로 하여 현재 잘못 사용하는 것들이 없지 않다. 소산
> 金相國이 司譯院을 주관할 때 소인에게 이 책에 빠진 것을 채워 보태라고
> 명하였다. 소인은 선대의 기술을 감히 논하지는 못하지만 오직 명을 받들고

---

14) 金弘喆(1715~1778), 자는 聖叟, 본관은 牛峯이다. 譯官 출신으로 金指南의 孫,
金慶門의 子이며 벼슬이 漢學敎誨를 거쳐 資憲大夫에 이르렀다.
15) 乾隆乙未, 訓上金弘喆修整, 本院刊板。(『通文館志』卷8, 什物條)
─건륭 을미년에 訓上 金弘喆이 수정하여 본원에서 출간하였고─

자 어휘들을 수집하여 예전 체재에 따라 별도로 책을 한 권 만들었고 또한 그 분량이 어느 정도 되어 '譯語類解補'라고 이름 지었다. 책이 만들어 지니 현재 都提擧인 金相國이 간행하도록 명하였다.(중략) 을미년 여름 岑城 김 홍철이 적다ー

이 序文에 의하면『譯語類解補』는『譯語類解』의 편찬에 참여한 金指南의 손자인 역관 金弘喆이 都提擧 蘇山 金相國(尚喆)의 명에 따라 1775년(乙未年)에 편찬한 것이다. 이 책은 또한『譯語類解』에 빠진 어휘를 보충한 것으로서 그 체재는『譯語類解』의 것을 따른 것임을 알 수 있다. 실제로 이 책은『譯語類解』의 62部類에 대하여 거기에서 빠진 어항들을 보충한 것으로서 수록 어휘가 1,150여개이다. 그 내용을 언어사적 측면에서 살펴보면 漢字의 발음 표기는『譯語類解』와 다름이 없으나 國語 표기에서는 85년 동안의 여러 변화가 반영되어 있는 것이 크게 주목된다.(李基文:1974;8)

2.5 『華語類抄』

『華語類抄』는 中國語 對譯辭典에 해당되는 책으로 현재 여러 판본이 전해지고 있으나 내용 구성으로 보아 다음과 같이 두 종류로 나뉜다.

2.5.1 『華語類抄』(1)

서울대 奎章閣 소장(가람古 418.3－H99)의 이 책은 序文과 跋文이 없어 저자와 편찬 연대는 미상이지만 中國語 회화책인『華音啓蒙』의 어휘만을 취한 것이므로『華音啓蒙』이 간행된 1883년(高宗 20年) 이후에 간행된 것으로 보인다. 서지사항을 살펴보면 1冊 60張에 活字本, 크기는 30.2cm×19.9cm, 四周單邊, 半葉匡郭은 22.9cm×15.7cm, 10行 22字 注

雙行, 版心은 上白魚尾이다.(金曉綠 외:2001;391)

이 책의 편찬 체재는 天文·時令·氣候·地理·宮闕·官府·公式·官職 등 63개 항목으로 나누고 해당 항목별로 標題語를 수록하였다. 그리고 각 漢字마다 한글로 中國語 발음을 표기한 다음 圈點을 찍고 그 아래에 한글과 漢文을 섞어서 뜻을 풀이하였다. 즉『老乞大』·『朴通事』의 번역 이후 전통적인 발음표기, 즉 漢字 좌우에 正音과 俗音을 기록하던 二元的 발음표기 방법을 따르지 않고 一字一音의 발음표기를 취한 것이 특징적이며, 또한 당시의 北京 발음을 표기한 것으로 추정된다.

2.5.2『華語類抄』(2)

이 책 역시 서울대 奎章閣 소장본(가람古 418.3－H99a)이 전해지는데 1책 29장으로 되었고, 木板本이며 크기는 25.1cm×17.4cm이다. 이 책은 상기『華語類抄』(1)과 제목이 같고 체재도 유사하나 수록된 내용에 차이가 난다. 序文과 跋文이 없어 저자와 편찬 연대가 미상이지만『華音啓蒙』·『華音啓蒙諺解』·『華語類抄』 등의 내용이 수록된 것으로 보아 역시 19세기 후반에 간행된 것으로 보인다.

이 책의 내용 구성은 '千字文'·'百家姓'·'華音正俗變異'·'華音啓蒙諺解'·'華語類抄'로 되어 있다. 그중 '千字文'·'百家姓'·'華音正俗變異'는 내용을 漢字로 적고 그 아래에 한글로 中國語 발음을 표기한 것으로서『華音啓蒙』에 있는 내용을 그대로 옮겨 놓은 것이다. 그리고 '華音啓蒙諺解' 부분은『華音啓蒙諺解』의 일부분만을 옮겨 놓은 것이고 '華語類抄' 부분은『華語類抄』(1)의 전체 내용을 그대로 옮겨 놓은 것이다.(金曉綠 외:2001;391)

2.6 『國漢會語』

이 책은 表紙題가 '國漢會話'라고 되어있는데 제목과는 달리 會話書 가 아니라 우리말 單語에 漢文 解釋을 붙인 것으로서 韓中 對譯辭典에 해당되는 책이다. 1895년에 李準榮 등에 의하여 편찬되었고 乾·坤 2책 으로 된 이 책은 현재 서울대 奎章閣 소장(11659-1-2)의 筆寫本이 전 해지고 있다.

이 책의 편찬 체재는 版式이 없이 無界로, 各面을 좌우 2단을 나누어 놓았는데 各段은 대개 24행으로 되어 있다. 各行에 한글로 된 대개 하나 의 標題項과 이에 대한 漢文釋(또는 英文釋이 첨가되기도 함)이 달려 있 다. 책의 크기가 32.8cm×21cm이고 乾冊이 177장, 坤冊이 187장으로 되 어 있고 약 34,000개 정도의 標題項이 수록되어 있으나 중복되는 것이 많아 실제는 약 2만 4,700개 정도의 단어가 수록되어 있다. 乾冊은 그 자체가 上下로 나뉘고 가나다 順으로 배열되었으며 坤冊이 乾冊보다 체계적인 것으로 보아 본래 두 책은 같은 책이나 乾冊이 初案本이고 坤冊이 정리된 것으로 추정된다. 이것은 또한 坤冊 卷頭에 '國漢會話'라 는 제목으로 序題가 있는 것으로 보아도 알 수 있다. 따라서 乾冊은 미완성된 初本이며 坤冊은 成案된 整理本으로 추정할 수 있다.(洪允 杓:1993;59)

이 책은 坤冊에 실려 있는 序文을 통해 편찬 경위에 대한 내용을 좀 더 자세히 살펴볼 수 있다.

(전략)恒文하난 者도 語音을 斟綜치 못하고 恒語하난 者도 文理의 接續이 難하야 支分葉裂하고 糊塗聱耳하오니 恒文恒語하난 이도 如然하거든 況 且 文異語異하니 짜녀 在今聖德이 重興하사 四隣이 講和하온 則 語音에 否唯을 審하고아 情誼에 親疎을 照홀지니 不得已 通譯할 機栝을 設한 後

에 可할 덧한 故로 孤陋한 聞見과 鄙野한 言譜를 敢忘하옵고 方言을 竊述
호대 國文으로 話之柄를 建하며 漢文으로 語之義를 釋하고 兩文經界處엔
墨細圈으로 間隙에 點하야 眼標를 立하고 字行은 從左達右하며 簡次는
自下徹上하야 外國冊規을 倣하고 音響第次는 結音이 超音을 回應하야 國
文의 隔相生한 本例를 踵하고 兩文의 淸濁은 類類이 注合하야 經緯을
條定하고 萬言을 叢集하야 國漢會語一部를 著編하오니 僭罪則極知하오
니 交隣通譯하난 方에 萬一之助가 庶或하올덧

大朝鮮國五百四年乙未秋八月上澣序
國文解 前主殿司長　　李準榮
漢文釋 前承文院副正字 鄭玹
記錄士 前主事　　　　李琪榮
編集士　　　　　　　李明善
校訂　　　　　　　　姜璉熙

　이상 기술에 의하면 이 책의 저술 동기는 당시 사회의 語文이 무질서
하게 나타나는 혼란을 바로잡으려는 의도에서 출발된 것으로 볼 수 있으
며, 또한 외국과의 교류가 많아져서 四隣이 講和할 때에 언어를 통해서
그 情誼와 親疎가 결정되므로 통역할 기준과 틀을 설정하는 것이 중요
하다고 생각하여 편찬된 것임을 알 수 있다. 그리고 이 서문에서는 본서
가 國文을 標題語로 하고 漢文으로 釋을 달았으며 외국의 문헌을 모방
하여 가로쓰기 형식을 취하였음을 기록하고 있다. 또한 이 책의 편찬이
완성된 것은 조선조 開國 504年(1895) 8月이고 李準榮 등 편찬에 참여한
이들의 구체적인 분담 내역 등을 자세히 밝히고 있다.

2.7 『註解語錄總覽』

　이 책은 高宗 25年(1888)에 白斗鏞이 편찬하였는데 '朱子語錄'과 '水

浒誌語錄'을 수록하였다. 그중 '朱子語錄'은 기존 『語錄解』의 것이고
'水浒誌語錄'은 저자 자신이 『水浒誌』에서 어휘를 채록하여 해석한 것
이다.

이 책은 1919년에 尹昌鉉에 의하여 增訂本이 출간되었다. 이 增訂本
에는 '西遊記語錄'과 '西廂記語錄', '三國誌語錄' 등 白話小說의 어휘
해석이 추가되었다. 현재 서울대학교에 소장하고 있는 이 책 增訂本은
京城 翰南書林에서 1919년에 간행된 것으로서 그 구성 체재와 서지사항
을 살펴보면 다음과 같다.

이 책은 크기가 30.4cm×20cm의 木板本 2冊으로 되었는데 체재는 四
周單邊이고 半葉匡郭이 20.7cm×14.9cm이다. 有界에 12行 28字이며 版
心은 上黑魚尾에 '朱子語錄'으로 되어 있다.(朴甲洙:1983;p.181)

이 책의 내용 구성은 제1책에 內題와 凡例가 각 1장으로 되어 있고
본문에 字類에 따라 분류한 朱子語錄(제1장~제20장)과 跋文이 있고 水
浒誌語錄(제21장~제56장)이 실려 있다. 제2책에는 西遊記語錄(제57장~
제97장), 西廂記語錄(제98장~107장), 三國誌語錄(제108~109장), 吏文語
錄(제110장~제112장)이 수록되어 있다. 凡例는 南二星本 『語錄解』의
凡例를 懸吐하여 싣고 다음과 같은 두 조항을 추가하였다.

一. 水浒誌·西遊記·西廂記·三國誌語錄을 亦爲添附ᄒ며
一. 吏文語錄을 並附ᄒ야 以便閱覽ᄒ노라

'朱子語錄' 뒤에 첨부한 跋文은 南二星本 『語錄解』에 있는 宋浚吉의
跋文을 懸吐하여 실었다. '吏文語錄'은 鄭瀁本 『語錄解』附錄에 실린
吏文 어휘와는 달리 한자로 된 韓吏文(吏讀) 어휘를 한글로 해석한 것
이다.

이 책은 字類에 의한 항목 배열과 설명 방식 등 전체적인 편찬 체재는 南二星本『語錄解』를 따랐지만 '三國誌語錄'만은 字類의 구분이 없다. 그리고 '小說語錄解' 부분에서는 무려 41字類까지 구분하여 수록하였는데 이것은 어휘해석이라기보다 난해한 文句에 대한 해석이라 할 수 있을 것이다.

語錄數는 朱子語錄(1字類~6字類) 1,193개, 水滸誌語錄(1字類~20字類) 2,180개, 西遊記語錄(1字類~41字類) 1,829개, 西廂記語錄(1字類~29字類) 605개, 三國誌語錄은 字類와 回數에 관계없이 156개, 그리고 吏文語錄 179개, 총 6,142개의 語錄이 수록되었다.(大谷森繁:1981;292)

2.8『漢語抄』

이 책은 중국어 어휘를 한글 또는 漢文으로 해석하고 그 일부를 滿洲語로 주석한 辭典類이다. 天・地・人 3책으로 되어있는 서울대 奎章閣 소장의 筆寫本에는 序文이나 跋文이 없어 편찬 연대 및 편찬자가 미상이다. 다만 한글 표기의 口蓋音化가 전면적으로 나타난다거나 어두 된소리의 표기에 주로 ㅅ계 合用竝書를 사용하고 ㅅ의 된소리에 ㅆ과 ㅳ을 쓰고 있는 것 등으로 보아 이 筆寫本이 18세기 중기 이후에 이루어진 것으로 보인다. 그리고 저자는 中國語와 滿洲語 등 외국어에 능통한 譯學者일 것으로 추정된다.(洪允杓:1993;440)

이 책의 크기는 31.2cm×21.4cm이고 四周雙邊에 半葉匡郭은 23cm×17.6cm이다. 版心魚尾는 上二葉花紋魚尾이고 有界에 10行으로 되어 있으며 매 행이 25자 내외로 되어 있다. 그리고 한 행에 다시 쌍행으로 씌어있다. 表紙題는 '漢語'이지만 首題는 '漢語抄'이다. 版心題는 없으며 張次도 표시되어 있지 않다. 이 책의 편찬 체재를 보면 중국어 단어마

다 그 오른 쪽에 一字一音으로 중국어 발음을 한글로 표기하고 그 아래
에 한글 또는 漢文으로 뜻풀이를 하였다. 그런데 2책의 뒷부분에 전반
체재에 어울리지 않게 '淸語抄'를 첨부하였는데 여기에서는 漢字音을
표시하지 않고 한글로 전사된 滿洲語로 뜻풀이를 하였다. 이 책의 내용
구성을 보면 우선 天部・時令部・地部・帝王部・諭旨部・設官部
등 총 37개의 部로 나누었는데 제1책(天)에는 12개의 部, 제2책(地)에는
16개의 部(맨 앞의 部名 하나가 기록되어 있지 않음)와 '淸語抄', 제3책(人)에
는 10개 部를 싣고 있다. 그리고 이 37개 部를 다시 天文類・時令類・
地輿類・帝王類・諭旨類 등 약 235개의 類로 세분하여 뜻풀이를 하였
다. 다만 '淸語抄'는 이러한 部類로 구분하지 않았다.

3 초기 中國語辭典類의 特徵

3.1 편찬 체재의 특징

이상에서 살펴본 中國語辭典類의 초기 형태들은 標題語의 선정과 배
열 방법에 따라 크게 두 종류로 나뉜다. 첫째는 事物의 種類에 따른
분류이고 둘째는 字數에 따른 분류이다. 이러한 방법들은 지금처럼 標
題語를 알파벳순서에 따라 배열하는 편리한 방법이 없는 상황에서 당시
에는 가장 현명한 방법이었을 것으로 짐작된다.

첫째 유형에 속하는 것들로는 『譯語指南』(61개 部類)・『譯語類解』
(62개 部類)・『華語類抄』(63개 部類)・『漢語抄』(37개 部, 235개 類) 등이
다. 그중 『譯語類解』에서 분류한 예를 들어 보기로 한다.

(1) 『譯語類解』上:

1) 天文, 2) 時令, 3) 氣候, 4) 地理, 5) 宮闕, 6) 官府, 7) 公式, 8) 官職, 9) 祭祀, 10) 城郭, 11) 橋梁, 12) 學校, 13) 科擧, 14) 屋宅, 15) 敎閱, 16) 軍器, 17) 佃漁, 18) 館驛, 19)倉庫, 20) 寺觀, 21) 尊卑, 22) 人品, 23) 敬重, 24) 罵辱, 25) 身體, 26) 孕産, 27) 氣息, 28) 動靜, 29) 禮度, 30) 婚娶, 31) 喪葬, 32) 服餙, 33) 梳洗, 34) 食餌, 35) 親屬, 36) 宴享, 37) 疾病, 38) 醫藥, 39) 卜筮, 40) 算數, 41) 爭訟, 42) 刑獄, 43) 賣買 등.

(2) 『譯語類解』下:

44) 珍寶, 45) 蠶桑, 46) 織造, 47) 裁縫, 48) 田農, 49) 禾穀, 50) 菜蔬, 51) 器具, 52) 鞍轡, 53) 舟舡, 54) 車輛, 55) 技戲, 56) 飛禽, 57) 走獸, 58) 昆蟲, 59) 水族, 60) 花草, 61)樹木, 62) 瑣說 등.

이상 上卷에는 43개 部類에 2,624개의 어휘가 수록되었고, 下卷에는 19개 部類에 2,066개의 어휘가 실려 있어, 모두 62개 部類에 4,690개의 어휘가 수록되어 있다. 그 내용을 살펴보면 天文地理에서부터 社會制度·生活風俗·花鳥草蟲에 이르기까지 중국어 학습에 필요한 실용적인 어휘들이 자세히 수록되어 있는데 이것은 당시의 편찬자들이 辭典의 실용성을 위하여 기울인 노력을 여실히 보여 주고 있다.

한편 이러한 분류 방법의 原形을 中國에서 찾아보면 漢代 때 편찬된 『爾雅』까지 거슬러 올라갈 수 있다. 이 책에서는 어휘를 19部類(冊)로 나누어 훈고학적 해석을 하였는데 그 목록을 보면 釋詁·釋言·釋訓·釋親·釋宮·釋器·釋樂·釋天·釋地·釋丘·釋山·釋水·釋草·釋木·釋蟲·釋魚·釋鳥·釋獸·釋畜 등으로 되어있다. 그 후의 것들로는 魏나라 시기의 『皇覽』(失傳됨)이 있고 唐代에 이르러는 수십 부의 類書들이 편찬되었는데 대표적인 것으로 『藝文類聚』를 들 수 있다. 唐高祖의 명으로 歐陽詢 등에 의하여 편찬된 이 책은 100권으로 되었는데 天部·歲時部·地部·山部·水部·帝王部·后妃部·儲宮部·人部·禮部·樂部·職官部·鳥部·獸部·祥端部·災異部 등 48부류로 목록을 나누었다. 宋代에 이르러는 類書가 200여부나 편찬되었는데 그중 대표적인 것으로는 宋太宗의 명으로 李昉 등에 의하여 편찬된 『太平御覽』을 들 수 있다. 이 책은 太平 2年(977)에 시작하여 太平8年에 완성되었는데 무려 1,000권에 달하며 天部·時序部·地部·皇王部·偏覇部·皇親部·州郡部·居處部·封建部·職官部·兵部·人事部·木部·竹部·果部·菜部·香部·樂部·百卉部 등 55부로 분류를 하였다. 明代에는 『永樂大典』, 淸代에는 『古今圖書集成』 등을 비롯하여 방대한 분량의 類書들이 수백 종 편찬되었다.(임지룡:1989;412)

둘째 유형에 속하는 것들로는 『老朴集覽』(單字解·累字解), 『語錄解』(一字類~六字類), 『古今釋林』(一字類~十四字類), 『註解語錄總覽』(一字類~四十一字類) 등이다. 어휘의 글자수에 따라 標題語를 배열하는 방법은 전자보다 간편한 방법이라 할 수 있을 것이다. 이러한 방법이 가장 먼저 시도된 것은 崔世珍의 『老朴集覽』인 것으로 나타나는데 이 책에서는 字解 부분에서 一字類에 해당되는 것들을 單字解에 수록하고 기타의 것들은 글자 수 구분 없이 累字解에 수록하였다. 그리고 본문에 해당되는 「老乞大集覽」과 「朴通事集覽」에서는 字類의 구분을 하지 않았다. 그 후에 편찬된 『語錄解』와 『古今釋林』, 『註解語錄總覽』 등에서는 글자 수에 따라 자세히 분류하고 있다. 그러나 수록된 標題語의 글자 수를 보면 오늘의 사전류에서 다루는 단어나 단어결합의 범위에 국한되지 않고 一字에서부터 무려 41字에 속하는 문장까지 포함하고 있어 말 그대로 語錄을 수록한 것이라 할 수 있다. 이것 역시 당시 中國語 白話體의 습득을 위한 실용성에 치중한 것으로 보인다. 그중 『註解

語錄總覽』의 小說語錄 부분에 수록된 긴 문장 형태의 예를 조금만 들어 보기로 한다.

(3) 三十五字類:

丟了我去, 象你這有本事的, 討得茶吃, 象我這去不得的, 只管在此忍餓, 你也過不意去呀。
나를 ᄂᆡ바리고 갓시니 성각ᄒᆞ여 보아라 너는 직조가 조아셔 ᄎᆞ를 어더먹고 왓거니와 나는 가지도 못ᄒᆞ고 숫ᄃᆡ시 쥬리고 안졋단 말린냐 엇지ᄒᆞ면 네가 조금도 성각이 읍단 말이냐(『西遊記語錄』)

(4) 四十一字類:

剁去了頭瓜, 割成四方, 一塊又裁爲兩幅, 收起一幅, 把一幅圍在腰間, 揪了一條葛藤緊ᄃᆡ束定遮了下體。
ᄃᆡ강이와 발목장이를 베여ᄂᆡ버리고 네모 번듯ᄒᆞ게 만드더니 ᄯᅩ 두 폭을 만드러 ᄒᆞᆫ 폭은 거더쥐고 ᄒᆞᆫ 폭은 허리에 휘두르니 단ᄃᆡ이 쏙 비기러믜고 ᄒᆞᆫ 폭으로는 압ᄉᆞ타군이를 가린다(『西遊記語錄』)

이상 예문에서 보여주다시피 일부 解釋集에 수록된 것은 어휘의 해석이라기보다 白話文으로 된 소설의 난해한 文章에 대하여 뜻풀이를 한 것임을 알 수 있다. 따라서 이러한 해석은 白話體 漢語의 새로운 文法 형태를 이해함에 있어서 필요한 지식을 제공하기 위한 노력으로 볼 수 있을 것이다.

3.2 어휘 해석과 발음 표기

상기 中國語辭典類에 있어서 뜻풀이가 가장 중요한 부분을 차지하는

데 본고에서 살펴본 諸書들은 우선 뜻풀이에 사용한 문자에서 그 차이를
보인다. 그중 한글만을 사용한 것으로는 『華語類抄』를 들 수 있다. 그
외는 漢文과 한글을 섞어서 뜻풀이를 하였는데 자세히 살펴보면 漢文
중심인가 또는 한글 중심인가에 따라 다시 구분할 수 있다. 즉 漢文 중심
으로 뜻풀이를 한 것으로는 『老朴集覽』을 들 수 있고 한글 중심으로
뜻풀이를 한 것으로는 『譯語類解』·『註解語錄總覽』·『漢語抄』 등을
들 수 있다. 그리고 두 종류의 문자를 거의 비슷한 비중으로 사용한 것으
로는 『語錄解』를 꼽을 수 있다. 『語錄解』의 예를 조금만 들어 보기로
한다.

1) 繳繞: 버므러 휘감기다ᄋ繳音皎, 纏也。 又音灼, 繒繳也。 (『語錄解』南
   二星本, 二字類)

2) 領略將去: 領, 會也。 略, 取也。 領會ᄒ야 取ᄒ야 將ᄒ야 가다。 (同上,
   三字類)

3) 一摑一掌血: 摑, 音괵。 ᄒ번 손으로 티매 ᄒ 손바당 피라。 手打則隨手
   而有一掌血漬, 謂其言之痛着如此。 (同上, 五字類)

발음 표기에 있어서는 상기 辭典類들이 주로 中國語 발음을 표기한
것으로 나타나는데 다양한 注音 방식들이 동원되었다. 즉 첫째는 標題
語의 每字마다 한글로 中國音을 표기하는 형식을 취하였다. 그런데 이
것 또한 매자의 左右에 주음을 한 二元的인 표음 방식과 一字一音의
표음 형식을 사용한 것이 그 차이를 보인다. 전자의 경우 左音은 기존
韻書에서 전통적으로 표기하던 이른바 正音을 반영한 것이고 右音은
당시 실제로 사용하던 현실음인 俗音으로 알려지고 있다. 이러한 표음
방법은 최세진의 「飜老朴」에서 처음 사용한 것으로 알려지는데 후에
적지 않은 譯學書들이 이를 모방하였다. 상기 辭典類들에서 철저히 二

元的인 표음 체계를 사용한 것으로는『譯語類解』가 있고 一字一音 체계를 엄격히 적용한 것으로는『華語類抄』·『漢語抄』등이 있다. 그 예를 조금만 들어 보기로 한다.

一字二音 형식:
○ 大:따/다 盡:찐/진 ㅇ들이 커그므다(『譯語類解』時令)
○ 上:쌍/샹 弦:혠/헌 ㅇ첫조곰(同上)

一字一音 형식:
○ 大:다 前:쳔 日:이 ㅇ긋그졔 (『華語類抄』時令)
○ 昨:조 兒:얼 箇:거 ㅇ어졔(同上)

둘째는 매자마다 발음 표기를 하지 않고 필요에 따라 中國音을 표기한 것인데『老朴集覽』·『語錄解』·『註解語錄總覽』등이 이러한 유형에 속한다. 이러한 辭典類에는 한글에 의한 주음법, 同音의 한자를 사용한 直音法, 두 한자의 聲母와 韻母를 이용한 反切法 등 다양한 표음법이 사용되었다. 그 예를 각기 하나씩 들어 보기로 한다.

1) 한글 주음 방식
○ 喫: 正音키, 俗音치, 啖也。喫飯, 喫酒。又被也。喫打 맏다......(『老朴集覽』單字解)

2) 直音法
○ 靠: 音告, 憑也。(『語錄解』南二星本, 一字類)

3) 反切法
○ 咱:『五音集韻』子葛切, 俗謂自己爲咱......(『老朴集覽』單字解)

4 맺음말

우리나라에서 초기에 편찬된 中國語辭典類를 살펴보면 일부는 朝廷에서 인력을 동원하여 편찬한 것이고 일부는 朝廷과 관계없이 개인적으로 편찬한 것이다. 그리고 편찬 체재와 내용 면에 있어서는 각기 나름대로의 특징들을 지니고 있으나 예외 없이 모두 매우 실용적이며 또한 近代漢語에 속하는 어휘들을 대량으로 수록하고 있음을 알 수 있다. 이러한 문헌들은 당시 白話體 한어의 정확한 발음과 의미의 습득을 위한 중요한 참고서로 사용되었을 것이다. 더구나 文章 형태로 된 語錄에 대한 해석은 당시 白話體 한어의 새로운 文法 형태를 이해함에 있어서 더없이 중요한 역할을 하였을 것으로 추정된다.

이처럼 초기 中國語辭典類에 대한 고찰을 통하여 우리의 선조들이 역사적으로 中國語 습득을 위하여 얼마나 苦心을 하였고 또한 어느 정도 심혈을 기울였는가를 충분히 엿볼 수 있다. 이러한 저서들이 비록 지금 시각으로 보아서는 辭典으로서의 미흡한 점도 없지 않으나 당시의 여건에서 그처럼 실용적이고 방대한 분량의 참고서들을 편찬하였다는 것은 실로 놀라운 일이라 하지 않을 수 없다. 특히 朝廷의 지원이 없이 순전히 개인적인 노력으로 편찬한 辭典들은 저자에 대한 敬虔한 마음을 금할 수 없다. 앞으로 이 귀중한 자료들에 대하여 보다 면밀한 고찰이 이루어짐으로써 그 價値가 충분히 인정되고 또한 오늘날의 외국어 교육과 二重言語 사전의 편찬에 있어서도 참고가 되기를 기대하는 바이다.

※ 이 논문은 「早期 中國語辭典의 種類와 特徵에 대하여」라는 제목으로 〈中國學報〉(中國學會) 第50輯(2004:135~159)에 실린 것을 수정한 것이다.

外國語辭典類

1 서론

　　우리나라의 조선시대 譯科 科試用 교재를 살펴보면 漢學에『老乞大』
・『朴通事』・『直解小學』・『五倫全備』등, 蒙學에『王可汗』・『守成
事鑑』・『捷解蒙語』・『蒙語老乞大』등, 倭學에『伊路波』・『消息』・
『老乞大』(倭語)・『捷解新語』등, 淸學에『小兒論』・『八歲兒』・『淸
語老乞大』・『三譯總解』등을 들 수 있다. 한편 외국어 습득을 위한
참고서로 각종 辭典類들이 편찬되었는데, 中國語의 경우 失傳된『譯語
指南』외에도『老朴集覽』・『語錄解』・『譯語類解』・『華語類抄』・
『國漢會語』등이 전해지고 있으며 그 외의 外國語들도 類解書를 비롯
한 각종 辭典類들이 편찬되었다.

　　본 연구에서는 역사적으로 우리나라에서 편찬된 外國語 辭典類 중에
서 앞에서 살펴본 中國語辭典類를 제외한 滿語・蒙語・倭語와 관련된
辭典을 중심으로 그 편찬 경위와 구성 체재, 그리고 標題語의 특징 등에
대한 고찰을 기본목적으로 한다.

2 滿語辭典

2.1 『同文類解』

『同文類解』는 조선시대 司譯院에서 편찬한 漢·韓·滿語(淸語) 對譯 어휘집으로서 우리나라에서 간행된 現存 淸學 관련 자료 중에서 가장 오래된 것으로 인정되고 있다. 이 책은 현재 奎章閣(奎1822)과 一簑文庫(一簑古494.1), 일본 小倉文庫 등에 소장되어 있는데 모두 동일본으로 추정된다. 이 책의 저자와 간행에 대하여 『通文館志』 '什物續條에 다음과 같은 기록이 있다.

> 同文類解板, 乾隆戊辰淸語訓長玄文恒修整, 芸閣刊板。
> －『同文類解』의 책판은 乾隆 戊辰年(1748)에 淸語訓長 玄文恒이 수정하여 芸閣[1]에서 간행하다－

『同文類解』의 편찬과 간행 경위에 대한 보다 자세한 내용은 현전하는 板本의 권말에 첨부된 安命說의 跋文에서 찾아볼 수 있다.

> 淸學舊有所謂『名物』, 是乃口耳郵傳一小冊也。業是者病其訛謬, 而莫戡正之, 且百年矣。本學訓長玄同樞文恒, 慨然有意於斯, 得『淸文鑑』、『大淸全書』、『同文廣彙』等書, 專心用工, 釐以正之, 閱六寒暑而編成焉, 名之曰'同文類解'。上自天文地理、人事百用, 下至蟲魚草木、褻語俚談, 各自分門彙類而解釋之。雖細且多而條理不亂。習此書者, 與彼人接應對如流, 是知舊『物名』率多訛謬也。提擧大宗伯李公周鎭筵白開刊, 俾用於課試……戊辰冬月行副司直安命說題。

---

1) '芸閣'은 조선 시대에 經書의 인쇄·교정 등을 담당하던 '校書館'을 달리 일컫던 말이다.

－淸學에 예전에 있던 소위 物名은 입과 귀로 전해지던 소책자였다. 이 책에는 오류가 많아 배우는 자들이 괴로워했지만 백년이 지나도록 고쳐지지 않았다. 본 청학의 훈장인 중추부 동지사 玄文恒이 이에 慨然하여 수정할 뜻을 두었다. 그리하여 淸文鑑·大淸全書·同文廣彙 등의 책을 얻어 열심히 연구하여 바르게 수정하였다. 6년이 걸려 책으로 편성하였고 이름을 '同文類解'라고 하였다. 위로는 天文·地理·人事·用品 등으로부터 아래로는 蟲魚·草木·雜語·俚言에 이르기까지 각기 문항으로 분류하여 해석하였다. 비록 세세하고 잡다하지만 조리가 정연하여 혼란스럽지 않다. 이 책으로 배운 자는 그쪽 사람을 응대할 때 거침이 없으니 이것은 옛『物名』이 대개 오류가 많았음을 알 수 있다. 提擧 大宗伯 李周鎭 공이 經筵에서 奏請하여 開刊하고 課試에 사용하도록 하였다......戊辰年(1748) 冬月(11월)에 行副司直 安命說이 쓰다－

이상 기록에 의하면 이 책은 淸學 訓長인 玄文恒에 의해 1748년에 편찬된 것임을 알 수 있다. 그러나 玄文恒 외에도 漢學 修整官에 洪大成·朴道貫·邊憲 등, 淸學 修整官에 金振夏, 그리고 書寫官·監印官 등 여러 譯官들이 이 책의 수정과 간행에 관여하였음을 본서의 권말에 있는 명단을 통하여 알 수 있다.

이 책의 구성은 上卷이 목록 1장, 본문 63장, 下卷이 목록 1장, 본문 61장, 語錄解 14장, 跋文 1장, 座目 1장으로 되어 있다. 편찬 체재는 漢語를 표제어로 하고 그 밑에 우리말 대역어를 적고 圈點 아래에 한글로 滿語 발음을 표기하였다. 표제어는 55개 部類에 총 4,797개가 수록되었다.(鄭光:1978;164)

2.2 『漢淸文鑑』

『漢淸文鑑』은 조선시대 司譯院에서 편찬한 것으로 漢·韓·滿語

(淸語) 대역 어휘집이다. 이 책의 구성은 15권 15책으로 凡例 4장, 目錄 10장, 本文 924장, 편찬 관여자 명단 3장으로 이루어졌다. 이 책에는 序文과 跋文, 刊記 등이 없어 정확한 간행 연대와 자세한 편찬 경위는 알 수가 없으나 첫머리에 있는 凡例와 권15의 말미에 수록된 편찬자들의 명단을 통하여 그 일부를 추정할 수 있다. 우선 凡例에는 다음과 같은 기록이 있다.

『淸文鑑』本爲較訂淸語而作, 故專以淸語爲主, 凡係事物無不備載. 且有註釋織悉該暢, 實淸語之淵藪, 至若漢語則不過附揭而傍照, 然其所爲語率適時用, 亦足爲後學蹊逕. 且……若不文以註之諺以釋之, 則恐無以曉解, 故更加編摩改定體制, 首著漢語以繫以新註, 下附淸語而仍用原釋, 庶漢淸二語詳略得中, 閱覽俱便. 遂更名曰漢淸文鑑, 書凡十五卷, 三十六部二百八十七類.

－淸文鑑은 본래 淸語를 교정한 것이다. 그러므로 모두 淸語를 위주로 하였으며 사물에 관련된 어휘를 빠짐없이 수록하였고 또한 뜻을 이해하도록 자세한 주석이 있으니 실로 淸語의 集大成이라 하겠다. 漢語에 한해서는 부록으로 실어 참조하도록 한 데 지나지 않으나 그 언어가 대체로 時用에 맞아서 후학들이 지름길로 배우기에 족하다. 그러나……만약 漢文으로 주석하고 諺文으로 풀이하지 않으면 이해하지 못할까 우려되어 다시 편집한 것을 덧붙이고 체제를 개정하였다. 먼저 漢語를 싣고 새로운 주석을 붙였으며 그 아래에 淸語를 첨부하고 원래의 주석을 달았다. 漢語와 淸語 모두 상세함과 간략함이 적당하며 열람하기에 편리하게 하였다. 따라서 이름을 '漢淸文鑑'이라 변경하니 책은 도합 15卷에 36部, 287類이다－

이상 기록에 의하면 『漢淸文鑑』은 청나라의 『淸文鑑』을 底本으로 하였음을 알 수 있는데 이 책은 시기적으로 보아 『御製淸文鑑』(1708)을 增訂한 『御製增訂淸文鑑』(1773)을 지칭하는 것으로 보인다. 그리고 이 책의 말미에 기록된 편찬 참여자는 漢學檢察官 李湛 외 5인, 淸學檢察

官 金振夏 외 1인, 漢學校整官 13인, 漢學寫書官 6인, 淸學寫書官 7인, 監印官 1인 등 총 40명인데, 이들의 관직 등을 참작하면 『漢淸文鑑』은 1779년경에 간행되었을 것으로 추정할 수 있다.

　『漢淸文鑑』은 底本인 『御製增訂淸文鑑』과 꼭 같은 체재로 正編(권 1~14)은 36部 292類로 되어 있고 補編(권15)은 23類로 되어 있다. 표제 어는 모두 12,840개이며 滿語의 類義語와 同義語 600여 개, 解釋 끝에 첨부된 滿語 어구 200여 항목 등을 합하면 총 13,640여개의 滿語 어휘가 수록되어 있다. 이 책의 편찬 체재는 漢語(의성·의태어의 경우에는 滿文) 를 표제어로 하고 우리말 對譯 또는 註釋을 붙이고 그 밑에 滿文 對譯을 첨부하였다.(姜信沆:2000;113~114)

3 蒙語辭典

3.1 『蒙語類解』

　『蒙語類解』는 조선시대 司譯院에서 편찬한 漢·韓·蒙語의 對譯辭 典으로서 原刊本이 失傳되어 최초의 저자와 정확한 간행 연대를 알 수 가 없다. 다만 이 책이 『蒙語老乞大』와 밀접한 관계가 있고 門項의 분류 등 편찬 체재가 『同文類解』(1748)와 상당히 일치한 점 등으로 미루어 보아 『蒙語老乞大』가 간행된 康熙 辛酉年(1741) 이후의 몇 년 사이에 간행된 것으로 보이며, 대체로 『同文類解』와 거의 同時代에 편찬된 것 으로 추정되고 있다.(鄭光:1978;165) 그런데 『蒙語類解』에 수록된 지명인 '順天府'(上31b)와 '應天府'(上31b)가 『同文類解』에서는 각기 '北京'(上 41b)과 '南京'(上41b)으로 표현된 것으로 보아 『蒙語類解』의 初刊本이 좀 더 앞선 시기의 것일 가능성도 없지 않은 것으로 보인다.

문헌 기록에 의하면 이 책은 두 차례에 걸쳐 改刊되었음을 알 수 있는데 첫 번째는 『通文館志』卷8 '什物(續)條에서 근거를 찾아 볼 수 있다.

『蒙語類解』板, 乾隆戊子蒙語訓長李億成修整, 本院刊板。
－蒙語類解의 책판은 乾隆 戊子年(1768)에 蒙語訓長 李億成이 수정하여 本院에서 간판하다－

두 번째 수정은 『捷解蒙語』卷4 말미에 붙어있는 '蒙學三書重刊序'에서 근거를 찾아 볼 수 있다.

(전략)昨年節使之回, 購得『蒙文鑑』一峽, 卽乾隆新頒之音, 而與淸蒙諸臣, 折衷蒙語新舊音之合於時用者, 傍以淸書註釋, 乃蒙語之大方也。以其音釋較諸老乞大諸書, 太半不類。於是謨所以改舊刊新之道, 而漢學官金君亨宇願捐財鋟梓, 稟白都提擧, 遂開校整之役。『老乞大』及『類解』二書, 則隨其字音之差異者, 仍舊板而補刊之, 『捷解』一書, 則並與字音語套而改之。始役半載, 功告訖, 本學訓長方君孝彦實主之。又於諸書釐整之暇, 裒集『類解』中闕漏者一千六百餘言, 逐類添載, 彙作一本, 名之曰『類解補』。且集語錄數百餘句, 附之卷末(중략) 歲庚戌仲春下澣 行副司直李湑序。
－(전략)작년에 사절들이 돌아 올 때 蒙文鑑 한 峽를 구입해 왔는데, 乾隆 연간에 새로 반포한 音으로, 滿族과 蒙古族의 여러 신하들과 몽골어의 新·舊音에서 당시 용도에 적합한 것을 절충하고 곁에 청나라 문자로 註釋을 단 것이니, 곧 몽골어의 기본 규칙이라 할 것이다. 그 音과 釋을 老乞大 諸書와 비교하면 태반이 같지 않다. 그리하여 옛 것을 개정하고 새 것을 발간할 방법을 도모하였는바, 漢學官 金亨宇가 재물을 出捐하여 印刊할 것을 원하므로 都提擧에게 稟告하여 마침내 校整을 시작하였다. 老乞大와 類解 두 책은 그 字音에 차이가 나는 것에 따라 舊板에 의거하여 補刊하였고 捷解 한 책은 字音과 더불어 語套도 함께 개정하였다. 이 일을 시작한 지 반년 만에 끝을 맺게 되었는데 本學의 訓長 方孝彦이 이를 실제로 주관하였다. 또한 諸書들을 교정하는 餘暇에 類解에 빠진 것 1,600여 단어를

유형별로 모아서 한 권의 책을 만들어 '類解補'라 이름하였다. 그리고 語錄 數百餘句를 모아 卷末에 첨부하였다.(중략) 경술년(1790) 2월 하순에 行副 司直 李潨이 序文을 쓰다—

이상 기록들에 의하면 『蒙語類解』는 英祖 44年(1768)에 李億成에 의 하여 改刊本이 이루어졌고 正祖 14年(1790)에 方孝彦이 주관하여 補編 을 포함한 重刊本이 완성되었음을 알 수 있다. 이 중간본이 현재 奎章閣 (奎3751)과 일본 東京外大 도서관에 소장되어 있는데, 奎章閣本은 上下 卷이 2권 2책, 補卷이 1권 1책으로 되어 있다. 上卷은 目錄 1장, 本文 50장, 下卷은 目錄 1장, 本文 50장, 補卷은 目錄 1장, 本文 40장, 語錄解 8장, 座目 1장으로 구성되어 있다. 이 책의 편찬 체재는 漢語로 標題語 가 되어 있고 그 밑에 한글 대역어가 적혀 있으며 圈點 아래에 해당 蒙古語를 한글로 轉寫하였다. 標題語의 수는 54개 部類에 上下卷 3,842 개, 補卷 1,475개로서 총 5,317개이다. 그리고 類義語와 同義語가 上下 卷에 200개, 補卷에 68개 수록되었다.(연규동:1996;20)

3.2 『蒙語類解補』

『蒙語類解補』는 1790년 方孝彦의 주관하에 『蒙語類解』의 2차 수정 본인 重刊本을 간행할 때 補闕한 것이다. 이 책의 권말 座目에는 補編 의 편찬에 참가한 인원들이 기록되어 있는데, 檢察官으로 漢學에 李潨, 淸學에 玄啓百·尹春咸, 校正官으로 漢學에 洪仁福, 蒙學에 方孝彦 (兼監印)·朴尙秀·趙重鎭·劉漢明 등, 書寫官으로 蒙學에 金致禎· 金信璧·方孝騫·卞光豪 등, 監印官에 金亨宇 등이 참여하였음을 알 수 있다. 이 책에는 1,475개의 어휘가 수록되어 있고 뒷부분에 첨부된 '語錄解'에는 총 53개 항목에 걸쳐 蒙古語의 語尾類, 基本動詞類, 자주 사용되는 慣用的 表現 등이 수록되었다. 그 체재를 보면 표제어와 예문을 蒙文으로 하고 주석을 漢文으로 하였으며 한글로 해당 대역어를 제시하였다. 표제어는 총 157개이며 前後舌 또는 有無聲의 차이를 표현하는 異形態의 수효를 제외하면 113種의 어휘가 수록된 셈이다.(宋基中: 1985;337~388)

4 倭語辭典

4.1 『倭語類解』

『倭語類解』는 조선시대 司譯院에서 간행된 것으로 추정되는 漢·韓·倭語의 對譯 辭典이다. 그런데 初刊本이 전해지지 않고 現存本도 序文이나 刊記 등이 없어 著者와 刊行 연대를 정확히 알 수가 없다. 그러므로 일부 문헌 기록을 통하여 여러 가지 추측이 전해지고 있을 뿐이다. 그 예로 『通文館志』卷7 '人物' '洪舜明'條를 보면 다음과 같다.

洪舜明, 字水鏡, 喜男之曾孫也. 舊例對馬島酋家臣有書契, 而自稱宰臣, 辭甚傲慢. 康熙辛巳, 公承朝命責諭, 仍革其家臣書契. 草梁居民數百與倭館相接, 奸弊日滋. 己丑, 公力陳于廟堂, 撤民舍築城以界之, 邊禁始肅. 倭語比諸方冣難曉, 公質于日本人雨森東, 作『長語』及『類解』等書, 用於課試. (후략)
－洪舜明의 字는 水鏡이고 洪喜男의 曾孫이다. 前例에 對馬島酋의 家臣도 書契가 있었는데 그들은 스스로 宰臣이라 칭하면서 말이 매우 오만하였다. 康熙 辛巳年(1701)에 公이 朝廷의 命을 받들어 책망하고 타일러서 그 家臣의 書契를 폐지하였다. 草梁의 민가 수백 호가 倭館과 서로 인접하여 간사한 폐단이 날로 더하므로 己丑年(1709)에 公이 廟堂에 힘써 말하여 민가를 철거하고 城을 쌓아서 경계로 삼으니 邊禁이 비로서 숙연하였다. 倭語

는 다른 외국말에 비하여 가장 알기 어려우므로, 公이 日本人 雨森東에게 質正하여 長語 및 類解 등 書冊을 지어 課試에 사용하였다.(후략) -

이상 기록에 나오는 『類解』가 곧 『倭語類解』를 지칭하는 것으로 추정되는데, 이 책은 洪舜明이 對馬島의 藩臣이며 朝鮮語 通事의 교육을 담당하고 있던 雨森東에게 일본어를 質正하여 편찬한 것으로 추정할 수 있다. 그러나 洪舜明이 肅宗 31年(1705)에 譯科 倭學에 入格하였고 그가 대마도에 도항한 시기, 雨森東(1621~1708)의 연령 및 釜山에 來朝한 시기 등 시기적으로 석연치 않은 점들이 많아 이 책의 정확한 편찬 연대를 추정하는 데 아직 많은 의문점들이 남아있다.[2]

현전하는 國立中央圖書館 소장본 『倭語類解』는 序文이나 跋文, 刊記 등이 없으나 下卷 卷末에 편찬 참여자들의 명단이 기록되어 있어 그들의 생애를 통하여 대략적인 편찬 연대를 추정할 수 있다. 이 기록에 의하면 讐整官에 前判官 韓廷修, 書寫官에 前奉事 閔鼎運, 前參奉 丁樂升, 前直長 皮文會 등, 監印官에 副司勇 李養儀 등이 참여한 것임을 알 수 있는데 이들의 관직 승진 기간 등을 감안하면 대체로 1780년대 초에 司譯院에서 이 책이 간행된 것으로 추정할 수 있다.

현재 國立中央圖書館 所藏本(古00793) 『倭語類解』는 2권 2책으로 上卷은 目錄 1장, 本文 56장, 下卷은 目錄 1장, 本文 54장, 口訣 2장, 座目 1장으로 구성되어 있다. 1988년 太學社에서 『諸本集成 倭語類解』(鄭光 解說)라는 서명으로 영인본이 간행되었다. 이 책의 편찬 체재는

---

2) 雨森東(1621~1708)은 이름을 雨森東五郎 또는 雨森芳洲라고도 부르는데 朝鮮語에 능통하여 여러 번 朝鮮에 온 일이 있으며 對馬島 藩主의 명을 받아 다년간 草梁의 倭館에 주재하였고 『交隣須知』・『隣語大方』 등 일본인을 위한 朝鮮語 敎習書를 편찬하기도 하였다.(鄭光, 「類解類 譯學書에 대하여」, 〈國語學〉 7, 서울 國語學會, 1978, 167쪽)

上下 二段으로 나누어 漢字 標題語를 제시하고, 그 오른쪽에 한글로
우리말의 漢字音과 뜻을 적고 왼쪽에 日本語 漢字音을 한글로 표시하
였다. 그리고 圈點 아래에 해당 日本語를 한글로 轉寫하였다. 수록된
표제어의 수는 53개 部類(雜語 뒤에 수록된 日本 官名과 新行所經地名 제
외)에 총 3,234개이다.(鄭光:1988a;136)

4.2 『和語類解』와 『日語類解』

『和語類解』는 『倭語類解』가 日本에 전파된 후 그 일부를 발췌하여
筆寫한 책으로서, 壬辰倭亂(1592) 때에 日本 九州의 薩摩藩에 被拉된
朝鮮人 포로의 후예들이 母國語를 학습하는 자료로 이용되었다.[3] 당시
피랍된 조선인 포로들은 刷還되지 못하고 藩內의 도처에 散在해 있다가
苗代川이라는 곳에 합류하여 비로소 정착하게 된다. 이들은 陶瓷器를
구워 바치고 농토를 얻어 생계를 유지해 갔고 때로는 密輸를 하거나
풍랑에 표류해온 朝鮮人들과의 접촉에서 통역을 맡기도 하였다. 그러나
세월이 흐르면서 이들이 通事의 임무를 수행하기 위해서는 별도로 朝鮮
語를 학습하지 않을 수 없게 되었다. 당시 日本에는 유일하게 對馬島에
서만 朝鮮語 通事를 양성하고 있었다. 그러므로 『和語類解』는 원래 對
馬島의 朝鮮語 教育所에서 『倭語類解』를 발췌하여 필사한 것을 底本
으로 苗代川에서 다시 필사한 것으로 추정된다.

---

3) 현재 日本 鹿兒島縣 日置郡 東市來町 美山은 옛 이름이 薩摩藩 伊集院村 大字
   苗代川이라고 하였고 일명 壺屋이라고도 하였다. 이곳은 壬辰倭亂(1592) 때에 倭
   軍의 水軍將이었던 島津義弘·家久 父子의 領地였는데 이들 父子에게 붙잡혀
   온 朝鮮人 陶工들의 거주지가 되었다. 그리고 丁酉再亂(1597) 때도 적지 않은 朝
   鮮人들이 이곳에 끌려와 정착한 것으로 보인다.(鄭光,「壬辰俘虜 薩摩陶工後裔의
   國語學習資料-京都大學 所藏 苗代川朝鮮語資料를 중심으로-」,〈국어국문
   학〉 97:1987:225)

현존본『和語類解』는 日本 京都大學 文學部 圖書館에 所藏되어 있고 그 영인본이 1988년 서울 太學社에서 간행한『諸本集成 倭語類解』(鄭光 解說)에 수록되었다. 이 책은 上下 2卷으로 되었는데 上下卷이 각각 40장이고 下卷 77장부터 '斡旋口訣'이란 題下에 日本語 對譯의 吏讀(吏道) 69종을 게재하였다. 그리고 마지막 제80장의 기록에 의하면 이 책은 加嶋先生[4]이 가져 온 것을 朝鮮人 陶工의 후예인 朴伊圓이 天保 八年(1837)에 필사한 것임을 알 수 있다. 그리고 下卷 말미에 수록된 '斡旋口訣'은『象胥記聞』[5]의 것을 옮겨 온 것임을 짐작할 수 있다.

『日語類解』는 1912년(明治45) 日本의 저명한 韓國語學者인 金澤庄三郎 博士에 의하여 편찬된 것인데 역시『倭語類解』와 직접적인 연관이 있는 것으로 전해진다. 저자는 序文에서 이 책의 편찬 동기에 대해 다음과 같이 밝히고 있다.

> 한마디라도 많은 日本語를 알아듣는 朝鮮人을 한 사람이라도 많이 양성하는 것이 오늘의 急先務이다. 學校教育에서 日本語의 보급을 도모하는 것은 물론이며 가정 및 사회에 있어서도 이와 같은 노력이 전적으로 필요하다는 생각에서 本書를 편성하였다.
> 본서의 原本인『倭語類解』는 朝鮮人의 손으로 된 유일한 日本語辭書로서 매우 由緒가 깊은 것이다. 저자의 이름은 모르지만 德川時代의 信行使 일행 중의 누구인 것만은 확실하고 年代는 대략 寬永・明歷年間(1624~1657)인 것으로 보인다. 日本에 있어서 朝鮮語學者의 鼻祖인 雨森芳洲의『交隣須知』는 本書를 藍本으로 한 것이며, 英人 Medhurst는 서기 1935년

---

4) 加嶋先生은 원래 對馬島의 藩儒였는데 對馬守宗家가 文化・文政 年間(1804~1829)에 薩摩의 出石郡에 幾萬石의 領地가 있어 對馬藩의 公用으로 薩摩에 갔었던 것으로 알려진다.(鄭光,『諸本集成 倭語類解』:1988a;22)

5) 『象胥記聞』은 對馬島의 譯官 小田幾五郎이 저술한 책으로서 上卷은 歷世・朝儀・道里 등, 中卷은 節序・人物・官制・禮俗 등, 下卷은 戶籍・文藝・武備・刑律・度量・服色・飲食・第宅・物産・雜聞 등으로 이루어졌다.(정승혜,『조선 후기 왜학서 연구』:2003;112)

에 本書를 번역하였다. 또 이것을 基本書로 하여 프랑스 宣敎師들의 韓佛
辭典 및 文法이 만들어진 것이다.
原文은 이렇게 朝鮮語 연구자들에게만 이용되었지만 今後에 만일 本書가
日本語를 배우려는 朝鮮人에게 얼마간의 便宜라도 줄 수 있다면 逸名의
原著者가 당초의 目的을 비로소 관철시켰다고 말할 수 있을 것이다.
明治 45年 3月 네 번째 朝鮮에 渡航하러 나가는 날(鄭光:1988a;26)

이상 序文에 의하면 이 책은 朝鮮人들이 日本語를 학습하는 데 이용
하도록 편찬한 것이며 『倭語類解』를 藍本으로 하였음을 알 수 있다.
이 책에는 약 3천여 개의 日本語 語彙를 각 門項 별로 분류하였는데
체재나 分門配項이 『倭語類解』와 거의 비슷하나 日本語 對譯 부분에
日本文字(히라가나)와 한글을 좌우로 倂記하고 圈點을 사용하지 않은
것이 약간의 차이를 보인다. 이 책은 明治 45年(1912) 3월에 日本 東京에
서 活版印刷로 간행되었으며 京都大學에서 『兒學編』・『韓語初步』와
함께 1971년 影印 출판되었다.

5 標題語의 특징

5.1 標題語의 배열 순서

(1) 漢語 〉 우리말 〉 外國語
이상 辭典類 중 『同文類解』・『漢淸文鑑』・『蒙語類解』・『倭語類
解』 등은 외국어 습득을 위한 辭典類임에도 불구하고 대부분 漢語를
표제어로 하고 그 밑에 우리말 解釋을 적은 다음 해당 외국어 對譯文을
배정하였다. 그리고 외국어도 일부를 제외하고는 거의 한글로 轉寫를
하였다. 그 예를 들어 보기로 한다.

『同文類解』:

天道 하늘 ○ 압카 蒼天 －－ ○ 뇨°혼 압카 天文 －－ ○ 압캐 슈 天變
－－ ○ 압캐 쿠부린 天變了 －－ ㅎ다 ○ 압카 어허러허 天河 은하슈 ○ 숭가
리 비라 天涯 하늘ㅅᄀ ○ 압캐 부던 日頭 히 ○ 슌 日光 히ㅅ빗 ○ 슌 이
얼○던

『蒙語類解』:

天道 하늘 ○ 텅거리 蒼天 －－ ○ 쿠커 텅거리 天文 －－ ○ 텅거리 연 운하
天變 －－ ○ 텅거리 연 후빗할。 天河 은하슈 ○ 텅거리 연 오요달。 天涯
하늘ㅅᄀ ○ 텅거리 연 홀뫼 日頭 히 ○ 나란 日光 히ㅅ빗 ○ 나란 ㅜ 거럴。

『倭語類解』:

天하ᄂᆞᆯ텬/뗀 ○ 소라/又云아메 日날일/ᄉᆡ쯔 ○ 히 月둘월/계쯔 ○ 즈기 日일/
ᄉᆡ쯔 蝕식/쇼구, 쇽 ○ 닌쇼구 月월/계쯔 蝕식/쇼구,쇽 ○ 괄쇼구 日일/ᄉᆡ쯔
暈:운/운 ○ 히노가사 月월/계쯔 暈:운/운 ○ 즈기노가사 星별셩/셰이 ○ 호시
老로 人인 星셩 ○ 로우신셰이

이상 표제어의 배열 순서에서 볼 수 있다시피 諸辭典類들이 모두 漢
語를 표제어로 삼고 있으며 倭語類解는 漢語는 아니지만 漢字語를 표
제어로 삼고 있다. 이것은 시대적으로 辭典 편찬 당시 비록 滿洲族이
지배민족인 淸나라 시기이지만 漢語가 通用語의 위치를 확고히 차지하
고 있었음을 말해준다. 한편 外國語 對譯語도 대부분 한글로 轉寫한
것은 우리나라 사람들이 이용하는 데 편리하도록 한 것으로 추정되며
또한 당시 외국어 학습에 있어서 文字나 文語보다 口語의 습득에 치중
하지 않았나 하는 느낌이 들기도 한다. 그런데 조선시대 譯科 試驗에서
는 漢學에서만 구두시험(背講) 형식을 취하고 기타 三學에서는 오히려
필기시험(寫字) 형식으로 科試가 치루어졌는데, 이에 대한 보완 효과를
시도하였을 가능성도 없지 않을 것이다.

(2) 外國語 〉 한문/우리말

이상 外國語辭典類에서 해당 외국어를 표제어로 한 경우가 극히 적은데 그 예를 들어 보면 우선 『同文類解』와 『蒙語類解補』의 뒷부분에 수록된 "語錄解"가 그것이다. 여기서는 해당 외국어를 표제어로 하고 漢文으로 그 뜻을 적은 다음 우리말 對譯語와 한어 및 외국어 예문을 실었다. 편의상 해당 외국어를 로마자로 전사한 것을 인용하기로 한다.

『同文類解』語錄解:
be: 把字, 將字, 卽을字意。又以字, 用字, 卽뼈字意。又令字, 敎字, 卽으로字意。又也字。如云: 將他領了去 terebe gaifi gene。以何爲根本 ai be fulehe da obumbi。師傳說了敎你去 sefu simbe gene sehe。如接虛語用, 已然。未然者, 俱可接be。其i, ni, de, me, ci, fi等處字之下, 不可用be字。若係整語, 如: bayan wesihun之類, 直用be字。又有連寫者, 必用m字帶下, 如: gisumbe, cembe, mimbe之類。亦有整語, 如勤曰: kicebe, 好了曰: yebe之類, 是也。凡遇dahame, ai hendure之上, 必用be字。凡書法, 不可以be字提寫一行之首, 至於de, ci, se, i, ni, kai等字, 亦然。此等字, 用於連字之頭者, 名曰整字, 或有用於中, 有用於尾, 及單用者, 方爲虛字解。淸話字尾, 無聯虛字者, 是令人之詞也。(朴恩用:1968;188)

『蒙語類解補』語錄解:
−ni, −yi, −ban(−ben): 俱是把字, 將字, 卽을字意。又以字, 卽뼈字意。又令字, 敎字, 卽으로字意也。如云: 將他領了去 tegün−i abuju od 師傳說了敎你去 baγsi čimayi od kemebe 壹是皆以修身爲本 neyite čöm beyeben jasaqui−yi uγ bolγamui。(로마자 轉寫는 金炯秀:1974;383 참조)

이 외에도 外國文字가 등장하는 예로는 『倭語類解』의 倭語口訣과 『漢淸文鑑』의 滿文 대역어가 있고, 그 밖에는 『古今釋林』에 수록된 '蒙語錄解' · '淸語錄解' · '倭語口訣' 등에서 찾아 볼 수 있다. 그중 『倭語類解』의 倭語口訣을 예로 들어 보면 다음과 같다.

『倭語類解』 倭語口訣:

隱은 ○ ワ 萬만 ○ バカリ 伊이 ○ ガ 也야 ○ コソ 可가 カ 乙을 ○ オ 厓ᄋᆡ ○ ニ 五오 ○ ゾ 臥와 ○ ド 大ᄃᆡ ○ ヨツテ 刀도 ○ モ 代ᄃᆡ ○ トモ 叱乙 ᄲᅮᆫ○ ノミ 羅隱란는 ○ ニワ 乙奴으로 ○ カラ 刀彔도록 ○ ホト 爲尼ᄒᆞ니 ○ タガ 爲也ᄒᆞ야 ○ シテ 爲面ᄒᆞ면 ○ スレバ 爲古ᄒᆞ고 ○ トテ 爲料ᄒᆞ료 ○ ゼウゾ 爲那ᄒᆞ나 ○ スレトモ 爲厓 ᄒᆡ○ ヤ 爲羅ᄒᆞ라 ○ セイ 乎代호ᄃᆡ ○ シテモ 故奴고로 ○ ユヱ 爲隱只ᄒᆞᆫ지 ○ スルヤラ 爲乙可ᄒᆞᆯ가 ○ ゼウカ 爲乙也ᄒᆞᆯ야 ○ スルカ 爲乙西ᄒᆞᆯ셔 ○ スルナラ 爲可尼ᄒᆞ더니 ○ シタニ 爲多可ᄒᆞ다가 ○ イタシテ 爲巨乙 ᄒᆞ거를○ イタシラ(이하 생략)

多重言語辭典인 『古今釋林』에 수록된 倭語口訣에는 이상 예문에 보이는 漢字 표제어와 日文 사이의 한글 대역어가 모두 삭제된 것으로 나타난다.(본서 제6장 제3절 참조)

5.2 標題語의 분류 방법

이상 辭典類들은 대부분 部類에 의한 편찬 방법을 사용하고 있다. 즉 『同文類解』에서는 上卷에 26部類, 下卷에 29部類, 총 55개 部類로 구분을 하였다. 『漢淸文鑑』은 正編은 36部 292類로 되어 있고 補編은 23類로 되어 있다. 『蒙語類解』는 上・下卷을 54개 部類로 구분하였고 『倭語類解』는 53개 部類로 구분하였다. 그중 『同文類解』의 예를 들어 보면 다음과 같다.

上卷 26개 部類:

天文・時令・地理・人倫・人品・身體・容貌・氣息・性情・言語・動靜・人事・宮室・官職・官府・城郭・文學・武備・軍器・政事・禮度・樂器・孕産・梳洗・服飾・飮食 등.

下卷 29개 部類:
田農・米穀・菜蔬・果品・疾病・醫藥・喪葬・寺觀・佃漁・器具・
匠器・舟車・鞍轡・算數・珍寶・布帛・賣買・爭訟・刑獄・國號・
戲玩・罵辱・飛禽・走獸・水族・昆蟲・樹木・花草・雜語 등.

辭典의 편찬에 있어서 部類에 의한 이러한 분류 방식은 우리나라에서
간행된 최초의 中國語辭典으로 추정되는『譯語指南』에서 그 근거를
찾아 볼 수 있으며 더 거슬러 올라가면 중국의 영향을 받은 것으로 추정
된다.(본서 제6장 제1절 참조)

5.3 標題語의 구성 특징

이상에서 살펴본 外國語辭典類는 시대적으로 대부분 18세기 중엽에
편찬된 것임을 알 수 있다. 따라서 실용성을 고려하여 이러한 辭典類들
에 수록된 외국어와 한어 표제어가 그 시대에 사용되고 있던 언어를 반
영하고 있을 것으로 추정된다. 선행 연구에 의하면『同文類解』의 滿洲
語는 安命說의 서문에서 기술한 바와 같이 편찬 당시『淸文鑑』(1708)・
『大淸全書』(1683)・『同文廣彙』(1693) 등을 참조하였으므로 그 시기의
만주어를 반영할 것으로 짐작된다. 특히 御製인『淸文鑑』의 출간으로
만주어 표기법의 규범이 마련되었으므로『淸文鑑』에 기술된 만주어의
영향을 직접 받았을 것으로 추정된다.(成百仁:1999;14)『蒙語類解』의 蒙
古語 어휘는 대체로 위구르문자로 씌어진 소위 古典蒙古語의 文語形과
같고 거기에 口語의 요소가 가미되었다. 특히 당시 淸朝와 관계가 밀접
한 東部蒙古語의 18세기 상황을 반영하고 있는 것으로 추정된다.(宋基
中:1985;337~388)『倭語類解』의 경우,『通文館志』에서 기록한 바와 같
이 저자 洪舜明이 일본인 雨森東의 質正을 받은 것이라면 대체로 18세

기 전후의 日本語를 반영할 것으로 추정할 수 있다.

본고에서는 주로 漢語 표제어를 중심으로 그 특징을 살펴보기로 한다. 상기 외국어사전류의 한어 표제어들은 수록된 범위와 부류의 배열 순서 등에서는 일정한 차이를 보이나 기본 체재가 大同小異하므로 본고에서는 편의상 『同文類解』를 중심으로 그 특징을 살펴보기로 한다.[6]

(1) 1음절 이상의 어휘

이상 외국어 辭典類들의 한어 표제어를 살펴보면, 正統 漢文에서 단음절 어휘가 대부분인데 비해 2음절 이상의 어휘가 대다수를 차지하고 있어 주로 구어체의 특징을 반영한 漢語 白話文의 어휘를 수록한 것임을 짐작할 수 있다. 外國語辭典類 중에서 『倭語類解』만 기타 辭典과 달리 漢語 어휘가 아닌 漢字語를 수록하였는데 여기의 1음절 단어가 다른 辭典들에서는 2음절 단어로 표현된 것을 보아도 이들이 백화문의 특징을 반영하고 있음을 쉽게 발견할 수 있다. 그 일부를 예로 들어보기로 한다.(전자는 『倭語類解』의 것이고 후자는 『同文類解』의 것임.)

天〉天道, 日〉日頭, 月〉月兒, 早〉早朝, 晚〉晚上, 冷〉寒冷, 凉〉凉快, 溫〉暖和, 熱〉熱啊 등.

이처럼 外國語辭典類에서는 대부분 2음절 또는 그 이상의 음절로 이루어진 漢語 백화문 어휘들이 수록되었다. 漢語 백화문 특징을 반영하는 그 예들을 일부 들어 보기로 한다.

(2) 접사

－頭: 地頭(짜)上6b, 嶺頭(재)上7b, 岸頭(언덕)上7a, 上頭(우히라)上9a, 舌

6) 類解類 譯學書의 표제어 部類에 대한 비교분석은 鄭光(1978)을 참고하기 바란다.

頭(혀)上15b, 磚頭(벽쟝)上3b 등.

- 兒: 棗兒(대쵸)下5a, 曲兒(곡됴)上52b, 衫兒(젹삼)上52b, 鬼臉兒(탈광대)
  上53b, 磨兒(돌매)下2a, 葉兒(닙)下44b 등.
- 子: 身子(몸)上14b, 辮子(호숑치)上14b, 城子(셩)上40a, 袖子(ᄉ매)上
  56a, 鞋子(신)上58a, 餃子(조약)上59a 등.
- 的: 我的(나의)下50b, 誰的(뉘것)下51a, 新的(새것)上56b, 養漢的(군나
  히)上14a, 砍頭的(목버힐놈)下33b 등.
- 們: 我們(우리)下50b, 你們(너희)下51a, 他們(저희)下51a, 同年們(同類)
  下12a, 大人們(신하들)上37a, 孩子們(아히들)上12a 등.
- 得: 認得(사롬아다)上20a, 覺得(씨둧다)上20a, 懂得(씨티다)上20a 등.

阿-: 阿哥(형아ᄒᄂᆞᆫ말)上11b 등.

老-: 老虎(범)下36b, 老鴉(가마귀)下35a, 老爺(老爺)上37b 등.

(3) 조사

- 了: 凍了(어다)上5b, 消了(녹다)上5b, 不要了(슬타)下50a, 鎖了(ᄌᆞ무다)
  下13a, 死了(죽다)下9b, 煮了(숢다)上60a 등.
- 着: 坐着(안즈라)上25b, 臥着(눕다)上27b, 等着(기ᄃᆞ리다)上27a, 綁着
  (결박ᄒᆞ다)下30b 등.
- 過: 喫過了(먹엇다)上62a 등.
- 啊: 胖啊(슬찌다)上18a, 中啊(맛다)上48a, 鈍啊(무되다)上48b, 輕啊(가
  비얍다)下22a, 多啊(만다)下22a, 過啊(과ᄒᆞ다)下57b 등.
- 呢: 在罷呢(이시라)上61a, 怎麼呢(어이ᄒᆞ리)下47b 등.
- 麼: 管你麼(네아랑곳가)下49b, 好麼(평안ᄒᆞ냐)上31a, 有麼(잇ᄂᆞ냐)下
  51b, 沒了麼(업ᄂᆞ냐)下52a 등.
- 罷: 去罷(가라)上27a, 來罷(오라)上27a, 喫罷(먹으라)上62a, 求請罷(구
  쳥ᄒᆞ라)上33b 등.
- 呀: 罷呀(마라)下49b 등.

(4) 기타 백화문 품사

1) 전치사

- 比: 比我(내게셔)下50b; - 把: 把你(너를)下51a; - 被: 被拿住(잡히이다)
上29a, 被搶了(앗기이다)下30a; - 敎: 敎臥(누이다)上27b 등.

2) 의문대사

怎麼(무슴)下47b, 甚麼(엇던)下47b, 怎樣(어인)下47b, 怎麼樣(엇지ᄒ리)下
47b, 多少(언머니)下61a, 那裏(어듸)下61a 등.

3) 기타 대사

我(내)下50b, 你(너)下50b, 他(저)下51b, 這樣(이리)下48a, 那樣(뎌리)下
48a, 這裏(여긔)下47b, 這箇(이)下51a, 那箇(져)下51a 등.

4) 量詞

- 些: 長些兒(길즈기)下54a, 溫些(밍근ᄒ다)上62b, 剩一些(남기다)下58b
등.

5) 부사

悄悄的(ᄀ만이)下60b, 緊緊的(잔득)下53b, 漸漸的(졈졈)下52a, 多多的(ᄀ
득)下49a, 別(말라)下49b 등.

(5) 다양한 결합 형태

1) 주술 관계

東/開了(동트다)上2b, 心/歪了(ᄆᆞ음기우다)下33b

2) 동목 관계

叫/名子(일홈브르다)上25a, 說/滿洲話(淸語ᄒ다)上24a

3) 수식 관계

我的/東西(내것)下50b, 悄悄/說(ᄀ만이말ᄒ다)上24b, 吆喝着/賣(워겨ᄑ

다)下26b, 哈哈/大笑(허허大笑ᄒᆞ다)上25a 등.

4) 보충 관계

① 방향보어: 吊/下來(떠러지다)下54b, 進/來(드러오다)上27a, 採回/來(쓰어두로다)下29a, 趕/出去(쪼차내치다)上30a 등.

② 결과보어: 破/透了(뚜러지다)上56b, 穿/上(닙다)上57a, 添/上(더ᄒᆞ다)下22b, 塡/滿(메다)下53a, 裂/開(터지다)下53a, 看/見(보다)上28a 등.

③ 가능보어: 趕不上(ᄯᆞ라밋지못ᄒᆞ다)上46a 등.

④ 정도보어: 睡的狠(즘겹다)上27b 등.

5) 동사 중첩 형태

輳輳(모도다)上30a, 聞聞(내맛다)上62a, 歇歇(쉬다)上27b, 刮刮(긁다)上59b, 灑一灑(거르다)上60a, �章一熗(더이다)上62b, 磨一磨(매ᄀᆞ다)下2a, 簸一簸(까부다)下2b 등.

이처럼 漢語 標題語에는 어휘의 범위를 벗어나 다양한 관계의 단어결합 형태가 수록되어 있으며 대부분 백화문의 특징을 반영하는 것들이다.

한편 중국의 方言에서 근거를 찾아 볼 수 있는 특수한 어휘들도 찾아 볼 수 있다. 그 예로 '紅姑娘(ᄯᅩ아리:下4b)'은 '酸漿果'(꽈리)와 같은 뜻으로 中國의 東北地域에서 현재도 사용되고 있는데 『東北方言詞典』(2005;105)에서는 '菇娘兒'라고 적고 元代 蒙語라고 해석하고 있다. 그리고 '巴白(똥:上17b)', '八子(陰門:上17b)' 등 현재 북방지역의 俗語에서 찾아 볼 수 있는 어휘들도 적지 않게 수록된 것으로 보인다. 또한 '哥哥(上10b)'의 대역어는 '형'으로, '兄兄(上30b)'의 대역어는 '兄노릇ᄒᆞ다', '兄弟(上10b)'의 대역어는 '아ᄋᆞ', '弟弟(上30b)'의 대역어는 '아ᄋᆞ노릇ᄒᆞ다'라고 한 것 등은 현대중국어의 사용법과 차이를 보이며 따라서 이러한 어휘들은 당시 漢語의 실태를 분석할 수 있는 흥미로운 자료들을 제공하고

있다.[7]

6 맺음말

이상 고찰을 통하여 조선시대 우리나라에서 편찬된 外國語辭典들은 그 종류가 다양하고 내용이 풍부하여 당시의 外國語 사용 실태를 고찰하는 귀중한 자료를 제공하고 있음을 알 수 있다. 특히 본고에서 살펴본 바와 같이 이 자료들에 실린 漢語 標題語에는 당시의 한어, 특히 북방지역에서 사용되던 白話文의 어휘 및 문법적 특징을 반영하는 언어사적 자료가 담겨져 있음을 짐작할 수 있다. 게다가 중국 자체에서는 당시의 구어체 辭書나 語彙集이 편찬되지 않았기 때문에 이러한 사전들이 당시에 실제로 사용되고 있던 漢語를 연구하는 데 있어서 중요한 자료가될 것이다. 또한 外國語辭典類들은 대부분 漢語 또는 漢字語를 표제어로 하고 우리말과 해당 외국어의 對譯語를 첨부하고 있어 比較言語學的 자료로서도 특별한 가치를 지닐 것으로 보인다.

※ 이 논문은 「朝鮮時代 外國語辭典類에 대한 考察」이란 제목으로 〈中國學研究〉 (中國學研究會) 제37집(271~292)에 실린 것을 수정한 것이다.

---

7) 宋基中(1985;348)에서는 3개 類解書(『蒙語類解』·『同文類解』·『譯語類解』)에 오늘날 中國語에서 사용되지도 않고 현재까지 간행된 어떤 辭書에도 수록되지 않았다는 이른바 不明語의 예를 다음과 같이 들고 있다. 즉 "天杠(무지개)·初一站(초하루)·十五站(보름)·歪水(물뜨다)· -巴剌(-쪽/-편)·駁辭(말을 거슬다)" 등이 그것이다. 그런데 이상 어휘들 중에서 '天杠'은 현재 중국 동북지역에서 방언으로 지금도 사용하고 있고 '-站'은 시간을 나타내는 표현으로 현재 '多咱'(언제/어느 때)로 사용되는 '-咱'과 관련이 있는 것으로 보인다. 이 용어가 『蒙語類解』에서는 '多站'(下39b)으로 표기되었다. 그리고 '歪水'는 '揉水'라는 표현으로 중국 북방지역에서 지금도 사용하고 있으며 '-巴剌' 역시 현재 북방지역 방언의 '-布啦' 또는 '-邊兒' 등과 같은 표현에서 그 흔적을 찾아 볼 수 있는바 '西布啦'(서쪽)·'左邊兒'(왼쪽) 등과 관련이 있는 것으로 추정된다.

多重言語辭典類

1 서론

우리나라에서는 역사적으로 외국어 교육을 위하여 이른바 譯學書라는 외국어 교재들이 사용되었으며 이에 따른 참고서로 각종 辭典類들이 편찬되었다. 앞에서 살펴본 바와 같이 이러한 外國語辭典類들은 대부분 漢語 또는 漢字語를 표제어로 하고 한글 解釋과 해당 외국어 對譯語를 첨부하였으므로 多重言語辭典의 성격을 띠고 있다고 말할 수 있다. 그러나 본격적으로 多重言語를 다룬 사전류로는 『古今釋林』과 『方言類釋』을 꼽을 수 있을 것이다. 본 연구에서는 주로 이 두 자료의 편찬 경위와 체재, 그리고 漢語 표제어의 특징 등에 대하여 고찰하고자 한다.

2 多重言語辭典의 편찬

2.1 『古今釋林』

이 책은 正祖 13年(1789)에 李義鳳[1] 개인이 편찬한 40卷 20冊에 달하

---

1) 李義鳳(1733~1801)은 조선 후기 文臣이다. 자는 伯祥, 호는 懶隱이며 본관은 全州이다. 1773년(영조 49)정시문과에 급제, 부수찬·교리·信川군수 등을 지냈다. 1791년 검토관으로서 경연관을 겸하였고, 이듬해 좌승지가 되었다. 1799년에 사간원대사간, 1800년에는 공조참판을 지냈다. 저서로 『山川志』·『나은예어』 등이 있다.

는 방대한 분량의 多重言語辭典이다. 이 책의 현존본은 筆寫本으로서 크기는 28.8cm×19.6cm이며 현재 서울대학교 奎章閣(奎12253)에 소장되어 있다. 그리고 1977년 서울 亞細亞文化社에서 4권으로 된 影印本을 간행하였다. 이 책의 편찬 경위에 대해서는 卷首에 실린, 自序에 해당되는 '小題'를 통해 자세히 살펴볼 수 있다.

予於庚午冬年十八, 始閱『朱子語類』及『四書小註』, 苦語錄難解, 有人授以鄭抱翁所編溪門『語錄解』, 不啻昏衢之燭, 而又患所解之不廣. 傍搜朱文箚疑、近思心經釋疑、退栗文集及字彙、字典、禮部韻等書而釋之, 名之曰'增註語錄解', 書未脫藁, (중략)遂藏之巾笥.

－나는 경오년 겨울 열여덟 살 때 朱子語類와 四書小註를 처음 읽기 시작하였는데 語錄이 난해하여 어려움을 겪었다. 어떤 이가 鄭抱翁이 편찬한 퇴계 문하의 語錄解를 주었는데 이해가 잘 되지 않을 뿐만 아니라 해석의 폭이 넓지 않아 고생을 하였다. 그리하여 朱文箚疑・近思心經釋疑・退栗文集及字彙・字典・禮部韻 등 책의 어휘들을 더 수집하여 주석을 달고 '增註語錄解'라 書名을 붙이었다. 이 책은 미처 탈고를 하지 못하고(중략) 상자 속에 넣어 두게 되었다－

歲戊申, 兒子泌淵從仲命受庸學或問, 仍閱小註又苦語錄難解, 時時叩問, 遂搜巾笥得三十九年前未脫之藁, 俾卒其業. (중략)遂求二十八代全史及宋元明淸、我東先儒文集雜識、三學譯語萬有餘篇, 抄其屬於方言語錄者而註之, 又倣『爾雅』而廣其目, 名之曰'古今釋林'. 書亦未脫藁外補信川郡, 倩手精寫授之泌淵, 卽己酉夏也, 泌淵年又十八. 己酉季夏上浣, 懶隱李義鳳題.

－무신년(1788)에 이르러 아들 泌淵이 仲命을 따라 중용지학을 배우면서 늘 질문을 하였는데 여전히 小註를 읽으면서 語錄이 난해하여 괴로워하며 자주 질문을 하였다. 그리하여 39년 전에 탈고하지 않고 상자에 넣어둔 원고를 찾아 작업을 마무리하게 되었다.(중략) 그리하여 二十八代全史와 宋元明淸과 우리나라 先儒들의 文集 雜識와 三學의 譯語 등 만여 편을 구하여, 方言과 語錄에 속하는 것들을 베끼어 주석을 달았다. 그리고 爾雅를 모방하

여 널리 목록을 달고 '古今釋林'이라 이름지었다. 책이 미처 탈고하기 전에 信川郡으로 발령을 받아 남의 손을 빌려 원고를 精書하여 泌淵에게 주었다. 때는 바로 己酉년(1789) 여름이고 泌淵의 나이 또한 열여덟 살이 되었다. 기유년 여름 상순 懶隱 李義鳳이 적다―

이상 기술에 의하면 저자가 18세 되던 庚午年(1750) 겨울에 처음 『朱子語類』와 『四書小註』를 읽게 되었는데 그중 어려운 말들이 많아서 『語錄解』를 비롯한 여러 책을 보고 스스로 『增註語錄解』를 편찬하였으나 미처 출간을 못하고 상자에 보관해 두었다. 그 후 戊申年(1788)에 이르러 장성한 아들이 공부를 하면서 역시 語錄이 난해하여 어려움을 겪는 것을 보고 상자에 넣어 둔 원고를 다시 꺼내 그 내용을 대폭 늘려서 己酉年(1789) 여름에 드디어 『古今釋林』을 완성하였음을 알 수 있다. 그러나 역시 정식 출간은 못하고 남의 손을 빌려 필사하였으며 지금도 筆寫本으로 전해지고 있다. 그러므로 이 책은 저자가 근 40년에 걸쳐 많은 공력을 들인 결실임을 짐작할 수 있다.

이 책의 편찬 체재는 약 1,500종의 문헌에서 수만 개에 달하는 어휘들을 수집하여 11개 항목으로 나누고 字類에 따라 분류를 한 다음 同一字類에서 다시 釋天·釋地·釋親·釋心·釋形·釋聲·釋名·釋氣 등과 같이 下位 분류를 하였다. 그리고 대부분 漢文으로 주석을 붙였으며 우리말 吏讀과 訓民正音을 '附錄'(12)과 '附'(13)로 첨가하였다. 이 책의 내용 구성을 순서에 따라 간단히 살펴보기로 한다. 우선 '小題'(自序)와 '目錄'에 이어 '引用子書'가 있는데 1,500종에 가까운 인용 書名이 나열되어 있다. 이어지는 本文 내용은 다음과 같다.

(1) 別國方言(권1~2): 漢代 楊雄2)의 『方言』과 晉代 郭璞3)의 『方言注』를 근거로 中國 각 지방 方言의 특수한 어휘를 모아 字類(一字類~六字類)

로 나누고 다시 동일 字類에서 部類를 나눈 다음 漢文으로 해석을 하였다.

(2) 歷代方言(권3~13): 中國語 역대 방언을 모아 字類(一字類~六字類)로 나누고 다시 동일 字類에서 部類를 나눈 다음 漢文으로 해석을 하였다.

(3) 洛閩語錄(권14~15)/洛閩語錄續錄(권16~17): 李滉·柳希春·宋浚吉 등의 해석을 참고하면서 程朱學 語錄[4]에 주석을 단 것이다. 먼저 字類(一字類~七字類)에 따라 나누고 다시 동일 字類에서 部類를 나눈 다음 대부분 漢文으로 해석을 하였으며 일부만 한글로 音義를 표기하였다.

(4) 道家語錄(권18): 道敎 관련 어휘를 수집하여 字類(一字類~四字類)로 나누고 다시 동일 字類에서 部類를 나눈 다음 漢文으로 해석을 하였다.

(5) 釋氏語錄(권19~21): 佛敎 관련 어휘를 수집하여 字類(一字類~九字類)로 나누고 다시 동일 字類에서 部類를 나눈 다음 漢文으로 해석을 하였다.

(6) 傳奇語錄(권22): 洛閩語錄과 華漢譯語를 참고하고『五倫全備諺解』등의 해석을 인용하여 중국 傳奇小說에 나오는 난해어를 字類(一字類~十四字類)로 나누고 다시 동일 字類에서 部類를 나눈 다음 한글 또는 漢文으로 해석을 하였다.

(7) 華漢譯語(권23~26): '漢語集覽字解'와『譯語類解』·『譯語類解補』·『漢淸文鑑』등에 나오는 中國語 어휘를 모아 字類(一字類~六字類)로 나누고 다시 동일 字類에서 部類를 나눈 다음 한글 또는 漢文으로 해석을 하였다.

(8) 東韓譯語(권27~28): 신라 이후 國語 어휘들을『鷄林類事』등 여러 문헌에서 모아 字類(一字類~七字類)로 나누고 다시 동일 字類에서 部類를 나눈 다음 漢文으로 해석을 하였다.

---

2) 楊雄(B.C.53~A.D.18)의 字는 子雲, 西漢 시기 문장가이며 언어학자, 그의 저서『方言』(전칭『輶軒使者絶代語釋別國方言』)에는 西漢 시기 각 지방의 방언들을 수록하여 해석하였다.

3) 郭璞(276~724)의 字는 景純, 東晋 시기의 문장가이며 訓詁學者, 그의 저서『方言注』는 晉代 언어로 古語를 해석한 訓詁書이다.

4) 程顥·程頤 형제가 洛陽人이므로 그들의 학설을 洛學이라 하고 朱熹가 福建(閩) 출신이므로 그의 학설을 閩學이라 한다. 따라서 洛閩語錄은 곧 程朱學 語錄을 지칭하는 것이다.

(9) 三學譯語(권29~34): 『蒙語類解』・『同文類解』・『倭語類解』 등에서 같은 의미의 어휘들을 선택하여 해석을 하였다. 漢語 표제어를 字類(一字類~八字類)로 나누고 다시 동일 字類에서 部類를 나눈 다음 우리말・蒙語・淸語・倭語의 순으로 대역어를 적었는데 대부분 한글을 사용하였고 일부는 漢文으로 해석을 하였다. 그리고 권34에 수록된 '蒙語錄解'와 '淸語錄解'는 외국어(외국문자)를 표제어로 하고 한글 또는 한문으로 해석을 적었다. 그 외 '倭語口訣'과 한글로 일본문자의 일부 발음을 표기한 '伊呂波間音'이 실려 있다.

(10) 四夷譯語(권35~38): 漢字로 표기된 安南・暹羅・金・遼 등의 어휘를 모아서 字類(一字類~七字類)로 나누고 다시 동일 字類에서 部類를 나눈 다음 漢文으로 해석을 하였다.

(11) 元明吏學(권39~40): 明 徐元瑞의 『吏學指南』과 최세진의 『吏文集覽』을 인용하여 吏文의 특수 어휘를 字類(一字類~八字類)로 나누고 다시 동일 字類에서 部類를 나눈 다음 漢文으로 해석을 하였다.

(12) 附錄 羅麗吏讀(권40): 吏讀에 사용되는 助詞 및 語尾 등을 모아 字類(一字類~九字類)로 나누고 다시 동・일 字類에서 部類를 나눈 다음 한글로 해석을 하였다.

(13) 附 訓民正音(권40): 최세진의 『訓蒙字會』凡例 끝에 있는 諺文字母를 수록하였다.

이상 내용을 통해 알 수 있는 바와 같이 『古今釋林』은 방언을 비롯한 다양한 中國語 어휘에 대한 해석이 대부분을 차지하고 있으나, 中國語 외의 기타 언어에 대한 해석도 망라하고 있어 多重言語 辭典으로서 특별한 가치를 지니고 있다. 즉 中國語를 비롯한 梵語・契丹語(遼)・女眞語(金)・蒙古語・滿語(淸)・日本語・安南語(베트남어)・暹羅語(태국어) 등 당시 우리나라에 알려진 모든 語種이 망라되어 있다고 말할 수 있다.

2.2 『方言類釋』

　『方言類釋』은 漢·韓·淸·蒙·倭語의 多重言語 對譯語彙集이다. 이 책은 조선 正祖 2年 戊戌年(1778)에 奎章閣提學인 徐命膺[5]이 주관하고 譯官 洪命福[6] 등에 의하여 司譯院에서 편찬되었다. 現存本은 서울대학교 古圖書(古0270-9)에 소장되어 있는데 徐命膺의 文集인 『保晩齋剩簡』에 第24冊과 第25冊으로 수록된 4권 2책의 筆寫本이다.

　이 책은 半廓의 크기가 26.5cm×18.9cm이고 四周雙邊에 10行 20字로 되어 있는데 本文의 夾註는 雙行으로 1行에 36字이다. 版心魚尾는 上黑魚尾이고 上黑魚尾의 上段 白口 자리에 '奎章韻瑞'라는 版心題가 있다. 魚尾와 張次 사이에 卷1은 '申部 方言', 卷2는 '酉部 方言', 卷3은 '戌部 方言', 卷4는 '亥部 方言'이라 씌어 있다. 앞의 冊에는 保晩齋剩簡目錄引·方言類釋序·方言類釋目錄 순으로 각각 2장씩 있고 이어서 方言類釋 卷1이 시작된다. 卷1이 36장, 卷2가 32장, 卷3이 30장, 卷4가 46장으로서 앞부분의 目錄引·序文·目錄을 합하면 모두 150장이다. 『方言類釋』의 편찬 경위는 徐命膺의 序文을 통해 알 수 있다.

> 我國西通中州, 北隣淸蒙, 南連倭蠻, 使盖來往, 幾乎無年不相接。 故朝廷設置司譯院, 肄習漢淸蒙倭之方言。 (중략) 然四國方言今已不古, 殆有甚於楊子·雲之關中言。 故平時雖勤於講習, 及與四國人相接, 率不得措一

---

5) 徐命膺(1716~1787), 조선 후기의 문신·학자이다. 본관은 達成, 자는 君受, 호는 保晩齋·澹翁이다. 아버지는 이조판서를 지낸 宗玉이고, 영의정 命善이 동생이다. 1754년(英祖30) 增廣文科에 급제하여 벼슬이 判中樞府事·守禦使에 이르렀고 1780년에는 奉朝賀가 되었다. 저서로는 『保晩齋集』·『保晩齋叢書』·『保晩齋剩簡』 등이 있다.

6) 문헌 기록에 의하면 洪命福은 1733년(英祖 9年)에 태어나 首譯과 資咨官 등을 거친 譯官으로 『譯科榜目』의 乾隆癸酉式年條에 "洪命福, 字敬受, 癸丑生, 本南陽, 漢字敎誨嘉義同樞 大成子"라는 기록이 있다.(홍윤표:1993;163)

辭。夫何故? 所習非所用也。上之二年戊戌, 旣撰『奎章韻瑞』, 復命臣率
舌官洪命福等, 博采漢·淸·蒙·倭之方言今時所用者, 分門彙類, 以我
國諺文釋之, 且附以中州鄕語, 名曰'方言類釋'。(중략)是書與『韻瑞』同時
進獻, 而自戊戌至于今四年之間, 朝廷多事, 尙未有刊布之命。(후략)
－ 우리나라는 서쪽에는 中州와 통하고 북쪽에는 淸과 蒙이 인접해 있으며
남으로는 倭와 蠻이 연결되어 있으므로 使臣들의 내왕이 해마다 거의 끊이
지를 않는다. 그러므로 朝廷에서는 司譯院을 설치하여 漢·淸·蒙·倭의
언어를 습득하는 데 힘을 기울였다.(중략) 그러나 四國의 언어는 오늘날
이미 옛 언어가 아니므로 거의 楊子雲의 關中語보다 더 난해하게 되었다.[7]
그러므로 평소 비록 부지런히 講習을 하여도 정작 四國 사람들과 상대를
하면 거의 말 한마디로 제대로 못한다. 무슨 까닭인가? 이는 배운 언어가
소용되지 않는 것들이기 때문이다. 正祖 2年 戊戌年(1778)에 奎章韻瑞를
이미 편찬하였는데 (임금께서) 또 臣에게 命하여 譯官 洪命福 등을 거느리
고 漢·淸·蒙·倭의 언어에서 현재 사용되고 있는 것들을 널리 수집하여
部類를 나누고 諺文으로 釋을 달도록 하였다. 그리고 中州鄕語를 첨부하여
'方言類釋'이라 이름을 지었다.(중략) 이 책은 韻瑞와 함께 進獻하였는데
戊戌年 이후 4년이 지났어도 朝廷에 일이 많아 아직 간행하라는 명이 내리
지 않고 있다.(후략)－

　이상 序文에 의하면 당시의 외국어 교육이 주변국 언어의 변화를 반영
하지 못하고 있어 실용성이 없음을 지적하고 실제로 사용되고 있는 제
언어를 수집하여 본 어휘집을 편찬하였음을 밝히고 있다. 그리고 이 책
은 『奎章韻瑞』와 함께 進獻되었지만 朝廷에 일이 많아서 戊戌年 이후
4년이 지났어도 간행되지 못하였고 결국 筆寫本으로 남게 된 원인을
적고 있다.
　이 책의 편찬 체재는 天文·時令·地輿 등 모두 87개 部門으로 유형

7) 楊子雲(B.C.53~A.D.18)의 본명은 楊雄, 西漢 시기 문장가이며 언어학자, 그의
　저서 『方言』(전칭 『輶軒使者絶代語釋別國方言』)에는 西漢 시기 각 지방의 방언
　들을 수록하여 해석하였다.

을 나누고 漢語를 標題語로 하였다. 漢語 표제어에 한글로 뜻풀이를
하고 漢字마다 중국어 발음을 한글로 적은 다음 淸 · 蒙 · 倭語의 순서
로 對譯語를 한글로 표기하였는데, 일부 외국어는 해당 대역어가 빠진
경우도 발견된다. 標題語는 모두 5,200개를 수록하였는데 그중 31개 部
門의 말미에 실려 있는 '中州鄕語' 194개는 중국어 발음만 한글로 표시
하고 釋은 漢文으로 달았다.(홍윤표:1993;153) 이 책이 편찬될 당시『譯語
類解』·『同文類解』·『蒙語類解』등이 간행되어 있었으므로 이 자료
들이 본서의 편찬에 이용되었을 것으로 짐작된다.

3 편찬 체재와 標題語의 특징

3.1 편찬 체재

(1) 部類에 의한 분류

우리나라에서 전해지는 외국어사전류들은 대부분 部類에 의한 편찬
방법을 사용하고 있다.『方言類釋』도 87개 部類로 유형을 나누었는데
卷1의 예를 들어 보면 天文 · 時令 · 地輿 · 尊卑 · 親屬 · 身體 · 容
貌 · 動靜 · 氣息 · 性情 · 言語 · 宮殿 · 朝會 · 政事 · 官職 · 陞黜 ·
人類 · 稱號 · 祭祀 등으로 구성되어있다. 그리고『古今釋林』에서는
먼저 字類에 따라 분류를 하였지만 同一 字類에서 다시 釋天 · 釋地 ·
釋親 · 釋心 · 釋形 · 釋聲 · 釋名 · 釋氣 등과 같이 部類에 따라 분류
를 하였다.

(2) 字類에 의한 분류

중국어를 제외한 기타 외국어 사전류 중에서『古今釋林』만 유일하게

字類에 따라 분류를 하였다. 즉 이 책에서는 附錄 부분의 訓民正音을
제외하고는 모두 철저히 字類에 의한 분류 방법을 사용하였다. 그 예를
하나만 들어 보기로 한다.

> 別國方言, 一字類, 釋地類:
> 墳: (紀)墳, 地大也。青幽之間凡土高且大者, 謂之墳。(解)卽大陵也。
> (補)水涯曰慎, 大防也。8)

우리나라에서 편찬된 辭典類 중에서 이러한 방법이 가장 먼저 사용된
것은 崔世珍의 『老朴集覽』인 것으로 알려진다. 字類에 의한 분류 방법
은 『古今釋林』 외에 그 전에 편찬된 鄭瀁本 『語錄解』(1657)와 그 후에
편찬된 『註解語錄總覽』(1888) 등 中國語辭典類에서도 찾아 볼 수 있다.

(3) 표제어 배열 순서
1) 漢語 〉 우리말 〉 外國語

우리나라에 전해지는 외국어사전류들은 外國語 습득을 위한 辭典임
에도 불구하고 대부분 漢語를 표제어로 하고 그 밑에 우리말 解釋을
적은 다음 해당 외국어 對譯文을 실었다. 또한 외국어도 대부분 한글로
轉寫를 하였다. 『方言類釋』에서도 이런 관례를 따른 것으로 나타나는
데 天文類의 예를 조금 들어 보기로 한다.

> 『方言類釋』 天文類:
> 天: 하늘. 漢: 天텬, 又天텬道돠/ 淸: 압카/ 蒙: 텅거리/ 倭: 소라
> 上天: 샹텬. 漢: 上샹天텬/ 淸: 덜기압카/ 蒙: 더거두텅거리/ 倭: 우예'소라

---

8) 이상 괄호 안의 '紀'는 楊雄의 주석이고 '解'는 郭璞의 해석이며 '補'는 저자의 보충
해석이다.(宋基中: 1993;42)

青天: 프른 하늘. 漢: 靑칭天텬/ 淸: 뇨혼압카/ 蒙: 쿠커텅거리/ 倭: 아오'소라
天文: 텬문. 漢: 天텬文운/ 淸: 압캐'슈/ 蒙: 텅거리'연'운하/ 倭: 텐몬
天河: 은하슈. 漢: 上샹天텬/ 淸: 덜기압카/ 蒙: 더거두텅거리/ 倭: 우예소라
天淸亮: 하늘 청명ㅎ다. 漢: 天텬淸칭亮량/ 淸: 덜압카'거훈/ 蒙: 텅거리'거
거건/ 倭: 소랑가기요시미시짜

이러한 배열 방식은 시대적으로 辭典 편찬 당시 中國語가 通用語의
위치를 차지하고 있었고 또한 우리나라 사람들이 이용하는 데 편리하도
록 한 것으로 추정된다.(본서 제6장 제2절 참조)

2) 外國語 〉 漢文/우리말
『古今釋林』의 권34에 수록된 三學譯語의 '蒙語錄解'와 '淸語錄解'에
서는 해당 외국어를 표제어로 하고 漢文 또는 한글로 그 뜻을 적었다.
그 예를 일부 들어 보기로 한다.

淸語錄解:
be: 把字, 將字, 卽을字意。又以字, 用字, 卽뻐字意。又令字, 敎字, 卽으
로字意。又也字。如云: 將他領了去 terebe gaifi gene。以何爲根本 ai be
fulehe da obumbi。師傅說了敎你去 sefu simbe gene sehe。如接虛語用,
已然。未然者, 俱可接be。其i, ni, de, me, ci, fi等虛字之下, 不可用be字。
若係整語, 如: bayan wesihun之類, 直用be字。又有連寫者, 必用m字帶
下, 如: gisumbe, cembe, mimbe之類。亦有整語, 如勤曰: kicebe, 好了曰:
yebe之類, 是也。凡遇dahame, ai hendure之上, 必用be字。凡書法, 不可
以be字提寫一行之首, 至於de, ci, se, i, ni, kai等字, 亦然。此等字, 用於連
字之頭者, 名曰整字, 或有用於中, 有用於尾, 及單用者, 方爲虛字解。淸
話字尾, 無聯虛字者, 是令人之詞也(朴恩用:1968;188)。

그리고 '倭語口訣'에서는 日文을 표제어로 하지는 않았지만 유일하게

일본문자(가다가나)가 등장한 것으로 나타난다.

倭語口訣:
隱○ワ 萬○バカリ 伊○ガ 也○コソ 可 力 乙○オ 厓○ニ 五○
ゾ 臥○ド 大○ヨツテ 刀○モ 代○トモ 兺○ノミ 羅隱○ニワ 乙奴
○カラ 刀枭○ホト 爲尼○タガ 爲也○シテ 爲面○スレバ 爲古○トテ
爲料○ゼウゾ 爲那○スレトモ 爲厓○ヤ 爲羅○セイ 乎代○シテモ
故奴○ユ고 爲隱只○スルヤラ 爲乙可○ゼウカ 爲乙也○スルカ 爲乙西
○スルナラ 爲可尼○シタニ 爲多可○イタシテ 爲巨乙○イタシラ(이하
생략)

이상과 같이『古今釋林』의 三學譯語 부분이 多重言語辭典類에서
유일하게 외국어문자를 그대로 수록한 사례이다. 三學譯語의 내용은 기
존 『同文類解』(語錄解)・『蒙語類解』(語錄解)・『倭語類解』(倭語口訣)
의 것을 인용한 것인데『蒙語錄解』는 원문과 대체로 비슷하나『淸語錄
解』는 첨삭이 많은 것으로 나타나며 특히 필사자가 몽고문자와 만주문
자에 대한 지식이 전혀 없었던 듯이 거의 해독이 어려울 정도로 외국문
의 필사가 조잡한 것으로 보인다.(宋基中:1993;44) 그리고 倭語口訣은 본
래『倭語類解』에서 漢字 표제어와 日文 사이에 한글 대역어가 있던
것이 여기서는 삭제되었다.

3.2 표제어의 특징

外國語辭典의 실용성을 고려하면 辭典에 수록된 외국어나 한어 표제
어가 그 시대에 실제로 사용되던 언어를 반영하고 있을 것으로 추정된
다. 본고에서는『方言類釋』의 중국어 표제어를 중심으로 그 특징을 살
펴보기로 한다.

우선 正統 漢文에서는 단음절 어휘가 대부분인데 비해 본서에는 2음절 이상의 어휘가 대다수를 차지하고 있어 白話體 한어의 어휘를 수록한 것임을 쉽게 짐작할 수 있다. 그 외에도 白話體 한어의 특징을 나타내는 표현 형태들을 많이 발견할 수 있다.

(1) 구어체 접사

－頭: 岸頭(언덕)1－10b, 上頭(우)1－11b, 外頭(밧)1－11b, 枕頭(벼개)3－9b 등.

－兒: 影兒(그림ᄌ)1－3b, 歌曲兒(노래)2－9b, 條兒(셰쵸씩)2－23a, 方勝兒(ᄉ면미쥬)2－23b, 板摺兒(너분주름)2－25a, 羅兒(깁체)3－11a, 塔兒(탑)3－18a 등.

－子: 沙子(모래)1－9b, 坑子(굴헝)1－10a, 氷筏子(셩에)1－11b, 底子(문셔본판)1－29a, 矮子(난장이)3－5b, 王八滓子(계집파ᄂ놈의삐)3－13b, 覆盆子(딸기)3－27a 등.

－的: 寬的(너른것)4－29b, 窄的(좁은것)4－29b, 圓的(둥근것)4－29b, 看命的(파ᄌ보ᄂ이)1－34a, 披甲的(군ᄉ)1－34a, 看墳的(묘직이)1－34a, 掌櫃的(뎐ᄉ방궤직이)1－34b, 養漢的(화냥이)1－35a 등.

－們: 咱們(우리들)4－30b, 那們(져들)4－30b 등.[9]

老－: 老大人(대인위ᄒᄂ말)1－35b, 老爺(벼슬ᄒᄂ사ᄅᆷ)1－35b, 老鸛鎚(쟝도리)3－29b, 老鴉(가마괴)4－11b, 老虎(범)4－13a 등.

(2) 구어체 조사

－了: 凍了(어다)1－11b, 笑了(웃다)1－21a, 倒了(업더지다)1－22a, 樂了(즐기다)1－23a 등.

－着: 坐着(안ᄉ다)1－19b, 站着(셔다)1－20a, 踢着(ᄉ지펴ᄇ리고업디다)1

---

9) 이러한 복수형태와 관련하여 『同文類解』(1748)에서는 "我們(우리)下50b・你們(너희)下51a・他們(저희)下51a・同年們(同類)下12a・大人們(신하들)上37a・孩子們(아히들)上12a" 등 다양한 형태들을 찾아 볼 수 있다.

－20b, 綁着(결박ᄒ다)3－15b, 扛着(메다)4－28b 등.

－過: 看過(보왓다)1－21b, 說過(닐럿다)1－25b, 念過(닑엇다)2－6a, 撒過
(살저어가다)2－14b, 喫過(먹엇다)3－2b 등.

－麽: 好麽(평안ᄒ냐)2－5b 등.[10]

(3) 기타 구어체 품사

1) 전치사

－往: 往前(앏흐로)1－12a, 往後(뒤흐로)1－12a 등.[11]

2) 부사

就是(곳이다)4－30a, 一槪(도모지)4－30b, 畢竟(ᄆ참내)4－30b, 一向(요ᄉ
이)4－31a, 一定(벽벽이)4－30a 등.

3) 의문사

怎麽(엇지)4－31a, 爭甚麽(언머나ᄲ뇨)4－32b 등.

4) 量詞

－些: 這些(이리)4－31b, 那些(져리)4－31b, 鬆快些(져기싁훤ᄒ다)4－34b,
上緊些(밧비ᄒ다)4－34b, 小遲些(져기지영이다)4－34b 등.

(4) 단어결합 형태

1) 다양한 문법관계

天道/變了(텬도변ᄒ)1－2b, 日光/轉射(ᄒᆡᆺ빗맛비최다)1－3a, 電光/閃爍

---

10) 語氣助詞와 관련하여 『同文類解』에서는 이 외에도 "－啊: 胖啊(슬ᄶᅵ다)上18a",
"－呢: 怎麽呢(어이ᄒ리)下47b", "－罷: 去罷(가라)上27a", "－呀: 罷呀(마라)下
49b" 등 다양한 형태들을 찾아 볼 수 있다.

11) 전치사와 관련하여 『同文類解』에서는 "－比: 比我(내게셔)下50b", "－把: 把你(너
를)下51a", "－被: 被拿住(잡히이다)上29a", "－敎: 敎臥(누이다)上27b 등 다양한
형태들을 찾아 볼 수 있다.

(번게번득이다)1－4b, 雪花/飄揚(눈늘니다)1－6a, 跪着/坐(꾸러안ㅅ다)1
－19b, 哈哈/笑(허허웃다)1－21a, 撒/網子(그믈치다)4－9a, 有/手藝(손지
조잇다)4－33b 등.

2) 방향보어

跳/過去(쒸여넘다)1－20a, 阤/起來(벌쩍이다)1－20a, 搶/去(아사가다)3－
14b, 搬/來(옴겨오다)4－28b 등,

3) 결과보어

赶/上(ᄯ롸밋다)2－11b, 卡/住(막히다)3－2a, 攤/開(헷치다)4－29a, 帖/上
(부치다)4－30a 등.

4) 가능보어

坐/不住(안잣지못ᄒ다)1－20a, 對/不着(샹합지못ᄒ다)4－33a, 赶/不上(밋
지못ᄒ다)4－33a, 拉/不動(쓰어움즉못ᄒ다)4－33b, 保/不得(밋지못ᄒ다)4
－32b, 捨/不得(앗겨ᄒ다)4－32b, 使/不得(쓰지못ᄒ다)4－32b 등.

5) 동사의 중첩

歇歇(쉬다)1－22a, 量量(되다, 又자히다)2－10a, 嘗嘗(맛보다)3－1b, 瞧瞧
(보다)4－26a, 簸一簸(ᄭ보로다)3－14b, 想一想(싱각ᄒ다)122b 등.
보어 형태:

　중국어 표제어 중에는 『方言類釋』의 31개 部門의 말미에 실려 있는
'中州鄕語' 194개가 특히 주목된다. 이것을 中國 河南省 일대의 方言으
로 이해할 수도 있으나[12] 필자가 고찰한 바에 의하면 中國의 광범위한

---

12) 洪允杓(1983:3)에서는 "『方言類釋』에 보이는 '中州鄕語'는 中國의 河南省의 方言
　　을 말한다. 원래 '中州'란 중국에 대한 중국인들의 自稱으로 쓰이는 말이지만 여기
　　서의 '中州'는 河南省을 지칭하는 것이다."라고 기술하고 있다.

지역의 방언들을 수록하고 있는 것으로 보인다.

'中州鄕語'에 나타난 地名:

1) 閃: 션, <u>山西臨晉縣</u>謂電爲閃。(1－6a)

2) 沬露: 모루, <u>江南嘉定縣</u>呼霧爲沬露。(1－6a)

3) 螽: 후, <u>江南蘇州府</u>謂虹爲螽。(1－6b)

4) 爸: 바, <u>廣東廣州府</u>謂父曰爸。(1－15a)

5) 簡爺: 견여, <u>汾州寧鄕縣</u>稱外祖父曰簡爺。(1－15a)

6) 兩公婆: 냥궁포, <u>湖廣長沙府</u>夫婦相呼。(1－15a)

7) 郎家: 랑갸, <u>廣東高要縣</u>稱壻。(1－15b)

8) 媌條: 또됴, <u>江南江寧縣</u>稱人物之長。(1－19b)

9) 潑賴: 포래, <u>江南松江府</u>謂醜惡者。(1－19b)

10) 奔: 븐, <u>江南蘇州府</u>郡城曰奔, <u>吳江</u>曰跳됻, <u>常孰</u>曰跑跊, <u>崑山</u>曰趺져,
    <u>太倉</u>、<u>崇明</u>、<u>嘉定</u>俱曰躟양, 卽北人所謂走。(1－22b)

11) 眼麻嗏: 연마차, <u>江南太倉州</u>謂倦眼。(1－22b)

12) 版骨: 반구, <u>江南太平府</u>稱方正拘謹。(1－25a)

13) 咩: 양, <u>山西寧鄕縣</u>謂吾。(1－36a)

'中州'는 좁은 의미로는 河南省을 지칭하나 넓은 의미로는 黃河 流域
이나 中國 전반을 지칭하기도 한다. 이상 예문에서 볼 수 있는 바와 같이
실제로 『方言類釋』에 수록된 '中州鄕語'의 출처를 살펴보면 북으로는
현재 山西省(옛 汾州) 일대의 방언이고 남으로는 江蘇省과 安徽省(옛
江南省), 湖南省과 湖北省(湖廣行省), 廣東省 등 지역에 속하는 방언인
것으로 보인다. 좀더 구체적으로 살펴보면 북방지역으로는 山西省 서남
부의 現 臨猗(옛 臨晉縣), 鄕寧(原書의 '寧鄕縣'은 '鄕寧'의 誤記로 추정됨)
일대의 방언을 수록하였다. 그리고 남방지역으로는 江蘇省의 南京市(옛
江寧縣)와 동남부의 蘇州市・嘉定(현 上海市에 속함)・吳江・常孰・昆
山・太倉・崇明(현 上海市에 속함) 등 지역, 安徽省 동쪽의 當涂・繁

昌・蕪湖 등지(옛 太平府 지역), 湖南省의 長沙市(옛 長沙府), 廣東省의
高要縣 등지의 방언이 수록되었다. 이처럼『方言類釋』에서 일컫는 '中
州'는 中國 전역을 지칭하는 것으로 보이는데, 실제로 수록된 방언의
범위가 또한 상술한 바와 같이 극히 제한되어 있어 궁금증을 남기고 있다.

4 맺음말

이상에서 살펴본 바와 같이 역사적으로 우리나라에서 편찬된 多重言
語辭典들은 실로 그 분량이 방대하고 내용이 풍부하여 이른바 언어학
자료의 寶庫라 하지 않을 수 없다.『古今釋林』의 경우 개인적으로 편찬
한 것임에도 불구하고 중국어 방언을 비롯하여 당시 우리나라에 전해진
외국어 종류가 거의 망라되어 있어 귀중한 어학적 史料를 제공하고 있는
바 당시의 여건을 감안하면 이러한 규모의 사전이 편찬된 것 자체가 실
로 경탄을 자아내지 않을 수 없다. 그리고『方言類釋』의 경우 당시 주요
외국어들의 상용어휘 실태를 보여 주고 있으며 특히 동일한 표제어에
대한 多種 言語의 해석은 비교언어학적 자료로서 귀중한 가치를 지니는
것으로 보인다. 한편 이 사전들은 당시 우리나라의 외국어 학습 실태를
가늠할 수 있는 근거를 제공하고 있다. 그런데 이 자료들은 그 분량이
방대하고 필사본으로서 일부 판독이 어려운 점 등 원인들로 하여 아직까
지 체계적인 분석이 이루어지지 않고 있는 실정이다. 앞으로 이 자료들
에 대한 어종별 검토가 면밀히 이루어지고 특히 語種間의 비교분석이
이루어짐으로써 그 진가가 충분히 발휘되어야 할 것이다.

※ 이 논문은 "朝鮮時代 多重言語辭典類에 대하여"라는 제목으로 〈中國語文論
叢〉(中國語文硏究會) 第29輯(2005:273~290)에 실린 것을 수정한 것이다.

參 考 文 獻

1. 資料 文獻
※ 자료 문헌의 書名은 한자음 가나다 순으로 배열하였음.

『居家必用事類』, 日本 京都 中文出版社, 1979.
『經國大典註解』, 韓國學文獻研究所, 서울 亞細亞文化社, 1983.
『古今釋林』, 李基文 解題, 서울 亞細亞文化社, 1977.
『校訂經國大典』, 朝鮮總督府中樞院, 서울 朝鮮印刷株式會社, 1934.
『老乞大1』(弘文館印, 書名 華語), 奎章閣 5158號.
『老乞大2』(侍講院印), 京城帝大法文學部 영인본, 奎章閣 소장, 1944.
『老乞大諺解1』, 奎章閣叢書 九, 京城帝大法文學部, 1944.
『老乞大諺解2』(書名 舊刊老乞大), 서울대 奎章閣 소장.
『老乞大諺解』(上下), 臺北聯經出版事業公司, 1977.
『老乞大新釋』, 서울대 奎章閣 4871號, 1761.
『老乞大新釋諺解』, 미국 컬럼비아대학 所藏.
『老朴集覽』, 李丙疇 編校 『老朴集覽考』, 서울 進修堂, 1966.
『大元通制條格』, 郭成偉 點校, 北京 法律出版社, 1999.
『大學直解』, 劉堅 외 編, 『近代漢語語法資料彙編·元代明代卷』, 北京 商務印書館, 1995.
『同文類解』, 洪允杓 解題, 서울 弘文閣, 1995.
『蒙古語辭典』, 日本陸軍省 編, 東京 國會刊行會, 1933.
『蒙語類解』, 洪允杓 解題, 서울 弘文閣, 1995.
『蒙兀兒史記』(屠寄), 楊家駱 主編, 中國學術類編, 台湾 鼎文書局, 1976.
『蒙漢辭典』, 內蒙古大學蒙古語文研究室編, 중국 內蒙古人民出版社, 1976.
『朴通事諺解』(上中下), 臺北 聯經出版事業公司, 1978.
『朴通事新釋諺解』, 서울 弘文閣, 1985.
『方言類釋』, 洪允杓 解題, 서울 弘門閣, 1983.
『飜譯老乞大』(上), 原本 國語國文學 叢林 12, 서울 大提閣 1985.
『飜譯老乞大』(下), 原本 國語國文學 叢林 23, 서울 大提閣 1988.
『飜譯朴通事』(上), 原本 國語國文學 叢林 12, 서울 大提閣 1985.
『比部招議輯覽』, 〈季刊書誌學報〉 제17호, 韓國書誌學會, 1996.
『譯語類解』, 洪允杓 해제, 서울 弘文閣, 1995.
『倭語類解』, 鄭光 解說, 서울 太學社, 1988.
『元代白話碑集錄』, 蔡美彪 編, 北京 科學出版社, 1954.
『原本老乞大』, 鄭光·梁伍鎭·鄭丞惠編, 北京 外語教學與研究出版社, 2002.

『元史』(宋濂 외), 楊家駱 主編 中國學術類編, 台灣 鼎文書局, 1971.

『元典章』, 劉堅 외 編, 『近代漢語語法資料彙編』(元代明代卷), 北京 商務印書館, 1995.

『元朝秘史』, 『近代漢語語法資料彙編』, 劉堅·蔣紹愚 編, 北京 商務印書館 1995.

『元版 孝經直解』, 太田辰夫·佐藤晴彦編, 日本 汲古書院, 1996.

『吏文輯覽』(崔世珍), 『訓讀 吏文』, 前間恭作遺稿·末松保和編纂, 서울 朝鮮印刷株式會社 1942.

『吏學指南』, 元刻本, 중국 北京圖書館 所藏.

『吏學指南』, 朝鮮刊本, 서울대 奎章閣 所藏.

『重刊老乞大』, 서울대 奎章閣 932號.

『重刊老乞大諺解』, 서울 弘文閣, 1984.

『增定于公奏議輯覽』, 『季刊書誌學報』 제8호, 韓國書誌學會, 1992.

『增定駁稿輯覽』, 『季刊書誌學報』 제8호, 韓國書誌學會, 1992.

『增定奏議擇稿輯覽』, 『 季刊書誌學報』 제8호, 韓國書誌學會, 1992.

『增定吏文』, 『季刊書誌學報』 제17호, 韓國書誌學會, 1996.

『增定吏文續集』, 『季刊書誌學報』 제17호, 韓國書誌學會, 1996.

『至正條格 校註本』, 韓國學中央硏究院 編, 서울 휴머니스트, 2007.

『輟耕錄』(陶宗儀), 楊家駱 主編 『讀書劄記叢刊』 第二集 第九冊, 臺北 世界書局, 1971.

『通制條格 校注』, 方齡貴 校注, 北京 中華書局, 2001.

『通文館志』(金慶文), 朝鮮總督府印本, 1944.

『韓漢淸文鑑』, 閔泳奎 解題, 延世大 東方學硏究所, 1956.

『孝經直解』, 『近代漢語語法資料彙編』, 劉堅 蔣紹愚 編, 北京 商務印書館, 1995.

2. 論文 및 著書

※ 논문 및 저서는 출판 지역별로 나누고 著者名은 한자음 가나다순으로 배열하였음.

韓國:

康寔鎭(1985), 「老乞大·朴通事 硏究」, 臺灣 學生書局.

姜信沆(1966), 「李朝時代의 譯學政策에 관한 考察」, 〈大東文化硏究〉 第2輯, 成均館大.

_____(1973), 『四聲通解硏究』, 서울 新雅社.

_____(1974), "飜譯老乞大·朴通事의 音系". 〈震檀學報〉 第三十八號, 진단학회, 서울 乙酉文化社.

_____(1978), 「李朝時代의 譯學政策과 譯學書」, 서울 塔出版社.

_____(1987), 『增補改訂版 國語學史』, 서울 普成文化社.

_____(1988), 「조선시대 漢學관계 역학자들의 업적에 대하여」, 〈한국학의 과제와 전망〉, 韓國精神文化研究院.

_____(1990), 「『訓世評話』에 대하여」, 〈大東文化研究〉 第24輯, 成均館大 大東文化研究院.

_____(2000), 『韓國의 譯學』, 서울대학교 출판부.

고명균(1992), 「飜譯朴通事와 朴通事諺解에 대하여」, 〈한국어문학연구〉(韓國外大) 4.

權仁瀚(1995), 「"老·朴"在右音傍點變動例의 一考察: 현대한어에서의 輕聲 實現字를 중심으로」, 〈韓日語學論叢〉, 國學資料院.

金暻綠 외(2001), 『奎章閣 韓國本圖書解題 續集』(經·子部 2), 서울 民昌文化社.

金武林(1998), 「『飜譯老乞大朴通事』凡例의 새김과 解說」, 〈한국어학〉 7, 한국어학회.

金文京(2007), 「元刊本 『至正條格』에 대한 기초적 고찰」, 『至正條格 校註本』, 韓國學中央研究院 編, 서울 휴머니스트.

金敏洙(1957), 「朝鮮館譯語考」, 〈一石 李熙昇先生頌壽紀念論集〉, 서울 一潮閣.

_____(1980), 『新國語學史』(全訂版), 서울 一潮閣.

金思燁(1959), 「朴通事(上) 解題」, 〈國語國文學資料集〉 4, 慶北大 大學院.

金良洙(1983), 「朝鮮後期譯官에 관한 一研究」, 〈東方學志〉 第39輯.

_____(1986), 「朝鮮後期의 譯官身分에 관한 研究」, 연세대학교 대학원.

김영신(1966), 「박통사 상(朴通事上)의 정리」, 〈한글〉 136, 한글학회.

김영황(1996), 『조선언어학사연구』, 평양 김일성종합대학출판사.

金完鎭(1975), 「飜譯朴通事와 朴通事諺解의 比較研究」, 〈東洋學〉(檀國大) 5.

_____(1976), 「老乞大의 諺解에 대한 比較研究」, 〈韓國研究叢書〉 31, 韓國研究院.

_____(1978), 「朱點本 重刊老乞大에 대하여」, 〈奎章閣〉 2, 서울대 도서관.

_____(1992), 「重刊老乞大諺解의 研究」, 〈韓國文化〉 13.

金裕範(1997), 「『老朴集覽』의 落張 復原에 관한 研究」, 〈국어국문학〉 119.

_____(1999), 「『老朴集覽』의 成立에 대하여」, 〈국어사자료연구〉 창간호, 태학사.

金炯秀(1974), 『蒙學三書研究』 I, 大邱 螢雪出版社.

김호동(2007), 「『至正條格』의 편찬과 원 말의 정치」, 『至正條格 校註本』, 韓國學中央研究院 編, 서울 휴머니스트.

南廣祐(1972a), 「新發見인 崔世珍 著 『飜譯老乞大』卷上을 보고」, 〈국어국문학〉 55-57, 국어국문학회.

_____(1972b), 「飜譯老乞大(卷上) 解題」, 『老乞大』(上), 中央大學校 出版部.

_____(1975),「飜譯老乞大(卷下) 解題」,『老乞大』(下), 仁荷大學校 出版部.

南豊鉉(1968),「中國語借用에 있어 直接借用과 間接借用의 問題에 對하여」, 〈李崇寧博士頌壽紀念論叢〉, 서울 乙酉文化社.

_____(2000),『吏讀硏究』, 서울 태학사.

盧慶俠(2006),「書寫範式的轉型－從李邊『訓世評話』看朝鮮王朝文化政策的調整」,〈中國語文論譯叢刊〉第17輯, 中國語文論譯學會.

閔泳珪(1943),「老乞大について」,〈大正大學學報〉36, 日本 大正大學.

_____(1964),「老乞大辯疑」,〈人文科學〉第十二輯, 延世大.

_____(1966),「朴通事著作年代」,〈東國史學〉第九·十合輯, 東國大.

閔賢植(1988),「老乞大諺解의 漢字語에 대한 고찰」,〈人文學報〉5, 江陵大.

朴甲洙(1983),「『語錄解』에 대하여」,〈蘭臺 李應百博士 回甲紀念論文集〉, 서울 寶晉齋.

朴炳采(1989),『국어발달사』, 서울 世英社.

朴淑慶(1991),「老乞大·朴通事中的後綴'兒'和'子'的硏究」,〈中語中文學〉12輯, 中語中文學會.

朴恩用(1968),「同文類解 語錄解 硏究(上)」,〈硏究論文集〉3, 曉星女子大學.

朴在淵(1998),「15세기 역학서『訓世評話』에 대하여」,『訓世評話』(영인본), 서울 태학사.

朴鍾淵(2000),「『訓世評話』語法 硏究」, 嶺南大學校 大學院 博士學位 論文.

朴泰權(1967),「老朴集覽 小考」,〈국어국문학〉34－35, 국어국문학회.

_____(1968),「老·朴集覽 硏究」,〈李崇寧博士頌壽紀念論叢〉, 서울 乙酉文化社.

_____(1973),「老乞大諺解硏究－崔世珍의 성조설을 중심으로」,〈어문학〉2, 문교부 연구보고서.

_____(1974),「崔世珍硏究－그의 言語學的 業績을 중심으로－」, 釜山大 大學院.

朴喜龍(1988),「老乞大의 諺解와 飜譯에 대한 比較硏究」,〈國語硏究〉82.

方鍾鉉(1946a),「老乞大諺解」,〈한글〉11－2, 한글학회.

_____(1946b),「老乞大諺解의 影印原本과 訂正本과의 比較」,〈한글〉11-3, 한글학회.

_____(1946c),「吏文輯覽」,〈한글〉제11권 1호, 한글학회.

서재극(1980),「飜譯老乞大의 어휘」,「韓國語文學大系」3, 서울 螢雪出版社.

成百仁(1999),『만주어와 알타이어학 연구』, 서울 太學社.

宋基中(1985a),「『經國大典』에 보이는 譯學書 書名에 대하여」(一),〈國語學〉14, 國語學會.

_____(1985b),「『蒙語類解』硏究」,〈歷史言語學〉(김방한선생 회갑기념논문집),

475

서울 전예원.

_____(1990), 「漢學書에 등장하는 中國語의 가치」, 〈國語學論文集〉(基谷 姜信沆教授回甲紀念集).

_____(1993), 「近代化 黎明期의 外國語 語彙에 대한 關心」, 〈韓國文化〉 14, 서울大學校 韓國文化研究所.

_____(1997), 「譯學書 研究의 現況과 問題(一)」, 〈한국어문〉 5, 韓國精神文化研究院 研究論叢 97-11.

辛漢承(1990a), 「老乞大諺解本 比較研究(1)」, 〈國語學論文集〉(基谷 姜信沆教授回甲紀念集).

_____(1990b), 「老乞大諺解本 比較研究(2)」, 〈漢城語文學〉 9, 漢城大.

_____(1992), 「老乞大諺解本 比較研究(3)」, 〈漢城語文學〉 11, 漢城大.

安秉禧(1983), 「어록해 해제」, 〈한국문화〉 4, 서울대 한국문화연구소.

_____(1985), 「諺解의 史的 考察」, 〈민족문화〉 11, 民族文化推進會.

_____(1987), 『吏文과 吏文大師』, 서울 塔出版社.

_____(1992a), 「增定于公奏議・駁稿・奏議擇稿輯覽 解題」, 〈季刊書誌學報〉 제8호, 韓國書誌學會.

_____(1992b), 『國語史資料研究』, 文學과知性社.

_____(1996a), 「老乞大와 그 諺解本의 異本」, 〈人文論叢〉 第35輯, 서울大.

_____(1996b), 「增定吏文・增定吏文續集・比部招議輯覽 解題」, 〈季刊書誌學報〉 第17호, 韓國書誌學會.

梁伍鎭(1995), 「朴通事 編纂 小考」, 「한국어학」 2, 한국어학회.

_____(1998a), 「老乞大 朴通事의 漢語文 性格에 대한 研究」, 〈한국어학〉 8, 한국어학회.

_____(1998b), 『老乞大 朴通事 研究』, 서울 太學社.

_____(1999), 「새로 발굴된 元代漢語老乞大의 문헌적 가치에 대하여」, 〈조선학〉 1999, 북경 중앙민족대학.

_____(2000a), 「論元代漢語『老乞大』的語言特點」, 〈民族語文〉 第126期, 北京 中國社科院民族研究所.

_____(2000b), 「『老乞大』諸刊本의 漢語文」, 〈21세기 국어학의 과제〉(솔미 정광 선생 화갑기념 논문집), 서울 도서출판 月印.

_____(2000c), 「한국에서의 중국어 역관 양성에 대한 역사적 고찰」, 〈中國言語研究〉 第11輯, 韓國中國言語學會.

_____(2000d), 「중국어 회화교과서에 대한 역사적 고찰」, 〈人文科學研究〉 제5집, 德成女大 인문과학연구소.

_____(2001a), 「『老朴集覽』을 통해 본 元代語 성분」, 〈中國言語研究〉 제12집, 韓國中國言語學會.

_____(2001b), 「『孝經直解』의 언어 연구」, 〈中語中文學〉 第29輯, 韓國中語中
文學會.

_____(2002a), 「吏文과 吏文諸書輯覽의 言語」, 〈中國言語研究〉 第14輯, 韓國
中國言語學會.

_____(2002b), 「초기 漢學書에 보이는 몽고어 성분」, 〈中語中文學〉 第13輯, 韓
國中語中文學會.

_____(2003), 「'吏學指南'의 성격과 언어적 특징에 대하여」, 〈中國言語研究〉
第16輯, 韓國中國言語學會.

_____(2004a), 「蒙文直譯體의 특징과 한국 譯學書의 漢語」, 〈中語中文學〉 第34
輯, 韓國中語中文學會.

_____(2004b), 「早期 中國語辭典의 種類와 特徵에 대하여」, 〈中國學報〉 第五
十輯, 韓國中國學會.

_____(2005a), 「試論『老乞大』『朴通事』的文化史價値」, 〈中國語文論叢〉 第28
輯, 中國語文研究會.

_____(2005b), 「朝鮮時代 多重言語辭典類에 대하여」, 〈中國語文論叢〉 第29輯,
서울 中國語文研究會.

_____(2007), 「朝鮮時代 直解類 漢學書에 대하여」, 〈中國語文論叢〉 第35輯,
서울 中國語文研究會.

_____(2008a), 『漢學書 老乞大朴通事 研究』, 서울 제이앤씨.

_____(2008b), 「吏文과 『至正條格』의 언어」, 〈中國言語研究〉 第27輯, 韓國中
國言語學會.

연규동(1996), 「近代國語 語彙集 研究-類解類 譯學書를 중심으로-」, 서울대
대학원.

汪維輝(2002), 「朝鮮時代漢語教科書與近代漢語研究」, 〈人文科學〉 第84輯, 연
세대 인문과학연구소.

劉德隆(1998), 「中韓小說交流的例證-韓國小說『訓世評話』評介」, 〈中國語文
論譯叢刊〉 第2輯, 中國語文論譯學會.

兪昌均(1967), 「朴通事諺解의 中國音에 對한 考察」, 〈論文集〉 第一輯(2), 嶺南大.

劉昌惇(1960), 「朴通事考究」, 〈人文科學〉 第五輯, 延世大.

_____(1964), 『李朝語辭典』, 延世大學校出版社.

尹正鉉(1983), 「朴通事研究」, 〈中國文學研究〉 1집, 成均館大.

이강로(1974), 「『吏學指南』의 연구-書誌學的 考察을 중심으로-」, 〈論文集〉
제9집, 인천교육대학.

이개석(2007), 「『至正條格』의 편찬과 法制史上의 의의」, 『至正條格 校註本』, 韓
國學中央研究院 編, 서울 휴머니스트.

李基文(1964), 「『蒙語老乞大』研究」, 〈震檀學報〉 第二十五·六·七號合本, 서

울 震檀學會.

_____(1967), 「蒙學書 研究의 基本 問題」, 〈震檀學報〉 31, 서울 震檀學會.

_____(1974), 「譯語類解 해제」, 『譯語類解』(영인본), 서울 亞細亞文化社.

_____(1977), 「『古今釋林』 解題」, 『古今釋林』(영인본), 서울 亞細亞文化社.

_____(1998), 『新訂版 國語史槪說』, 서울 太學社.

李敦柱(1988), 「飜譯老乞大・朴通事 凡例 攷(2)」, 〈湖南文化研究〉 18.

_____(1989a), 「飜譯老乞大・朴通事 凡例 攷(1)」, 〈語文論叢〉 10・11, 全南大.

_____(1989b), 「『飜譯老乞大・朴通事』의 漢音 調値에 대하여」, 〈國語學〉 18, 國語學會.

_____(1990), 「『飜譯朴通事』의 漢語 表音에 대한 초보적 감별」, 〈二重言語學會 誌〉 7.

李東林(1968), 「洪武正韻譯訓과 四聲通解의 比較-四聲通攷의 再構-」, 〈論文 集〉 5, 東國大.

林東錫(1976), 「老乞大・朴通事의 譯音과 諸韻書와의 關係」, 建國大 大學院.

_____(1983), 『朝鮮譯學考』, 서울 亞細亞文化社.

_____(1989), 「朝鮮時代 外國語 敎育에 對한 一考」, 〈學術誌〉 第33輯, 건국대.

_____(1996), 「韓國歷代漢語敎育과 現在 各大學 中國學關聯學科設講科目의 比較研究」, 建國大開校50周年紀念國際學術會.

李東述(1992), 『註解語錄總覽索引』, 서울 여강출판사.

李得春(1992a), 「노ー박 언해의 중국어 차용어와 그 연혁」, 〈한글〉 215, 한글학회.

_____(1992b), 『한조 언어문자 관계사』, 중국 東北朝鮮民族敎育出版社.

_____(1994), 『조선어 한자어음 연구』, 서울 서광학술자료사.

李丙疇(1966), 『老朴集覽考』, 서울 進修堂.

李相度(1995), 「崔世珍의 漢語敎學에 대한 研究」, 韓國外國語大 大學院.

李聖揆(2002), 『蒙學三書의 蒙古語 研究』, 단국대학교 출판부.

李成茂(1994), 『韓國의 科擧制度』, 서울 集文堂.

李崇寧(1959), 「洪武正韻譯訓의 研究」, 〈震檀學報〉 20, 震檀學會.

_____(1965), 「崔世珍研究」, 〈亞細亞學報〉 第1輯.

이승연(1996), 「『伍倫全備諺解』의 研究」, 고려대학교 대학원 석사학위논문.

임지룡(1989), 「국어 분류어휘집 체제와 상관성」, 〈國語學〉 19, 서울 國語學會.

장경희(1993), 「老乞大・朴通事의 諺解本-國語史資料와 國語學의 研究」, 〈安 秉禧先生回甲紀念論叢〉.

張基槿(1965), 「奎章閣所藏 漢語老乞大 및 諺解本에 對하여」, 〈亞細亞學報〉 第 1輯.

張馨實(1994), 「『飜譯老乞大』의 漢語 注音에 對한 研究」, 高麗大 大學院.

全哲雄(1984), 「飜譯老乞大와 老乞大諺解의 語彙比較研究(1)」, 〈開新語文研

究〉3, 忠北大.

_____(1985),「飜譯老乞大와 老乞大諺解의 語彙比較硏究(2)」,〈開新語文硏
究〉4, 忠北大.

鄭光・韓相權(1985),「司譯院과 司譯院 譯學書의 變遷 硏究」,〈德成女大論文
集〉第14集.

鄭光 監修(1995),「譯註 飜譯老乞大」, 國語史資料研究會, 서울 太學社.

鄭光・尹世英(1998),「司譯院 譯學書 冊板研究」, 고려대학교 출판부.

鄭光・南權熙・梁伍鎭(1999),「元代 漢語『老乞大』-新發掘 譯學書 資料『舊
本老乞大』의 漢語를 중심으로-」,〈國語學〉33, 國語學會.

鄭 光・梁伍鎭・鄭丞蕙(2002a),『原本老乞大』, 北京 外語教學與研究出版社.

鄭 光・鄭丞蕙・梁伍鎭(2002b),『吏學指南』, 서울 太學社.

鄭 光(1971),「司譯院 譯書의 外國語表記法 硏究-飜譯 朴通事를 中心으로」,
〈國語研究〉25. 서울대 국어연구회.

_____(1974),「飜譯老乞大 朴通事의 中國語音 表記 研究」,〈국어국문학〉제64
호, 국어국문학회.

_____(1977),「崔世珍研究 1 -老乞大 朴通事의 飜譯을 중심으로-」,〈德成女
大 論文集〉제5-6집.

_____(1978),「類解書 譯學書에 대하여」,〈國語學〉제7호, 국어학회.

_____(1987a),「壬辰俘虜 薩摩陶工後裔의 國語學習資料-京都大學 所藏 苗
代川朝鮮語資料를 중심으로-」,〈국어국문학〉97, 서울 국어국문
학회.

_____(1987b),「朝鮮朝 譯科漢學과 漢學書」,〈震壇學報〉第63號, 震檀學會.

_____(1988a),『諸本集成 倭語類解』, 서울 太學社.

_____(1988b),『司譯院 倭學研究』, 서울 太學社.

_____(1989),「譯學書의 刊板에 대하여」,〈周時經學報〉4, 周時經研究所.

_____(1990),「朝鮮朝 譯科 試券 研究」, 成均館大 大東文化研究院.

_____(1995a),「『飜譯老朴凡例』의 國音・漢音・諺音에 대하여」,〈大東文化研
究〉30, 成均館大.

_____(1995b),「飜譯『老乞大』解題」,『譯註飜譯老乞大』(국어사자료연구회 편),
서울 태학사.

_____(2002),『譯學書研究』, 서울 제이앤씨.

정승혜(1998a),「司譯院 譯學書에 관한 基礎的 研究」, 국어사자료연구회 발표.

_____(1998b),「老乞大諺解 序文 譯註」,〈문헌과 해석〉3, 서울 태학사.

_____(2000),「譯語指南』의 편찬 경위와 의의에 대하여」,〈문헌과해석〉10호,
서울 태학사.

_____(2001),「조선시대의 한이문 학습서『吏學指南』」,〈문헌과 해석〉통권 16

호, 문헌과 해석사.
_____(2003), 『조선 후기 왜학서 연구』, 서울 태학사.
鄭然粲(1972), 「洪武正韻譯訓의 研究」, 서울 一潮閣.
鄭堤文(1990), 「『蒙語類解』의 몽골어에 대한 연구」, 서울대 대학원.
朱 禧(1998), 「讀『訓世評話』的隨感」, 〈中國小說研究會報〉 제34호, 韓國中國小
            說學會.
최기호(1994), 『몽어노걸대 연구』, 상명여자대학교 출판부.
한국어학연구회(1994), 『국어사 자료선집』, 한국어학연구회, 서울 서광학술자료사.
許成道(1987), 「「重刊老乞大」에 보이는 中國語 語法에 대한 연구」, 〈東亞文化〉
            25, 서울대.
洪允杓(1983), 「『方言類釋』 解題」, 『方言類釋』(영인본), 서울 弘文閣.
_____(1985), 「『朴通事新釋諺解』 解題」, 「朴通事新釋諺解」, 서울 弘文閣.
_____(1993), 『國語史 文獻資料 研究』(近代篇Ⅰ), 서울 太學社.
黃碧麗(1974), 「老乞大・朴通事諺解研究－特히 虛辭를 中心으로 하여」, 成均
            館大 大學院.

中國:
賈敬顔・朱風(1990), 『蒙古譯語・女眞譯語彙編』, 天津古籍出版社.
高本漢(1940), 『中國音韻學研究』, 趙元任 외 譯, 商務印書館(1995 再版).
高紹先(2001), 『中國刑法史精要』, 北京法律出版社.
顧之川(2000), 『明代漢語詞彙研究』, 중국 開封 河南大學出版社.
郭建 외(2000), 『中國法制史』, 上海人民出版社.
郭成偉 點校(1999), 『大元通制條格』, 北京法律出版社.
那木吉拉(1994), 『中國元代習俗史』, 北京: 人民出版社.
羅錦堂(1978), 「『老乞大諺解・朴通事諺解』影印本刊行序文」, 臺北 聯經出版
            事業公司.
羅常培・蔡美彪(1959), 『八思巴字與元代漢語』(資料彙編), 北京 科學出版社.
蘭州大學 編(1991), 『老乞大朴通事索引』, 北京 語文出版社.
馬思周(2005), 『東北方言詞典』, 중국 吉林文史出版社.
梅祖麟(1984), 「從語言史看幾本元雜劇賓白的寫作時期」, 〈語言學論叢〉 第13
            輯, 北京大學 中文系.
武樹臣 외(1999), 『中國傳統法律文化辭典』, 北京大學出版社.
方齡貴(1991), 『元明戲曲中的蒙古語』, 上海 『漢語大詞典』出版社.
徐祥民 외(2000), 『中國法制史』, 山東人民出版社.
孫錫信(1992), 「『老乞大』『朴通事』中的一些語法現象」, 『近代漢語研究』, 北京
            商務印書館.

楊鎌(1984),『貫雲石評傳』, 新疆人民出版社.

楊聯陞(1957),「老乞大朴通事裏的語法語彙」,『老乞大諺解・朴通事諺解』附錄, 臺北 聯經出版事業公司.

呂思勉(1985),『中國制度史』, 上海教育出版社.

呂叔湘(1984),『漢語語法論文集』, 北京 商務印書館.

_____(1985),『近代漢語指代詞』, 上海 學林出版社.

_____(1987),「『朴通事』里的指代詞」,『中國語文』1987-6, 北京: 中國語文雜誌 社.

余志鴻(1983),「元代漢語中的後置詞行」,〈語文研究〉 1983-3, 北京.

_____(1987),「元代漢語－行的語法意義」,〈語言研究〉 1987-2, 北京.

_____(1988a),「『蒙古秘史』的特殊語法」,〈語言研究〉 1988-1, 北京.

_____(1988b),「'賓動倒句和語言交融」,〈民族語文〉1988-3, 中國社會科學院 民族研究所.

_____(1992),「元代漢語的後置詞系統」,〈民族語文〉1992-3, 中國社會科學院 民族研究所.

吳海航(2000),『元代法文化研究』, 北京師範大學出版社.

王 力(1980),『漢語史稿』(修訂本) 上・中・下, 北京 中華書局.

遠藤光曉(1984),「『飜譯老乞大朴通事』里的漢語聲調」,〈語言學論叢〉 13, 北京 大學, 北京 商務印書館.

劉 堅 외(1992),『近代漢語虛詞研究』, 北京 語文出版社.

劉 堅(1992),「『訓世評話』中所見明代前期漢語的一些特點」,〈中國語文〉 第4 期, 北京.

劉堅・蔣紹愚 編(1995),『近代漢語語法資料彙編』(元代明代卷), 北京 商務印書 館, 1995.

劉公望(1987),「〈老乞大〉里的語氣助詞'也'」,〈漢語學習〉 1987-5.

劉俊文 點校(1999),『唐律疏議』, 北京法律出版社.

李崇興 외(1998),『元語言詞典』, 上海教育出版社.

李學智(1981),「老乞大一書編成經過之臆測」, "中韓關係史研討會發表論文", 臺 北 中央研究院.

林 燾(1987),「北京官話溯源」,〈中國語文〉 1987-3, 北京 中國語文雜誌社.

張美蘭(1998),「『訓世評話』詞語考釋」,〈南京師大學報〉(社會科學版) 1998年 第 3期.

蔣紹愚(1994),『近代漢語研究概況』, 北京大學出版社.

張撝之 외(1999),『中國歷代人名大辭典』, 上海古籍出版社.

錢大群(2000),『唐律研究』, 北京法律出版社.

丁邦新(1978),「『老乞大諺解・朴通事諺解』影印本刊行序文」, 臺北 聯經出版

事業公司.

鄭傳寅・張建 主編(1987),『中國民俗辭典』, 商務印書館 香港分館.

程湘清 編(1992),『宋元明漢語研究』, 山東教育出版社.

曹廣順(1995),『近代漢語助詞』, 北京 語文出版社.

照那斯圖(1990),『八思巴字和蒙古語文獻匯編Ⅰ研究文集』, 東京外國語大學 亞非語言文化研究所.

_____(1991),『八思巴字和蒙古語文獻匯編Ⅱ文獻匯集』, 東京外國語大學亞非語言文化研究所, 1991.

_____(2003),「釋『老乞大』中與蒙古語有關的幾個詞和短語」, 香港大學 第一屆中國語言文字國際學術研討會 發表論文.

趙德義 외(1999),『中國歷代官稱辭典』, 北京團結出版社.

祖生利(2000),『元代白話碑文研究』(上・下), 中國社會科學院 博士學位論文.

朱德熙(1958),「『老乞大』『朴通事』書後」,〈北京大學學報〉1958-2.

周長星(1989),『註釋 官話指南』, 臺北 益智文具圖書公司.

陳植藩(1981),「記崔世珍在朝鮮語文和漢語研究方面的貢獻」,〈民族語文論集〉, 中國社會科學出版社.

陳志强(1988),「『老乞大』'將"的初探」,〈廣西師院學報〉1988-1.

蔡美彪(1955),『元代白話碑集錄』, 中國科學院 言語研究所.

祝敏徹(1996),『近代漢語句法史稿』, 中州古籍出版社.

胡明揚(1963),「『老乞大諺解』和『朴通事諺解』中所見的漢語・朝鮮語對音」,〈中國語文〉3-總124期, 北京 中國語文雜誌社.

_____(1980),「『老乞大諺解』『朴通事諺解』中所見的『通考』對音」,〈語言論集〉1980-1, 人民大學出版社.

_____(1984),「『老乞大』複句句式」,〈語文研究〉1984-4, 北京 中國語文雜誌社.

_____(1992),「近代漢語的上下限和分期問題」, 胡竹安 외『近代漢語研究』, 北京 商務印書館.

胡竹安 외(1992),『近代漢語研究』, 北京: 商務印書館.

洪丕謨(1999),『中國古代法律名著提要』, 浙江人民出版社.

N. 鮑培(1987),『八思巴字蒙古語碑銘』, 郝蘇民譯, 內蒙古文化出版社.

日本 외:

吉川幸次郎(1953),「元典章に見えた漢文吏牘の文體」,〈校定本『元典章』刑部〉第一冊 附錄, 日本 京都大學 人文科學研究所(1964).

金文京・玄幸子・佐藤晴彦 譯註(1980),『老乞大－朝鮮中世の中國語會話讀本』, 東京 平凡社.

大谷森繁(1981),「『語錄解』について－書誌的檢討と朝鮮小說史からの考察－」, 『朝鮮學報』 第九十九・百輯合倂號, 日本 朝鮮學會.

陶山信男(1975),「『朴通事』『老乞大』の言語」, 〈文學論叢〉(愛知大學) 53.

船田善之(2001),「元代史料舊本としての『老乞大』－鈔と物價の記載を中心として－」, 日本〈東洋學報〉 第八十三卷 第1號:1－30.

小倉進平(1940),『增訂補註 朝鮮語學史』(河野六郎 補註), 東京, 刀江書院, 1964.

阿部隆一(1993),「日本國見在宋元版本志經部」,『阿部隆一遺稿集』第一卷, 日本 汲古書院.

林秀一 외(1933),「元刊本成齋孝經直解に 關して」,『元版孝經直解』, 日本 汲古書院, 1996.

入矢義高(1973),「陶山信男『朴通事諺解 老乞大諺解語彙索引』序", 日本 采華書林.

日本陸軍省編(1933),『蒙古語辭典』, 東京 國書刊行會.

田中謙二(1962),「元典章における蒙文直譯體の文章」, 日本〈東方學報〉第32冊.

鄭光・金京文 외(2002),『老乞大－朝鮮中世の中國語會話讀本－』,〈東洋文庫〉 699, 東京 平凡社.

佐藤晴彦(1996),「『新刊全相成齋孝經直解』解說」,『元版孝經直解』, 日本 汲古書院.

中村完(1961),「紹介『朴通事』上」,〈朝鮮學報〉 18, 日本 朝鮮學會.

志村良治(1995),『中國中世語法史研究』中文版, 北京 中華書局.

太田辰夫(1953),「老乞大の言語について」, 日本〈中國語學研究會論叢〉 1.

_____(1954),「關於漢兒言語」,〈神戶外大論叢〉 5-3.

_____(1959),「朴通事諺解所引西遊記考」,〈神戶大學學報〉 10輯.

_____(1987),『中國語歷史文法』中文版(日文原版:1958), 北京大學出版社.

_____(1991a),「『訓世評話』の言語」,〈中國語研究〉 第33号, 東京 白帝社.

_____(1991b),『漢語史通考』, 中文版(日文原版:1988), 重慶出版社.

_____(1996),「孝經直解釋詞」,『元版 孝經直解』, 日本 汲古書院.

香坂順一(1983),『白話語彙の研究』, 日本 光生館.(中文版:1997), 北京 中華書局.

Poppe(1954), N. Poppe; *Grammar of Written Mongolian*, Otto Harrassowitz, Wiesbaden.

Street(1957), John Charles Street; *The Language of the Secret History of the Mongols*. New Haven.

梁伍鎭

中央民族大學 民族語文學科 卒業
北京大學 東方語文學科 文學碩士
高麗大學校 國語國文學科 文學博士
北京大學 東方語文學科 教授
(現)德成女子大學校 中語中文學科 教授

주요 저서:

『現代 朝鮮語 文體論 槪觀』(1992)　　『老乞大 朴通事 研究』(1998)
『吏學指南』(2002) 공저　　　　　　　『中韓 新造語 辭典』(2002) 공저
『서북방언의 친족어 연구』(2009) 공저 등

주요 논문:

朝・日文體論の研究狀況とその傾向性ついて(1992)
論元代漢語『老乞大』的語言特點(2000)　『孝經直解』의 언어 연구(2001)
吏文과 吏文諸書輯覽의 言語(2002)　　中國의 自國語 교육(2003)
朝鮮時代 多重言語辭典類에 대하여(2005) 외 다수

漢學書研究

초판인쇄　2010년 8월 20일
초판발행　2010년 8월 30일

저　　자　梁伍鎭

발 행 처　博文社
발 행 인　윤석현
책임편집　조성희
등록번호　제2009-11호

우편주소　(132-702) 서울시 도봉구 창동 624-1 현대홈시티 102-1206
대표전화　(02) 992 / 3253
전　　승　(02) 991 / 1285
홈페이지　http://jncbms.co.kr
전자우편　bakmunsa@hanmail.net

ISBN 978-89-94024-39-4 93710　　　　정 가 28,000원